Christian GOUJET
Christian RAULET
Christiane RAULET

Comptabilité de gestion

6e édition

DUNOD

Chez le même éditeur

Collection Tertiaire Sup

Robert Maéso, André Philipps et Christian Raulet

- **Comptabilité financière (manuel et corrigés)**

Christian et Christiane Raulet, Christian Goujet

- **Comptabilité de gestion (manuel et corrigés)**

Christian et Christiane Raulet

- **Gestion et comptabilité des sociétés commerciales (manuel et corrigés)**
- **Brochure Plan comptable**

Jean-Yves Eglem, André Philipps, Christian et Christiane Raulet

- **Analyse comptable et financière (manuel et corrigés)**

Ghislaine Legrand et Hubert Martini

- **Management des opérations de commerce international (manuel et corrigés)**

Corinne Pasco-Berho

- **Marketing international (manuel et corrigés)**
- **Commerce international (Collection Express)**

Carole Hamon, Pascal Lézin, Alain Toullec

- **Gestion et management de la force de vente**

Pascal Lézin, Alain Toullec

- **Force de vente (collection Express)**

Hubert Martini, Pascal Lézin, Jean-Michel Richard et Alain Toullec

- **Outils de gestion pour les commerciaux (manuel et corrigés)**

ISBN 2 10 006978 0

Le titre précédent de cet ouvrage, initialement en deux volumes, était *Comptabilité analytique et contrôle de gestion*

TABLE DES MATIÈRES

Partie 1
La comptabilité de gestion en coûts complets

Partie 2
Analyse des coûts et calcul des marges

Partie 3
Coûts préétablis
et contrôle de gestion

Chaque série correspond à un chapitre de l'ouvrage
et le numéro de la série est le même que celui du chapitre.

AVANT-PROPOS

Cet ouvrage, destiné aux étudiants préparant les examens et concours de l'enseignement supérieur, propose une méthode d'apprentissage de la comptabilité analytique ou comptabilité de gestion. Concis, mais très complet, il comporte de nombreux exemples et beaucoup d'applications. Ainsi conçu, il peut être également utile aux praticiens.

La comptabilité analytique s'est développée essentiellement au cours du XXe siècle. Utilisée seulement par quelques entreprises industrielles au début du siècle, avec des objectifs limités, elle a peu à peu pris de l'ampleur à partir de la Seconde Guerre mondiale et cette évolution s'est accélérée à chaque période de crise.

Progressivement, les problèmes de coûts sont devenus prépondérants dans la prise de décision des entreprises. La production de masse, qui suppose un bénéfice unitaire réduit pour conquérir les marchés, la concentration industrielle, qui exige – pour bénéficier des économies d'échelle – un contrôle rigoureux des charges de structure et des rendements, sont à l'origine d'une analyse de plus en plus serrée des charges de l'entreprise. Les évolutions récentes, liées à l'automatisation et à la diminution des charges proportionnelles aux volumes de production, induisent de nouvelles nécessités d'observation des charges de structure et des charges indirectes.

À la constatation des coûts de revient s'est ajoutée l'étude de leurs variations, d'où l'éclatement du coût pour la recherche d'une meilleure adaptation d'une production diversifiée aux conditions du marché, à la prévision de l'exploitation et au contrôle de gestion. Ce qui peut aller jusqu'à gérer des coûts pour ne pas dépasser un niveau préalablement fixé comme objectif, comme cela se fait actuellement dans la pratique des coûts cibles.

Quelles que soient les méthodes de calcul et leurs évolutions, les principes de base et la terminologie restent les mêmes, et l'ouvrage est construit en conséquence. Une première partie concerne l'étude des coûts constatés, dont la synthèse conduit au coût de revient. Lorsque la méthode générale de calcul des coûts constatés est bien établie, une seconde partie présente les principes d'analyse des coûts. La variabilité des coûts en fonction du volume de production est ainsi mise en évidence. Cela conduit à l'étude du seuil de rentabilité, aux calculs de coûts variables et des marges correspondantes, à l'imputation rationnelle des charges de structure et au coût marginal. Outre les principes de ces calculs, chaque notion est présentée en faisant ressortir son apport à la préparation des décisions de gestion.

Les bases de la comptabilité de gestion ainsi posées, il est possible dans une troisième partie d'aborder la gestion prévisionnelle et l'articulation des coûts avec les budgets.

Nous espérons que l'outil ainsi conçu rendra les services attendus aux étudiants confrontés aux problèmes posés par l'apprentissage de cette discipline.

Nous souhaitons que les utilisateurs nous fassent part de leurs observations pour qu'il puisse en être tenu compte lors des mises à jour de ce manuel.

LES AUTEURS

PARTIE 1

La comptabilité de gestion en coûts complets

Chapitre 1

LES OBJECTIFS ET LES MOYENS DE LA COMPTABILITÉ DE GESTION

La comptabilité financière est entièrement orientée vers la saisie de données d'après leur nature et vers la détermination :

– des résultats globaux de l'entreprise ;
– des situations active et passive à un moment donné.

Son optique est financière.

La comptabilité analytique ou comptabilité de gestion est conçue pour :

– **analyser** les résultats et faire apparaître leurs éléments constitutifs ; ce faisant, elle permet des *contrôles de rendements et de rentabilités* et fournit un grand nombre d'*éléments* pour la *gestion* de l'entreprise ;
– **compléter** la comptabilité générale en lui donnant des *bases d'évaluation* de certains éléments d'actif (stocks de produits fabriqués, immobilisations créées par l'entreprise…) ;
– **fournir** des bases afin d'établir les *prévisions* de charges et produits, et en assurer le *contrôle*.

En conséquence, les objectifs d'une telle comptabilité conduisent à faire une analyse des charges et des produits, à calculer des coûts(1) et à évaluer les stocks apparaissant au cours du processus de fabrication.

Avant d'entreprendre l'étude détaillée de la comptabilité de gestion et afin de bien préciser les buts recherchés, les principes de calcul et la terminologie qui sera employée, envisageons les **aspects essentiels de l'analyse**.

1. Analyse des charges

Une comptabilité analytique ayant pour but l'analyse des résultats, son existence dans une entreprise conduit nécessairement à une analyse détaillée des charges.

Plusieurs procédures peuvent être envisagées.

1.1 Analyse par fonctions

On entend par fonction un ensemble d'actions **concourant à un même but**.

> EXEMPLES : *approvisionnement, production, distribution, administration...*

L'ensemble des activités d'une entreprise peut être ainsi subdivisé suivant le rôle qu'elles jouent et les charges correspondantes réparties suivant les mêmes critères.

En fait, cette procédure, indépendante de la mise en place d'une comptabilité analytique complète visant à calculer des coûts, est souvent utilisée pour une **analyse globale** du compte de résultat, notamment dans les entreprises commerciales petites et moyennes.

1.2 Analyse par produit

Pour une entreprise fabriquant plusieurs produits ou plusieurs types de produits, il est de première importance de répartir les charges entre ces produits :

- afin de savoir si tous sont rentables lorsque les prix de vente sont fixés indépendamment de la volonté des dirigeants de l'entreprise ;
- afin de fixer des prix de vente permettant de réaliser des bénéfices sur tous les produits lorsque l'entreprise peut fixer lesdits prix de vente.

(1) Retenons pour l'instant le sens courant de cette expression que nous définirons ci-après avec plus de précision.

EXEMPLE : l'entreprise MOBURO fabrique des armoires métalliques de bureau. Elle vend deux modèles A et B. Son compte de résultat se résume ainsi :

Achats consommés	500 000	Production vendue	900 000
Charges de personnel	300 000	Perte	100 000
Autres charges	200 000		
	1 000 000		**1 000 000**

Les ventes de A s'élèvent à 200 000 € et les ventes de B à 700 000 €. Des estimations faites par le comptable, il résulte que 2/5 des achats concernent A, ainsi que 1/3 des charges de personnel et la moitié des autres charges.

Analyser les charges afin de déceler l'origine de la perte.

SOLUTION

	Totaux	Articles A	Articles B
Achats	500 000	200 000	300 000
Charges de personnel	300 000	100 000	200 000
Autres charges	200 000	100 000	100 000
	1 000 000	400 000	600 000
Ventes	900 000	200 000	700 000
Résultats	– 100 000	– 200 000	100 000

La perte de 100 000 est la résultante d'une perte de 200 000 sur A et d'un bénéfice de 100 000 sur B. Il y a lieu de modifier les conditions d'exploitation de l'exercice suivant.

L'abandon des articles A est une solution à laquelle on pense immédiatement, mais cet exemple est simplifié et n'apporte pas suffisamment d'informations pour une prise de décision. En effet, l'abandon de la production de A ne permettrait peut-être pas de faire disparaître immédiatement toutes les charges qui lui sont attribuées. Dans la réalité, il faut donc approfondir l'analyse.

1.3 Analyse par commande

Les entreprises, au lieu de fabriquer des produits pour les vendre sur stock produisent parfois à la **commande** (généralement pour des biens coûteux ayant des caractères particuliers). Une analyse des charges doit alors permettre de faire apparaître celles qui concernent chaque commande :

– pour en fixer le prix,
– pour déterminer si la réalisation de chacune entraîne bénéfice ou perte.

Que ce soit pour les produits ou les commandes, il apparaît d'ores et déjà qu'il serait intéressant de disposer d'une analyse **prévisionnelle**. Celle-ci peut être faite dans le cadre du calcul de **coûts préétablis**.

Pour l'instant, nous n'étudierons que des coûts constatés **complets** ou **coûts réels complets** calculés a posteriori.

1.4 Analyse par centres d'activité

L'exploitation industrielle ou commerciale est fragmentée entre des services ou **centres d'activité** divers, notamment :

– des services techniques, tels que les ateliers, les bureaux d'études, les services d'entretien ;
– des services commerciaux, tels que les services d'achat, la direction commerciale, les services d'expédition, les magasins de ventes ;
– des services généraux, tels que le secrétariat, la comptabilité, les services financiers, la direction générale, le service informatique.

L'activité des services est à l'origine des charges ; c'est pourquoi il est logique de chercher à répartir les charges d'une période par centres d'activité. Cette répartition permet de mieux contrôler les charges et de mettre en jeu des **responsabilités**, une personne étant responsable de chaque centre d'activité et des charges correspondantes.

EXEMPLE : *considérons le cas de l'analyse par produit du paragraphe B.*
Les armoires A et B sont fabriquées par passages successifs dans deux ateliers.
Atelier I : fabrication des pièces élémentaires de chaque modèle.
Atelier II : assemblage des pièces élémentaires.
Établir dans ce cas une analyse par centres d'activité.

SOLUTION

	Totaux	Service administratif	Atelier I	Atelier II
Achats	500 000		400 000	100 000
Charges de personne	300 000	50 000	100 000	150 000
Autres charges	200 000	100 000	50 000	50 000
	1 000 000	**150 000**	**550 000**	**300 000**

Analyse par centres d'activité et analyse par produit peuvent être très proches. C'est notamment parfois le cas lorsque l'entreprise a pour objet la prestation de services.

Exemple : *M. Payron exploite un hôtel-restaurant comprenant un immeuble acheté 2 400 000 € et les immobilisations suivantes :*

• Matériel et mobilier	:	hôtel	625 000
	:	restaurant	675 000
	:	bar	200 000
• Installations	:	hôtel	1 500 000
	:	restaurant	400 000
	:	bar	100 000

À la fin du premier exercice, le compte « Résultat » se présente comme suit :

Résultat

Achats consommés	2 135 718	Ventes	3 896 000
Charges de personnel	841 260	Recettes Hôtel	625 200
Impôts et taxes	383 600	Perte	48 838
Autres charges	587 460		
Dotations aux amortissements	622 000		
	4 570 038		**4 570 038**

M. Payron voudrait connaître les résultats de chacune des branches d'activité hôtel, restaurant, bar. À cet effet, le comptable réunit les renseignements suivants.

1) Les ventes se décomposent comme suit :

– ventes restaurant : 2 096 000
– ventes bar : 1 800 000

2) Le dépouillement des diverses charges donne les chiffres ci-dessous :

	Hôtel	Restaurant	Bar
Charges de personnel	247 080	529 320	64 860
Impôts et taxes	8 400	191 200	184 000
Autres charges	179 480	277 060	130 920

3) Les consommations ont été les suivantes :

	Hôtel	Restaurant	Bar
Denrées		758 250	18 560
Vins	4 000	224 178	296 480
Divers	15 096	99 210	719 944

4) Les amortissements sont pratiqués aux taux linéaires suivants

Immeuble	3 %
Matériel	10 %
Installations	20 %

L'amortissement de l'immeuble sera pris en charge par chaque exploitation en fonction des surfaces occupées par chaque branche, à savoir

Restaurant	2/8
Hôtel	5/8
Bar	1/8

Présenter un tableau de répartition des charges par centre d'activité et un tableau des résultats.

SOLUTION

• Tableau des charges par activité

Nature des charges	Hôtel	Restaurant	Bar
Consommations de denrées		758 250	18 560
Consommations de vins	4 000	224 178	296 480
Consommations diverses	15 096	99 210	719 944
Charges de personnel	247 080	529 320	64 860
Impôts et taxes	8 400	191 200	184 000
Autres charges	179 480	277 060	130 920
Amortissement matériel	62 500	67 500	20 000
Amortissement installations	300 000	80 000	20 000
Amortissement immeuble	45 000	18 000	9 000
Total	**861 556**	**2 244 718**	**1 463 764**

• Tableau des résultats

Éléments	Hôtel	Restaurant	Bar
Produits	625 200	2 096 000	1 800 000
Charges	861 556	2 244 718	1 463 764
Bénéfice			336 236
Perte	236 356	148 718	

Contrôle : 336 236 – (236 356 + 148 718) = – 48 838.

La somme des résultats partiels est égale au résultat global.

2. Notion de coûts

2.1 Définitions

D'une manière générale, les différents coûts d'un produit (bien ou prestation de service) sont constitués par un ensemble de charges supportées par l'entreprise en raison de l'exploitation de ce bien ou de cette prestation de service.

- Un **coût** est donc une **accumulation de charges** sur un produit (bien ou prestation de service) à un certain stade de son élaboration.
  On pourra calculer ainsi en particulier un coût d'achat, un coût de production.
- Un **coût de revient**(1) est une **accumulation de charges** sur un produit au **stade final** de son élaboration (*vente incluse*).
- Une **marge** est une différence entre un prix de vente et un coût.
- Un **résultat** est une différence entre un prix de vente et un coût de revient.

2.2 Composantes des coûts et coûts de revient

Les charges prises en considération pour calculer les coûts sont appelées **charges incorporables** ou **charges incorporées**(2).

Elles sont de deux types : les charges directes et les charges indirectes.

A. Charges directes

Ce sont les éléments qui concernent le coût ou le coût de revient d'un seul produit ou d'une seule commande. Il y a **affectation** des charges directes aux coûts lors de leur détermination.

> EXEMPLES : *matières incorporées au produit, amortissement d'une machine ne servant qu'à la fabrication d'un seul produit.*

B. Charges indirectes

Ce sont les éléments qui concernent plusieurs coûts et coûts de revient et doivent de ce fait faire l'objet d'une **analyse** avant **imputation**.

> EXEMPLE : *des travaux d'entretien faits dans tous les ateliers.*

---

(1) Cette notion correspond à l'expression usuelle de « prix de revient ». Il importe d'abandonner cette expression car un prix correspond, non à une somme de charges, mais à une valeur déterminée par le jeu de l'offre et de la demande sur un marché.

(2) La comptabilité de gestion reprend en principe les charges par nature de la comptabilité générale, mais elle ne les reprend pas toujours dans leur totalité. Elle ne retient pas les charges ayant un caractère exceptionnel ou anormal, ce qui conduit à distinguer les charges incorporables et les charges non incorporables, distinction qui sera étudiée au chapitre 3.

Finalement, nous pouvons schématiser ainsi ces principes :

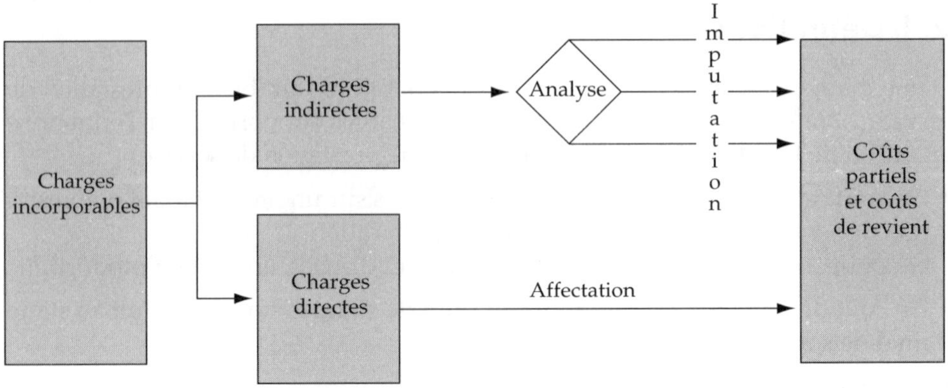

Ces deux types de charges seront étudiés plus en détail aux chapitres 4 et 5.

2.3 Hiérarchie des différents coûts

A. En l'absence de stocks

Le cycle d'exploitation d'une entreprise industrielle fait apparaître des phases auxquelles correspondent des coûts successifs. Phases de l'exploitation et coûts respectifs peuvent être schématisés ainsi :

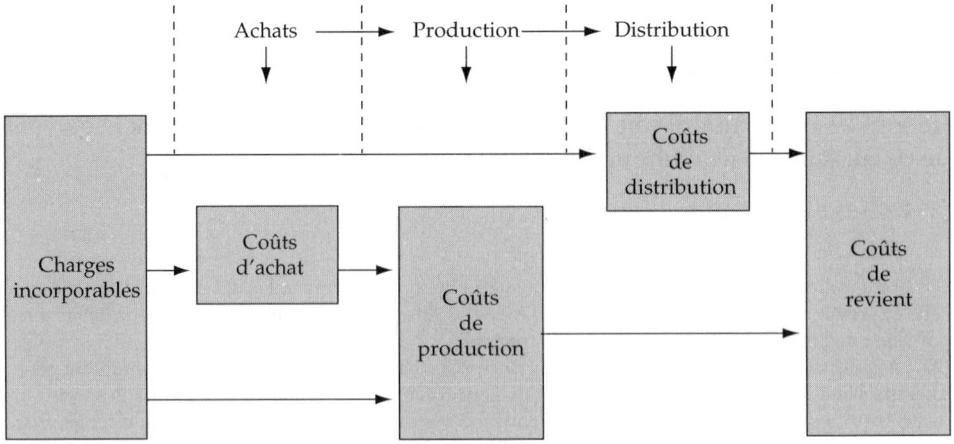

- Les *coûts d'achat* sont constitués par l'ensemble des charges supportées en raison de l'achat des marchandises ou des matières.
- Les *coûts de production* sont constitués par l'ensemble des charges supportées en raison de la création de produits ou services par l'entreprise.
- Les *coûts de distribution* sont constitués par l'ensemble des charges supportées en raison des opérations relatives à la conclusion et à l'exécution de la vente.

Pour tenir compte de l'aspect chronologique de ces stades de calcul, on parle souvent de **hiérarchie**. Il est à noter que, **en l'absence de stocks**(1) :

– les **coûts d'achat** sont **inclus** dans les **coûts de production** ;
– les **coûts de revient** sont la somme des **coûts de production** et des **coûts hors production**(2).

Remarque : nous parlons essentiellement de **coûts de produits** (incluant les coûts de commandes) mais il ne faut pas perdre de vue que l'on peut calculer des **coûts fonctionnels** (étude par fonctions) et des **coûts de centre d'activité** et de **responsabilité** (étude par centres).

B. En présence de stocks

En réalité, les produits qui parcourent le cycle d'exploitation ne le font pas de manière instantanée. En conséquence, lorsque l'on observe la situation à un moment donné, il existe des stocks (sans parler des produits en cours de fabrication dont il sera question plus tard) de matières, de produits finis…

Lorsqu'un stock apparaît à un stade quelconque du cycle de production, il modifie la procédure de calcul des coûts. Sans préciser pour l'instant les méthodes de calculs nous pouvons signaler que l'existence de ces stocks conduit à compléter les schématisations du type de celle du paragraphe A.

Ainsi, dans le cas de matières achetées pour être progressivement *utilisées dans la fabrication*, nous pouvons schématiser les liens entre coûts et stocks ainsi :

(1) Voir le paragraphe 2 ci-après et le chapitre 9 sur les stocks.
(2) On entend par « coûts hors production » les coûts de distribution et toutes autres charges incorporables aux coûts de revient que l'entreprise ne souhaite pas incorporer aux coûts de production.

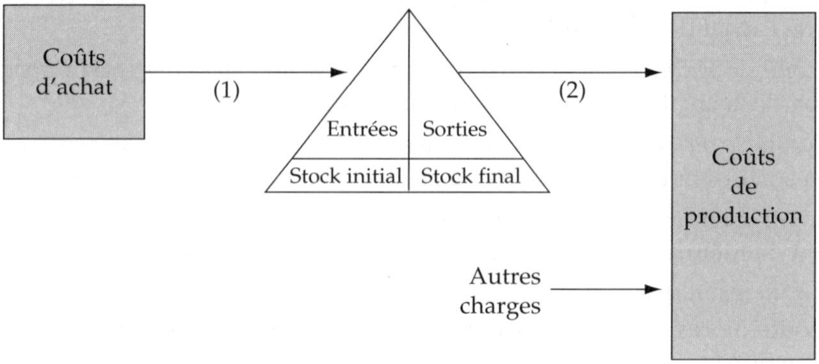

(1) Coûts d'achat des matières achetées. (2) Coûts d'achat des matières utilisées.

3. Types de coûts

Dans ce qui précède, pour une première approche concrète, nous avons mis l'accent sur les coûts que l'on peut constater aux différents stades du cycle d'exploitation.

Calculs et analyse conduisent à dégager de nombreux autres types de coûts. Le plan comptable général 1982 insiste sur leur définition par rapport à trois critères.

- Le **contenu** des coûts : chaque coût calculé peut prendre en considération toutes les charges supportées au titre de l'élément étudié (*coût complet*) ; ou seulement les charges ayant des caractéristiques particulières (*coût partiel*) telles que la variabilité lorsque la production varie (*coût variable*), ou les liens manifestes avec le produit étudié (*coût direct*).
- Le **moment** de calcul des coûts : suivant que les coûts sont déterminés antérieurement aux faits qui les engendrent (*coûts préétablis*) ou postérieurement (*coûts constatés* dits « coûts réels » ou « coûts historiques »). La comparaison de ces coûts conduit à déterminer des « écarts ».
- Le **champ d'application** du coût étudié : le plan comptable général cite les plus usuels en les détaillant plus ou moins :

– *coût par fonction économique* ;
– *coût par moyen d'exploitation* : magasin, rayon ou partie de rayon ; usine, atelier ou poste de travail ; bureau… ;
– *coût par production* (activité d'exploitation) : ensemble, famille de produits, unité de produit, stade d'élaboration d'un produit ;
– *coût par responsabilité* : ensemble de charges dont on peut attribuer la responsabilité à une personne (directeur, chef de service, contremaître…)
– *autres coûts* : par région, par groupe de clients…

En résumé, chaque définition d'un coût implique de choisir l'une des caractéristiques proposées par chacune des colonnes du tableau suivant :

Contenu	Moment de calcul	Champ d'application
a) Coûts complets	a) Coûts constatés	a) Fonction
b) Coûts partiels :	b) Coûts préétablis	b) Moyen
– coût variable		c) Production
– coût direct		d) Responsabilité
		e) Autres…

À chaque combinaison de ces critères correspond un type de coût.

EXEMPLES

– *Coût complet préétabli d'un atelier : a), b), b).*
– *Coût variable constaté d'un produit : b), a), c).*

Dans la première partie, nous étudions les coûts complets constatés, dans la deuxième partie, les coûts partiels, et dans la troisième partie nous traiterons des coûts préétablis.

Dans ce premier chapitre, nous avons précisé l'essentiel de la **terminologie** et les **principes** de base de la comptabilité de gestion.

Avant d'étudier plus en détail les méthodes employées nous consacrerons un chapitre à présenter schématiquement l'organisation d'ensemble en généralisant les principes envisagés ci-dessus.

EXERCICES : série 1.

MOTS-CLÉS

• Affectation • Analyse des charges • Centre d'activité • Charges directes • Charges incorporables • Charges indirectes • Commande • Composantes • Coût • Coût de revient • Fonction • Hiérarchie des coûts • Imputation • Marge • Objectif • Résultat

Chapitre 2

L'ORGANISATION GÉNÉRALE D'UNE COMPTABILITÉ DE GESTION

L'ensemble du processus de calcul des coûts peut être représenté par un **organigramme**.

À chaque stade, des problèmes se posent. Les chapitres suivants auront pour but de présenter des techniques de résolution de ces problèmes. L'étude préalable d'un tel organigramme doit permettre de ne pas perdre de vue :

– les objectifs,
– la place de chaque calcul particulier dans le processus d'ensemble.

1. Produit unique

Afin de simplifier le problème dans un premier temps, considérons le cas théorique d'entreprises n'exploitant qu'un seul produit.

1.1 Cas d'une entreprise commerciale

EXEMPLE : *imaginons le cas d'une entreprise exclusivement commerciale achetant un produit unique en vue de le revendre sans transformation. Supposons qu'elle veuille en déterminer le coût de revient.*

Dans ce cas, il n'apparaît pas de coût de production et l'organigramme d'ensemble peut être présenté ainsi :

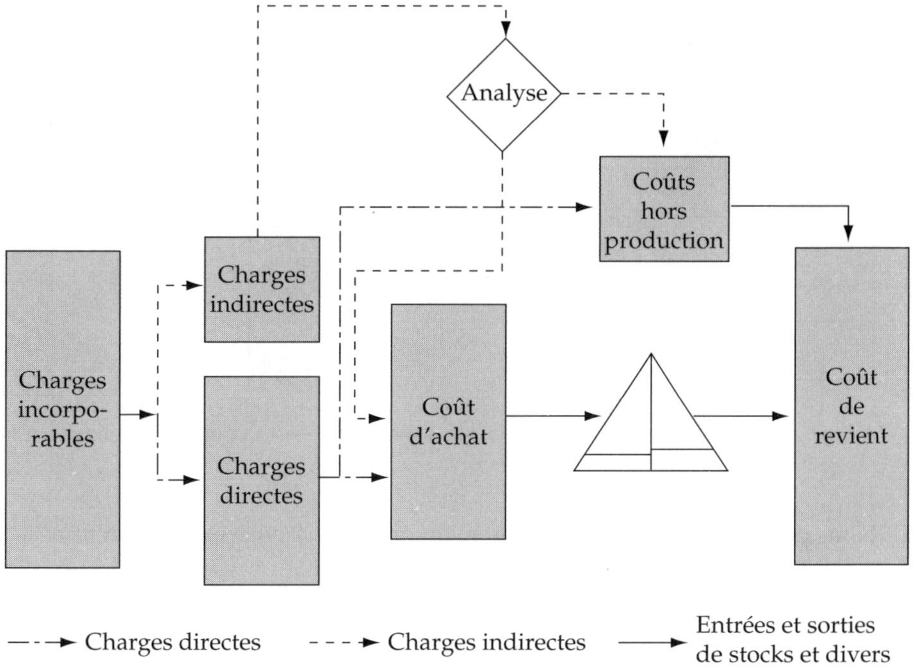

L'analyse des charges indirectes n'a pour but dans ce cas que leur partage entre coût d'achat et coûts hors production. Il est bien évident que dans le cas d'un seul produit une telle analyse ne s'impose pas pour le calcul du coût de revient, si ce n'est pour évaluer le stock et en tenir compte dans le calcul dudit coût de revient.

1.2 Cas d'une entreprise industrielle

EXEMPLE : imaginons le cas d'une entreprise achetant une matière unique M qu'elle transforme pour obtenir un seul type de produit fini P destiné à la vente.

Dans ce cas, il apparaîtra un stade conduisant à la détermination du coût de production et il y aura lieu de stocker, d'une part, les matières et, d'autre part, les produits finis.

L'organigramme se trouve modifié comme il suit :

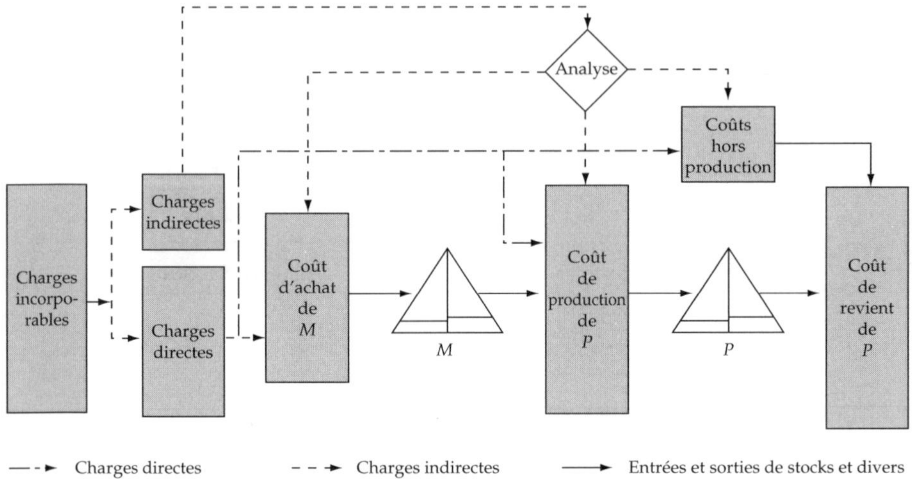

Nous pouvons faire les mêmes commentaires que dans le cas précédent.

2. Produits multiples

Les entreprises produisent plus généralement plusieurs produits ; l'organigramme devient donc plus complexe.

Exemple : *l'entreprise PITA fabrique deux produits P et Q. Pour cela, elle utilise deux matières M_1 et M_2 combinées dans des proportions différentes pour obtenir P et Q. Tous les coûts sont composés de charges directes et de charges indirectes.*

Présenter un organigramme de comptabilité analytique pour cette entreprise en conservant les symboles utilisés précédemment dans les schémas.

Solution

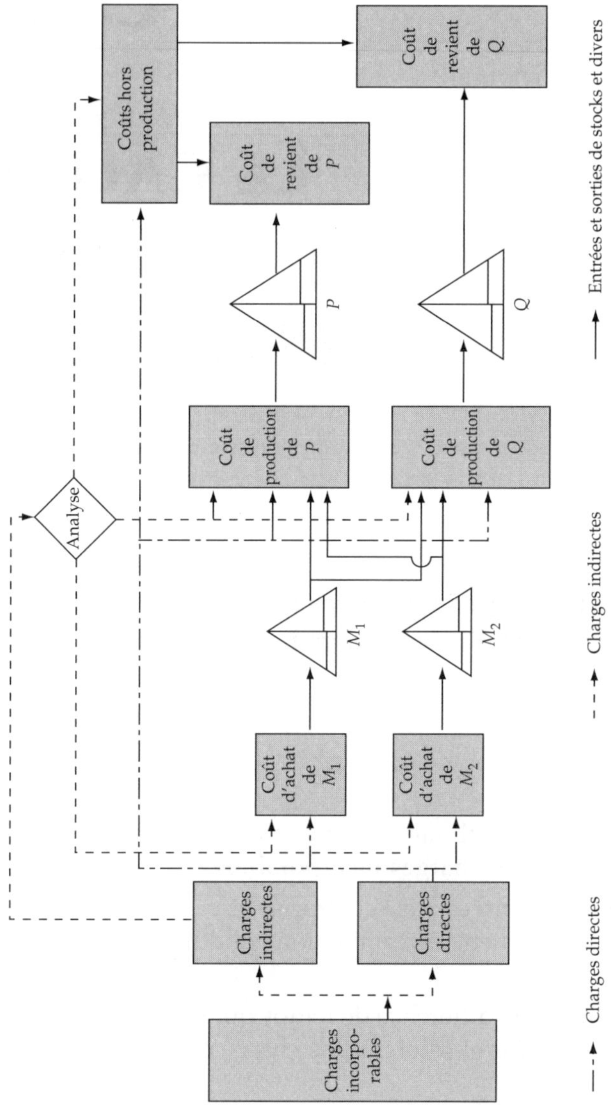

EXERCICES : série 2.

MOTS-CLÉS

• Organigramme • Organisation

Chapitre 3

LE CALCUL DES CHARGES INCORPORABLES

1. **Importance de la périodicité des calculs**
2. **Importance du choix des charges**

Les charges que la comptabilité analytique incorpore dans les coûts et les coûts de revient constituent les **charges incorporables**.

Ces charges sont supportées par l'entreprise et pour la plupart constatées par la comptabilité générale. Leur détermination conduit cependant à examiner deux particularités.

La première est due à la différence de temps qui peut exister entre le moment où se fait le calcul des coûts et celui où une charge est constatée par la comptabilité générale.

> EXEMPLE : *si le calcul des coûts est mensuel, au mois de février on ne connaît pas, par la comptabilité générale, la prime d'assurances, si elle est payée pour l'année au mois de juin.*

La seconde difficulté tient au fait que l'on peut laisser de côté, pour le calcul des coûts, des charges qui ont un caractère exceptionnel ou anormal.

> EXEMPLE : *l'amortissement des frais de premier établissement.*

Il faut donc identifier les charges à retenir pour le calcul des coûts.

1. Importance de la périodicité des calculs

La période de calcul des coûts est généralement plus courte que l'exercice : période trimestrielle ou plus souvent mensuelle.

Certaines charges sont quotidiennes ou mensuelles et sont alors connues au moment du calcul des coûts.

EXEMPLE : *consommation de matières, dépenses de salaires.*

D'autres sont trimestrielles ou annuelles.

EXEMPLE : *loyers, amortissements, impôts.*

On détermine alors le montant correspondant à la période de calcul des coûts par une répartition de la charge annuelle. Cette répartition est dite **méthode de l'abonnement**.

EXEMPLE : *l'atelier d'usinage d'une entreprise fabrique chaque mois 2 500 pièces d'un modèle unique. Les machines utilisées ont été acquises pour 3 000 000 € et sont amortissables sur cinq ans.*

Amortissement annuel : 3 000 000/5 = 600 000 €

Amortissement mensuel : 600 000/12 = 50 000 €

Soit, pour une pièce fabriquée : 50 000/2 500 = 20 € d'amortissement à inclure dans le coût de production.

D'une manière générale, on dresse un tableau des charges dont la périodicité est différente de celle de calcul des coûts, et on calcule pour chacune d'elles le montant de l'abonnement, c'est-à-dire le montant incorporable aux coûts de la période.

EXEMPLE : *une entreprise calcule ses coûts mensuellement. Elle récapitule dans un tableau les charges à prendre en compte dans les coûts de revient et dont la périodicité n'est pas mensuelle.*

Nature	Périodicité	Montant	Abonnement
Taxe professionnelle	Année	7 200	600
Loyers	Trimestre	36 000	12 000
Redevances pour brevets	Année	48 000	4 000
Primes d'assurance	Année	27 000	2 250
Intérêts d'emprunt	Semestre	18 000	3 000
Dotations aux amortissements	Année	72 000	6 000
			27 850

2. Importance du choix des charges

Il convient d'inclure dans les coûts tous les éléments ayant un **caractère normal**, en rapport avec l'activité de l'entreprise. Il s'agit, de façon générale, de toutes les charges correspondant à des **facteurs** concourant à la **production** ou la **vente** du produit.

Les critères conduisant à l'inclusion ou à l'exclusion d'un élément dans le calcul des coûts doivent avoir un caractère de **permanence** dans le temps et dans l'espace.

> EXEMPLE : *des pertes sur créances irrécouvrables peuvent être incorporées ou non dans le coût des produits, selon leur caractère plus au moins normal pour l'entreprise considérée. Mais il convient, pour permettre la comparaison des coûts dans le temps, de retenir la même solution d'une période à l'autre.*

2.1 Les charges supplétives

Dans les calculs de coûts, la comptabilité analytique peut prendre en compte des charges non enregistrées en comptabilité générale. Ces charges sont dites supplétives et le plan comptable général 1982 les appelle « **différences d'incorporation pour éléments supplétifs** ».

Elles sont notamment prises en considération par des entreprises voulant calculer des coûts de revient qui ne dépendent ni du mode de financement de l'entreprise ni de son régime juridique (société ou entreprise individuelle par exemple).

On peut ainsi considérer comme charges supplétives certaines rémunérations.

A. La rémunération théorique des capitaux propres

Les coûts obtenus seront alors comparables à ceux d'une entreprise financée par des emprunts.

> EXEMPLE : *les capitaux propres d'une entreprise s'élèvent à 1 000 000 €. Les capitaux empruntés à long terme par ce type d'entreprise sont généralement rémunérés au taux annuel de 9 %. Les coûts sont calculés tous les mois.*
>
> Éléments supplétifs incorporés annuellement : 1 000 000 × 9/1 00 = 90 000.
> Éléments supplétifs incorporés mensuellement : 90 000/12 = 7 500.

Notons également que l'on peut considérer que ce coût des capitaux propres prend en compte l'intérêt que l'entreprise pourrait percevoir si elle prêtait ses capitaux. La privation de ce revenu financier constitue en quelque sorte un coût.

B. La rémunération du travail de l'exploitant

L'exploitant d'une entreprise individuelle est rémunéré par le bénéfice de son entreprise. Mais cette rémunération n'est pas comptabilisée comme charge par la comptabilité générale, contrairement à celle des dirigeants d'entreprises sociétaires[1].

La prise en compte d'une telle rémunération dans les coûts permet de rendre les coûts comparables entre entreprises à régime juridique et fiscal différent.

Elle présente aussi l'avantage de tenir compte de l'activité effective de l'exploitant, au même titre que de celle d'un personnel salarié.

2.2 Les charges non incorporables

Si certaines charges peuvent être ajoutées, à l'inverse, parfois, des charges enregistrées par la comptabilité générale ne sont pas prises en compte dans les calculs de coûts. Elles sont dites **charges non incorporables**.

Ce sont essentiellement :

- **des charges hors exploitation** : c'est le cas en particulier des charges exceptionnelles, en raison de leur caractère anormal pour l'exercice ;
- **certaines charges d'exploitation** à caractère non récurrent : il s'agit de charges que l'on ne retrouvera pas chaque année dans la comptabilité de l'entreprise, par exemple, une provision pour litige avec un salarié, l'amortissement de frais d'établissement ;
- **certaines charges d'exploitation** dont le montant ne correspond pas à l'estimation de l'entreprise. Ce sont notamment certains amortissements et certaines provisions.

Pour les charges non incorporables, le plan comptable général parle de « **différences d'incorporation sur autres charges** » et en exclut les différences liées aux amortissements et provisions que la comptabilité analytique appelle charges d'usage et charges étalées.

2.3 Les charges d'usage et les charges étalées

Les différences d'appréciation des amortissements et provisions en comptabilité générale d'une part et en comptabilité analytique d'autre part peuvent faire naître tantôt des *charges non incorporables*, tantôt des *charges supplétives*. Le plan comptable général parle de « **différences d'incorporation sur amortissements et provisions** ».

A. Amortissements et charges d'usage

La « charge d'usage » correspond à l'**amortissement économique** des biens. Elle diffère généralement de l'amortissement porté en comptabilité générale qui obéit souvent à des règles et contraintes fiscales.

(1) Il s'agit des sociétés soumises à l'impôt sur les sociétés.

Le plan comptable suggère de calculer cette charge d'usage :
- sur la base de la **valeur actuelle** du bien (et non pas de son coût d'achat),
- sur une **durée réelle** probable d'utilisation.

On a donc :

$$\text{Charge d'usage} = \frac{\text{Valeur d'usage de l'immobilisation}}{\text{Durée prévue d'usage}}$$

Mais il ne s'agit là que d'une suggestion et nombre d'entreprises calculent leurs coûts sur la base des amortissements comptabilisés en fonction de la durée d'utilisation fiscalement admise.

B. Provisions et charges étalées

Aux dotations aux provisions de la comptabilité générale se substituent des « charges étalées », déterminées selon des critères définis par l'entreprise.

En résumé, les notions de charges supplétives et de charges non incorporables, de charges d'usage et de charges étalées peuvent s'illustrer ainsi :

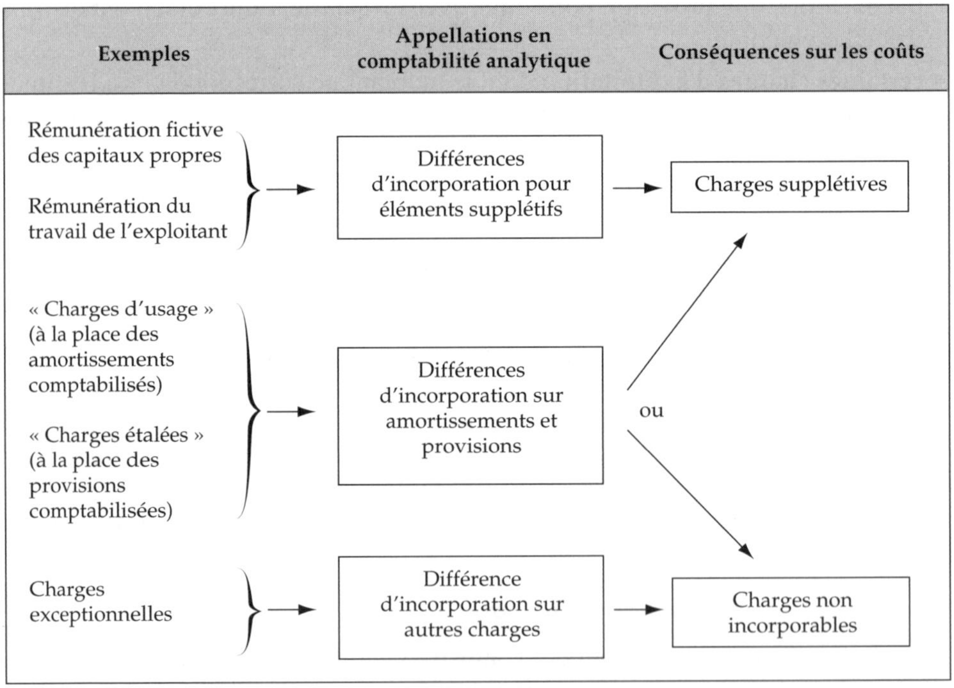

Remarque : le plan comptable général précise que, **en cas de sous-activité**, les coûts doivent être calculés à « activité normale », ce qui peut conduire à exclure des charges incorporables la part des charges dites « coût de la sous-activité » ou coût du chômage. Nous envisagerons cet aspect seulement dans le cadre de l'étude de l'**imputation rationnelle** des charges fixes (chapitre 19).

En conclusion, nous pouvons présenter le schéma et les égalités qui suivent :

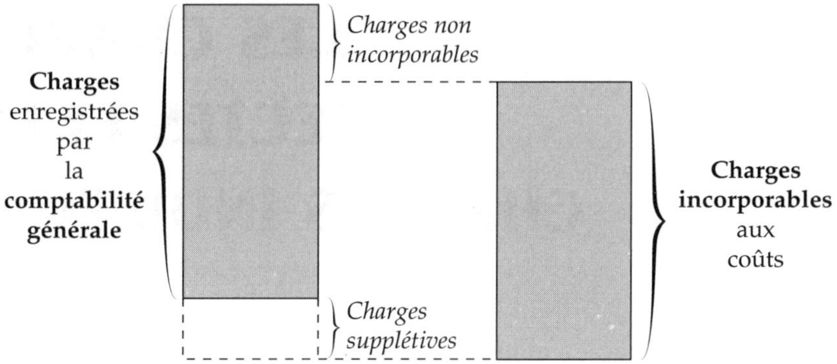

Charges de la comptabilité générale	Charges incorporables
– Charges non incorporables	+ Charges non incorporables
+ Charges supplétives	– Charges supplétives
= Charges incorporables	= Charges de la comptabilité générale

On doit observer qu'il y aura lieu, en fin d'année, de faire un **rapprochement** entre la comptabilité générale et la comptabilité analytique pour vérifier les égalités ci-dessus.

Notons enfin que, en ce qui concerne le **choix des charges incorporables**, le plan comptable général indique des principes généraux et laisse le soin aux entreprises de les interpréter en fonction des caractères particuliers de leurs opérations.

EXERCICES : série 3.

MOTS-CLÉS

• Abonnement • Charge d'usage • Charges incorporables • Charges non incorporables • Charges supplétives • Différences d'incorporation pour éléments supplétifs • Différences d'incorporation sur amortissements et provisions • Différences d'incorporation sur autres charges • Méthode de l'abonnement

Chapitre 4

LES CHARGES DIRECTES ET LES CHARGES INDIRECTES

La distinction entre charges directes et charges indirectes ainsi que la terminologie correspondante apparaissent clairement dans le schéma ci-après :

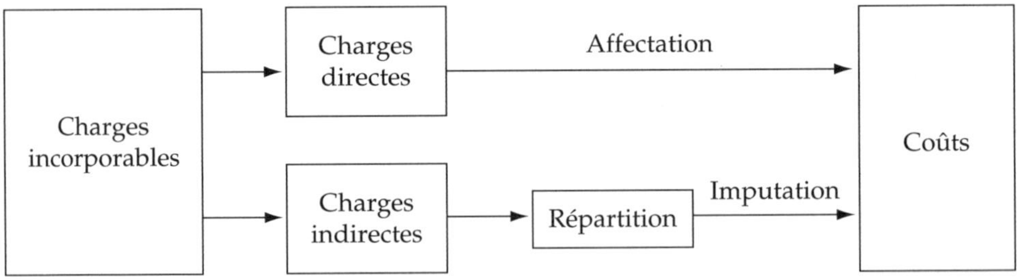

1. Les charges directes et leur affectation

Comme le montre le schéma, les charges directes sont affectables. Elles concernent le coût d'un seul produit ou d'une seule commande et sont directement **affectées** aux coûts, c'est-à-dire sans répartition préalable.

Les deux catégories essentielles de charges directes sont :

- les **matières et fournitures**, qui sont nécessairement des charges directes lorsqu'elles entrent dans la composition des produits fabriqués ;
- la **main-d'œuvre directe** : il s'agit des frais de personnel résultant des travaux effectués sur un seul produit.

Remarque : la distinction entre charges directes et indirectes peut dépendre de l'organisation de la comptabilité analytique.
Ainsi, certaines charges de personnel de production pourront être considérées comme directes si les temps passés sur chaque fabrication font l'objet d'une saisie sur un bon de travail. Dans le cas contraire, elles seront traitées comme charges indirectes.

2. Les charges indirectes et leur imputation

A. Notion de charges indirectes

Rappelons que l'on entend par charges indirectes celles qui ne concernent pas un seul mais plusieurs des coûts calculés.

> *Exemple : les charges d'administration générale, l'énergie électrique consommée, les amortissements d'un atelier fabriquant plusieurs produits, etc.*

B. Traitement comptable des charges indirectes

Alors que les charges sont aisément affectées aux coûts, sans calculs intermédiaires, les charges indirectes doivent être **analysées** et **réparties** avant leur **imputation**.

Des méthodes **rapides** mais nécessairement **arbitraires** peuvent être envisagées en vue de cette répartition.

a) Première phase : prérépartition

Compte tenu de la hiérarchie des différents coûts, une prérépartition permet de séparer les charges imputables :

– aux coûts d'achat : *charges d'approvisionnement,*

– aux coûts de production : *charges de production,*

– aux coûts de distribution : *charges de distribution.*

Il s'agit en partie d'une répartition par fonctions des charges indirectes. Les charges qui ne peuvent être réparties aisément entre ces trois fonctions constituent les **charges générales**.

EXEMPLE : *soit la prérépartition suivante.*

Charges par nature		Charges d'approvisionnement	Charges de production	Charges de distribution	Charges générales
Charges de personnel	280 000	20 000	190 000	30 000	40 000
Impôts et taxes	6 000			4 000	2 000
Services extérieurs (comptes 61)	14 000	1 000	10 000	1 000	2 000
Services extérieurs (comptes 62)	22 000	1 000	1 000	18 000	2 000
Fournitures consommables	13 000	1 000	1 000	3 000	8 000
Dotations aux amortissements	65 000	7 000	38 000	14 000	6 000
	400 000	**30 000**	**240 000**	**70 000**	**60 000**

Dans une optique de répartition simple, les *charges générales* sont :

- soit *réparties* entre les fonctions approvisionnement, production, distribution ;
- soit *imputées globalement* au niveau des coûts de revient ; c'est l'optique du plan comptable général.

b) Seconde phase : imputation aux coûts

Les totaux de charges indirectes de chaque fonction sont ensuite imputés aux coûts des produits proportionnellement à des **coefficients d'imputation**.

Citons quelques exemples.

- Pour les *charges d'approvisionnement*, partage entre les coûts d'achat des matières proportionnellement :
  - aux quantités achetées,
  - aux prix d'achat.
- Pour les *charges de production*, partage entre les coûts de production proportionnellement :
  - aux charges directes contenues dans ces coûts,
  - aux salaires directs (montant ou nombre d'heures),
  - aux matières consommées (montant ou quantités),
  - aux quantités de produits de chaque type fabriqués.
- Pour les *charges de distribution*, partage entre les coûts de distribution proportionnellement :
  - au montant des coûts de production,
  - aux quantités vendues.

Exemple : *supposons que les 240 000 € de charges de production figurant dans l'exemple précédent doivent être répartis entre deux produits P1 et P2, pour lesquels on fournit les renseignements suivants sur les charges directes de production.*

	Quantités produites	Quantités de matières consommées (en kg)	Heures de main-d'œuvre directe
Produit Pl	500	1 500	750
Produit P2	1 000	2 500	500
Total		**4 000**	**1 250**

Supposons que le coût des matières soit de 20 € par kilogramme et le coût horaire de la main-d'œuvre directe de 32 €.

Différentes clés de répartition sont envisageables pour les charges de production : les quantités de matières, les heures de main-d'œuvre directe, le total des charges directes.

Solution

a) La répartition en fonction des quantités de matières conduit aux calculs suivants :

– pour P1 : 240 000 × 1 500/4 000 = 90 000,

– pour P2 : 240 000 × 2 500/4 000 = 150 000.

b) La répartition en fonction des heures de main-d'œuvre directe donne les résultats suivants :

– pour P1 : 240 000 × 750/1 250 = 144 000,

– pour P2 : 240 000 × 500/1 250 = 96 000.

c) La répartition en fonction du total des charges directes nécessite le calcul préalable de leur montant.

	P1			P2			Total
Matières	20	1 500	30 000	20	2 500	50 000	80 000
Main-d'œuvre	32	750	24 000	32	500	16 000	40 000
Total			**54 000**			**66 000**	**120 000**

Ce qui conduit à la répartition suivante :

– pour P1 : 240 000 × 54 000/120 000 = 108 000,

– pour P2 : 240 000 × 66 000/120 000 = 132 000.

En totalisant les charges directes et les charges indirectes calculées selon les trois modes précédents, on aboutit aux coûts de production suivants :

	P1			P2			Total
	CD	CI	Coût	CD	CI	Coût	
Répartition a	54 000	90 000	144 000	66 000	150 000	216 000	360 000
Répartition b	54 000	144 000	198 000	66 000	96 000	162 000	360 000
Répartition c	54 000	108 000	162 000	66 000	132 000	198 000	360 000

Si le total des coûts est identique dans les trois méthodes, leur répartition entre P1 et P2 apparaît très différente. Cet écart amène donc à s'interroger sur la pertinence de chacun des calculs réalisés.

Sans autre justification, de telles méthodes peuvent apparaître comme **arbitraires** et fausser la concurrence entre des entreprises qui fixeraient leurs prix de vente d'après leurs coûts de revient.

La **méthode des centres d'analyse**, préconisée par le plan comptable, vise à réduire cette part d'arbitraire dans l'imputation des charges indirectes.

EXERCICES : série 4.

MOTS-CLÉS

• Affectation • Charge directe • Charge indirecte • Coefficient d'imputation • Imputation

Chapitre 5

Le traitement des charges indirectes

1. Principe des centres d'analyse

1.1 Définition du centre d'analyse

Le centre d'analyse est une division d'ordre comptable de l'entreprise dans laquelle sont groupés, préalablement à leur imputation aux coûts des produits, les éléments de charges indirectes.

Le centre d'analyse peut correspondre :

- soit à une **division fictive** de l'entreprise, division qui équivaut alors souvent à une fonction, comme le financement, l'administration, la sécurité, la gestion du personnel… ;
- soit à une **division réelle** de l'entreprise, division qui équivaut alors souvent à un service ; on parle alors de **centre de travail**, tels l'atelier X, l'atelier Y, le service distribution.

Nos exemples n'ont qu'un caractère indicatif car tel type de charge correspondant à une division réelle dans une entreprise peut correspondre à une division fictive dans une autre.

1.2 Caractère du centre d'analyse

Le centre d'analyse doit être choisi de telle manière que les charges indirectes qu'il regoupe présentent un caractère **d'homogénéité**. L'homogénéité du centre doit permettre, chaque fois que possible, la mesure de son activité par une unité physique. Ce n'est pas toujours possible, d'où les distinctions faites par le plan comptable général entre centres opérationnels et centres de structure.

A. Centres opérationnels

Ce sont les centres d'analyse dont l'activité peut être mesurée par une unité physique dite « **unité d'œuvre** », comme l'heure machine, l'heure de main-d'œuvre directe, l'unité de produit fabriqué, etc.

Cette unité doit :

- **caractériser l'activité du centre** : le montant des charges doit varier en fonction du nombre de ces unités ;
- **permettre une imputation** des charges du centre aux coûts des produits ou des commandes intéressées.

On doit donc être en mesure de déterminer le nombre d'unités d'œuvre correspondant aux différents produits ou aux différentes commandes.

On calcule :

$$\text{Coût de l'unité d'œuvre} = \frac{\text{Coût du centre analyse}}{\text{Nombre d'unités d'œuvre du centre d'analyse}}$$

B. Centres de structure

Ce sont les centres d'analyse pour lesquels il n'est pas possible de mesurer une activité par une unité physique, comme l'administration générale, le financement, etc.

En l'absence d'unité d'œuvre, on calcule un **taux de frais** en fonction d'une base (ou assiette) exprimée en euros.

On calcule :

$$\text{Taux de frais} = \frac{\text{Coût du centre d'analyse}}{\text{Assiette de répartition en euros}}$$

EXEMPLE : *soit un centre « administration générale » dont on souhaite répartir les charges entre les coûts de revient proportionnellement aux coûts de production des produits vendus.*

Dans ce cas :

$$\text{Taux de frais} = \frac{\text{Coût du centre administration générale}}{\text{Somme des coûts de production des produits vendus}}$$

Ce taux de frais donne en fait le coût du centre pour *un euro* d'assiette (dans notre exemple, pour un euro de coût de production). On peut également l'exprimer en pourcentage.

Les centres de structure sont ainsi dénommés car ils regroupent des charges qui varient peu dans le cadre d'une structure déterminée, tandis que les centres opérationnels regroupent des charges dont le montant est en partie lié au volume des opérations réalisées.

Remarque : la précision recherchée dans le calcul des coûts conduit parfois à effectuer l'imputation du coût d'un centre d'analyse au moyen de plusieurs unités d'œuvre. Le centre est alors subdivisé en sections dites sections homogènes (homogénéité des charges par rapport à l'unité d'œuvre choisie pour la section).

1.3 Utilité du centre d'analyse

A. Pour le calcul des coûts

EXEMPLE 1 : *dans l'atelier piquage d'une usine de confection sont fabriqués deux modèles de chemise M1 et M2.*

L'atelier comprend dix machines identiques, qui ont tourné chacune 160 heures pendant le mois, dont 1 000 heures pour fabriquer M1 et 600 heures pour fabriquer M2. Les charges indirectes du centre s'élèvent pour le mois à 240 000 €. Les heures machine sont retenues comme unités d'œuvre.

SOLUTION

Coût de l'unité d'œuvre : 240 000/1 600 = 150

Imputations :

– à M1 : 150 × 1 000 = 150 000

– à M2 : 150 × 600 = 90 000

EXEMPLE 2 : *les charges du centre « distribution » de la même entreprise s'élèvent à 70 000 €. Le coût de production du produit M1 est de 800 000 € et celui du produit M2 de 600 000 €. Le coût de production est retenu comme assiette de frais.*

SOLUTION

$$\text{Taux de frais} = \frac{70\ 000}{1\ 400\ 000} = 0{,}05 \text{ ou } 5\ \%$$

Imputations

– à M1 : 0,05 × 800 000 = 40 000

– à M2 : 0,05 × 600 000 = 30 000

En résumé, on impute les charges d'un centre d'analyse en procédant ainsi :

$$\left\{\begin{array}{c}\text{Imputation d'un}\\ \text{centre d'analyse}\\ \text{au coût}^{(1)}\text{ d'un}\\ \text{élément}\end{array}\right\} = \left\{\begin{array}{l} \left(\begin{array}{c}\text{coût de l'unité}\\ \text{d'œuvre du centre}\end{array}\right)\times\left(\begin{array}{c}\text{nombre d'unités}\\ \text{d'œuvre consommées}\\ \text{par l'élément étudié}\end{array}\right)\\ \text{ou}\\ \left(\begin{array}{c}\text{taux de frais}\\ \text{de centre}\end{array}\right)\times\left(\begin{array}{c}\text{part de l'assiette de}\\ \text{répartition attribuée}\\ \text{à l'élément étudié}\end{array}\right)\end{array}\right\}$$

B. Pour la mise en jeu de responsabilités

Le traitement des charges indirectes dans les centres d'analyse facilite la mise en cause de responsabilités dans l'évolution des charges. Dans cette optique, des charges directes peuvent être ajoutées aux charges indirectes d'un centre d'analyse, surtout si elles ont un lien avec les unités d'œuvre qui mesurent l'activité du centre d'analyse.

> *EXEMPLE : si un centre de travail « atelier de montage » a pour unité d'œuvre l'heure de main-d'œuvre directe, ajouter la main-d'œuvre directe aux charges indirectes constitue un ensemble homogène dont on peut attribuer la responsabilité à un cadre.*

Un centre de travail conçu en centre de coût pour correspondre à un échelon de responsabilités dans l'entreprise prend le nom de **centre de responsabilité**. Si à ces charges peuvent être associés des produits (produits courants) pour constituer un « compte de résultat élémentaire » dégageant un résultat, le centre prend le nom de **centre de profit**.

2. Types de centres d'analyse

2.1 Des fonctions aux centres d'analyse

Les centres d'analyse peuvent être plus ou moins nombreux selon l'entreprise et son type d'activité. Le plan comptable général 1982 propose une analyse plus ou moins détaillée sous la forme d'un **tableau** (voir page ci-contre).

Il va de soi que ce tableau n'est qu'indicatif et que pour plusieurs centres d'analyse, les divisions sont généralement plus fines, notamment pour les centres de travail relatifs à la production. En outre, des divisions en sections peuvent également accroître le nombre de centres d'analyse.

(1) Coût d'achat, coût de production, coût de distribution, coût de revient ou même coût d'un autre centre d'analyse.

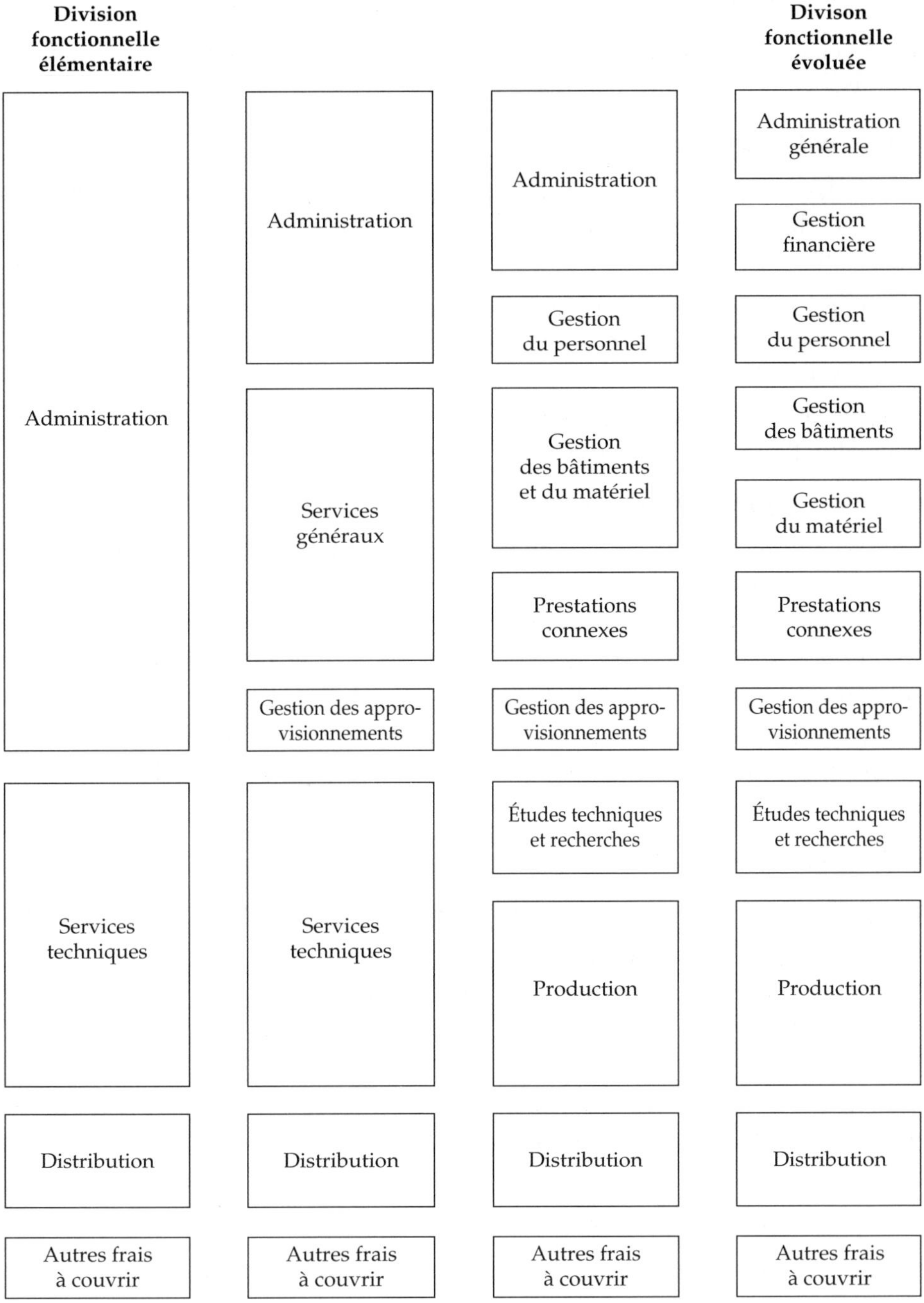
Division fonctionnelle élémentaire
Divison fonctionnelle évoluée
Administration
Services techniques
Distribution
Autres frais à couvrir
Administration
Services généraux
Gestion des approvisionnements
Services techniques
Distribution
Autres frais à couvrir
Administration
Gestion du personnel
Gestion des bâtiments et du matériel
Prestations connexes
Gestion des approvisionnements
Études techniques et recherches
Production
Distribution
Autres frais à couvrir
Administration générale
Gestion financière
Gestion du personnel
Gestion des bâtiments
Gestion du matériel
Prestations connexes
Gestion des approvisionnements
Études techniques et recherches
Production
Distribution
Autres frais à couvrir

2.2 Des centres d'analyse aux imputations

Les diverses destinations des coûts des centres, lors de leurs imputations, conduisent à une classification des centres d'analyse.

A. Les centres auxiliaires

Ce sont les centres dont les coûts sont imputés à d'autres centres d'analyse car l'essentiel de leur activité leur est consacré (y compris éventuellement à d'autres centres auxiliaires).

> EXEMPLE : *dans le cadre de la gestion du matériel, un centre de travail « entretien du matériel » intervient dans les divers ateliers et fournit des prestations aux divers centres de production.*

Les types de centres auxiliaires dans les catégories proposées par le plan comptable général peuvent être décrits comme suit.

a) Centres « gestion du personnel »

Que l'on ait un centre d'analyse unique ou plusieurs centres de travail, les charges qui y sont regroupées sont celles qui correspondent aux fonctions :

- de gestion technique du personnel : embauche, formation, administration ;
- de gestion sociale du personnel : services sociaux et relations avec le comité d'entreprise et les délégués du personnel.

Le coût des centres de gestion du personnel est **imputé** aux autres centres à raison du personnel qu'ils utilisent (en fonction de l'effectif, des heures ou des rémunérations…).

b) Centres « gestion des bâtiments »

Il s'agit des fonctions liées, pour les bâtiments, locaux et parcs de stationnement :

- à l'administration desdits bâtiments,
- au fonctionnement (chauffage, éclairage, climatisation, hygiène, entretien, réparation…),
- à la prévention (sécurité, gardiennage, surveillance technique…).

Le coût de ces centres est généralement **imputé** à tous les centres occupant des surfaces et le plus souvent à raison des surfaces occupées (ou des surfaces corrigées).

c) Centres « gestion du matériel »

Il s'agit des fonctions liées, pour les matériels utilisés par l'entreprise :

- à l'administration desdits matériels,
- au fonctionnement (entretien, révisions, réparations),
- à la sécurité et aux conditions d'emploi des matériels.

Le coût de ces centres est généralement **imputé** à tous les centres utilisateurs de matériel à raison de prestations fournies (exprimées en heures par exemple). À défaut d'unités d'œuvre, on peut envisager un taux de frais calculé d'après la valeur des matériels.

d) Centres « prestations connexes »

Ces centres regroupent des charges correspondant à la production de services internes à l'entreprise, au profit des autres centres. Citons la production d'énergie, les transports, la production et la reproduction de documents, le traitement des informations…

B. Les centres principaux

Ce sont les centres dont les montants sont imputés aux coûts des produits. Nous les décrirons *ultérieurement* au fur et à mesure de l'étude des coûts.

Pour l'instant, classons-les en fonction de la destination de leurs coûts.

a) Imputation aux coûts d'achat (chapitre 8)

– Centre « gestion des approvisionnements ».

b) Imputation aux coûts de production (chapitre 10)

– Centres de production.
– Centres « études techniques et recherches[1] » (dans la mesure où ils concernent les produits de la période).

c) Imputation aux coûts de revient (chapitre 13)

– Centres de distribution (via un éventuel coût de distribution).
– Centres « administration générale ».
– Centres « gestion financière ».
– Centres « autres frais à couvrir ».

Les coûts de ces centres constituent ce que nous appelons des coûts hors production (voir chapitre 12).

(1) Les frais de recherche et développement sont toutefois imputés aux coûts de revient.

3. Mise en œuvre de la méthode

3.1 Répartition primaire et répartition secondaire

A. Principe

La **répartition primaire** est l'attribution des charges indirectes aux centres principaux ou auxiliaires :

- *par affectation* si l'on dispose de moyens de mesure des consommations de charges par nature pour chaque centre (exemple : la consommation d'électricité mesurée par compteur) ;
- *par répartition* si l'on utilise des clés de répartition entre les centres (exemple : la répartition de l'électricité proportionnellement aux nombres d'ampoules ou aux surfaces, en l'absence de compteurs par centres).

La **répartition secondaire** est la répartition des prestations des centres auxiliaires entre les centres principaux.

D'où le schéma suivant, qui peut compléter les organigrammes présentés au chapitre 2 :

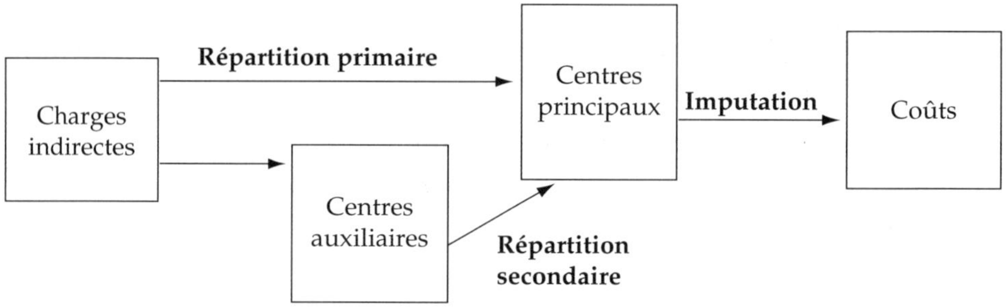

ou sa traduction en tableau de calculs :

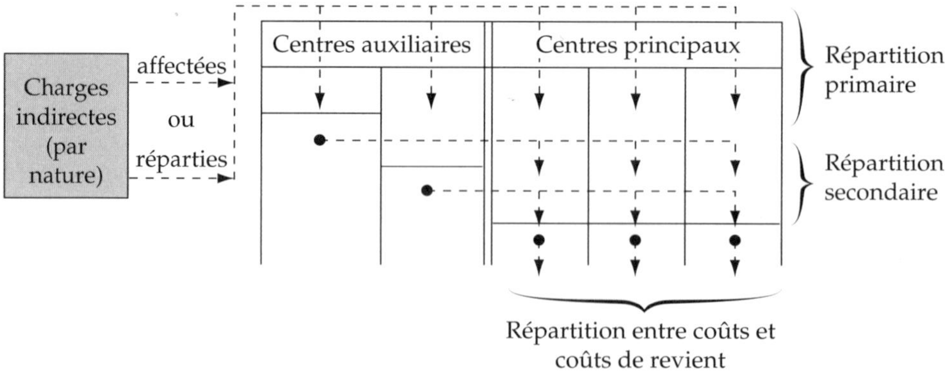

B. Application

Considérons une application théorique simple. Chacune de nos applications sera évidemment simplifiée par rapport aux situations réelles, notamment quant au nombre de centres.

Dans l'entreprise CLAMA, *on a enregistré, entre autres, en classe 6 de la comptabilité générale, les charges suivantes considérées comme des charges indirectes pour le calcul des coûts et coûts de revient d'un mois.*

Fournitures consommables	12 000
Services extérieurs – comptes 61	10 000
Services extérieurs – comptes 62	8 000
Impôts et taxes	5 000
Charges de personnel	260 000
Dotations aux amortissements (abonnement)	15 000
Dotations aux provisions (abonnement)	5 000

Il est d'autre part décidé de tenir compte de charges supplétives s'élevant à 15 000 €. En revanche, les charges d'usage relatives aux amortissements figurant ci-dessus ne seront retenues que pour 10 000 €.

La répartition des charges indirectes se fait entre les centres suivants :

– centre auxiliaire : prestations connexes,

– centres principaux : approvisionnement, ébauchage, finissage, ventes au détail, ventes en gros, selon les clés ci-après.

Charges	Prestations connexes	Approvisionnement	Ébauchage	Finissage	Distribution	Adm. générale et financement
Fournitures consommables	5	5	5	5	50	30
Services extérieurs (comptes 61)	65	5	5	5	10	10
Services extérieurs (comptes 62)		10	30		10	50
Impôts et taxes	20				50	30
Charges de personnel	5	5	30	40	10	10
Dotations aux amortissements	20	5	15	20	20	20
Dotations aux provisions					40	60
Charges supplétives	20				50	30

Le centre « prestations connexes » se répartit entre les centres principaux à raison de 20 % pour l'ébauchage, 50 % pour le finissage, 10 % pour la distribution et 20 % pour l'administration générale et le financement.

Nature et importance des unités d'œuvre et des assiettes de frais

Centres	Unités d'œuvre ou assiettes de frais	Nombres ou valeur
Approvisionnement	kilogramme de matière achetée	11 000
Ébauchage	kilogramme de matière utilisée	10 000
Finissage	heure machine	1 000
Distribution	coût de production(1)	360 000
Administration générale et financement	coût de production(1)	360 000

Solution : voir le tableau d'analyse ci-après.

		Centres						Différence d'incorporation sur amortissements et provisions
		Prestations connexes	Approvisionnement	Ébauchage	Finissage	Distribution	Administration générale et financement	
Charges et dotations								
Fournitures consommables	12 000	600	600	600	600	6 000	3 600	
Services extérieurs (comptes 61)	10 000	6 500	500	500	500	1 000	1 000	
Services extérieurs (comptes 62)	8 000		800	2 400		800	4 000	
Impôts et taxes	5 000	1 000				2 500	1 500	
Charges de personnel	260 000	13 000	13 000	78 000	104 000	26 000	26 000	
Dotations aux provisions	5 000					2 000	3 000	
Dotations aux amortissements	15 000	2 000	500	1 500	2 000	2 000	2 000	5 000
Différences d'incorporation pour éléments supplétifs	15 000	3 000				7 500	4 500	
Totaux après répartition primaire	330 000	26 100	15 400	83 000	107 100	47 800	45 600	5 000
		– 26 100	0	5 220	13 050	2 610	5 220	
Totaux après répartition secondaire	330 000	0	15 400	88 220	120 150	50 410	50 820	5 000
Unités d'œuvre ou assiettes de frais			kg	kg	h/m	CP	CP	
Nombres d'unités d'œuvre ou montant des assiettes de frais			11 000	10 000	1 000	360 000	360 000	
Coût de l'unité d'œuvre ou taux de frais			1,40	8,8220	120,150	0,14	0,1411	

(1) Calculés en fait ultérieurement dans le processus de détermination des coûts. Nous les fournissons ici car l'application n'est que partielle.

Remarque : le coût des unités d'œuvre et les taux de frais doivent être calculés avec précision en évitant des arrondissements trop importants (on conserve couramment quatre décimales).

Par exemple, dans ce cas, si le centre « administration générale et financement » doit être réparti entre plusieurs produits et si l'on avait arrondi le taux de frais à 0,14, l'imputation globale ne serait que de 0,14 × 360 000 = 50 400, soit une différence de 50 820 – 50 400 = 420. Avec 0,1411 la différence n'est que 50 820 – (0,1411 × 360 000) = 24. Ces différences (positives ou négatives) constituent des frais résiduels de centres d'analyse [1].

Il va de soi que les taux de frais ne peuvent être calculés que lorsque l'on a déterminé les coûts de production.

3.2 Cessions de prestations entre centres auxiliaires

Les centres auxiliaires fournissent des prestations aux centres principaux mais éventuellement aussi à d'autres centres auxiliaires.

A. Sans réciprocité : transfert en escalier

Exemple : considérons la répartition primaire suivante.

	Centres auxiliaires		Centres principaux	
	Gestion du personnel	**Prestations connexes**	**Atelier**	**Distribution**
Total après répartition primaire	25 000	40 000	100 000	25 000

Clés de répartition des centres auxiliaires

	Gestion du personnel	**Prestations connexes**	**Atelier**	**Distribution**
Gestion du personnel		20 %	50 %	30 %
Prestations connexes			60 %	40 %

(1) Le plan comptable général 1982 préconisait de les considérer comme « autres frais à couvrir ». Il nous semble préférable de les traiter en différences de traitement comptable : différences sur taux de cession. En effet, notamment dans notre exemple, « autres frais à couvrir » serait à imputer aux coûts de revient et le problème des arrondis se poserait alors de la même manière.

SOLUTION

Le calcul de la répartition secondaire peut être présenté dans le tableau ci-dessous :

	Centres auxiliaires		Centres principaux	
	Gestion du personnel	**Prestations connexes**	**Atelier**	**Distribution**
Total après répartition primaire	25 000	40 000	100 000	25 000
Gestion du personnel	– 25 000	5 000	12 500	7 500
Prestations connexes		– 45 000	27 000	18 000
Total après répartition secondaire	0	0	139 500	50 500

Remarque : il convient dans ce cas, pour éviter toute erreur, de faire figurer les centres dans l'ordre des prestations fournies.

B. Avec réciprocité : transferts croisés

Plusieurs centres auxiliaires peuvent échanger entre eux des prestations.

EXEMPLE : un centre « transports » a eu sur une période une activité de 100 000 km dont 10 000 ont été réalisés pour un centre « entretien ».

L'entretien a pour sa part travaillé 2 000 heures dont 600 pour le centre « transports ».

Le total après répartition primaire est de 260 000 pour le centre « transports » et de 168 000 pour le centre « entretien ».

Le problème apparaît clairement du fait que pour connaître le total définitif du centre « transports », il conviendrait d'avoir le total du centre « entretien » et inversement.

Solution

1) La **méthode algébrique** donne la réponse à ce problème.

Désignons par E le total définitif du centre « entretien » et par T le total définitif du centre « transports ».

$$E = \underbrace{168\,000}_{\text{Total primaire}} + \underbrace{(10\,000/100\,000)T}_{\text{prestations reçues du transport}}$$

$$T = \underbrace{260\,000}_{\text{Total primaire}} + \underbrace{(600/2\,000)E}_{\text{prestations reçues de l'entretien}}$$

On a donc un système de deux équations à deux inconnues :

$$E = 168\,000 + 0{,}10\ T$$
$$T = 260\,000 + 0{,}30\ E$$

qui a pour solution E = 200 000, T = 320 000.

Soit un coût de : 200 000/ 2 000 = 100 € par heure d'entretien

et de : 320 000/100 000 = 3,20 € par kilomètre.

D'où le tableau d'analyse suivant :

	Centres auxiliaires		Centres principaux
	Transports	Entretien	
Total après répartition primaire	260 000	168 000	
Transports	– 320 000	32 000 (10 000 km à 3,20 €)	288 000 (90 000 km à 3,20 €)
Entretien	60 000 (600 heures à 100 €)	– 200 000	140 000 (1 400 heures à 100 €)
Total après répartition secondaire	0	0	428 000

2) Le plan comptable préconise une évaluation de ces transferts croisés à des **taux standard**. Ceux-ci peuvent être fondés, par exemple, sur les taux des périodes précédentes.

Supposons ici que ces taux standard soient respectivement de 110 € par heure d'entretien et de 3,00 € par kilomètre parcouru.

La répartition ferait apparaître des **différences sur taux de cession** :

	Centres auxiliaires		Centres principaux
	Transports	Entretien	
Total après répartition primaire	260 000	168 000	
Transports	– 326 000	30 000 (10 000 km à 3 €)	270 000 (90 000 km à 3 €)
Entretien	66 000 (600 heures à 110 €)	– 198 000	154 000 (1 400 heures à 110 €)
Total après répartition secondaire	26 000	– 22 000	424 000

Les charges imputées aux centres principaux sont de 424 000 pour 428 000 de charges à répartir au départ, soit une différence sur taux de cession de 4 000 €.

3) Résolution par un **calcul itératif**.

Revenons aux équations :

$$E = 168\,000 + 0{,}10\ T$$
$$T = 260\,000 + 0{,}30\ E$$

On part de E = 0 et T = 0 et on applique les valeurs aux équations, puis on utilise les valeurs nouvelles trouvées pour E et T, et ainsi de suite...

- *Première itération :*

  $E = 168\,000$

  $T = 260\,000 + 0{,}30(168\,000) = 310\,400$

- *Deuxième itération :*

  $E = 168\,000 + 31\,040 = 199\,040$

  $T = 260\,000 + 0{,}30(199\,040) = 319\,712$

- *Troisième itération :*

  $E = 168\,000 + 31\,971 = 199\,971$

  $T = 260\,000 + 0{,}30(199\,971) = 319\,991$

On voit qu'à la troisième itération on est déjà proche des solutions données par la méthode algébrique.

Beaucoup de logiciels tableurs utilisent d'ailleurs cette méthode de résolution.

Utilisation d'un tableur : la formulation du problème sur un tableur conduit à une solution automatique, une fois le problème posé, par une procédure de « références circulaires ».

3.3 Choix des unités d'œuvre

Ce choix est fondamental. Il convient de trouver une unité telle que le **montant des charges** soit **fonction du nombre de ces unités**.

Le choix peut dans certains cas s'appuyer sur une étude statistique de corrélation.

EXEMPLE : en vue d'une application de la méthode des centres d'analyse, l'entreprise SARMY a relevé durant un an les informations suivantes concernant un atelier.

Mois	Charges	Heure de main-d'œuvre	Heure-machine	Matière consommée (kg)
1	80 000	700	850	8 000
2	60 000	1 000	650	8 000
3	70 000	850	700	6 500
4	85 000	1 300	900	9 500
5	90 000	950	900	7 500
6	70 000	1 350	800	10 500
7	50 000	700	550	6 000
8	30 000	500	300	5 000
9	90 000	1 550	1 000	12 500
10	80 000	1 100	950	13 500
11	100 000	1 700	1 100	11 500
12	95 000	1 200	1 000	10 500

SOLUTION

Ces données nous permettent de présenter les graphiques suivants :

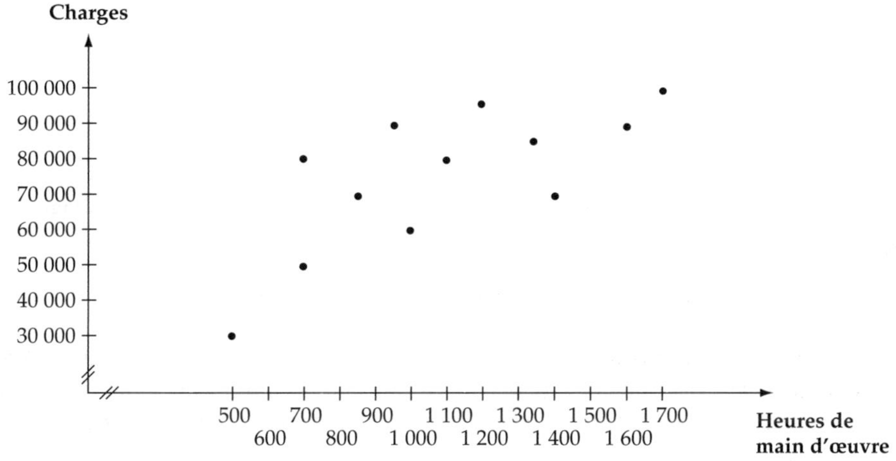

Charges en fonction des heures de main-d'œuvre

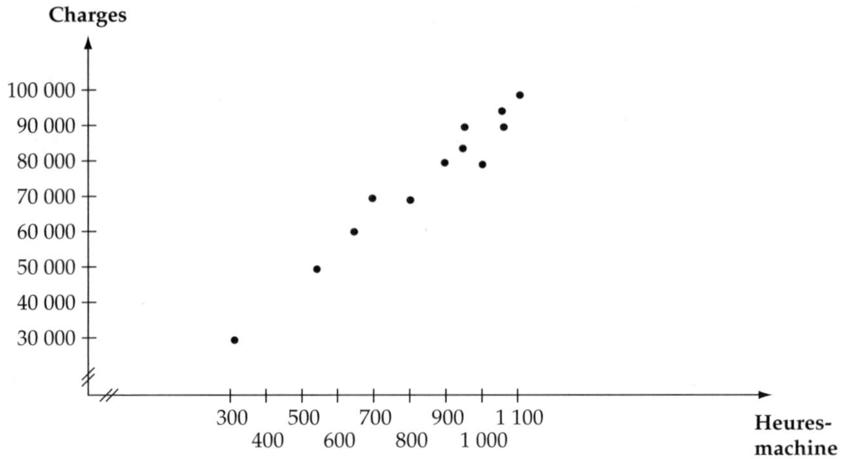

Charges en fonction des heures-machine

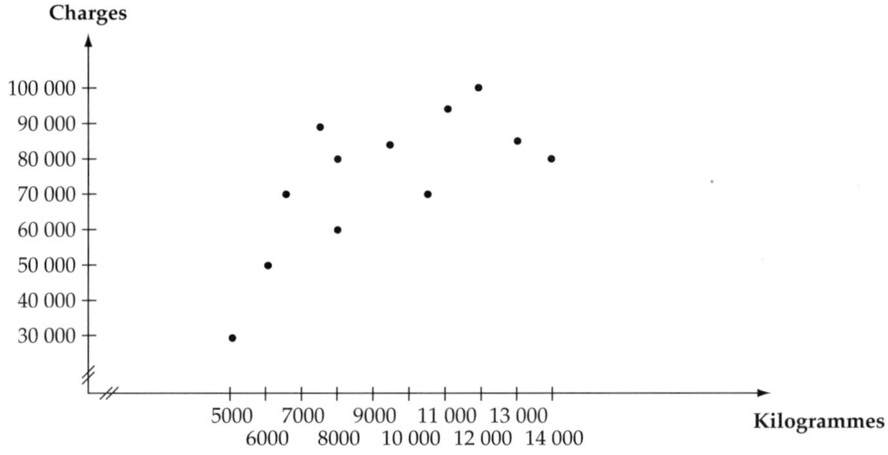

Charges en fonction des matières consommées

L'examen de ces graphiques permet de choisir comme unité d'œuvre l'**heure-machine** car c'est dans ce cas que la variation des charges en fonction de l'unité envisagée fait apparaître une tendance la plus proche de la **tendance linéaire**.

Cette étude graphique pourrait être complétée ou remplacée par un calcul de **coefficient de corrélation**(1).

(1) Voir méthodes de calculs dans l'annexe statistique.

Ainsi, un calcul de r = $\frac{\sum X_i Y_i}{\sqrt{\sum X_i^2 \sum Y_i^2}}$ conduit aux résultats suivants :

– en fonction des heures de main-d'œuvre, r = 0,74 ;
– en fonction des heures-machine, r = 0,98 ;
– en fonction des matières consommées, r = 0,70.

Ces résultats confirment l'impression donnée par les graphiques et conduisent à choisir l'**heure-machine** pour unité d'œuvre puisque à cette unité correspond le coefficient le plus proche de 1.

Il faut noter que ces recherches technico-comptables ne doivent pas avoir un coût trop élevé. Pour éviter ce coût, bon sens et observation permettent un choix convenable. Pour des centres de production, il a été souvent conseillé de recourir aux *heures de main-d'œuvre*, ou aux *heures-machine*, aux *unités de fournitures travaillées*, ou aux *unités de produits* suivant les possibilités de pointage et les types de charges des centres.

Ces conseils ne sont plus toujours judicieux. C'est ainsi que, dans une entreprise très automatisée, le nombre d'heures de main-d'œuvre constituerait un choix contestable.

EXERCICES : série 5.

MOTS-CLÉS

• Affectation • Centre d'analyse • Centre de structure • Centre de travail • Centre opérationnel • Centres auxiliaires • Centres principaux • Charges indirectes • Corrélation • Homogénéité • Imputation • Répartition • Répartition primaire • Répartition secondaire • Taux de frais • Transferts croisés • Unité d'œuvre

Chapitre 6

LA MÉTHODE FONDÉE SUR DES COEFFICIENTS D'ÉQUIVALENCE

On reproche parfois à la méthode des centres d'analyse ses difficultés de mise en œuvre lorsque l'on veut pousser l'analyse jusqu'à obtenir des sections à activité réellement homogène. La mise en application de la méthode devient en effet délicate dès que le processus de production est complexe, le nombre de centres devenant alors trop important. Elle convient donc surtout dans le cas de productions relativement simples et peu diversifiées.

1. Mise en œuvre de la méthode

La méthode des équivalences se propose de pallier les inconvénients de l'analyse des charges liée à une trop grande complexité des productions.

EXEMPLE : l'atelier d'usinage d'une entreprise de mécanique fabrique des pièces métalliques de trois modèles différents : A, B et C. Les pièces de type A constituent l'unité de référence.

Une analyse, par le bureau des méthodes, des matières et des opérations nécessaires pour la réalisation de ces pièces a conduit aux coûts de production unitaires prévisionnels ci-après.

Éléments	Pièces A	Pièces B	Pièces C
Matières	15	21	12
Main-d'œuvre	25	30	22
Autres charges	10	11	9
Total	**50**	**62**	**43**

Pour le mois de juin de l'année N, on a enregistré les éléments suivants :

Éléments	Montants
Matières consommées	80 000
Main-d'œuvre	130 000
Autres charges	50 000
Total	260 000

	Pièces A	Pièces B	Pièces C
Production en quantités	2 500	1 500	900

Dégager des équivalences entre les produits par référence à leurs coûts.

SOLUTION

En se fondant sur les coûts de production prévisionnels et en considérant la **pièce A** comme l'**unité de référence**, on peut écrire :

– qu'une pièce B correspond à 62/50 = 1,24 unité de référence ;

– qu'une pièce C correspond à 43/50 = 0,86 unité de référence.

On peut donc calculer ainsi la production du mois de juin en unités d'équivalence. :

	Pièces A	Pièces B	Pièces C	Total
Production en quantités	2 500	1 500	900	
Unités d'équivalence	2 500	1 500 × 1,24 = 1 860	900 × 0,86 = 774	5 134

Le montant total des charges (260 000) est donc à répartir sur 5 134 unités d'équivalence, soit un coût unitaire de : $\frac{260\ 000}{5\ 134} = 50{,}64$

On en déduit simplement les coûts unitaires et globaux de la production du mois :

	Pièces A	Pièces B	Pièces C	Total
Coûts unitaires	50,64	50,64 × 1,24 = 62,80	50,64 × 0,86 = 43,55	
Coûts globaux	126 600	94 200	39 195	259 995(1)

(1) La différence avec les 260 000 de charges à imputer résulte de l'arrondi des coûts unitaires.

Remarque : les coefficients d'équivalence calculés précédemment apparaissent aussi comme une moyenne pondérée des coefficients d'équivalence applicables à chaque élément de coût.

Ainsi pour la pièce B, le calcul serait le suivant :

	Part de l'élément de référence	Coefficient	Pièces B
Matières	15/50 = 30 %	21/15 = 1,40	0,3×1,4 = 0,42
Main-d'œuvre	25/50 = 50 %	30/25 = 1,20	0,5×1,2 = 0,60
Autres charges	10/50 = 20 %	11/10 = 1,10	0,2×1,1 = 0,22
Total			**1,24**

2. Avantages et limites de la méthode

2.1 Avantages

L'utilisation de la méthode dispense d'avoir à relever au niveau de l'atelier les quantités des différents éléments (matières, main-d'œuvre, autres charges) imputables à chacun des produits.

En cas de productions très nombreuses, il peut y avoir là un gain important en temps de saisie de données.

2.2 Limites

Le calcul, pour être significatif, suppose la stabilité des coefficients d'équivalence. Ces coefficients résultant d'une moyenne pondérée, il faut donc à la fois :

– que les coefficients élémentaires restent les mêmes ;
– que les coefficients de pondération (c'est-à-dire la part de chaque élément dans le coût total) ne varient pas.

Ces coefficients doivent donc être revus avec une périodicité suffisante.

EXERCICES : série 6.

MOTS-CLÉS

• Charges indirectes • Coefficients d'équivalence • Équivalence

Chapitre 7

LES PRINCIPES DE COMPTABILISATION

1. **Utilisation de procédures comptables**
2. **Utilisation de procédures paracomptables**

À ce stade de l'étude de la comptabilité analytique, nous pouvons envisager les principes qui régissent la comptabilisation.

Deux conceptions sont possibles :

– **l'utilisation de véritables procédures comptables** respectant le principe de la partie double avec tenue d'un journal ;
– **l'utilisation de procédures paracomptables**, dans lesquelles les mêmes données apparaissent dans des tableaux à double entrée.

1. Utilisation de procédures comptables

Les informations étant fournies par les comptes de charges et de produits de la comptabilité générale, il s'agit de saisir les **flux internes** correspondant aux virements qui permettent de faire apparaître coûts, coûts de revient et résultats.

• **1re solution** : **comptabilité analytique intégrée** à la comptabilité générale. Cette solution, qui suppose des écritures analytiques mêlées à celles de la comptabilité générale, n'est pas sans inconvénients :

– elle est lourde à pratiquer et ne facilite pas la division du travail,

– elle fait disparaître les comptes de charges et produits qui sont soldés au fur et à mesure que les informations y sont puisées pour déterminer coûts, coûts de revient et résultats.

• **2e solution** : **comptabilité analytique autonome**. Dans cette solution, l'articulation avec la comptabilité générale est assurée par l'emploi de **comptes réfléchis**, images des comptes de gestion de la comptabilité générale et des comptes de stocks.

Le plan comptable général regroupe ces comptes en :

903 – **Stocks réfléchis** (reprise des stocks) ; 904 – **Achats réfléchis** (achats de la période) ; 905 – **Charges réfléchies** (charges de la classe 6 autres que Achats et Dotations) ; 906 – **Dotations réfléchies** ; 907 – **Produits réfléchis** (produits de la classe 7).

En prenant pour exemple la répartition des charges indirectes provenant de la classe 6 entre les centres, nous obtenons la schématisation suivante :

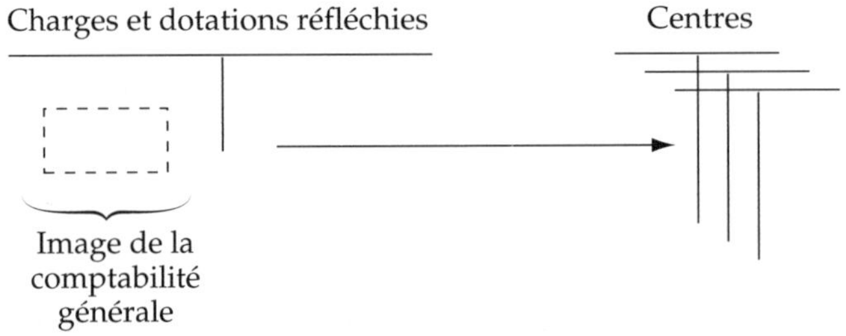

Remarque : les comptes réfléchis reprennent les soldes des comptes de la comptabilité générale avec le **sens opposé**.

Les comptes de charges et dotations réfléchies auront donc un **solde créditeur**, les comptes de produits réfléchis un **solde débiteur**.

EXEMPLE : reprenons les données de l'exemple traité au chapitre 5 pour l'entreprise CLAMA.

	Approvisionnement	Ébauchage	Finissage	Distribution	Administration	Total
Totaux après répartition secondaire	15 400	88 220	120 150	50 410	50 820	325 000

Sur les 325 000 €, 15 000 € sont des éléments supplétifs ; par contre, 5 000 € d'amortissement n'ont pas été incorporés dans les coûts. Comptabiliser la répartition des charges indirectes incorporables.

SOLUTION

Le jeu des comptes serait le suivant :

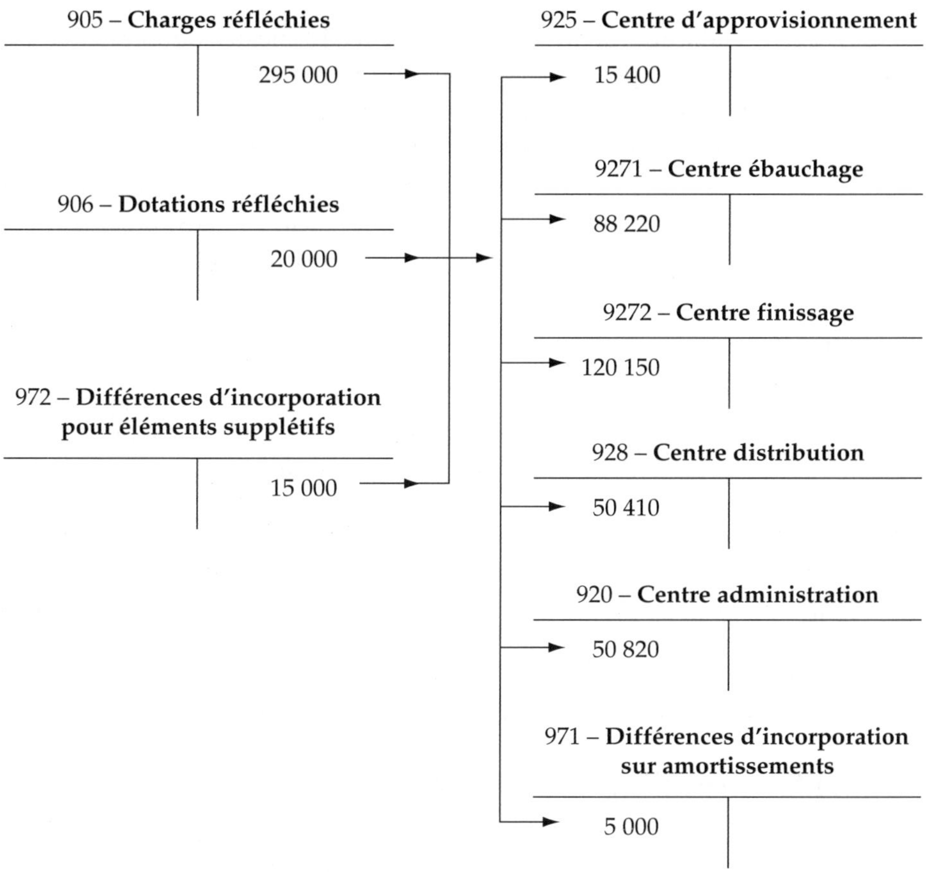

À ce schéma correspond l'article au journal suivant :

925	**Centre d'approvisionnement**	15 400	
9271	**Centre ébauchage**	88 220	
9272	**Centre finissage**	120 150	
928	**Centre distribution**	50 410	
920	**Centre administration**	50 820	
971	**Différences d'incorporation sur amortissements**	5 000	
905	**Charges réfléchies**		295 000
906	**Dotations réfléchies**		20 000
972	**Différences d'incorporation pour éléments supplétifs**		15 000

2. Utilisation de procédures paracomptables

2.1 Utilisation des tableaux à double entrée

Considérons un tableau d'analyse par centre. Un tel tableau à double entrée est en réalité une présentation particulière d'une écriture en partie double dans laquelle :

– les intitulés de **lignes** indiquent les comptes **crédités** ;
– les intitulés de **colonnes** indiquent les comptes **débités**.

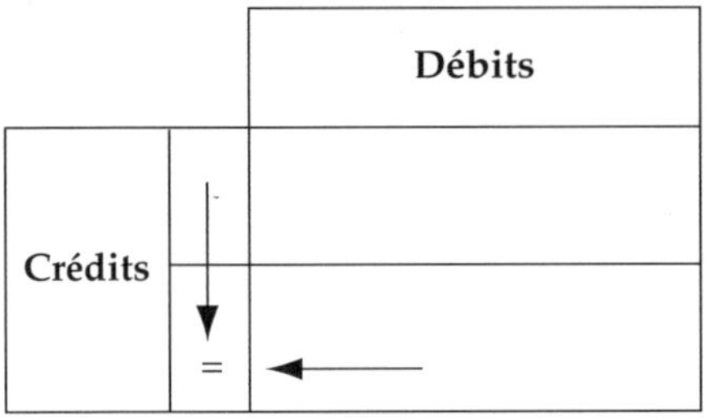

Contrôle : somme des crédits (somme verticale) = somme des débits (somme horizontale)

Par rapport aux écritures, ce tableau présente les avantages suivants :

– des ventilations plus explicites,
– une compréhension plus aisée pour des non-comptables, notamment pour les personnels des services techniques.

La comptabilité analytique n'étant soumise à aucune obligation légale, rien ne s'oppose au remplacement des écritures par des tableaux. En pratique, cette présentation est généralement préférée et, lorsque nous l'emploierons dans la suite de cet ouvrage, nous respecterons les intitulés des comptes du plan comptable.

Il ne faut toutefois pas perdre de vue qu'il s'agit d'un **jeu de comptes**, comptes que nous serons amenés à présenter au niveau des stocks. Cette notion doit rester présente à l'esprit pour les contrôles, les rapprochements entre la comptabilité analytique et la comptabilité générale, et les balances.

2.2 Utilisation d'un système croisé

Cette solution a été proposée par certains auteurs et dans un document du Conseil national de la comptabilité. Un tel système vise à permettre d'intégrer, dans un système unique d'écritures, comptabilité générale, comptabilité analytique et analyse financière (tableau de financement). Il est peu utilisé dans la pratique. Les entreprises disposent de systèmes informatiques qui facilitent les intégrations sur la base d'un jeu de codifications.

EXERCICES : série 7.

MOTS-CLÉS

• Comptabilisation • Comptabilité autonome • Comptabilité intégrée
• Compte réfléchi

Chapitre 8

Les coûts d'achat

1. Généralités

Dans le cadre de la fonction approvisionnement, l'entreprise achète des biens, soit pour les revendre (entreprises commerciales), soit pour les utiliser dans son cycle de production (entreprises industrielles), ce qui conduit à distinguer les marchandises et les matières et fournitures.

A. Les marchandises

Les marchandises sont des biens achetés pour être revendus **sans transformation**.

B. Les matières et fournitures

Ce sont des biens consommés pour obtenir un produit destiné à la vente **après transformation**.

On distingue :

- **les matières premières** : biens destinés à être incorporés aux produits fabriqués comme le fer, le coke dans la fabrication de fonte ou d'acier.
- **les matières et fournitures consommables** : biens qui concourent à la fabrication ou même à la distribution, sans être incorporés aux produits, comme le charbon utilisé comme combustible.

Remarque : alors que les matières premières sont toujours des charges directes, les matières et fournitures consommables constituent souvent des **charges indirectes**, réparties alors entre les centres d'analyse ou affectées à ces centres.

2. Composantes d'un coût d'achat[1]

Les coûts d'achat représentent, pour les marchandises et les matières achetées, l'ensemble des charges engagées jusqu'au moment de leur mise en stock. Les composantes de ces coûts sont le prix d'achat et les frais d'acquisition.

A. Le prix d'achat

Il s'agit du **prix d'achat hors taxes** récupérables. Car l'entreprise ne doit faire figurer dans ses coûts que les impôts et taxes restant définitivement à sa charge. Ainsi la TVA payée aux fournisseurs mais qui sera récupérée par déduction sur la TVA payée par les clients n'est pas à prendre en considération dans le calcul d'un coût d'achat.

Il s'agit d'autre part du **prix d'achat net**, déduction faite de tous rabais, remises ou ristournes connus ou prévisibles mais incluant éventuellement les droits de mutation, honoraires et frais d'actes.

Il n'y a, en revanche, pas lieu de déduire du prix d'achat les escomptes de règlement en raison de leur caractère financier.

B. Les frais accessoires

Les frais accessoires comprennent les frais autres que le prix d'achat liés à l'achat et à la mise en stock.

a) Frais accessoires d'achat

Ce sont des frais généralement payés à des tiers, qui concernent les marchandises et les matières ou fournitures avant leur arrivée dans l'entreprise, comme les transports, courtages, commissions...

Ces frais peuvent être inclus dans le prix d'achat. Ils peuvent aussi être enregistrés séparément dans les autres comptes de charges mais peuvent constituer des charges directes pour la comptabilité analytique.

b) Frais accessoires d'approvisionnement

Ce sont des charges indirectes, regroupées dans un ou plusieurs **centres « gestion des approvisionnements »**, et qui concernent la mise en stock des marchandises, des matières et des fournitures.

(1) On parle aussi de « coût d'acquisition », expression plus générale relative à toutes les formes d'acquisition. « Coût d'achat », est utilisé lorsque l'opération acquisitive stipule un prix d'achat.

Les centres doivent couvrir les opérations :

- de préparation des achats d'approvisionnements (y compris les sous-traitances) ;
- d'achat (réception, manutention) ;
- de contrôle (qualitatif et quantitatif) ;
- de magasinage (organisation, entretien, gardiennage) ;
- de comptabilisation des approvisionnements (tenue des fichiers fournisseurs et matières et vérification des factures fournisseurs).

Ces **centres principaux** reçoivent éventuellement des prestations des centres auxiliaires : gestion du personnel, gestion des bâtiments, gestion du matériel, prestations connexes.

Les coûts des centres d'approvisionnements sont **imputés** aux coûts d'achats en fonction des unités d'œuvre des centres attribuables à chaque type d'approvisionnements, ou, à défaut, en prenant pour assiette de frais les valeurs des approvisionnements.

3. Application

L'entreprise ANAGRO achète à des producteurs des légumes frais qu'elle revend sous forme de plats préparés, conditionnés sous vide, et distribués en grande surface.
Les achats du mois de septembre ont été les suivants :

Date	Nature	Quantités en tonnes	Prix unitaire	Montant
2.9	Petits pois	9	700	6 300
5.9	Haricots verts	10	900	9 000
9.9	Carottes	7	320	2 240
14.9	Petits pois	5	680	3 400
19.9	Carottes	8	310	2 480
22.9	Haricots verts	7	880	6 160
27.9	Petits pois	3	680	2 040
29.9	Haricots verts	6	880	5 280
	Total	**55**	**Total**	**36 900**

Les charges indirectes d'achat, regroupées dans un centre « approvisionnement », comprennent :

- *les frais de transports, assurés par la société ANAGRO, soit le salaire du conducteur de 1 600 € brut par mois, et l'amortissement du camion de 2 000 € par mois ;*
- *les charges liées au contrôle des livraisons ; un salarié rémunéré sur la base de 1 300 € par mois et 408 € d'amortissement des installations.*

Les charges sociales représentent 40 % des salaires bruts. L'unité d'œuvre est la tonne de légumes achetée.
Déterminer les coûts d'achat des différents légumes.

SOLUTION

Charges du centre approvisionnement :

– salaires bruts	1 300 + 1 600 =	2 900
– charges sociales	40 % de 2 900 =	1 160
– amortissements	408 + 2 000 =	2 408
	total	**32 340**

soit un coût par tonne achetée de 6 468/55 = 117,60.

Le tableau de calcul des coûts d'achat se présente de la façon suivante :

	Coût d'achat des petits pois			**Coût d'achat des carottes**			**Coût d'achat des haricots verts**		
	Quantité	Coût unitaire	Montant	Quantité	Coût unitaire	Montant	Quantité	Coût unitaire	Montant
Prix d'achat	17		11 740 [(1)]	15		4 720	23		
Frais d'achat	17	117,6	1 999,2	15	117,6	1 764	23	117,6	2 704,8
Coût d'achat	17	808	13 739,2	15	432	6 484	23	1 006	23 144,80

(1) 6 300 + 3400 + 2 040.

La comptabilisation des opérations correspondantes serait la suivante :

925	**Centre d'approvisionnement**	6 468	
905	**Charges réfléchies**		4 060
906	**Dotations réfléchies**		2 408
9311	**Coût d'achat des petits pois**	13 739,2	
9312	**Coût d'achat des carottes**	6 484	
9313	**Coût d'achat des haricots verts**	23 144,8	
904	**Achats réfléchis**		36 900
925	**Centre d'approvisionnement**		6 468

EXERCICES : série 8.

MOTS-CLÉS

• Coût d'achat • Frais accessoires • Matières consommables
• Matières premières • Prix d'achat

Chapitre 9

LA TENUE DES COMPTES DE STOCKS

1. Notion d'inventaire permanent

Nous avons déjà indiqué que le cycle de production comportait des phases et qu'à certains stades du processus il y avait des **stockages**(1).

A. Définition

Le plan comptable général donne la définition suivante : « **L'inventaire comptable permanent** est une organisation des comptes de stocks qui, par l'enregistrement des mouvements, permet de connaître **de façon constante**, en cours d'exercice, **les existants** chiffrés en quantités et en valeurs. »

Cette notion s'oppose à celle **d'inventaire intermittent** qui nécessite un examen périodique des stocks pour en connaître le niveau et la valeur. C'est le cas de l'inventaire physique effectué en fin d'exercice pour les besoins de la comptabilité générale.

L'inventaire permanent conduit à présenter des **comptes** avec au débit les entrées et au crédit les sorties.

(1) Il s'agit seulement ici d'envisager la tenue de comptes de stocks et leur place dans la comptabilité de gestion. Les problèmes de gestion des stocks seront étudiés dans le cadre de la gestion budgétaire.

B. Différents stocks

Nous pouvons les classer en deux catégories.

a) Produits achetés

Entrent dans cette catégorie les :

- marchandises,
- matières premières,
- matières et fournitures consommables,
- emballages commerciaux.

b) Produits fabriqués

Dans cette catégorie, on trouve les :

- produits finis,
- produits intermédiaires (produits semi-finis),
- produits résiduels (déchets et rebuts).

À ce stade de l'étude, nous pourrions n'envisager que les stocks de produits achetés (les coûts de production n'étant pas encore étudiés). Toutefois, les principes concernant la **tenue des comptes** de stocks étant **identiques quels que soient les produits**, nous traiterons dans ce chapitre de tous les inventaires permanents.

La tenue de cet inventaire permanent suppose que tous les mouvements de stock puissent être suivis en quantités et en valeurs.

2. Suivi en quantités : la comptabilité matières

Pour ce suivi, tous les mouvements doivent donner lieu à l'établissement d'un document.

A. Les entrées en magasin

Elles doivent faire l'objet d'un **bon de réception**, établi après vérification des matières ou marchandises reçues.

Ce bon de réception doit mentionner en particulier : la date du mouvement, la nature du bien entré, la quantité, l'identification de la commande, un numéro de référence.

B. Les sorties de magasin

Elles doivent être justifiées par un **bon de sortie** mentionnant : la date du mouvement, la nature du bien sorti, la quantité, le service destinataire, un numéro de référence.

C. Le stock

À partir de ces documents, on peut établir une **fiche de stock** donnant, à tout moment, la situation du stock en quantités. Il peut bien entendu s'agir d'une fiche « papier » ou d'un ensemble d'enregistrements, dans une base de données informatique consultable sur écran.

EXEMPLE : pour la fabrication de tubes électroniques, la société RCA achète les culots de tubes qui lui sont livrés au début de chaque quinzaine.
Au mois de juin N, on a eu les mouvements suivants :

Date	Libellé	Quantité	Prix unitaire	Montant
2.6	Bon d'entrée N° 275	1 500	25	37 500
5.6	Bon de sortie N° 425	800		
9.6	Bon de sortie N° 426	400		
7.6	Bon d'entrée N° 284	2 000	27	54 000
21.6	Bon de sortie N° 435	1 200		
24.6	Bon de sortie N° 439	900		

Les frais d'achat représentent 10 % du prix d'achat.
Le stock initial comprenait 1 000 unités d'un coût d'achat unitaire de 28,50 €

La fiche de stocks se présente ainsi :

Désignation : culots pour tubes électroniques **Rérérence : XW 105**				
Date	**Référence document**	**Entrées**	**Sorties**	**Stock**
1.6				1 000
2.6	BE 275	1 500		2 500
5.6	BS 425		800	1 700
9.6	BS 426		400	1 300
17.6	BE 284	2 000		3 300
21.6	BS 435		1 200	2 100
24.6	BS 439		900	1 200

3. Suivi en valeur dans les comptes de stocks

3.1 Évaluation des entrées

Quel que soit le produit considéré, il importe d'abord de reprendre, au débit du compte, le stock initial[1], avec son montant provenant de l'inventaire fait pour la comptabilité générale à la fin de la période précédente.

Ensuite, deux cas sont à considérer.

*a) **Produits achetés***

Au fur et à mesure des achats et des entrées en magasin, le compte correspondant de stock est débité des **coûts d'achat** calculés comme il a été indiqué au chapitre précédent.

*b) **Produits fabriqués***

Les comptes de stocks de produits fabriqués par l'entreprise sont débités des **coûts de production** de ces éléments au fur et à mesure qu'ils sont produits. Nous étudierons au chapitre suivant le calcul de ces coûts de production.

APPLICATION à l'exemple

L'entrée du 2.6 sera évaluée au coût d'achat soit : 37 500 + 10 % de 37 500 = 41 250 €.
Celle du 17.6 sera évaluée à : 54 000 + 10 % de 54 000 = 59 400 €.

3.2 Évaluation des sorties

Les matières ou produits sortant de stock et individuellement identifiables doivent être **évalués au coût pour lequel ils sont entrés**.

Mais les biens stockés étant souvent fongibles (non identifiables) plusieurs méthodes d'évaluation sont utilisables.

A. Méthode du coût moyen

*a) **Méthode classique***

Les sorties sont évaluées au coût moyen pondéré (CMP) des entrées, stock initial inclus. C'est le coût moyen pondéré de fin de période.

$$\text{CMP} = \frac{\text{Valeurs globales (entrées + stock initial)}}{\text{Quantités (entrées + stock initial)}}$$

(1) Que nous appellerons, « stock réfléchi », conformément à la terminologie du plan comptable.

APPLICATION À L'EXEMPLE

Calcul du coût moyen pondéré : $\frac{28\,500 + 41\,250 + 59\,400}{1\,000 + 1\,500 + 2\,000} = 28{,}7$

Toutes les sorties seront donc évaluées à 28,7. On peut ainsi sans difficulté compléter le compte de stocks avec les sorties.

Stock culots

Entrées					Sorties				
Date	**Libellé**	**Quantité**	**Coût unitaire**	**Montant**	**Date**	**Libellé**	**Quantité**	**Coût unitaire**	**Montant**
1.6	Stock initial	1 000	28,5	28 500	5.6	BS 425	800	28,7	22 960
2.6	BE 275	1 500	27,5	41 250	9.6	BS 426	400	28,7	11 480
17.6	BE 284	2 000	29,7	59 400	21.6	BS 435	1 200	28,7	34 440
					24.6	BS 439	900	28,7	25 830
						Stock final	1 200	28,7	34 440
Total		**4 500**	**28,7**	**129 150**		**Total**	**4 500**	**28,7**	**129 150**

On vérifie facilement que le stock final peut être obtenu de deux façons :

– par la différence entre le total des entrées (129 150) et celui des sorties :

(22 960 + 11 480 + 34 440 + 25 830)

– par le produit entre les quantités en stock et le coût moyen pondéré :

$1\,200 \times 28{,}7$

La méthode du coût moyen pondéré présente l'avantage du nivellement des variations de prix en cas de fluctuation des cours, mais – et c'est l'inconvénient – nécessite d'attendre la fin de la période pour évaluer les sorties et donc pour calculer les coûts et coûts de revient.

b) Variantes

Des variantes sont possibles, certaines permettant de pallier l'inconvénient de la méthode du CMP.

• Prise en considération d'un **coût théorique**, le coût pouvant être le CMP de la période précédente.

APPLICATION à l'exemple

Les sorties seraient évaluées en cours de période au CMP du mois de mai, soit 28,50. Il conviendrait alors en fin de mois, après calcul du CMP de juin (28,70), de corriger les sorties de $(28{,}70 - 28{,}50) \times 3\,300 = 660$.

- Évaluation au coût moyen unitaire après chaque entrée. On calcule le CMP après chaque entrée et, entre deux entrées, toutes les sorties sont évaluées au dernier CMP

APPLICATION À L'EXEMPLE

Le CMP après l'entrée du 2 juin sera évalué à :

$$\frac{28\,500 + 41\,250}{1\,000 + 1\,500} = 27{,}90$$

Avant l'entrée du 17 juin, il reste en stock 1 000 + 1 500 – 800 – 400, soit 1 300 unités à 27,90 = 36 270 €.

Le CMP après l'entrée du 17 juin sera donc :

$$\frac{36\,270 + 59\,400}{1\,300 + 2\,000} = 28{,}99$$

Le compte de stocks se présente de la façon suivante.

Stock culots

Entrées					Sorties				
Date	**Libellé**	**Quantité**	**Coût unitaire**	**Montant**	**Date**	**Libellé**	**Quantité**	**Coût unitaire**	**Montant**
1.6	Stock initial	1 000	28,50	28 500	5.6	BS 425	800	27,90	22 320
2.6	BE 275	1 500	27,50	41 250	9.6	BS 426	400	27,90	11 160
17.6	BE 284	2 000	29,70	59 400	21.6	BS 435	1 200	28,99	34 788
					24.6	BS 439	900	28,99	26 091
						Stock final	1 200		34 791
Total		4 500		129 150		Total	4 500		129 150

B. Méthode de l'épuisement des stocks

Cette méthode consiste à retenir comme coût de sortie les coûts exacts d'entrée (et non plus une moyenne), mais pris **dans un certain ordre**. Cet ordre est un **ordre comptable** et ne correspond pas forcément aux mouvements réels en magasin.

a) Procédé du premier entré – premier sorti (PEPS ou FIFO [1])

Les sorties sont considérées comme s'effectuant dans l'**ordre des entrées**.

(1) De l'anglais *first in-first out*.

Application

Envisageons le même cas que précédemment en admettant que le stock initial ait été acquis en une fois.

Stock culots

Date	Libellé	Entrées			Sorties			Stocks		
		Quantité	Coût unitaire	Montant	Quantité	Coût unitaire	Montant	Quantité	Coût unitaire	Montant
1.6	Stock initial							1 000	28,5	28 500
2.6	BE 275	1 500	27,5	41 250				1 000	28,5	28 500
								1 500	27,5	41 250
5.6	BS 425				800	28,5	22 800	200	28,5	5 700
								1 500	27,5	41 250
9.6	BS 426				200	28,5	5 700	1 300	27,5	35 750
					200	27,5	5 500			
17.6	BE 284	2 000	29,7	59 400				1 300	27,5	35 750
								2 000	29,7	59 400
21.6	BS 435				1 200	27,5	33 000	100	27,5	2 750
								2 000	29,7	59 400
24.6	BS 439				100	27,5	2 750	1 200	29,7	35 640
					800	29,7	23 760			
Total				**100 650**			**93 510**			

L'inconvénient de cette méthode est que les coûts suivent avec retard les variations de prix.

b) Procédé du dernier entré – premier sorti (DEPS ou LIFO[1])

Les sorties sont considérées comme s'effectuant dans **l'ordre inverse des entrées**.

Application

Reprenons l'exemple précédent.

(1) De l'anglais last in-first out.

Stock culots

Date	Libellé	Entrées			Sorties			Stocks		
		Quantité	Coût unitaire	Montant	Quantité	Coût unitaire	Montant	Quantité	Coût unitaire	Montant
1.6	Stock initial							1 000	28,5	28 500
2.6	BE 275	1 500	27,5	41 250				1 000	28,5	28 500
								1 500	27,5	41 250
5.6	BS 425				800	27,5	22 000	1 000	28,5	28 500
								700	27,5	19 250
9.6	BS 426				400	27,5	11 000	1 000	28,5	28 500
								300	27,5	8 250
17.6	BE 284	2 000	29,7	59 400				1 000	28,5	28 500
								300	27,5	8 250
								2 000	29,7	59 400
21.6	BS 435				1 200	29,7	35 640	1 000	28,5	28 500
								300	27,5	8 250
								800	29,7	23 760
24.6	BS 439				800	29,7	23 760	1 000	28,5	28 500
					100	27,5	2 750	200	27,5	5 500
Total				**100 650**			**95 150**			

c) Incidence de la méthode utilisée sur le résultat

Selon la méthode utilisée, les sorties de matières n'ont pas la même valeur.

Dans notre exemple, cette valeur est de 93 510 € avec la méthode PEPS, de 95 150 € avec la méthode DEPS, soit une différence de 1 640 €

Cette différence se retrouve dans l'évaluation du stock final : 35 640 € avec la méthode PEPS et 34 000 € avec la méthode DEPS.

Les sorties de matières entrant dans le coût des produits, le **résultat sera modifié d'autant** en fonction de leurs évaluations.

Le choix de la méthode n'est donc **pas neutre** sur le plan de la gestion.

Pour l'évaluation des stocks en comptabilité générale et sur le plan fiscal, seules sont autorisées les méthodes du premier entré-premier sorti (PEPS) et du coût moyen pondéré. Mais en comptabilité analytique, on peut justifier l'utilisation d'une autre méthode que l'on considère plus proche de la réalité économique. En particulier, la méthode DEPS (dernier entré-premier sorti) intègre dans les coûts des valeurs plus proches des prix actuels, et peut donc s'avérer plus pertinente en période de fortes variations de prix.

C. Méthode des coûts théoriques

Lorsque l'on veut que les coûts suivent très rapidement les variations de cours des matières, on évalue parfois les sorties à une **valeur de remplacement** qui peut être le « prochain prix » (méthode du NIFO : *next in-first out*). Il s'agit en fait de **coûts théoriques** pour l'entreprise. Il en résulte alors une différence d'incorporation appelée « **différence d'incorporation sur matières** » dont nous reparlerons ultérieurement. Dans cette optique de coûts théoriques, on peut également mettre sur pied un système complet d'évaluation à des coûts préétablis. Ces coûts seront étudiés ultérieurement.

4. Différences d'inventaire

La tenue des comptes de stocks permet d'évaluer les stocks. Elle ne dispense pas d'un **contrôle** par un **inventaire** physique **intermittent**. Des **différences quantitatives** peuvent apparaître, notamment lors de l'inventaire de fin d'exercice, par exemple lorsque des produits ont été détruits ou ont disparu. Cet inventaire est imposé par la législation commerciale et fiscale.

Reprenons l'exemple d'évaluation du stock au coût moyen pondéré mensuel.

APPLICATION À L'EXEMPLE

Supposons que le stock de culots de l'entreprise RCA, résultant d'un inventaire physique, soit de 1 190 unités, c'est-à-dire un manque de 10 unités par rapport aux données du compte de stock.

En prenant pour base l'évaluation au coût moyen pondéré sur le mois, la perte est de 10 x 28,70 = 287 €.

Le **jeu du compte de stock**, pour l'ensemble du mois, serait le suivant :

903 – **Stocks réfléchis**	
	28 500

931 – Coût d'achat des culots	
	100 650

941 – **Stock de culots**	
28 500	94 710
100 650	287
	Stock réel : 34 153
129 150	129 150

935 – **Coût de production des tubes**	
94 710	

974 – **Différences d'inventaires constatées**	
287	

EXERCICES : série 9.

MOTS-CLÉS

• CMP • DEPS • Différence d'incorporation sur matières • Différence d'inventaire • FIFO • Inventaire intermittent • Inventaire permanent • LIFO • NIFO • PEPS • Stock • Valeur de remplacement

Chapitre 10

LES COÛTS DE PRODUCTION

PRODUITS FINIS ET PRODUITS INTERMÉDIAIRES

1. **Catégories de coûts de production**
2. **Composantes du coût de production**
3. **Application**

Le **coût de production** est un coût obtenu après des opérations de transformation pour un produit, ou d'exécution pour un service. Suivant les modalités du processus de fabrication, on peut avoir à calculer plusieurs coûts de production.

1. Catégories de coûts de production

A. Coûts par stades de production

Le processus de fabrication d'un produit peut comporter des stades successifs, avec ou sans stockages intermédiaires, de **produits semi-finis** ou *semi-ouvrés* dits **intermédiaires**. Ainsi, à partir de laine brute ou de coton, on obtient du fil simple, puis du fil assemblé, puis du tissu écru et enfin du tissu fini.

Ces stades de fabrication conduisent à calculer successivement :

• **des coûts de production de produits intermédiaires** – produits stockés en attendant d'être utilisés pour la fabrication de produits finis ou d'autres produits intermédiaires, tels le fil simple, le fil assemblé, le tissu écru ;

- **des coûts de production de produits finis** – produits ayant subi les dernières transformations avant la vente comme le tissu fini.

Dans les deux cas, les coûts sont portés au débit du compte de stock correspondant.

Remarque : dans l'exemple cité, si l'entreprise avait mis en œuvre une fabrication continue passant de la laine brute ou du coton au tissu fini, sans stade intermédiaire, il n'y aurait pas de produits intermédiaires.

B. Coûts par types de production

La production de l'entreprise peut porter sur des séries de **produits identiques** ou sur des **biens différents** les uns des autres souvent fabriqués sur commande. En conséquence, on peut calculer divers coûts de production.

a) Coûts de production par produit

Si l'exploitation porte sur des ensembles de produits identiques, on calcule
- un coût global par type de produit,
- un coût unitaire par division du coût global par le nombre d'unités.

b) Coûts de production par commande

Si, au contraire, l'exploitation porte sur des biens différents les uns des autres, on détermine par unité produite des **coûts par commande**.

> EXEMPLE : *si une entreprise fabrique, au cours d'un mois, un pont roulant et une charpente métallique, on calculera séparément le coût du pont et celui de la charpente.*

En fait, que ce soit un *coût global de produit* ou un *coût de commande*, les principes de calcul sont les mêmes et les coûts résultent des mêmes composantes.

2. Composantes du coût de production

Un coût de production est déterminé par regroupement des charges directes ou indirectes nécessitées par la fabrication elle-même et les stades antérieurs à cette fabrication.

2.1 Charges directes

A. Coût des matières consommées

Les **matières premières** et les **matières consommables directes** sont évaluées par l'une des méthodes d'évaluation des sorties de stock sur la base du *coût d'achat*.

Les **produits intermédiaires** (utilisés pour fabriquer des produits finis ou d'autres produits intermédiaires) sont évalués suivant les mêmes principes mais sur la base du *coût de production* desdits produits, lorsque le processus de fabrication conduit à des stockages intermédiaires.

B. Coût de la main-d'œuvre directe

La main-d'œuvre directe peut être **affectée** au coût d'un produit ou d'une commande parce que le travail correspondant concerne directement ce produit ou cette commande. Des **bons de travail** permettent d'attribuer ces charges en y inscrivant les produits ou commandes bénéficiaires des travaux.

Le coût de la main-d'œuvre directe comprend :

– les **salaires** bruts y compris les primes diverses éventuelles ;
– les **charges sociales** obligatoires ou facultatives supportées par l'entreprise en plus des salaires.

EXEMPLE : *dans un atelier, les ouvriers sont payés une base de 2 000 € par mois sur 13 mois pour 35 heures par semaine. Les congés payés sont de 5 semaines et le taux de charges sociales patronales est de 40 %. Le taux d'emploi (rapport entre le temps de travail effectif et le temps de présence) est évalué à 0,9.*

Déterminer le coût de main-d'œuvre à imputer à une commande sur laquelle les bons de travail totalisent 20 heures de main-d'œuvre directe.

Solution

Salaire annuel :	2 000 × 13	=	26 000
Charges sociales :	40 % de 26 000 =		10 400
Total :			36 400

Nombre de semaines de travail : 52 – 5 = 47 semaines
donc : 35 × 47 = 1 645 heures de présence
correspondant à : 1 645 × 0,9 = 1 481 heures de travail effectif.

Coût de l'heure : 36 400/1 481 = 24,58 €

Le coût à imputer à la commande est de : 24,58 × 20 = 491,60 €.

2.2 Charges indirectes

Les charges indirectes des **centres de production** sont réparties entre les coûts de production des produits ou des commandes, proportionnellement aux **unités d'œuvre** qui leur sont fournies par ces centres.

Il faut concevoir ces **centres de production** de manière relativement large du point de vue des *fonctions assurées et des centres de travail* correspondants. Ils doivent couvrir :

– la préparation du travail (bureaux des méthodes, de l'ordonnancement, de l'étude d'outillage) ;

- la fabrication des biens ou l'exécution des services (ateliers, chantiers, centres de services) ;
- le contrôle et les essais (ateliers et centres d'essais).

Certaines entreprises incluent également des coûts de stockage mais le stockage des produits finis est plus généralement associé au coût de distribution.

À côté de ces centres de production, certaines entreprises définissent des centres d'**études techniques et recherches**, qui couvrent les fonctions de :

- recherches générales (matières, technologie et procédés) ;
- conception des produits ;
- perfectionnement des produits ;

et qui prennent en compte les charges des laboratoires, des bureaux d'études, des centres de calcul...

Les coûts de ces centres d'**études techniques et recherches** sont **imputés** aux *coûts des services* (lorsqu'ils participent à la préparation de prestations de services telles que des travaux d'ingénierie par exemple) ou aux *coûts des produits* fabriqués, lorsque c'est possible. Par contre, s'il s'agit d'études de « recherche et développement » ou d'« études libres » *sans lien avec la production* de la période, les charges correspondantes doivent être imputées aux *coûts de revient* via les coûts hors production et non aux coûts de production, à moins de les considérer comme « travaux en cours » s'ils doivent déboucher sur une production ultérieure.

Rappelons enfin que les centres principaux de caractère technique (production, études techniques et recherche) reçoivent des prestations de centres auxiliaires : gestion du personnel, gestion des bâtiments, gestion du matériel, prestations connexes. En revanche, les centres « administration générale » et « gestion financière » doivent être considérés **hors production** et, en conséquence, leurs coûts imputés aux coûts de revient et non aux coûts de production. Cela évite d'inclure dans les valeurs stockées des charges financières et d'administration générale (prescription de la quatrième directive de l'Union européenne).

3. Application

La société LORÉA est spécialisée dans la production et la commercialisation de produits cosmétiques. Une de ses unités de fabrication produit des crèmes pour soins du visage à partir d'un mélange de lanoline (matière L) et de glycérine (matière G).

Ces deux matières font l'objet d'un traitement dans un atelier de malaxage et sont ensuite conditionnées dans des pots de verre de deux modèles :

- *modèle A : pots de 100 grammes ;*
- *modèle B : pots de 200 grammes.*

Les données relatives au mois de janvier N sont les suivantes.

Stocks initiaux de matières

	Quantité	Coût unitaire
Lanoline	10 kg	50
Glycérine	25 kg	20
Pots A vides	1 200	1,50
Pots B vides	2 100	2,60

Sorties de stocks de matières

	Quantité
Lanoline	250 kg
Glycérine	360 kg
Pots A vides	1 000
Pots B vides	2 000

Achats du mois de janvier N

	Quantité	Prix unitaire
Lanoline	300 kg	44
Glycérine	400 kg	18

Stocks initiaux de produits fabriqués

	Quantité	Coût unitaire
Mélange malaxé	40 kg	96

Entrées en stocks de produits fabriqués

Mélange malaxé	600 kg
Pots A remplis	1 000
Pots B remplis	2 000

Sorties de stocks de produits fabriqués

Mélange malaxé	550 kg dont 110 pour la fabrication de pots A et 440 pour la fabrication de pots B

Toutes les sorties de stock sont évaluées au coût moyen pondéré mensuel arrondi au centime.

Main-d'œuvre directe *(heures à 24 € charges comprises) :*

- *520 heures dans l'atelier de malaxage ;*
- *300 heures dans l'atelier de conditionnement, dont 100 pour le conditionnement de A et 200 pour B.*

Charges indirectes

Centres	Approvisionnement	Atelier de malaxage	Atelier de conditionnement
Charges	2 040	26 000	6 000
Unité d'œuvre et assiette de frais	l'euro de matière achetée	l'heure de main-d'œuvre	le pot conditionné

Schématiser le processus de fabrication et calculer les coûts de production.

SOLUTION

Pour le calcul des coûts de production, un **schéma du processus** de fabrication peut s'avérer utile en symbolisant les stockages par un triangle :

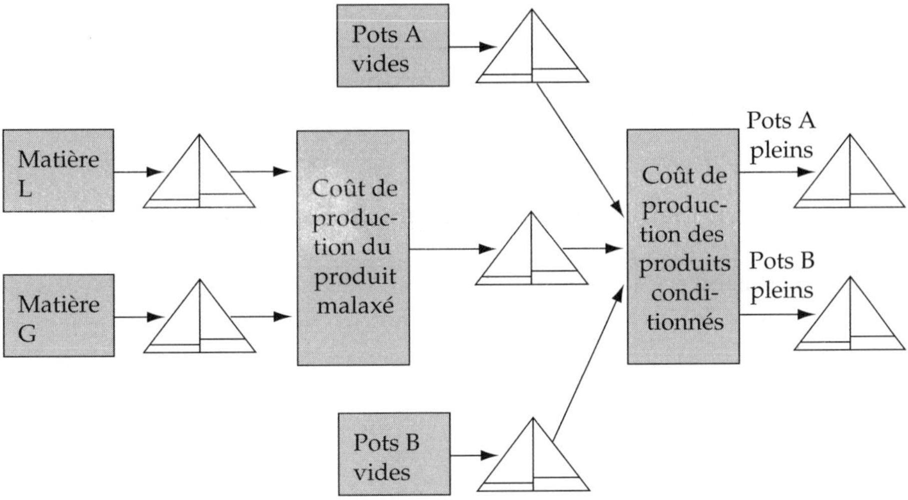

Calcul des prix d'achat

	Matière L	Matière G	Total
Achats en quantités	300	400	
Prix unitaire	44	18	
Montant	13 200	7 200	20 400

Ce calcul nous permet de compléter le **tableau d'analyse des charges indirectes** :

	Approvisionnement	Malaxage	Conditionnement
Charges	2 040	26 000	6 000
Nombre d'unités d'œuvre ou assiette de frais	20 400	520	3000
Coût de l'unité d'œuvre ou taux de frais	0,10	50	2

On calcule les **coûts d'achat des matières achetées** :

Lanoline (300 kg) pour 13 200 + 0,10 × 13 200= 14 520

Glycérine (400 kg) pour 7 200 + 0,10 × 7 200= 7 920

Pour déterminer le **coût d'achat des matières consommées**, il convient d'évaluer les sorties de stock au coût moyen pondéré (CMP) :

$$\text{CMP lanoline : } \frac{(10)(50) + 14\,520}{10 + 300} = 48{,}45$$

$$\text{CMP glycérine : } \frac{(25)(20) + 7\,920}{25 + 400} = 19{,}81$$

Détermination du coût de production du produit malaxé

Élément	Quantité en kg	Coût unitaire	Montant
Lanoline	250	48,45	12 112,5
Glycérine	360	19,81	7 131,6
Main-d'œuvre	520	24	12 480
Charges indirectes			26 000
Produit malaxé	600		57 724,10

$$\text{CMP du produit malaxé : } \frac{40 \times 96 + 57\,724{,}10}{40 + 600} = 96{,}20$$

Pour les pots vides, aucun achat n'ayant eu lieu dans la période, le CMP est égal au coût du stock initial.

On en déduit le **coût de production des produits conditionnés** :

	Modèle A			Modèle B		
	Quantité	**Coût unitaire**	**Montant**	**Quantité**	**Coût unitaire**	**Montant**
Produit malaxé	110	96,20	10 582	440	96,20	42 328
Main-d'œuvre directe	100	24	2 400	200	24	4 800
Charges indirectes conditionnement	1 000	2	2 000	2 000	2	4 000
Pots vides	1 000	1,50	1 500	2 000	2,60	5 200
Total	**1 000**	**16,48**	**16 482**	**2 000**	**28,16**	**56 328**

Les écritures au journal de la comptabilité analytique se présentent de la façon suivante :

9531	**Coût de production produit malaxé**	57 724,1	
9410	**Stock lanoline**		12 112,5
9411	**Stock glycérine**		7 131,6
905	**Charges réfléchies**		12 480
9271	**Centre malaxage**		26 000
9451	**Stock produit malaxé**	57 724,1	
9351	**Coût de production produit malaxé**		57 724,1
9352	**Coût de production modèle A**	16 482	
9353	**Coût de production modèle B**	56 328	
9451	**Stock produit malaxé**		52 910
9412	**Stock pots A**		1 500
9413	**Stock pots B**		5 200
905	**Charges réfléchies**		7 200
9272	**Centre conditionnement**		6 000

EXERCICES : série 10.

MOTS-CLÉS

• Commandes • Coût de production • Produits finis
• Produits intermédiaires • Produits semi-finis

Chapitre 11

Les coûts de production

Produits en cours, produits dérivés

Dans le chapitre précédent, nous avons considéré que la somme des consommations de matières, de main-d'œuvre directe et de charges de centres pour la fabrication donnait les coûts de production.

En réalité le problème peut être modifié :

- par l'existence de déchets et de sous-produits ;
- par le fait que certaines productions ou certains services peuvent ne pas être achevés en fin de période.

1. Les produits en cours

1.1 Principe

En fin de période de calcul, la totalité de la fabrication peut ne pas être achevée. Dans ce cas, une partie des charges de la période concerne la fraction des produits[1] qui reste **en cours de fabrication**.

(1) Production de biens et production de services.

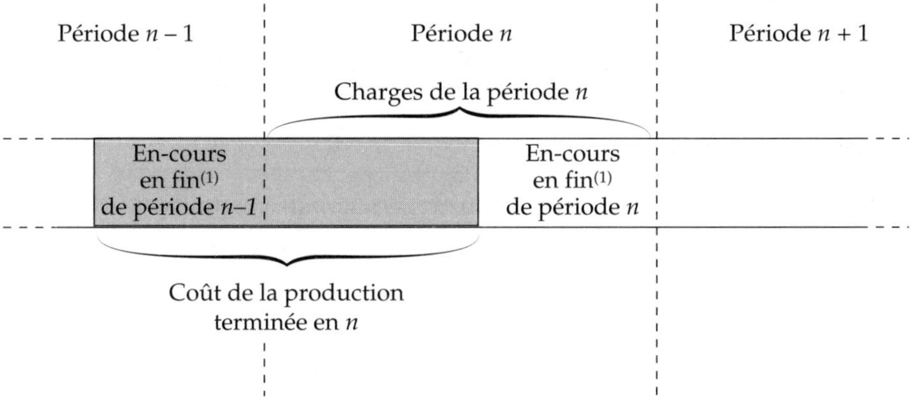

Coût de production = charges de la période + en-cours initiaux – en cours finals

***Exemple** : l'entreprise Meurama fabrique des armoires en orme massif. Un atelier « Découpe » fournit les planches aux dimensions requises à un atelier « Assemblage », dans lequel les armoires sont montées avant d'être livrées à un centre « Finition ».*

Au mois de mars, on a enregistré pour le centre 153 750 € de charges ainsi réparties :

– consommation de planches : 88 000 €

– main-d'œuvre directe : 47 250 € ;

– charges indirectes : 18 500 €.

Au cours de ce mois 100 armoires terminées ont été livrées au centre « Finition ». Un certain nombre de ces armoires (15) étaient déjà en cours de fabrication au début du mois, sur lesquelles des charges avaient déjà été engagées en février. En revanche, en fin de mois, 25 armoires restent en cours de fabrication, sur lesquelles des charges ont été engagées en mars, mais qui n'entreront en stock de produits finis qu'au mois d'avril.

Le **coût des armoires terminées en mars** est donc égal à :

Charges du mois de mars

+ coût des armoires en cours début mars

– coût des armoires en cours fin mars.

Supposons que l'en-cours initial soit de 5 000 € et l'en-cours final de 10 000 €.

Le coût des armoires terminées en mars est donc :

153 750 + 5 000 – 10 000 = 148 750 €.

(1) En-cours finals $n - 1$ = en-cours initiaux n.

1.2 Évaluation des en-cours

Les en-cours sont souvent délicats à évaluer et leur valorisation est généralement forfaitaire.

A. Évaluation globale

On considère qu'un en-cours représente une fraction de produit fini.

Supposons que, dans notre exemple, cette fraction soit de 1/4 pour l'en-cours initial comme pour l'en-cours final.

Les 153 750 € de charges doivent donc être imputées :

- aux (100 – 15) soit 85 armoires commencées et terminées en mars ;
- pour partie aux 15 armoires en cours de fabrication en début de période qui ont reçu encore 3/4 des charges et sont donc équivalentes à (3) (15)/4 = 11,25 armoires ;
- pour partie aux 25 armoires en cours en fin de période, équivalentes à 25/4 unités, soit 6,25 unités.

La production équivalente de la période est donc : 85 + 11,25 + 6,25, soit 102,50 unités. Elle est aussi égale à :

Production terminée pendant la période	+	**en-cours final**	–	**en-cours initial**	
		évalués en unités équivalentes			
100	+	25/4	–	15/4	= 102,50

Le coût par unité terminée est donc de 153 750/102,5 = 1 500 € et par unité en cours de 1 500/4 = 375 €.

On peut donc évaluer l'en-cours final à (375)(25) = 9 375 €.

Sur la période précédente, on aura calculé de la même façon l'en-cours initial.

Supposons que l'on ait obtenu le même coût unitaire, soit (15)(375) = 5 625 €, on aura donc :

coût des armoires terminées =	en-cours initial	+	charges de la période	–	en-cours final		
	5 625	+	153 750	–	9 375	= 150 000	

Il faut donc bien faire la différence entre « **production équivalente de la période** » et « **production terminée** ».

B. Évaluation forfaitaire par composante de coût

En fonction du processus de production, on peut souvent définir un degré d'avancement des en-cours, pour chacune des composantes du coût. Fréquemment, par exemple, les matières sont incorporées à l'entrée dans l'atelier alors que les charges de main-d'œuvre sont engagées progressivement.

En moyenne, on peut alors considérer un en-cours comme équivalent à un produit terminé en ce qui concerne les matières, à une moitié de produit terminé en ce qui concerne la main-d'œuvre et les charges indirectes.

Appliquons cette hypothèse à l'entreprise MEURAMA.

	Charges de la période	En-cours initial	Production terminée	En-cours final	Production équivalente	Coût unitaire
Matières	88 000	15	100	25	110	800
Main-d'œuvre	47 250	15/2	100	25/2	105	450
Charges indirectes	18 500	15/2	100	25/2	105	176,19
Total	**153 750**					**1 426,19**

Valeur d'un en-cours : 800 + 450/2 + 176,19/2 = 1 113,09 €

Évaluation du stock d'en-cours final : (1 113,09)(25) = 27 827,25 €

C. Évaluation par fiche de coût

Dans le cas des commandes notamment, on tient une fiche de coût par commande sur laquelle on inscrit :

- le coût des matières (d'après les bons de sortie) ;
- le coût de la main-d'œuvre directe (d'après les bons de travail) ;
- le coût des charges de centres (d'après le relevé des unités d'œuvre).

Si une commande n'est pas terminée, un total provisoire indique le coût de cette commande en cours.

1.3 Jeu des comptes analytiques

Reprenons l'évaluation des armoires en cours obtenue au paragraphe A de la partie 1.2, soit 5 625 € pour l'en-cours initial, 9 375 € pour l'en-cours final.

En cours d'exercice, l'en-cours final apparaîtra comme le solde du compte de coût de production correspondant.

En fin d'exercice, il sera viré dans un compte « Stock d'en-cours ».

	Coût de production		Stock d'armoires assemblées	
En-cours initial	5 625			
	88 000	150 000	150 000	
	47 250			
	18 500			
	Solde = 9 375 = en-cours final			

Ce solde peut également être viré à un compte « **Stock d'en-cours** » à la fin de chaque période de calcul des coûts.

2. Les produits dérivés

Certaines fabrications donnent en plus du (ou des) produit principal que l'on veut obtenir, des **produits résiduels** (déchets et rebuts) et des **sous-produits**. Ces éléments ne sont généralement pas sans valeur, d'où la nécessité d'en tenir compte dans les calculs de coûts.

2.1 Produits résiduels

Les **déchets** sont des résidus de fabrication, constitués souvent par des éléments de matières premières (exemple : copeaux de métal) ou encore des impuretés se dégageant à la fabrication (exemple : scories).

Les **rebuts** sont des produits finis impropres à l'usage prévu (pièces cassées ou détériorées, éléments à dimension non conforme, etc.).

A. Produits résiduels inutilisables

Dans ce cas, déchets et rebuts n'ont pas de valeur d'échange, il est inutile d'en déterminer le coût ou d'en tenir un compte de stock.

Leur évacuation peut entraîner des frais (transport, manutention...). Ces charges sont incorporées aux coûts de production des produits finis.

B. Produits résiduels utilisables

Dans ce cas, déchets et rebuts peuvent être vendus, ou réutilisés dans l'entreprise.

a) Produits résiduels vendus

• **1re solution : prix de vente soustrait du coût de production**

Dans cette solution, le prix de vente des déchets ou rebuts résultant d'une fabrication est déduit pour réduire d'autant le coût de production du produit fini correspondant.

Le calcul se fait par soustraction, de préférence dans un tableau (comme l'encours final précédemment), en utilisant le compte « **Produits réfléchis** ».

• **2e solution : prix de vente considéré comme un bénéfice**

Ces ventes de déchets ou rebuts sont :

- soit ajoutées au résultat global analytique (voir chapitre 14) ; ces produits sont alors en quelque sorte considérés comme des éléments à coût de production nul ;
- soit ajoutées au résultat provenant de la vente des produits finis.

b) Produits résiduels réutilisés par l'entreprise

Ils sont alors valorisés, soit au prix du marché, s'il existe un marché pour ces déchets et rebuts, soit à un prix forfaitaire.

Leur valeur ainsi déterminée est :

- soustraite du coût de production du produit fini dont ils proviennent ;
- ajoutée au coût de production du produit fini dans la fabrication duquel sont utilisés ces déchets et rebuts.

On utilise les comptes « **Stock des déchets** » et « **Stock des rebuts** ».

2.2 Sous-produits

A. Définition

Un **sous-produit** est un produit secondaire obtenu au cours de la fabrication d'un produit principal, objet essentiel de l'exploitation. L'industrie chimique fournit de nombreux exemples de tels sous-produits.

Le sous-produit se distingue du déchet par son importance, par le fait qu'une exploitation pourrait avoir sa fabrication comme objectif et parfois par la nécessité de sa transformation.

Sur un plan comptable, les sous-produits peuvent être traités :

- comme des **déchets**, en appliquant l'une des solutions envisagées ci-dessus ; c'est assez rare ;
- comme des **produits finis**, avec calcul de coûts de production ; c'est notamment le cas lorsqu'il faut une transformation complémentaire avant la vente.

B. Évaluations

EXEMPLE : *la SCA (société de conservation alimentaire) fabrique un produit conservateur C destiné aux professionnels de l'alimentation (traiteurs, restauration collective, etc.).*

Dans un premier atelier, un mélange de composants naturels M acheté directement à des agriculteurs est mis à macérer puis filtré pour obtenir un produit F. Le produit filtré F est ensuite lyophilisé, dans un atelier 2, puis stocké avant la vente (produit C).

Le nettoyage des filtres de l'atelier 1 donne un sous-produit SP vendable, après un traitement complémentaire dans un atelier 3, sous la forme d'un produit X destiné à l'alimentation animale.

Au mois de décembre N, on a observé les données suivantes :

	Atelier 1	Atelier 2	Atelier 3
Charges	150 000	100 000	10 000

Mélange traité dans l'atelier 1 : 80 tonnes à 750 € la tonne ; 70 tonnes de produit filtré F sont passées directement dans l'atelier 2 et ont donné, après lyophilisation, 10 tonnes de conservateur, stockées pour être vendues à 35 000 € la tonne.

Les 10 tonnes de sous-produit SP traitées dans l'atelier 3 ont donné 5 tonnes de produit X revendu 6 000 € la tonne pour l'alimentation du bétail.

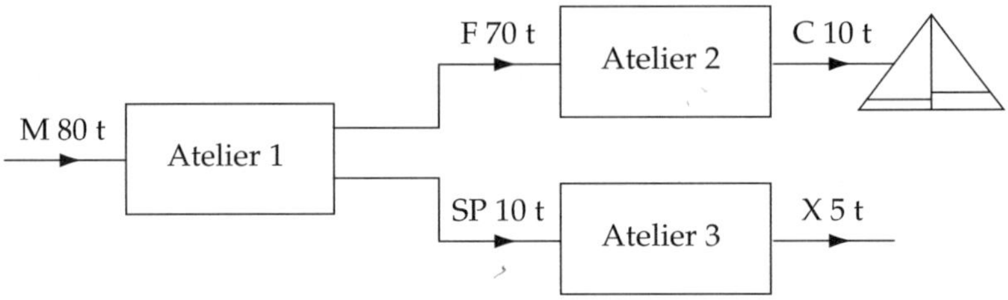

Le coût de production à la sortie de l'atelier 1 s'élève à (80)(750) + 150 000 = 210 000.

Ce montant doit être réparti entre le produit F et le sous-produit SP.

SOLUTIONS

Plusieurs solutions sont envisageables.

- **Évaluation forfaitaire du sous-produit à partir du prix de vente**

  Les 10 tonnes de sous-produit seront revendues sous forme de produit X pour (5)(6 000), soit 30 000 € après un traitement complémentaire coûtant 10 000 €.

  On peut donc évaluer à 30 000 – 10 000 = 20 000 le **coût du sous-produit** à la sortie de l'atelier 1.

  Il reste donc 210 000 – 20 000 = 190 000 € à imputer au produit principal :

	Produit F	Produit X
Coût de production à la sortie de l'atelier 1	190 000	20 000
Atelier 2	100 000	
Atelier 3		10 000
Coût de production de F	290 000	
Prix de vente de X		30 000

- **Partage de l'ensemble des charges de production en fonction des quantités**

  Le partage des 210 000 € se fait en fonction des poids obtenus, soit :
  (210 000) (7/8) = 183 750 € pour le produit principal
  210 000/8 = 26 250 € pour le sous-produit.

	Produit F	Produit X
Coût de production à la sortie de l'atelier 1	183 750	26 250
Atelier 2	100 000	
Atelier 3		10 000
Coûts de production	283 750	36 250

- **Partage en fonction des marges obtenues**

  La vente des 10 tonnes de conservateur doit procurer, hors coût de l'atelier 1, une marge de : (35 000)(10) – 100 000 = 250 000.

  La vente du produit X doit procurer, hors coût de l'atelier 1, une marge de 30 000 – 10 000 = 20 000 €.

On répartit les charges de l'atelier dans ces proportions, soit

(210 000) (250 000)/270 000 = 194 444 € pour le produit F ;

(210 000) (20 000)/270 000 = 15 556 € pour le produit X.

	Produit F	Produit X
Coût de production à la sortie de l'atelier 1	194 444	15 556
Atelier 2	100 000	
Atelier 3		10 000
Coûts de production	294 444	25 556

Les mêmes **modalités d'évaluation** s'appliquent aux **produits dits conjoints** ou **produits indivis** qui sont des produits d'importance comparable obtenus dans des proportions fixes dans un processus de production.

EXERCICES : série 11.

MOTS-CLÉS

- Déchets • En-cours • Production équivalente d'une période
- Produits conjoints • Produits dérivés • Produits indivis
- Produits résiduels • Rebuts • Sous-produits

Chapitre 12

LES COÛTS HORS PRODUCTION

Les coûts hors production sont des coûts qui ne peuvent être imputés qu'aux coûts de revient des produits vendus. Parmi eux, les coûts de distribution nécessitent une étude particulière.

1. Coûts de distribution

1.1 Importance des coûts de distribution

Les biens étant produits pour être vendus, leur mise sur le marché entraîne pour l'entreprise des charges entre la fin de la production et l'arrivée des produits chez les clients.

L'ensemble de ces charges liées à la distribution constitue pour l'entreprise le **coût de distribution**, que nous qualifierons de **global** lorsqu'il concerne la totalité des opérations de distribution de l'entreprise.

Ce coût de distribution voit son *importance relative* augmenter en raison :

- d'une part, de l'importance croissante donnée dans les entreprises à la fonction distribution ;
- d'autre part, de la réduction des coûts de production au fur et à mesure des gains de productivité.

Cette importance croissante conduit à surveiller ces coûts et, pour cela, diverses analyses peuvent être utiles.

1.2 Analyse du coût de distribution

A. Analyses verticales : par stade de distribution

Le coût de distribution global peut être analysé par répartition entre les différentes phases de la distribution. Dans ce cas, il est établi un centre d'analyse par stade au lieu d'un seul centre de distribution global.

On distingue :

- le **stade antérieur** à la vente : étude de marché, publicité, expositions, etc.
- le **stade de la vente** propement dite : commissions des représentants, charges afférentes aux locaux affectés à la vente, etc. ;
- le **stade postérieur** à la vente : livraisons, facturation, etc.

Remarque : le **service après-vente** entraîne des charges qui peuvent être incluses dans le coût de distribution au stade postérieur à la vente (notamment pendant la période de garantie).

Toutefois les **services après-vente payants** peuvent :

- soit venir en diminution des coûts de distribution,
- soit être considérés comme une prestation de service pour laquelle on détermine un coût de production et un résultat.

B. Analyses horizontales

Les calculs étant faits par période, souvent mensuelle, les récapitulations des **périodes** sont déjà une première analyse **dans le temps**.

D'autres analyses des coûts de distribution sont possibles et sont souvent pratiquées en même temps que celles des ventes(1).

a) Par secteur géographique

Suivant les secteurs dans lesquels la production est écoulée, les charges de distribution sont différentes : transports, charges du réseau de distribution... et une analyse sur ce critère peut fournir des informations intéressantes.

b) Par canal de distribution

Si toute la production est écoulée par le même canal, le problème ne se pose pas (par exemple, si tout est vendu à des grossistes).

En revanche, si plusieurs canaux interviennent, une analyse s'avère intéressante. Suivant que l'entreprise vend ses produits à des grossistes, à des détaillants, à des grands magasins ou au détail, les charges de transport, de conditionnement... sont différentes.

---

(1) Voir budget des ventes dans la partie 3, chapitre 25.

c) Par produit ou par commande

L'analyse par produit ou par commande est indispensable si l'on veut ensuite déterminer un coût de revient par produit ou par commande.

C'est un problème de répartition des centres de distribution en fonction des unités d'œuvre ou des assiettes de frais.

Plusieurs des analyses précédentes peuvent être combinées, par exemple par produit et par canal de distribution, ce qui conduit à calculer des coûts de revient en fonction de cette double analyse.

1.3 Application

A. Composantes

a) Les emballages

Il convient de bien distinguer les différents types d'emballages.

- Les **emballages** utilisés pour le conditionnement des produits finis **avant** leur **mise en stock** ; les consommations de ce type d'emballages font partie du **coût de production**.
- Les **emballages récupérables** : leurs mouvements en comptabilité générale sont enregistrés dans des comptes de tiers (emballages consignés) et **n'ont pas** à ce titre **à être pris en compte** par la comptabilité analytique. Il se peut cependant que ces emballages génèrent des produits et des charges (bonis, malis, ventes). Dès lors qu'ils ont une importance significative, on pourra déterminer un résultat analytique comme pour les autres activités.
- Les **emballages perdus utilisés pour l'expédition des produits** aux clients : ils sont un élément du **coût de distribution** et sont à prendre en considération dans ce chapitre. En fonction du mode de saisie de leur consommation, ils pourront être traités en charges directes ou en charges indirectes de distribution.

b) Les autres charges directes

Ce sont des charges qui peuvent être rattachées à un produit déterminé : certains transports ou manutentions, publicité ou promotion des ventes spécifiques à un produit.

En comptabilité générale, ces charges figurent en charges de personnel ou en services extérieurs.

c) Les charges indirectes

Ces charges qui ne concernent pas un produit déterminé sont regroupées dans les **centres de distribution**. Généralement plus importantes que les charges directes, elles constituent souvent l'**ensemble du coût de distribution**. Dans ce cas, il est inutile de déterminer un coût de distribution ; le centre de distribution est alors directement réparti entre les coûts de revient.

Les types d'analyses évoqués ci-dessus peuvent guider le choix des centres d'analyse. Outre la direction commerciale, ils doivent couvrir les fonctions :

- de préparation des ventes (analyse des marchés, publicité, tarifs et catalogues, devis, notices, formation du personnel commercial...) ;
- d'exécution des ventes (prise de commandes, facturation, surveillance des délais de livraison et de paiement...) ;
- de stockage et de livraison (magasin, conditionnement, acheminement)
- de service après-vente (entretien, réparations, gestion des pièces de rechange, garantie).

Quant à l'**imputation** aux coûts de distribution, s'ils sont calculés, ou directement aux coûts de revient, elle se fait le plus généralement, en l'absence d'unités d'œuvre, en retenant pour assiette de frais le coût de production des produits vendus (ou éventuellement des produits fabriqués). Lorsque l'entreprise dispose de plusieurs canaux de distribution, il est souhaitable de différencier les charges de distribution par catégories de clientèle.

B. Exemple

La SOCIÉTÉ ARDÉCHOISE DE CONFISERIE (SAC) produit des marrons glacés distribués dans un réseau de magasins de détail et dans quelques grandes surfaces de la région Rhône-Alpes.

Les ventes portent sur des « marrons entiers », vendus en coffrets de 500 g, et sur des « gros cassés », conditionnés en paquets de 1 kg.

La répartition pour le mois de décembre de l'année N a été la suivante :

	Marrons entiers	Gros cassés
Détaillants	10 000 à 30 €	8 000 à 36 €
Grandes surfaces	5 000 à 24 €	6 000 à 32 €
Coût de production unitaire	22 €	28 €

Les consommations d'emballages pour les expéditions ont porté sur les montants suivants :

	Ventes détail		Ventes grandes surfaces	
	Marrons entiers	Gros cassés	Marrons entiers	Gros cassés
Montant	10 000	8 000	2 000	2 400

Les charges indirectes de distribution résultent du tableau de répartition suivant :

	Prestations connexes	Gestion du personnel	Centre ventes détail	Centre ventes grandes surfaces
Total après répartition primaire	2 000	1 000	11 420	1 680
Prestations connexes	– 100 %		70 %	30 %
Gestion du personnel		– 100 %	50 %	50 %
Assiette de frais			coût de production des produits vendus	coût de production des produits vendus

Calculer les coûts de distribution.

SOLUTION

Les données de l'énoncé permettent de compléter comme suit le tableau de répartition des charges indirectes :

	Prestations connexes	Gestion du personnel	Centre ventes détail	Centre ventes grandes surfaces
Total primaire	2 000	1 000	11 420	1 680
Prestations connexes	– 2 000		1 400	600
Gestion du personnel		– 1 000	500	500
Total secondaire			13 320	2 780
Assiette de frais			444 000 (1)	278 000 (2)
Taux de frais			3 %	1 %

(1)10 000 x 22 + 8 000 x 28 = 444 000.
(2) 5 000 x 22 + 6 000 x 28 = 278 000.

On peut en déduire le coût de distribution de chaque produit :

	Ventes détail		Ventes grandes surfaces	
	Marrons entiers 1	Gros cassés 2	Marrons entiers 3	Gros cassés 4
Coût de production	10 000 à 22 = **220 000**	8 000 à 28 = **224 000**	5 000 à 22 = **110 000**	6 000 à 28 = **168 000**
Charges directes de distribution	10 000	8 000	2 000	2 400

Charges indirectes de distribution	6 600	6 720	1 100	1 680
Coût de distribution	16 600	14 720	3 100	4 080

L'éventuel enregistrement dans les comptes analytiques se présenterait ainsi :

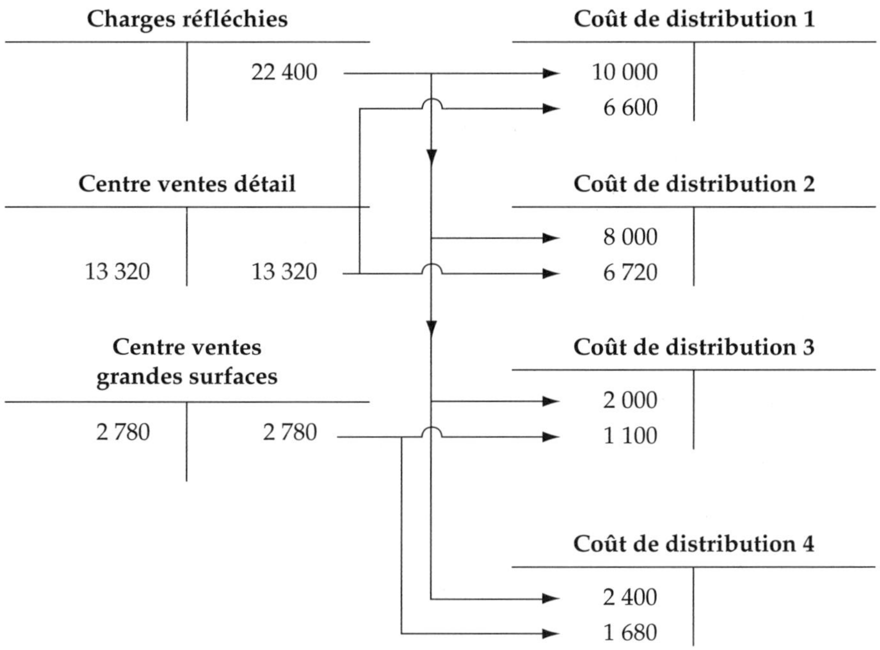

2. Autres coûts hors production

Afin de *réduire l'arbitraire* du calcul des coûts de production et de *ne pas inclure dans la valeur des stocks*(1) des charges à caractère trop général, le plan comptable général définit des **charges** « **hors production** », autres que le coût de distribution, qui doivent également être **imputées** non aux coûts de production mais **aux coûts de revient**, en retenant pour **assiette de frais** le coût de production des produits vendus (ou éventuellement des produits fabriqués). Ces charges apparaissent dans plusieurs *centres d'analyse*.

(1) Conformément aux prescriptions de la 4e directive européenne.

A. Administration générale

Ce sont des charges communes à l'ensemble de l'unité économique constituée par l'entreprise.

Elles recouvrent les coûts résultant :

- de la direction générale et des services centraux ;
- de la prévision et du contrôle de gestion ;
- de la comptabilité générale et analytique ;
- des communications générales (courrier, téléphone...) ;
- des services généraux d'informatique.

B. Gestion financière

Ce sont des charges liées à la recherche de capitaux propres ou empruntés et à leur gestion (y compris la gestion de la trésorerie). Il s'agit de charges de personnel, de charges de fonctionnement et de charges financières.

Remarque : cette prescription du plan comptable général de traiter les charges financières en coûts hors production implique de ne pas porter de charges financières dans les centres auxiliaires, sinon elles seraient indirectement imputées aux coûts de production...

C. Autres frais à couvrir

Ce centre rassemble éventuellement des charges incorporables(1) qui ne trouvent pas place dans d'autres centres. Il peut s'agir :

- de charges ayant trop peu d'importance pour être traitées dans un centre spécifique ;
- de certaines dotations aux provisions ou aux amortissements (amortissement des frais d'établissement par exemple) ;
- éventuellement de frais résiduels de centres d'analyse.

Nous retrouverons ces coûts hors production dans le calcul des coûts de revient.

EXERCICES : série 12.

MOTS-CLÉS

• Administration générale • Autres frais à couvrir • Coût de distribution • Coût hors production • Distribution • Emballages • Financement (gestion financière)

(1) À ne pas confondre avec des différences d'incorporation car « Autres frais à couvrir » s'impute aux coûts de revient (voir chapitre 14).

Chapitre 13

LES COÛTS DE REVIENT

1. Définition

Le coût de revient d'objets ou de prestations de services représente tout ce qu'ils ont coûté au cours du cycle d'exploitation, lorsqu'ils ont atteint le **stade final, distribution incluse**.

2. Composantes

La définition ci-dessus permet de dire qu'un coût de revient résulte de la sommation des éléments suivants.

A. Pour une entreprise commerciale

Coût de revient = coût d'achat des **produits vendus**
+ coûts hors production

B. Pour une entreprise industrielle

Coût de revient = coût de production des **produits vendus**
+ coûts hors production

Nous insistons sur le fait qu'il s'agit du **coût de revient des produits vendus**. En conséquence, en présence de stocks, il est essentiel de ne pas prendre comme composante le **coût de production** des produits finis pendant la période (ou le coût d'achat des produits achetés pour une entreprise commerciale) mais celui des **produits vendus**, ce qui nécessite une **évaluation des sorties de stocks**.

3. Applications

A. Cas d'une entreprise industrielle

Reprenons l'exemple de la SOCIÉTÉ ARDÉCHOISE DE CONFISERIE (SAC) pour laquelle nous avons calculé, au chapitre précédent, les coûts de distribution, en complétant l'énoncé par les quelques éléments suivants relatifs au mois de décembre N :

Stock de marrons entiers (coffrets de 500 grammes)

	Entrées				Sorties		
	Quantité	Coût unitaire	Montant		Quantité	Coût unitaire	Montant
Stock initial	1 000	21,6	21 600	Production vendue	15 000		
Coût de production du mois	14 200		312 800				

Stock de gros cassés (boîtes de 1 kg)

	Entrées				Sorties		
	Quantité	Coût unitaire	Montant		Quantité	Coût unitaire	Montant
Stock initial	2 000		54 000	Production vendue	14 000		
Coût de production du mois	15 000		422 000				

Coût de distribution

	Ventes détail		Ventes grandes surfaces	
	Marrons entiers	Gros cassés	Marrons entiers	Gros cassés
Coût de distribution	16 600	14 720	3 100	4 080

Le montant des charges du centre « Administration et financement » est de 36 100 €.

Déterminer le coût de revient des différents produits.

SOLUTION

Afin de calculer le coût de production des produits vendus, il convient de déterminer les **coûts moyens pondérés**.

Pour les marrons entiers : $CMP = \dfrac{21\,600 + 312\,800}{1\,000 + 14\,200} = 22$

Pour les gros cassés : $CMP = \dfrac{54\,000 + 422\,000}{2\,000 + 15\,000} = 28$

Le coût total de production des produits vendus est

$$22 \times 15\,000 + 28 \times 14\,000 = 722\,000.$$

Le taux de frais de l'administration et financement est donc égal à

$$36\,100/722\,000 = 0{,}05.$$

Les tableaux de calcul des coûts de revient se présentent donc ainsi.

Coûts de revient ventes au détail

	Marrons entiers 1			Gros cassés 2		
	Quantité	Coût unitaire	Total	Quantité	Coût unitaire	Total
Coût de production	10 000	22	220 000	8 000	28	224 000
Coût de distribution			16 600			14 720
Administration	220 000	0,05	11 000	224 000	0,05	11 200
Coût de revient	10 000	24,76	247 600	8 000	31,24	249 920

Coûts de revient ventes en grandes surfaces

	Marrons entiers 3			Gros cassés 4		
	Quantité	Coût unitaire	Total	Quantité	Coût unitaire	Total
Coût de production	5 000	22	110 000	6 000	28	168 000
Coût de distribution			3 100			4 080
Administration	110 000	0,05	5 500	168 000	0,05	8 400
Coût de revient	5 000	23,72	118 600	6 000	30,08	180 480

Comptabilisation

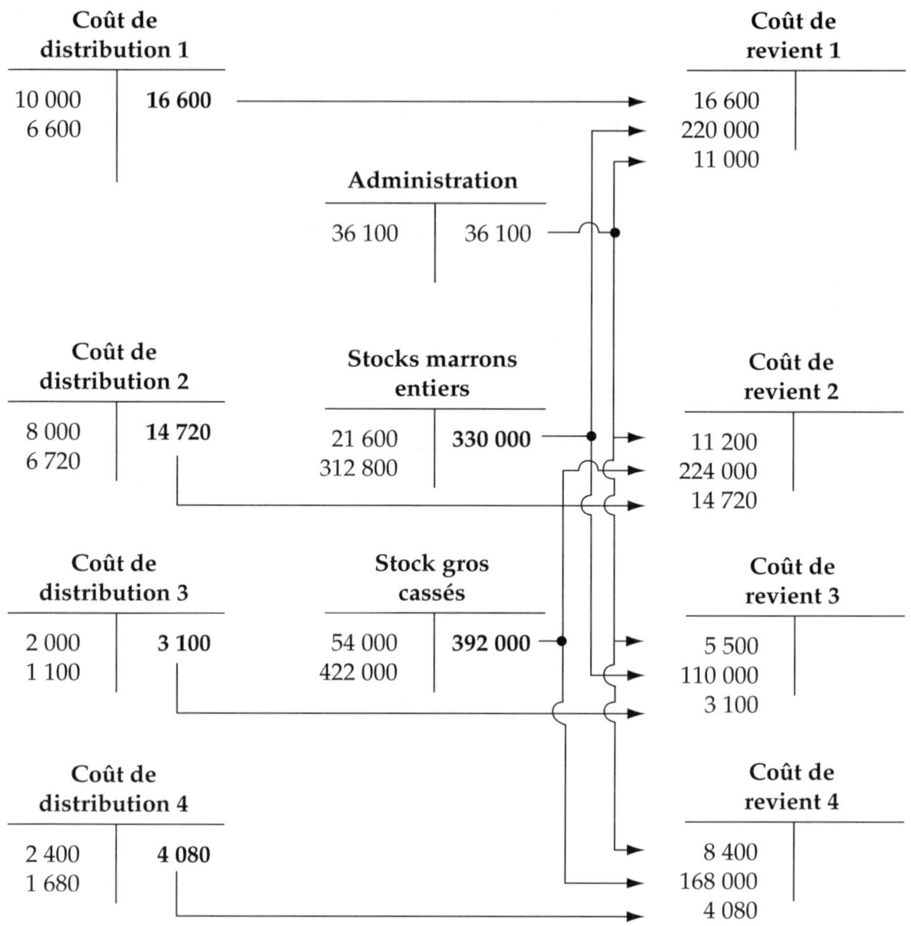

B. *Cas d'une entreprise commerciale (problème d'ensemble)*

La société des magasins MÉNAGEX achète en vue de les revendre soit ***en magasin****, soit* ***par correspondance :***

- *des articles de ménage,*
- *des meubles,*
- *des vêtements.*

Cette société calcule ***trimestriellement*** *ses coûts.*

- *Au 31 mars N, la comptabilité générale, après le premier trimestre de l'exercice, fournit les informations suivantes :*

– charges par nature indirectes 177 720

– achats de marchandises 300 000
– achats de matières consommables 30 000

Les achats se répartissent entre les trois catégories de marchandises dans les proportions suivantes :

– articles de ménage 50 %
– meubles 20 %
– vêtements 30 %

En comptabilité analytique d'exploitation, il est décidé de tenir compte comme précédemment des éléments supplétifs suivants :

– *rémunération de l'exploitant sur la base de 2 000 € par mois ;*
– *rémunération des capitaux propres de l'entreprise au taux moyen de 5 % (capitaux engagés 2 000 000 €).*

Il est par contre décidé de ne pas tenir compte de 1 000 € de provisions non incorporables (montant trimestriel).

• *Les stocks au 1. 1. N étaient les suivants :*

– matières consommables 17 000
– articles de ménage 41 100
– meubles 24 900
– vêtements 42 000

• *Les charges indirectes (y compris les matières consommables) se répartissent ainsi entre centres de travail et centres d'analyse :*

répartition primaire	centre approvisionnements	à déterminer
	centre transports	24 000
	centre expéditions	14 000
	centre ventes magasins	74 692
	centre ventes par correspondance	58 308
	centre administration générale et financement	48 720

La répartition secondaire s'effectue à l'aide des pourcentages suivants :

centre transports :
- 40 % aux approvisionnements
- 60 % aux centres de ventes (dont 40 % aux ventes magasins et 60 % aux ventes par correspondance)

centre expéditions :
- 40 % aux ventes magasins
- 60 % aux ventes par correspondance

• *Au 31.3. N, les stocks de matières consommables s'élèvent à 26 600 €.*

Les stocks de marchandises sont évalués sur la base des coûts d'achat du trimestre, dans un but de simplification, et l'on sait que les valeurs de ces stocks aux prix d'achat au 31.3. N sont les suivantes :

- articles de ménage : 40 000
- meubles : 15 000
- vêtements : 30 000

• *Le centre approvisionnements s'impute de la façon suivante :*
- 1/3 aux meubles,
- 1/4 aux vêtements,
- le reste aux articles de ménage.

• *La répartition des chiffres d'affaires du premier trimestre s'est établie conformément au tableau suivant :*

	Ventes en magasin	Ventes par correspondance	Totaux
Articles de ménage	120 000	150 000	270 000
Meubles	90 000	30 000	120 000
Vêtements	90 000	120 000	210 000
Totaux	300 000	300 000	600 000

Les prix de vente d'un article donné sont les mêmes en magasin et par correspondance.

Les centres « Ventes en magasin », « Ventes par correspondance » et « Administration et financement » sont imputés à raison des coûts d'achats des produits vendus.

Calculer les coûts de revient en faisant apparaître répartitions, coûts et comptes de stocks nécessaires à ce calcul.

SOLUTION

• **Consommation de matières consommables**

Stock initial + Achats – Stock final

soit 17 000 + 30 000 – 26 600 = 20 400

- **Analyse des charges indirectes**

		Centres auxiliaires		Centres principaux				Différence d'incorporation sur amortissements et provisions
		Transports	Expéditions	Approvisionnements (2)	Ventes en magasin	Ventes par correspondance	Administration et financement	
Consommation de matières consommables	20 400							
Charges et dotations réfléchies	177 720							
Différences d'incorporation pour éléments supplétifs(1)	31 000							
	229 120	24 000	14 000	8 400	74 692	58 308	48 720	1 000
		- 24 000		9 600	5 760	8 640		
			- 14 000		5 600	8 400		
	229 120	0	0	18 000	86 052	75 348	48 720	1 000
Assiette de frais					Coût d'achat des ventes	Coût d'achat des ventes	Coût d'achat des ventes	
Montants					170 400	165 600	336 000	
Taux de frais(3)					0,505	0,455	0,145	

(1) 2 000 × 3 + 2 000 000 x 5 % x 1/4.

(2) Total provenant du centre approvisionnement : 229 120 – (24 000 + 14 000 + 74 692 + 58 308 + 48 720 +1 000) = 8 400.

(3) Calculés après détermination des coûts d'achat des produits vendus (voir ventilation des sorties de stock dans le tableau de calcul des coûts de revient, page 97).

Assiette de frais magasin : 69 600 + 55 800 + 45 000 = 170 400 }
Assiette de frais correspondance : 87 000 + 18 600 + 60 000 = 165 600 } 336 000

		Coûts d'achat		
		Articles de ménage	Meubles	Vêtements
Achats réfléchis	300 000	150 000	60 000	90 000
Centre approvisionnements	18 000	7 500	6 000	4 500
	318 000	157 500	66 000	94 500

Pour ce trimestre, les rapports entre coûts d'achat et prix d'achat apparaissent ainsi :

– articles de ménage : $\dfrac{157\,500}{150\,000} = 1{,}05$

– meubles : $\dfrac{66\,000}{60\,000} = 1{,}10$

– vêtements : $\frac{94\ 500}{90\ 000} = 1{,}05$

D'où les évaluations des stocks finals :

– articles de ménage : 40 000 × 1,05 = 42 000
– meubles : 15 000 × 1,10 = 16 500
– vêtements : 30 000 × 1,05 = 31 500

Dans l'**optique envisagée dans cette entreprise** (optique facilitant les calculs et la tenue des stocks dans une entreprise commerciale vendant de nombreux articles), nous évaluerons les coûts d'achat des produits vendus par le calcul :

Stock initial + Achats – Stock final

• **Comptes de stocks**

Débits	Matières consommables		Articles de ménage		Meubles		Vêtements		Crédits
Stocks initiaux	17 000	26 600	41 100	42 000	24 900	16 500	42 000	31 500	Stock finals
Coûts d'achat	30 000	20 400	157 500	156 600	66 000	74 400	94 500	105 000	Sorties = (imputations aux coûts de revient)
	47 000	47 000	198 600	198 600	90 900	90 900	136 500	136 500	

• **Coûts de revient** (voir tableau ci-contre, page 97)

La répartition des chiffres d'affaires permet de ventiler les sorties de stocks entre les ventes en magasin et les ventes par correspondance (les prix de vente étant les mêmes, cette ventilation correspondra à la répartition en quantités).

Ces coûts de revient permettent ensuite de calculer les résultats par produits et les résultats globaux. De plus, la nécessité des contrôles conduira à des rapprochements de ces résultats avec ceux de la comptabilité générale.

	COÛTS DE REVIENT											
	Articles de ménage				Meubles				Vêtements			
	en magasin		par correspondance		en magasin		par correspondance		en magasin		par correspondance	
Coûts d'achat (stocks)	$156\,600 \times \frac{12}{27}$	69 600	$156\,600 \times \frac{15}{27}$	87 000	$74\,400 \times \frac{9}{12}$	55 800	$74\,400 \times \frac{3}{12}$	18 600	$105\,000 \times \frac{9}{21}$	45 000	$105\,000 \times \frac{12}{21}$	60 000
Centre ventes magasins	69 600 × 0,505	35 148			55 800 × 0,505	28 179			45 000 × 0,505	22 725		
Centre ventes par correspondance			87 000 × 0,455	39 585			18 600 × 0,455	8 463			60 000 × 0,455	27 300
Centre administration générale et financement	69 600 × 0,145	10 092	87 000 × 0,145	12 615	55 800 × 0,145	8 091	18 600 × 0,145	2 697	45 000 × 0,145	6 525	60 000 × 0,145	8 700
		114 840		**139 200**		**92 070**		**29 760**		**74 250**		**96 000**

EXERCICES : série 13.

MOTS-CLÉS

• Coût de distribution • Coût de revient • Coût hors production

Chapitre 14

LES RÉSULTATS

1. Résultats élémentaires

Pour obtenir le résultat analytique d'un produit ou d'une commande, il convient de retrancher le **coût de revient** de ce produit ou de cette commande des **ventes** (ou prestations de service) relatives à ce produit ou à cette commande.

Ces ventes (ou prestations de service) sont prises en compte en comptabilité analytique par l'intermédiaire d'un compte « **produits réfléchis** ».

A. Mécanisme comptable

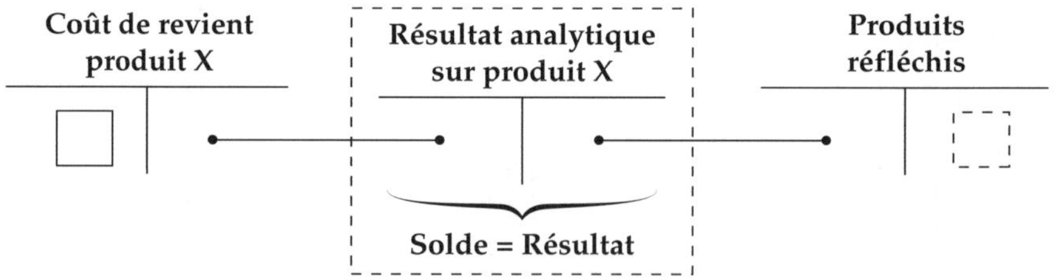

B. Remarques

- Les **produits réfléchis** peuvent inclure, en plus des ventes (ou prestations de service) proprement dites, certains **autres produits courants** de la comptabilité générale rattachables à un produit ou à une commande déterminée (produits financiers en particulier).

- Les **produits réfléchis** pris en compte dans le calcul des résultats analytiques peuvent ne pas coïncider avec l'ensemble des produits de la comptabilité générale.

  La différence constitue une **différence d'incorporation sur produits**.

C. Application

Revenons au cas de la SOCIÉTÉ ARDÉCHOISE DE CONFISERIE (SAC) en prenant en compte les éléments suivants relatifs aux ventes du mois de décembre N :

	Ventes détail				Ventes grandes surfaces			
	Marrons entiers		Gros cassés		Marrons entiers		Gros cassés	
	Quantité	Prix unitaire	Quantité	Prix unitaire	Quantité	Prix unitaire	Quantité	Prix unitaire
Ventes	10 000	30	8 000	36	5 000	24	6 000	32

SOLUTION

Le rapprochement de ces données avec le calcul des coûts de revient effectué dans le chapitre précédent nous conduit au tableau de calcul de résultats suivant

	Ventes détail		Ventes grandes surfaces		Total
	Marrons entiers 1	Gros cassés 2	Marrons entiers 3	Gros cassés 4	
Produits réfléchis	300 000	288 000	120 000	192 000	900 000
Coûts de revient	247 600	249 920	118 600	180 480	796 600
Résultats analytiques	52 400	38 080	1 400	11 520	103 400

À ce tableau correspond le schéma comptable suivant :

Coût de revient 1			Résultat analytique 1	
16 600				
220 000	**247 600**	→	247 600	300 000
11 000				

Solde = 52 400

Coût de revient 2			Résultat analytique 2	
14 720	**249 920**	→	249 920	288 000
224 000				
11 200				

Solde = 38 080

Coût de revient 3			Résultat analytique 3	
3 100	**118 600**	→	118 600	120 000
110 000				
5 500				

Solde = 1 400

Coût de revient 4			Résultat analytique 4	
4 080	**180 480**	→	180 480	192 000
168 000				
8 400				

Solde = 11 520

Produits réfléchis	
900 000	

2. Résultat global et rapprochement avec la comptabilité générale

2.1 Résultat global sur produits

Pour obtenir ce résultat, il suffit de faire la sommation des résultats partiels sur produits.

EXEMPLE : *au paragraphe précédent, il apparaît un résultat de 103 400.*

Ce résultat n'est pratiquement jamais égal au résultat donné par la comptabilité générale (pour diverses raisons : *différences d'incorporation sur charges, différences d'inventaire, frais résiduels...*) et il faut procéder au rapprochement des deux comptabilités, notamment pour des nécessités de **contrôle**.

2.2 Rapprochement(1)

Rappelons que le résultat de la comptabilité générale est déterminé par le compte **Résultat**, qui regroupe les charges et les produits, qu'ils proviennent d'opérations d'exploitation, d'opérations financières ou d'opérations exceptionnelles.

Le rapprochement de la comptabilité analytique et de la comptabilité générale consiste à regrouper toutes les différences d'incorporation, de cession et d'imputation dans le compte **97 – Différences de traitement comptable**.

Comme il apparaît dans le schéma ci-après, ce compte est ensuite viré comme les résultats analytiques sur produits au compte **98 – Résultat de la comptabilité analytique** (2), dont le solde doit être égal au résultat net de la comptabilité générale.

Dans **le jeu des comptes**, il importe de bien voir qu'il s'agit de **rapprocher la comptabilité analytique de la comptabilité générale** et non l'inverse.

(1) Pour la première approche de ce problème, on peut laisser ce paragraphe de côté et envisager, à ce stade, le calcul direct de l'application au paragraphe 2.3 ci-après.

(2) Cette appellation était imposée par le plan comptable général 1982 dans ses schémas explicatifs. En fait, il faut bien comprendre qu'il s'agit du **Résultat de la comptabilité générale déterminé dans le cadre de la comptabilité analytique**.

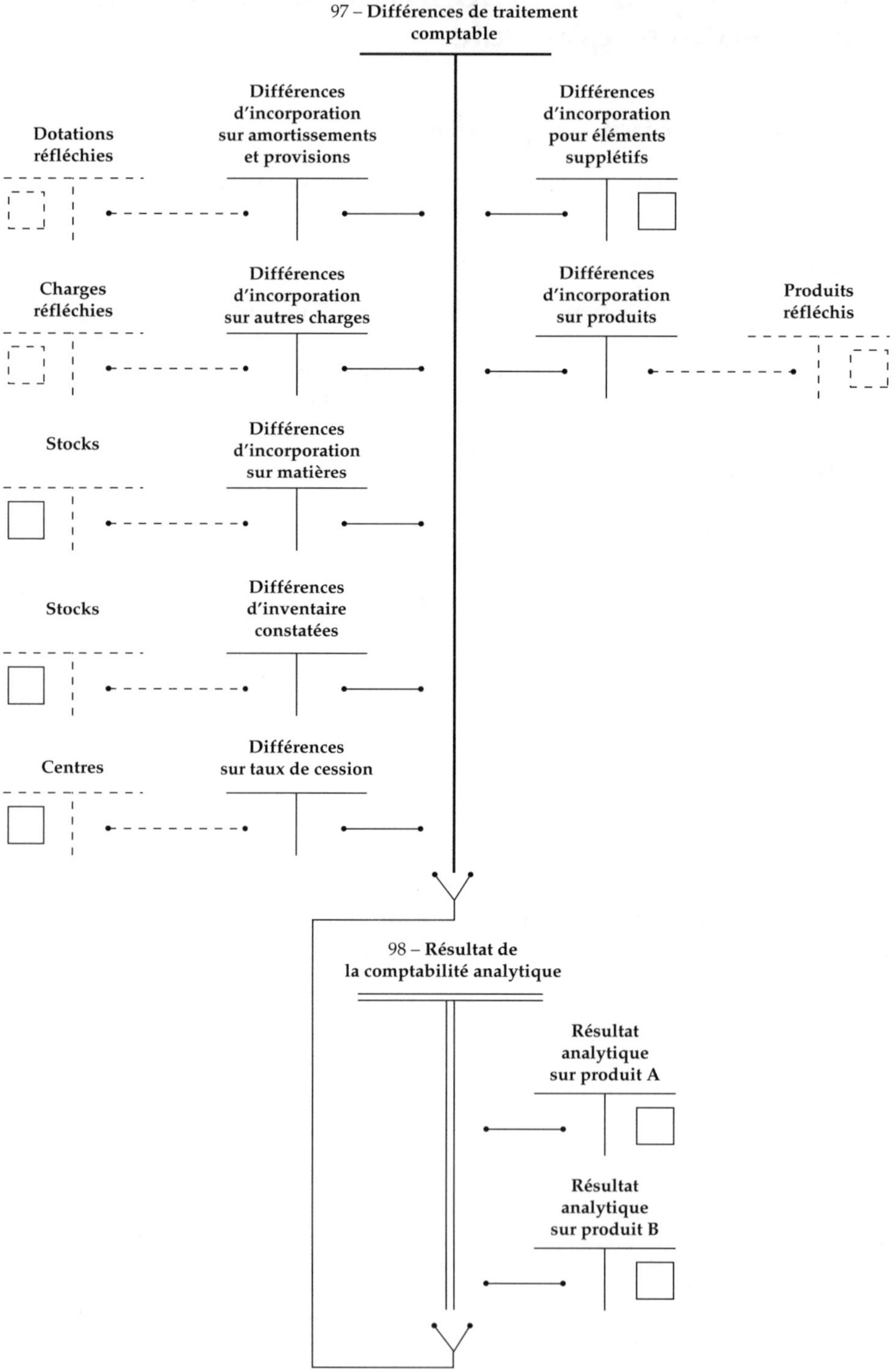
97 – Différences de traitement comptable
Dotations réfléchies
Différences d'incorporation sur amortissements et provisions
Différences d'incorporation pour éléments supplétifs
Charges réfléchies
Différences d'incorporation sur autres charges
Différences d'incorporation sur produits
Produits réfléchis
Stocks
Différences d'incorporation sur matières
Stocks
Différences d'inventaire constatées
Centres
Différences sur taux de cession
98 – Résultat de la comptabilité analytique
Résultat analytique sur produit A
Résultat analytique sur produit B

Remarques

- Le sens des écritures indiqué ici dans chaque cas est le plus fréquent mais certaines peuvent être parfois inversées.
- Les comptes en pointillé indiquent l'articulation avec la comptabilité générale (comptes réfléchis) et avec le reste de la comptabilité analytique.

Étudions séparément chacun des comptes évoqués précédemment.

Différences sur charges : elles apparaissent dans les comptes suivants.

- **971 – Différences d'incorporation sur amortissements et provisions**
  À virer généralement au débit du compte de regroupement. Il s'agit le plus souvent d'une dotation dont on n'a pas tenu compte. Le cas contraire peut se présenter.
- **972 – Différences d'incorporation pour éléments supplétifs**
  À virer au crédit du compte de regroupement puisqu'il s'agit de charges prises en compte alors qu'elles n'existent pas en comptabilité générale.
- **973 – Différences d'incorporation sur autres charges de la comptabilité générale**
  À virer au débit du compte de regroupement. Il s'agit de charges hors exploitation en comptabilité analytique et d'abonnements de charges.
- **975 – Différences sur coûts et taux de cession**
  Lorsque les charges indirectes imputées ne correspondent pas exactement aux totaux des centres d'analyse (en raison de taux conventionnels, par exemple). S'il y a surimputation, il faut créditer le compte de regroupement et inversement.

Différences sur produits : elles apparaissent dans le compte ci-après.

977 – Différences d'incorporation sur produits de la comptabilité générale
C'est le cas notamment de produits à caractère exceptionnel qui ne sont pas pris en considération dans les résultats sur produits. Ces montants sont à porter au crédit du compte de regroupement.

Différences sur stocks : elles apparaissent dans les comptes suivants.

970 – Différences d'incorporation sur matières
Pour les consommations de matières, il peut être jugé opportun de substituer une valeur conventionnelle de sortie de stock à la valeur calculée selon les procédés propres à la comptabilité générale évoqués au chapitre 9 (CMP, FIFO). Cette différence de coût est à porter au débit du compte de regroupement si la valeur conventionnelle est inférieure au coût réel et inversement.

974 – Différences d'inventaire constatées
Différences quantitatives, au débit si, lors de l'inventaire physique, le compte de stock excède le stock de comptabilité générale.

Remarque : le compte 974 est réservé aux différences quantitatives. S'il est jugé nécessaire, en raison de pertes de valeur, de constituer une **provision sur stock**

en comptabilité générale, il y a lieu d'en tenir compte en comptabilité analytique. Pour cela, il est possible de créer en comptabilité analytique un compte **949 – Provision pour dépréciation des stocks** avec pour contrepartie le compte 903, qui prend le nom de **Stocks et provisions pour dépréciation des stocks réfléchis**. Les ajustements propres à la comptabilité analytique se traduisent par un jeu d'écritures entre le compte 949 et le compte 970.

2.3 Application

Supposons que pour l'entreprise SAC, dont les résultats analytiques ont été calculés précédemment, les éléments suivants sont à prendre en compte au 31. 12. N afin de faire le rapprochement avec la comptabilité générale :

– dotations non incorporables : 2 100 € ;

– charges supplétives : 1 690 € ;

– frais résiduels des centres (comptes non soldés après calcul des coûts) : 508 €.

Les données d'inventaires montrent les stocks suivants au 31. 12. N :

– 190 coffrets de marrons entiers (au lieu des 200 théoriquement calculés) à 22 € ;

– 2 980 boîtes de gros cassés (au lieu de 3 000) à 28 €

Le résultat de la comptabilité générale est 101 702 €.

Rapprocher le résultat de la comptabilité analytique et celui de la comptabilité générale.

SOLUTION

- **Par un calcul direct**

	Éléments –	Éléments +
Résultat analytique 1		52 400
Résultat analytique 2		38 080
Résultat analytique 3		1 400
Résultat analytique 4		11 520
Dotations non incorporables	2 100	
Charges supplétives		1 690
Frais résiduels de centres	508	
Différences d'inventaire	780 (1)	
Résultat de la comptabilité analytique	**101 702**	
Total	**105 090**	**105 090**

(1) 10 manquants à 22, soit 220 + 20 manquants à 28, soit 560.

- En **utilisant les comptes de la classe 9**

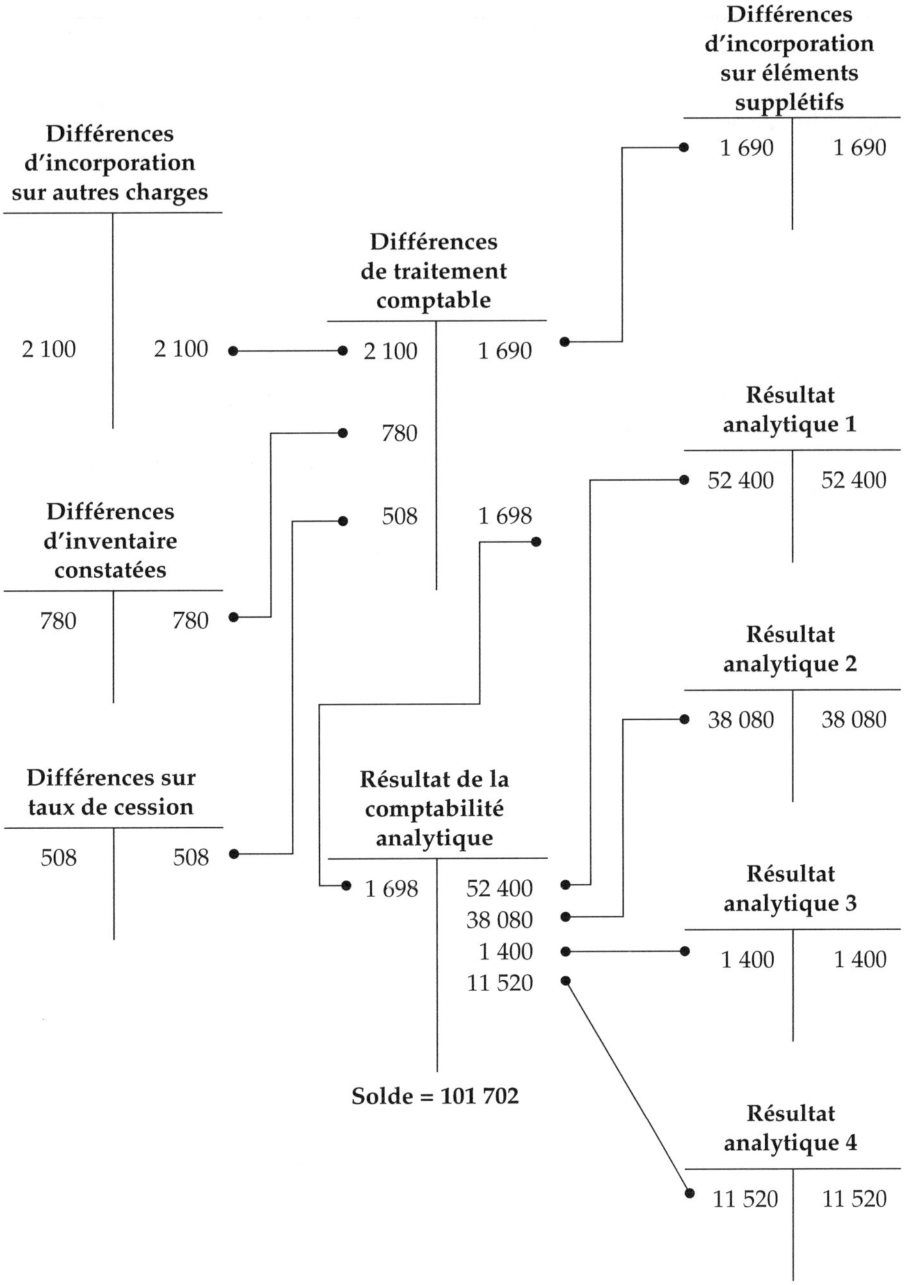

2.4 Périodicité du rapprochement

En comptabilité analytique, le résultat par produit est généralement calculé par mois ou par trimestre. En revanche, la comptabilité générale ne détermine le résultat qu'une fois par exercice comptable (l'année, sauf cas exceptionnel).

Le rapprochement ne se fait donc généralement qu'**une seule fois par exercice comptable** entre la somme des résultats analytiques observés sur les différentes périodes de calcul des coûts et le résultat annuel de la comptabilité générale.

EXERCICES : série 14.

MOTS-CLÉS

• Différences d'incorporation • Différences de traitement • Différences d'inventaire • Différences sur taux de cession • Produits réfléchis • Provisions sur stocks • Rapprochement (avec comptabilité générale) • Résultat

Chapitre 15

PROBLÈME D'ENSEMBLE DE COÛTS COMPLETS

Afin de récapituler les notions étudiées précédemment, considérons un cas d'ensemble, et présentons sa solution, sous forme de tableaux.

1. Données

Une entreprise industrielle, LA GLACERIE, fabrique à partir d'une même matière, le verre à glace, deux sortes d'articles

– la glace ordinaire, type D,

– la glace biseautée, type E.

Elle tient une comptabilité analytique arrêtée tous les mois. Les données relatives à l'activité du mois de janvier N sont les suivantes.

- **Stocks au début du mois**

– Matières premières (mélange de silice, chaux et baryte)	35 000 kg à 30 € le kg
– Matières consommables	42 000 €
– Produits finis	
Glaces D	600 m^2 à 1 587,5 € le m^2
Glaces E	200 m^2 à 1 977,5 € le m^2

– Produits en cours
  Glaces D — 75 980 €
  Glaces E — Néant

- **Comptes de gestion**

– Achats de matières premières — 25 000 kg à 26,8 € le kg

– Achats de matières consommables — 25 200 €

– Achats de fournitures consommables (non stockées) — 55 000 €

– Autres charges courantes par nature — 1 112 000 €
  dont 21 000 € de dotations non incorporables 384 000 € de charges de main-d'œuvre directe pour les 2 ateliers, et 3 577,5 € de perte sur un client insolvable à considérer comme charge de distribution.

D'autre part, il convient de tenir compte, comme charge supplétive de gestion des moyens, de la rémunération du chef d'entreprise pour un montant annuel de 385 200 € et, comme charge supplétive d'administration générale, de 10 000 € mensuels représentant la rémunération des capitaux.

– Ventes du mois
  Glaces type D — 700 m^2 pour 1 540 000 €
  Glaces type E — 600 m^2 pour 1 710 000 €

– Produits exceptionnels — 6 800 €

– Charges exceptionnelles — 4 560 €

- **La production a absorbé**

  – *pour la fusion* :
    36 000 kg de mélange,
    120 000 € de main-d'œuvre directe,
    pour une production de 1 000 m^2 de verre coulé ;

  – *pour la finition :*

	Glace type D	Glace type E
Verre coulé	450 m^2	550 m^2
Main-d'œuvre directe	1 550 h	4 450 h

Les productions de glaces terminées pour le mois sont les suivantes.
  Type D — 460 m^2
  Type E — 500 m^2

À la fin de janvier, les glaces en cours de finition sont évaluées ci-après.

Type D	81 450 €
Type E	78 000 €

- **Existants réels établis par le magasinier en fin de période**

Matières premières en stock	23 800 kg
Matières consommables en stock	36 600 €

En ce qui concerne les glaces terminées, les données de l'inventaire extra-comptable correspondent aux renseignements extraits de la comptabilité analytique.

Les charges indirectes du mois de janvier, y compris les matières et fournitures consommables, sont réparties entre les centres, conformément aux clés de répartition données par le tableau suivant.

Charges par nature	Totaux	Centres auxiliaires		Centres principaux				
		Prestations connexes	Gestion des moyens	Approvisionnement	Atelier fusion	Atelier finition	Distribution	Administration générale
Matières consommables	30 000	1	1		1			
Fournitures consommables	55 000	4 %	60 %	16 %			20 %	
Services extérieurs comptes 61	185 000	2 %	4 %	10 %	50 %	30 %	4 %	
Services extérieurs comptes 62	30 000	5 %	10 %	85 %				
Impôts et taxes	120 000	1 %	5 %			2 %	92 %	
Charges de personnel	369 000	4	2	1			1	1
Charges de gestion courante	3 577,5						100 %	
Charges financières	12 000							100 %
Dotations incorporables[1]				1		3	4	
Répartition du centre prestations connexes		x		→ 8		5	7	
Répartition du centre gestion des moyens			x	→ 30 %	20 %	20 %	30 %	
Unités d'œuvre et assiette de frais				kg de mélange acheté	m² de verre coulé	H MOD	Coût de production des glaces vendues	
Nombre et montants								
Coûts d'unités d'œuvre et taux de frais – calculés – arrondis								

(1)Le montant annuel total des dotations de l'exercice est de 636 000 €.

1) *Présenter le tableau d'analyse des charges indirectes en tenant compte des clés de répartition données.*
Arrondir les coûts d'unités d'œuvre des centres principaux à l'euro inférieur et les taux de frais au millième inférieur.
Dans tous les calculs suivants, on retiendra les coûts unitaires et taux de frais ainsi arrondis.

2) *Sachant que les sorties des magasins sont chiffrées au coût moyen pondéré en tenant compte du stock initial, présenter, sous forme de tableaux, les calculs conduisant :*
a) au coût d'achat des matières premières ;
b) au coût de production du verre coulé ;
c) aux coûts de production des deux types de glaces terminées ;
d) aux coûts de revient des produits vendus ;
e) aux résultats obtenus sur chaque type de vente pour la période.

3) *En supposant que l'on procède dès la fin janvier à un rapprochement avec la comptabilité générale, déterminer le résultat de la comptabilité analytique pour le mois de janvier.*

2. Solution

1) Tableau d'analyse des charges indirectes

		Centres auxiliaires		Centres principaux					Différences d'incorporation sur amortissements
		Prestations connexes	Gestion des moyens	Approvisionnements	Atelier fusion	Atelier finition	Distribution	Administration générale	
Charges et dotations réfléchies									
Matières consommables	30 000	10 000	10 000		10 000				
Fournitures consommables	55 000	2 200	33 000	8 800			11 000		
Services extérieurs-comptes 61	185 000	3 700	7 400	18 500	92 500	55 500	7 400		
Services extérieurs-comptes 62	30 000	1 500	3 000	25 500					
Impôts et taxes	120 000	1 200	6 000			2 400	110 400		
Charges de personnel	369 000	164 000	82 000	41 000			41 000	41 000	
Charges de gestion courante	3 577,5						3 577,5		
Charges financières	12 000							12 000	
Dotations(1)	53 000		4 000		12 000	16 000			21 000
Différences d'incorporation pour éléments supplétifs(2)	42 100		32 100					10 000	
Totaux après répartition primaire	899 677,5	182 600	177 500	93 800	114 500	73 900	173 377,5	63 000	21 000
Répartition prestations connexes		– 182 600		73 040		45 650	63 910		
Répartition gestion des moyens			– 177 500	53 250	35 500	35 500	53 250		

Totaux après répartition secondaire	899 677,5	0	0	220 090	150 000	155 050	290 537,5	63 000	21 000
Unités d'œuvre ou assiettes de frais				kg de mélange acheté	m2 de verre coulé	HMOD	coût de producti on	coût de producti on	
Nombres et montants				25 000	1 000	6 000	2 324 300	2 324 300	
Coût d'unités et taux de frais : - calculés - arrondis				8,8036 8	150 150	25,8415 25	0,125 0,125	0,02714 0,027	

(1) 636 000/12 = 53 000.
(2) 385 200/12 = 32 100 ; 32 100 + 10 000 = 42 100.

2) Coûts, coûts de revient et résultats

Coût d'achat des matières premières

Achats réfléchis	25 000	26,80	670 000
Centre approvisionnement	25 000	8,00	200 000
Total			**870 000**

Stock des matières premières

Stock initial	35 000	30	1 050 000	Sorties (coût de production)	36 000	32	1 152 000
Coût d'achat	25 000		870 000	Stock final	23 800	32	761 600
				Différence d'inventaire	200	32	6 400
	60 000	**32**	**1 920 000**		**60 000**		**1 920 000**

Coût de production du verre coulé

Coût d'achat des matières (stock)	36 000	32	1 152 000
Charges réfléchies (main-d'œuvre directe)			120 000
Centre atelier fusion	1 000	150	150 000
Total			**1 422 000**

Coût unitaire : 1 422 000/1 000 = 1 422.

Remarque : en l'absence d'un stock de verre coulé, il n'y a pas de compte de stock.

Coût de production des glaces

		Glaces type D			Glaces type E		
Coût de production du verre coulé	1 422 000	450	1 422	639 900	550	1 422	782 100
Charges réfléchies (main-d'œuvre directe)	264 000	1 550	44 (1)	68 200	4 450	44 (1)	195 800
Centre atelier finition	150 000	1 550	25	38 750	4 450	25	111 250
Coût de la période	1 836 000			746 850			1 089 150
Stock en-cours initiaux	75 980			75 980			
	1 911 980			822 830			1 089 150
Stock en-cours finals	– 159 450			– 81 450			– 78 000
	1 752 530			**741 380**			**1 011 150**

(1) Coût unitaire main-d'œuvre directe : (384 000 – 120 000) / (1 550 + 4 450) = 44.

Stock des glaces type D

Stock initial	600	1 587,5	952 500	Sorties (coût de revient)	700	1 598	1 118 600
Coût de production	460		741 380	Stock final	360	1 598	575 280
	1 060	1 598	**1 693 880**		**1 060**		**1 693 880**

Stock des glaces type E

Stock initial	200	1 977,5	395 500	Sorties (coût de revient)	600	2 009,5	1 205 700
Coût de production	500		1 011 150	Stock final	100	2 009,5	200 950
	7 000	2 009,5	**1 406 650**		**700**		**1 406 650**

Coût de revient des glaces vendues

		Glaces type D			Glaces type E		
Coût de production produits finis (stock)	2 324 300	700	1 598	1 118 600	600	2 009,5	1 205 700
Centre distribution	290 537,5	111 860	1,25	139 825	120 570	1,25	150 712,5
Centre administration générale	62 756,1	111 860	0,27	30 202,2	120 570	0,27	32 553,9
	2 677 593,6			**1 288 627,2**			**1 388 966,4**

Résultats analytiques sur produits

		Glaces type D	Glaces type E
Produits réfléchis	3 250 000	1 540 000	1 710 000
Coût de revient	2 677 593,6	1 288 627,5	1 388 966,4
Résultats (C)	572 406,4	251 372,8	321 033,6

3) Résultat de la comptabilité analytique

• 1re solution : calcul par étapes

Différences d'incorporation sur amortissements et provisions	21 000	**Différences d'incorporation pour éléments supplétifs**	42 100
Différences d'inventaire constatées (6 400 + 600)[1]	7 000	**Différences d'incorporation sur produits**	6 800
Différences sur coûts et taux de cession [frais résiduels de centres : (220 090 – 200 000) + (155 050 – 25 × 6 000) + (63 000 – 0,027 × 2 324 300)]	25 383,9		
Différences d'inforporation sur autres charges	4 560	Solde	9 043,9
	57 943,9		**57 943,9**

(1) Matières consommables : 42 000 + 25 200 – 30 000 = 37 200 ; 37 200 – 36 600 = 600.

Résultat de la comptabilité analytique

Différences de traitement comptable	9 043,9	Résultat sur glaces D	251 372,8
Résultat	563 362,5	Résultat sur glaces E	321 033,6
	572 406,4		**572 406,4**

- **2e solution : calcul direct**

Résultat sur glaces D		251 372,8
Résultat sur glaces E		321 033,6
Amortissements non incorporables	21 000	
Autres charges non incorporables	4 560	
Charges supplétives		42 100
Différences d'inventaire	7 000	
Frais rédisuels de centres	25 383,9	
Produits non incoroporés		6 800
Résultat de la comptabilité analytique	563 362,5	
	621 306,4	**621 306,4**

EXERCICES : série 15.

MOTS-CLÉS

• Problème analytique • Problème d'ensemble

Chapitre 16

Les comptabilités par activités

Les évolutions des modes de production dans nombre de grandes entreprises industrielles tendent à faire perdre de leur pertinence aux applications traditionnelles de la méthode des centres d'analyse. Cette remise en cause a conduit un certain nombre d'auteurs (Cooper et Kaplan aux États-Unis, Mévellec et Lorino en France) à proposer, pour ce calcul, de nouvelles approches connues sous le nom de **comptabilités par activités** ou **méthodes ABC** (*activities based costs*).

1. Les insuffisances des pratiques traditionnelles

1.1 Évolution des charges indirectes

La part des charges indirectes dans le total des charges des entreprises **tend à augmenter** lorsque les processus de production sont automatisés.

Au contraire, la main-d'œuvre directe représente une fraction de plus en plus faible du coût des produits.

L'activité de production proprement dite perd de son poids. Ce sont les activités de **support de la production** qui tendent à devenir prépondérantes, qu'elles se situent en amont ou en aval de la production (planification, études et méthodes, ordonnancement, recherche, contrôle de qualité, etc.).

Dans les pratiques traditionnelles, l'unité d'œuvre la plus communément retenue est l'heure de main-d'œuvre directe. On répartit donc une part croissante de charges en fonction d'un élément de moins en moins significatif dans la masse des coûts.

1.2 Homogénéité des activités

Les activités réalisées sont **rarement homogènes** au sein d'un même centre d'analyse. Il s'agit pourtant là d'une condition pour que l'imputation des charges indirectes sur la base d'une unité d'œuvre unique soit légitime.

Dans un centre d'approvisionnement, par exemple, on regroupe des charges liées à des activités aussi diverses que :

- la recherche des fournisseurs ;
- la gestion des achats et des commandes ;
- la réception des marchandises.

La répartition de l'ensemble de ces charges sur la base du montant des achats rend très mal compte de cette diversité :

- le travail lié à la recherche des fournisseurs dépend moins des volumes achetés que du nombre de références traitées ;
- la réception des marchandises génère des charges qui dépendent plus du nombre et du volume des commandes traitées que de leur valeur ;
- même pour la gestion des achats et des commandes, le nombre de commandes peut avoir plus d'importance que le montant des achats.

1.3 Répartition des charges indirectes

Les pratiques traditionnelles de calcul des coûts conduisent le plus souvent à une répartition des charges indirectes sur des bases exclusivement **volumiques** : on impute en fonction des temps de main-d'œuvre directe, donc de la production, des charges indirectes qui deviennent ainsi proportionnelles à la production.

On néglige ainsi l'effet « taille des séries ».

Lancer la production d'une série génère à peu près le même travail au niveau de la préparation, de l'ordonnancement, quelle que soit la taille de cette série.

En pratiquant une imputation sur des bases volumiques, on réduit donc le coût des séries de faible taille pour surcharger celui des séries de grande dimension.

Prenant note de ces insuffisances, les comptabilités par activités veulent mieux rendre compte des **causalités réelles** qui existent entre la production des articles et les charges consommées.

2. L'imputation des charges indirectes au coût des produits dans une comptabilité par activités

Elle est illustrée par le schéma suivant :

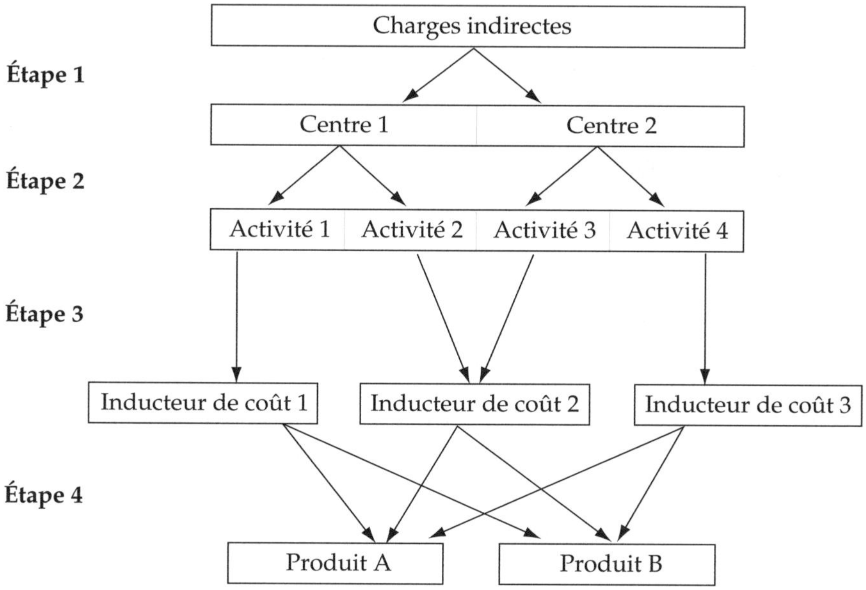

L'étape 1 est identique à celle d'une comptabilité analytique classique.

À **l'étape 2**, on distingue, à l'intérieur de chaque centre, des activités qui sont des ensembles de tâches présentant une certaine homogénéité. Ces activités peuvent être identifiées en interrogeant les acteurs du centre d'analyse sur la nature précise de leur travail. Les charges du centre sont ventilées entre ces différentes activités.

À **l'étape 3**, on cherche à définir pour chaque activité un « **inducteur de coût** ». Cette notion remplace celle **d'unité d'œuvre** de la comptabilité analytique classique. Il doit s'agir d'un événement dont l'occurrence explique le mieux possible la consommation de charges par l'activité correspondante, au-delà d'une simple corrélation.

Par exemple, **le lancement d'une série de fabrication** induit une certaine quantité de travail au niveau de l'ordonnancement. Ce travail est à peu près indépendant de la taille de la série fabriquée. On pourra donc retenir la série comme **inducteur de coût** du service ordonnancement.

Dans d'autres cas, on retrouvera comme inducteurs de coûts les unités d'œuvre classiques (heure de main-d'œuvre directe, heure-machine, etc.).

On voit aussi apparaître sur le schéma le fait que **plusieurs activités**, appartenant à des centres différents, peuvent avoir un **inducteur de coût commun**.

Ainsi la série fabriquée pourra-t-elle être aussi l'inducteur de coût d'un service « expéditions », si les livraisons se font en « juste à temps ».

L'imputation du coût des inducteurs aux coûts des produits (**étape 4**) se fait selon les mêmes principes que celle des unités d'œuvre.

3. Application

3.1 Énoncé

La SOCIÉTÉ ROANNAISE D'ÉLECTRONIQUE APPLIQUÉE (SREA) est spécialisée dans l'assemblage de circuits électroniques à partir de trois composants A, B, C, achetés à l'extérieur.

Environ un tiers du chiffre d'affaires est réalisé sur un type de circuit C1 vendu à un important client du secteur de l'électroménager, qui l'utilise pour les programmateurs de lave-vaisselle.

Les circuits C2 sont fabriqués et vendus à la commande à un grand nombre de clients de divers secteurs industriels.

La ***nomenclature*** *des composants utilisés pour la fabrication d'un circuit est la suivante :*

Composant	C1	C2	Prix unitaire
A	1	1	25
B	1	2	50
C		1	45

Ces composants passent dans un atelier d'assemblage, dans lequel ils requièrent les temps de main-d'œuvre directe suivants pour chaque circuit :

- *C1 : 75 minutes,*
- *C2 : 100 minutes.*

Le coût horaire de la main-d'œuvre directe, charges sociales comprises, est évalué à 20 €.

Les ***charges indirectes*** *sont actuellement réparties entre trois centres d'analyse pour les montants suivants, relatifs au premier semestre de l'année N :*

	Approvisionnement	Assemblage	Administration distribution
Total	202 500	1 200 000	480 000
Unité d'œuvre ou assiette de frais	1 € acheté	minute de main-d'œuvre directe	1 € vendu (1)

(1) La société travaillant à flux tendus, cette assiette de frais a été préférée au coût de production des produits vendus.

*Les ventes **relatives** à la même période sont les suivantes :*

	C1	C2
Quantités vendues	10 000	7 500
Prix unitaire	180	400

*L'entreprise travaille **en juste à temps**, tant pour ses approvisionnements que pour ses livraisons à la clientèle, de sorte que l'on peut négliger les problèmes de stockage.*

3.2 Solution selon la méthode classique

- **Détermination des achats de composants** en quantités et en valeurs
  Les quantités sont obtenues en multipliant les chiffres du tableau de la nomenclature par les productions ; on multiplie ensuite ces quantités par les prix unitaires pour obtenir les valeurs.

Composant	C1		C2		Total	
	Quantité	Valeur	Quantité	Valeur	Quantité	Valeur
A	10 000	250 000	7 500	187 500	17 500	437 500
B	10 000	500 000	15 000	750 000	25 000	1 250 000
C			7 500	337 500	7 500	337 500
Total	20 000	750 000	30 000	1 275 000	50 000	2 025 000

- **Détermination des temps et du coût de main-d'œuvre directe**
  Les temps sont obtenus en multipliant les temps unitaires d'assemblage par les productions. Pour le calcul des coûts, on multiplie ces temps par 20/60.

C1		C2		Total	
Temps de main-d'œuvre	Coût	Temps de main-d'œuvre	Coût	Temps de main-d'œuvre	Coût
750 000	250 000	750 000	250 000	1 500 000	500 000

- **Calcul des chiffres d'affaires par produit**

C1		C2		Total	
Quantité	Valeur	Quantité	Valeur	Quantité	Valeur
10 000	1 800 000	7 500	3 000 000	17 500	4 800 000

On complète donc simplement le tableau d'analyse des charges :

	Approvisionnement	Assemblage	Administration distribution
Total	202 500	1 200 000	480 000
Unité d'œuvre ou assiette de frais	2 025 000	1 500 000	4 800 000
Coût de l'unité d'œuvre ou taux de frais	0,10	0,8	0,10

En l'absence de stockage, on en déduit facilement le tableau de calcul des coûts et résultats ci-dessous :

	C1			C2			Total
	Quantité	Coût unitaire	Montant	Quantité	Coût unitaire	Montant	
Prix d'achat			750 000			1 275 000	2 025 000
Frais d'approvisionnement	750 000	0,10	75 000	1 275 000	0,10	127 500	202 500
Main-d'œuvre directe	750 000	20/60	250 000	750 000	20/60	250 000	500 000
Assemblage	750 000	0,8	600 000	750 000	0,8	600 000	1 200 000
Coût de production	**10 000**		**1 675 000**	**7 500**		**2 252 500**	**3 927 500**
Administration distribution	1 800 000	0,10	180 000	3 000 000	0,10	300 000	480 000
Coût de revient	**10 000**	**185,50**	**1 855 000**	**7 500**	**340,33**	**2 552 500**	**4 407 500**
Chiffre d'affaires	10 000	180,00	1 800 000	7 500	400,00	3 000 000	4 800 000
Résultat			**– 55 000**			**447 500**	**392 500**

Cette méthode fait donc ressortir une perte sur le produit C1 compensée par un résultat positif sur le produit C2.

3.3 Solution avec analyse par les activités

On part de la constatation que les tâches réalisées à l'intérieur d'un même centre d'analyse sont diverses.

Il s'agit donc, dans un premier temps, de repérer à l'intérieur de ces centres des **activités** ou ensembles de tâches suffisamment homogènes.

Dans un second temps, il faudra évaluer le **volume de charges** que l'on peut rattacher à chacune de ces activités.

Il conviendra enfin de rechercher les **facteurs explicatifs** de cette consommation de charges par les activités en définissant des inducteurs de coûts.

A) Informations complémentaires sur l'entreprise résultant de l'analyse des activités

a) Centre approvisionnement

Une première activité a été identifiée que l'on peut intituler « **gestion des marchés** ». Elle englobe la recherche des fournisseurs, la négociation et le suivi des contrats passés pour chaque matière.

L'**euro d'achat** peut être gardé comme inducteur de coût pour cette activité.

La **réception et le contrôle des composants** achetés constituent la seconde activité du centre approvisionnement. Ses charges sont directement liées aux quantités traitées.
L'inducteur de coût retenu sera donc **l'unité de matière traitée**.

Le partage des charges entre les deux activités est le suivant :

Activités	Montant
Gestion des marchés	81 000
Réception contrôle	121 500

b) Centre assemblage

On a pu répertorier deux activités homogènes.

- **L'ordonnancement et la préparation de la production** ; c'est pour l'essentiel le *nombre de séries mises en fabrication* qui explique la charge de travail de cette activité.

Pour la période considérée, le nombre de séries fabriquées a été le suivant :

	C1	C2
Nombre de séries	20	100
Taille des séries	500	75

Le volume de l'inducteur est donc de 120 unités.

- L'**assemblage** proprement dit, pour lequel on pourra conserver comme inducteur de coût le temps de main-d'œuvre directe.

Le partage des charges de l'assemblage entre les deux activités est le suivant :

Activités	Montant
Préparation ordonnancement	360 000
Assemblage	840 000

c) Centre administration et distribution

Il assure principalement deux activités.

- **Les expéditions**, avec un montant de charges de 180 000 €. C'est encore le *nombre de séries fabriquées* (120 pour cette période) qui explique le montant de charges consommées par cette activité.
- L'**administration** des ventes et l'administration générale : 300 000 €. L'inducteur de coût pour cette activité reste l'euro de chiffre d'affaires.

Remarque : le même inducteur de coût (la série fabriquée) se retrouve pour deux activités appartenant à deux centres différents : l'ordonnancement et les expéditions.

La mise en évidence de la transversalité de certains inducteurs est souvent un apport intéressant de la comptabilité par activités.

Un même facteur explicatif (ici le lancement d'une série) génère des charges à différents niveaux du processus de production : l'ordonnancement et les expéditions.

On repère mieux ainsi les inducteurs les plus importants et cela permet d'orienter les analyses et les contrôles.

B) Calcul des coûts par la méthode des comptabilités d'activités

a) Résumé de l'analyse précédente

Activités	Montant des charges	Nature de l'inducteur	Volume de l'inducteur	Coût de l'inducteur
Gestion des marchés	81 000	euro d'achat	2 025 000(1)	0,04
Réception contrôle	121 500	unité de matière	50 000(1)	2,43
Ordonnancement	360 000	série fabriquée	120	3 000
Assemblage	840 000	minute de main-d'œuvre directe	1 500 000(2)	0,56
Expédition	180 000	série fabriquée	120	1 500
Administration	300 000	euro de chiffre d'affaires	4 800 000(3)	0,0625

(1) D'après le tableau de calcul du coût des achats de composants au paragraphe 3.2.
(2) D'après le tableau de calcul des temps de main-d'œuvre directe au paragraphe 3.2.
(3) D'après le calcul du chiffre d'affaires au paragraphe 3.2.

Remarque : les activités ordonnancement et expédition ayant le même inducteur de coût, on peut les regrouper sur cet inducteur unique de coût, pour un coût total de 3 000 + 1 500 = 4 500 et un volume d'inducteur de 120.

b) Du coût des inducteurs au coût des produits

	C1			C2			Total
	Quantité	Coût unitaire	Montant	Quantité	Coût unitaire	Montant	
Prix d'achat			750 000			1 275 000	2 025 000
Main-d'œuvre directe	750 000	20/60	250 000	750 000	20/60	250 000	500 000
Gestion des marchés	750 000	0,04	30 000	1 275 000	0,04	51 000	81 000
Réception contrôle	20 000(1)	2,43	48 600	30 000	2,43	72 900	121 500
Ordonnancement expéditions	20	4 500	90 000	100	4 500	450 000	540 000
Assemblage(2)	750 000	0,56	420 000	750 000	0,56	420 000	840 000
Administration	1 800 000	0,00625	112 500	3 000 000	0,00625	187 500	300 000
Coût de revient			**1 701 000**			**2 706 400**	**4 407 500**
Chiffre d'affaires			1 800 000			3 000 000	4 800 000
Résultat			**98 900**			**293 600**	**392 500**

(1) D'après le tableau du paragraphe 3.2.
(2) On ne calcule pas, à ce niveau, de coût de production ; en effet, le coût que l'on calculerait à ce niveau inclut déjà certains frais de distribution (expéditions). Le coût de production n'étant pas isolé, cette méthode suppose ici que l'on n'a pas de problème d'évaluation des stocks (travail à flux tendus).

3.4 Comparaison des deux solutions

Comparons les résultats obtenus avec les deux pratiques :

	C1	C2	Total
Résultat avec la pratique classique	– 55 000	447 500	392 500
Résultat avec la comptabilité par activités	98 900	293 600	392 500

Les résultats globaux sont identiques.

Avec la méthode de la comptabilité par activités, on fait ressortir un résultat plus équilibré entre les deux produits.

C'est principalement l'effet « taille des séries » qui modifie ici cette répartition.

Les activités ordonnancement et expédition sont réparties également sur chacune des séries fabriquées (4 500 € par série).

Lorsque ces séries sont de grande taille (ce qui est le cas pour C1), le montant imputé à chaque unité fabriquée est donc plus faible, ce qui explique que le résultat sur C1 soit plus élevé.

La prise en compte de cet effet permet généralement à la comptabilité par activités de mieux **rendre compte de la réalité économique des coûts** dans les entreprises de production à forte automatisation et à faibles stockages.

4. Conclusion sur la méthode de comptabilité par activités

Pour certains, la comptabilité par activités est un simple **aménagement de la méthode des centres d'analyse :** le plan comptable prévoit d'ailleurs la possibilité de distinguer, à l'intérieur des centres d'analyse, des **sections homogènes**. Cette analyse est bien celle qui est faite dans le cadre de la comptabilité par activités, lorsque l'on cherche à déterminer les activités.

Par ailleurs, le fait de choisir le plus souvent **l'heure de main-d'œuvre directe** comme unité d'œuvre n'est pas inhérent à la méthode des centres d'analyse, que l'on peut très bien appliquer en utilisant d'autres unités d'œuvre.

En revanche, le fait d'avoir des **inducteurs de coûts transversaux** (communs à plusieurs centres d'analyse) est un apport plus original de la méthode ABC.

EXERCICES : série 16.

MOTS-CLÉS

• Activité • Centre d'analyse • Coût • Homogène • Inducteur de coût • Lot • Série • Unité d'œuvre • Taux de frais

PARTIE 2

Analyse des coûts et calcul des marges

Chapitre 17

La variabilité des charges

1. Les facteurs de variation des charges

Les méthodes étudiées au cours des chapitres précédents ont permis de déterminer des **coûts globaux** et **unitaires** par produit.

De ces résultats, intéressants en eux-mêmes, on cherchera souvent à tirer des enseignements dans une **optique de prévision**.

Supposons par exemple qu'une progression de l'activité de X % soit envisagée sur la prochaine période. Est-il possible d'en déduire la **répercussion** sur les coûts de l'entreprise ?

L'expérience et un peu de bon sens amènent rapidement à la conclusion qu'il est peu vraisemblable que la même progression de X % s'applique sur l'ensemble des charges.

Certains éléments du coût, de par leur mode même de calcul (amortissements par exemple), sont susceptibles d'être peu affectés par cette variation de l'activité.

D'autres au contraire peuvent la répercuter en totalité (matières consommées) ou partiellement (dépenses d'énergie, etc.).

La réponse au problème posé suppose donc que soit faite **une analyse de la variabilité des charges** en fonction de l'activité.

> *EXEMPLE : considérons l'atelier usinage de la société EQUIPAUTO, dans lequel est usinée une pièce métallique qui rentre dans la fabrication des embrayages de véhicules automobiles.*

Le coût des matières utilisées est de 2 € par pièce usinée.

Le temps d'usinage par pièce est de 5 minutes.

Deux ouvriers travaillent chacun sur un poste d'usinage avec un salaire mensuel de 2 000 € auquel s'ajoutent 50 % de charges sociales.

Chaque poste de travail peut, compte tenu des temps morts, avoir une production mensuelle maximale de 1 500 pièces.

L'amortissement d'un poste de travail génère une charge mensuelle de 1 000 €.

Les autres charges de l'atelier correspondent aux montants suivants dans différentes hypothèses de niveaux d'activité :

Production mensuelle	1 500	2 000	2 500	3 000
Autres charges	800	1 000	1 200	1 400

Il s'agit ici d'étudier le comportement de l'ensemble des charges pour une production variant de 1 500 à 3 000 pièces par tranches de 500 unités.

1.1 Structure de production inchangée

Par structure de production, on entend ici l'ensemble des moyens matériels et humains mis en œuvre actuellement, sans envisager d'investissement et (ou) d'embauche supplémentaire.

Cette structure permet de produire jusqu'à 3 000 pièces par mois.

Pour un niveau de production inférieur ou égal à 3 000 pièces, il apparaît clairement :

- que **certaines charges ne varient pas** ; il s'agit ici des amortissements et des charges de personnel ; quel que soit en effet le niveau de la production, l'amortissement des équipements sera identique de même que le salaire du personnel ; ces charges, indépendantes du niveau de l'activité, sont dénommées **charges fixes** ou **charges de structure** car elles sont liées à une structure de production donnée ;
- que **certaines charges varient proportionnellement à la production** : il s'agit ici des consommations de matières ; on les qualifie de **charges variables** ou **charges opérationnelles** ;
- que d'autres charges **varient en fonction de la production** sans qu'il y ait proportionnalité : il s'agit ici des autres charges ; on les dénomme parfois **charges semi-variables** ; dans certains cas, elles peuvent être décomposées en une partie fixe et une partie variable.

A. Charges variables ou opérationnelles

Pour les différents niveaux d'activité envisagés, les charges variables ou opérationnelles, c'est-à-dire dans notre exemple les matières premières consommées (2 € par pièce), prennent donc ici les valeurs suivantes :

Production mensuelle x	1 500	2 000	2 500	3 000
Charges variables y_1	3 000	4 000	5 000	6 000
Charges variables par unités y_2	2	2	2	2

On peut exprimer ces charges en fonction de x, x désignant la production mensuelle.

Charges variables totales en fonction de x : $y_1 = 2x$

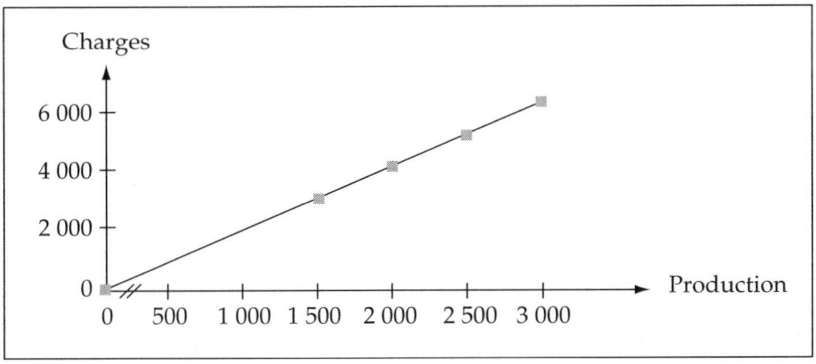

Charges variables unitaires en fonction de x : $y_2 = 2$

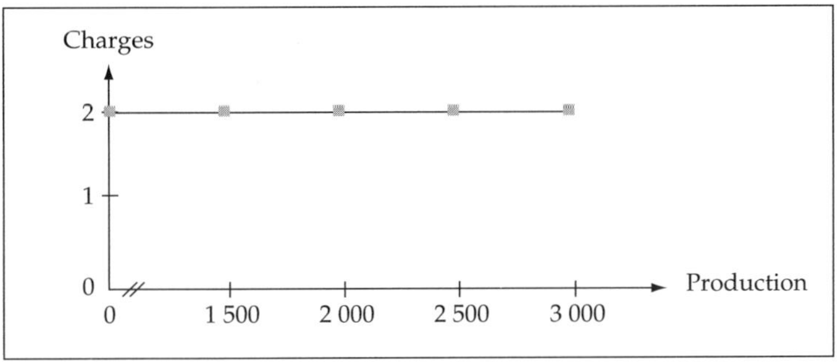

B. Charges fixes ou de structure

Elles comprennent 3 000 € de salaires et charges et 1 000 € d'amortissement, soit au total 4 000 € par poste de travail donc 8 000 € pour deux postes.

Production mensuelle x	1 500	2 000	2 500	3 000
Charges de structure y_1	8 000	8 000	8 000	8 000
Charges de structure par unités y_2	5,33	4	3,20	2,67

Charges de structure totales y_1 en fonction de x : $y_1 = 8\,000$

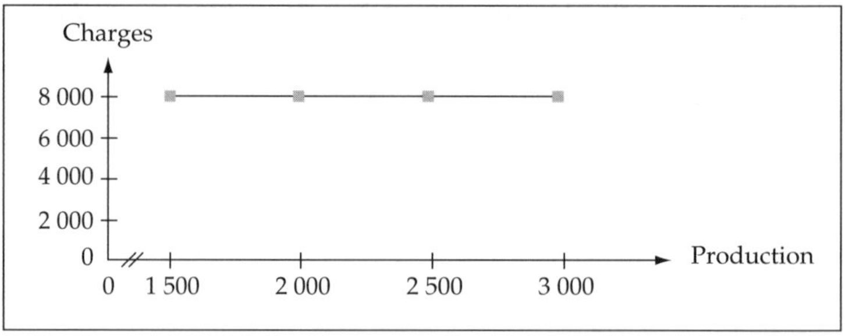

Charges de structure unitaires y_2 en fonction de x : $y_2 = \dfrac{8\,000}{x}$

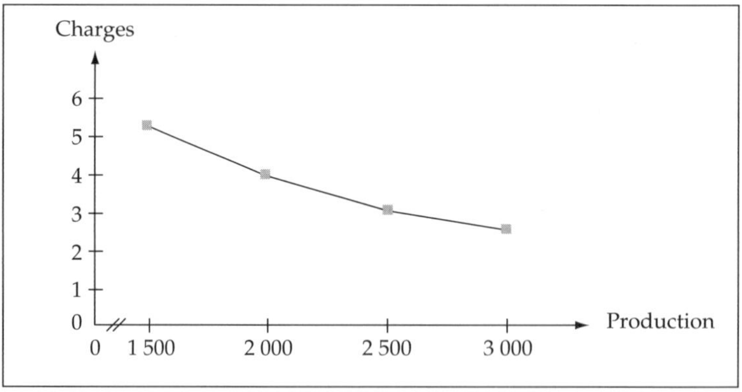

C. Charges semi-voriables

Production mensuelle x	1 500	2 000	2 500	3 000
Charges semi-variables y	800	1 000	1 200	1 400

On peut chercher à les décomposer entre charges fixes et charges variables.

Si une telle décomposition est possible, on doit avoir $y = ax + b$.

En prenant les deux premières valeurs de x on écrit :

$$2\,000\,a + b = 1\,000$$

$$1\,500\,a + b = 800$$

Par soustraction, on obtient $500\,a = 200$, soit $a = 0{,}4$ et $b = 200$,
d'où $y = 0{,}4x + 200$.

On constate que cette équation est bien vérifiée également pour les autres valeurs de x.

Les charges semi-variables comprennent donc :

– 200 € de charges fixes ;

– 0,4 € de charges variables par pièce produite.

D. Charges totales

Après éclatement des charges semi-variables, on peut regrouper l'ensemble des charges en charges fixes et charges variables.

Production mensuelle x	1 500	2 000	2 500	3 000
Charges fixes	8 200	8 200	8 200	8 200
Charges variables	3 600	4 800	6 000	7 200
Coût total y_1	11 800	13 000	14 200	15 400
Coût unitaire y_2	7,87	6,50	5,68	5,13

Coût total y, en fonction de x : $y_1 = 2{,}4x + 8\,200$

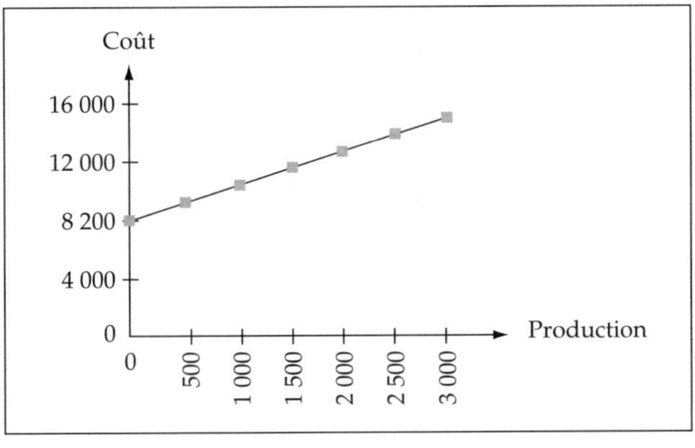

L'intersection de la droite avec l'axe des ordonnées donne le montant des charges fixes ; sa pente correspond au coût variable unitaire.

Coût unitaire y_2 en fonction de x : $y_2 = 2{,}4 + \frac{8\,200}{x}$

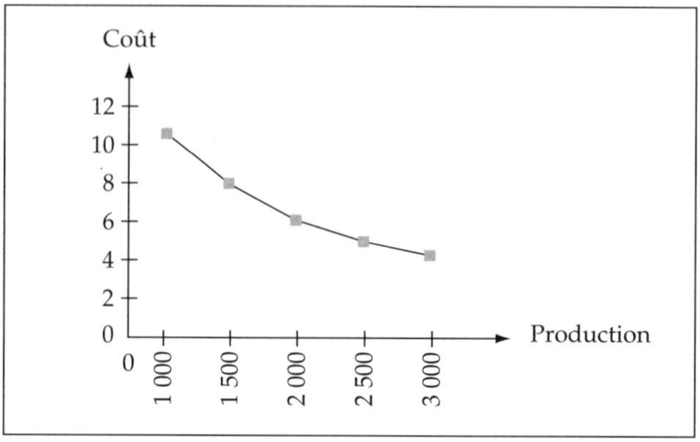

Cette fonction est représentée par une hyperbole.

La baisse du coût unitaire lorsque l'activité augmente apparaît sur le graphique ci-dessus.

1.2 Changement de structure

NOUVELLE HYPOTHÈSE : supposons que l'on envisage maintenant une production supérieure à 3 000 unités par mois. Il convient de modifier la structure de production en créant un poste de travail supplémentaire.

On peut supposer que le coût de ce poste est équivalent, en salaires et en amortissement, au coût de chacun des deux postes précédents ; la partie fixe des charges semi-variables ne sera pas modifiée par la création de ce nouveau poste.

SOLUTION

La production peut maintenant varier jusqu'à 4 500 unités.

Les charges de structure augmentent de 4 000 € au-delà de 3 000 pièces. Les charges variables restent à 2,4 € par unité.

On en déduit le tableau suivant :

Production mensuelle x	1 500	2 000	2 500	3 000	3 500	4 000	4 500
Charges de structure	8 200	8 200	8 200	8 200	12 200	12 200	12 200
Charges variables	3 600	4 800	6 000	7 200	8 400	9 600	10 800
Coût total y_1	11 800	13 000	14 200	15 400	20 600	21 800	23 000
Coût unitaire y_2	7,87	6,50	5,68	5,13	5,89	5,45	5,11

Variation du coût total en fonction de x

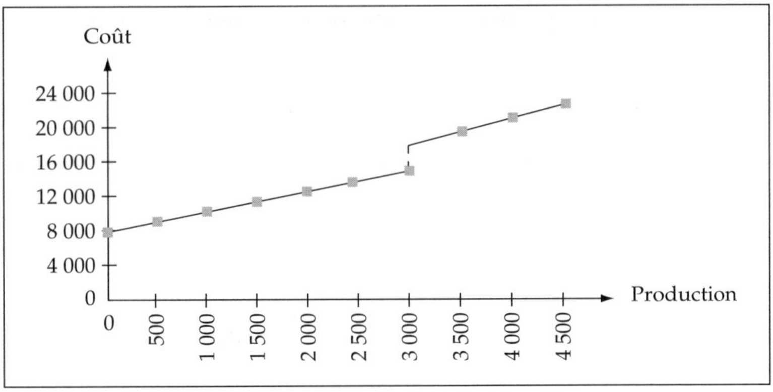

Variation du coût unitaire en fonction de x

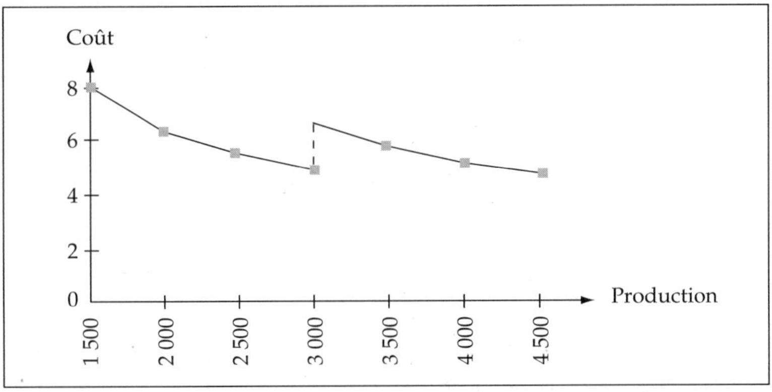

Le passage du seuil de 3 000 unités, qui nécessite un changement de structure, fait apparaître une discontinuité sur les courbes de coût total et de coût unitaire.

Pour l'accroissement de production au-delà de 3 000, on aurait pu envisager le recours à un travail en heures supplémentaires, sans création d'un nouveau poste de travail.

Supposons qu'une telle solution puisse être utilisée jusqu'à un niveau de production de 3 500 unités.

Le coût des heures ainsi réalisées serait supérieur de 25 % (taux moyen) au coût des heures normales.

Étudions l'évolution des charges correspondant à cette hypothèse.

Solution

Les charges de main-d'œuvre au-delà de 3 000 unités sont des charges variables (opérationnelles) puisqu'elles ne seront engagées que dans la mesure où l'activité l'exige.

Pour 3 000 pièces, le coût de main-d'œuvre ressortait à 6 000 €, soit 2 € par pièce.

Au-delà de 3 000, il passe à 2,50 € compte tenu du coût plus élevé des heures supplémentaires.

Le coût variable unitaire des pièces fabriquées au-delà de 3 000 est donc de 2,4 + 2,5, soit 4,9 €.

Pour une production inférieure à 3 000, le coût total s'écrivait : $2{,}4x + 8\,200$.

Pour une production supérieure à 3 000, il devient :
$y_1 = 15\,400 + 4{,}9\,(x - 3\,000)$
(15 400 étant le coût total pour une production de 3 000 pièces),
soit $y_1 = 4{,}9x + 700$.

Représentation graphique

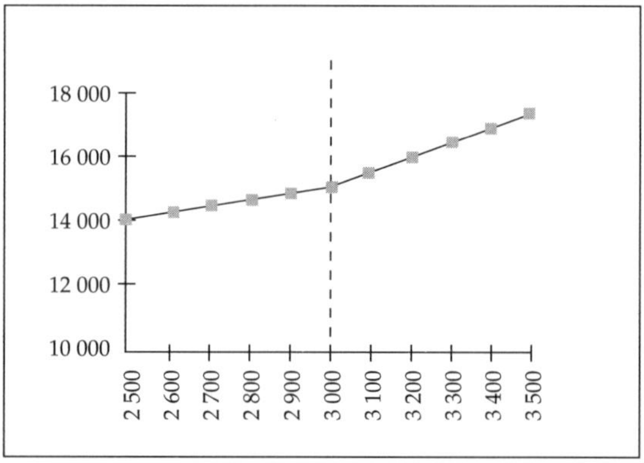

L'accroissement du coût variable unitaire se traduit par le changement de la pente de la droite au-delà de 3 000.

De façon générale, **l'évolution des charges variables est rarement rigoureusement proportionnelle à l'activité**. Lorsque l'on atteint la capacité maximale de production, en particulier, certaines charges peuvent varier plus que proportionnellement : charges d'entretien, coût des réparations, de la maintenance, etc.

2. Analyse du comportement des charges

2.1 Mesure de l'activité

Le **choix de l'unité de mesure** de l'activité dépend du niveau auquel on se situe dans l'entreprise ; il peut s'agir à titre d'exemple :

- des quantités produites pour un atelier qui a une seule fabrication ;
- de l'unité d'œuvre dans un centre d'analyse opérationnel ;
- du chiffre d'affaires, si on raisonne au niveau global de l'entreprise.

2.2 Analyse des charges

Il s'agit de déterminer pour chaque charge si elle est fixe ou variable. Plusieurs cas sont possibles.

A. Comportement connu a priori

Parmi les *charges fixes*, on range généralement :

- l'amortissement des bâtiments et des équipements ;
- les primes d'assurances et les impôts autres que les taxes sur le chiffre d'affaires.

Parmi les *charges variables*, on range généralement :

- les consommations de matières ;
- une part des charges de personnel plus ou moins importante suivant le type d'activité, l'entreprise, la législation sociale… ;
- les consommations de force motrice, d'air comprimé, d'eau, de gaz ;
- les dépenses de petit outillage.

Les **charges de personnel**, qui représentent souvent un poste de charges important, doivent être observées avec attention.

Elles sont pour l'essentiel des *charges de structure* : employés, personnel d'encadrement en particulier.

Les salaires du personnel employé à la production (main-d'œuvre directe) ont pu être longtemps considérés comme des *charges variables*.

L'évolution tant technologique que sociale (généralisation de la mensualisation du personnel ouvrier) fait que ces charges sont de plus en plus liées à la structure de l'entreprise et peuvent difficilement être ajustées en fonction des variations conjoncturelles de l'activité ; ce sont donc **pour l'essentiel** des **charges de structure**.

Toutefois l'**évolution récente** des entreprises en quête de « flexibilité » peut induire un changement inverse :

- le recours à l'intérim, à des formes d'embauches plus précaires permet de « variabiliser » certaines charges de personnel ;

– une plus grande flexibilité des horaires ainsi que l'évolution vers une « annualisation » du temps de travail donnent davantage de possibilités aux entreprises pour faire varier le montant de ces charges en fonction de leur activité.

B. Comportement analysé à partir d'une étude statistique

EXEMPLE : pour une entreprise, on a observé les dépenses téléphoniques par bimestre, dépenses que l'on a mises en rapport avec le chiffre d'affaires réalisé.

	Dépenses de téléphone	Chiffres d'affaires en K€ (x)
Janvier-février	1 680	150
Mars-avril	1 922	270
Mai-juin	1 930	290
Juillet-août	1 650	100
Septembre-octobre	1 850	250
Novembre-décembre	1 980	310

- **Analyse graphique**

La représentation graphique des données précédentes fait apparaître assez nettement une tendance linéaire.

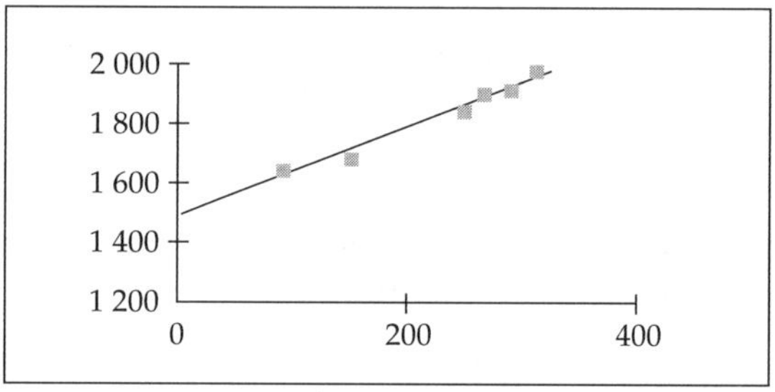

La **droite** « **au jugé** » que l'on ajuste sur ces points coupe l'axe des ordonnées en un point voisin de 1 500 € qui donnerait le montant des charges fixes.

La pente de cette droite est égale au montant des charges variables par euro de chiffre d'affaires ; elle est voisine de 1,5 soit 1,5 € de charges pour 1 000 € de chiffre d'affaires.

Les **paramètres** a et b de cette droite auraient aussi pu être cherchés par la méthode des points extrêmes :

– le bimestre juillet-août permet d'écrire $1\,650 = 100\,a + b$

– le bimestre novembre-décembre permet d'écrire $1\,980 = 310\,a + b$

soit $a = 1{,}57$ et $b = 1\,493$.

- **Détermination de la droite de régression par la méthode des moindres carrés**

Voir annexe statistique en fin d'ouvrage

La pente de cette droite peut être calculée par : $a = \dfrac{\sum xy - n\bar{x}\bar{y}}{\sum x^2 - n\bar{x}^2}$

Son ordonnée à l'origine est calculée par : $b = y - a\bar{x}$

Le tableau de calcul serait le suivant :

x	y	xy	x^2
150	1 680	252 000	22 500
270	1 922	518 940	72 900
290	1 930	559 700	84 100
100	1 650	165 000	10 000
250	1 850	462 500	62 500
310	1 980	613 800	96 100
1 370	**11 012**	2 571 940	348 100

$$\bar{x} = 1\,370/6 = 228{,}33 \text{ et } \bar{y} = 11\,012/6 = 1\,835{,}3$$

Soit $a = \dfrac{2\,571\,940 - 6 \times 228{,}33 \times 1\,835{,}30}{348\,100 - 6 \times 228{,}33^2} = 1{,}63$; $b = 1\,835{,}30 - 1{,}63 \times 228{,}33 = 1463$

Les calculatrices statistiques et les logiciels tableurs permettent d'obtenir directement ce résultat.

Sur Excel, par exemple, si on a nommé X et Y les zones contenant les valeurs de ces variables, la fonction DROITEREG(Y ; X ; VRAI ; VRAI) donne les résultats suivants :

$$a = 1{,}6306 \qquad b = 1\,463 \qquad r^2 = 0{,}9763$$

Cette dernière valeur r^2 est le carré du coefficient de corrélation. Proche de 1, elle signifie que l'on a une bonne corrélation entre les deux variables.

Remarque : ce type de méthode doit toutefois être utilisé avec précaution ; une bonne corrélation n'est en effet significative que si elle porte sur un nombre suffisant de données (les six valeurs de notre exemple apparaissent comme un minimum). Mais la collecte d'un nombre suffisant de données peut nécessiter des observations sur une durée trop longue pour que le comportement des charges puisse être considéré comme stable.

Ces modèles qui caractérisent l'évolution des charges à l'intérieur de l'entreprise constituent la base de l'analyse des coûts. Étant donné que les prévisions conduisent à envisager des variations d'activité, ces modèles seront très utiles pour une gestion prévisionnelle rationnelle.

Les chapitres qui suivent constituent des applications de la variabilité des charges, notamment :

– le seuil de rentabilité,
– l'imputation rationnelle,
– le coût variable,
– le coût marginal,

et ces notions seront également nécessaires pour l'établissement de certains budgets.

EXERCICES : série 17.

MOTS-CLÉS

• Charges de personnel • Charges de structure • Charges fixes • Charges opérationnelles • Charges semi-variables • Charges variables • Fixes • Moindres carrés • Opérationnel • Semi-variable • Structure • Variabilité des charges • Variables

Chapitre 18

Le seuil de rentabilité

Dans cette application de la variabilité des charges, on considère que, pour une structure donnée, les charges fixes sont supportées en totalité par l'exploitation, quel que soit le niveau d'activité. En conséquence, il faudra que les ventes atteignent un certain montant pour que ces charges fixes soient couvertes. C'est cette idée qui conduit à la notion de seuil de rentabilité.

1. Notion de marge sur coût variable

1.1 Définition

La marge sur coût variable est définie par la relation suivante :

Marge sur coût variable = Chiffre d'affaires – Charges variables

Elle peut être représentée par le schéma ci-après :

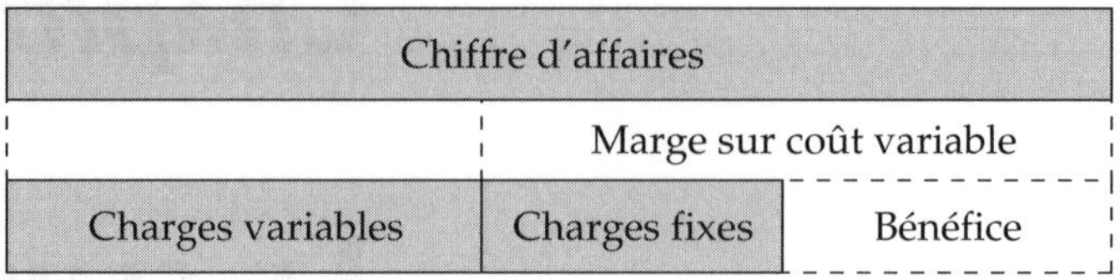

1.2 Taux de marge

Faisons l'hypothèse simplificatrice que les charges variables sont proportionnelles au chiffre d'affaires.

Désignons par a le coefficient de proportionnalité.

Pour un chiffre d'affaires donné x, on peut écrire :

chiffre d'affaires $y_1 = x$
charges variables $y_2 = ax$
marge sur coût variable $y_3 = x - ax$
soit $y_3 = (1 - a)\,x$
ou $y_3 = a'\,x$ avec $a' = 1 - a$

Dans ces équations $a = \dfrac{\text{Charges variables}}{\text{Chiffre d'affaires}}$

et $a' = \dfrac{\text{Marge sur coût variable}}{\text{Chiffre d'affaires}}$

Cette dernière valeur est la marge sur coût variable pour 1 € de chiffre d'affaires ou **taux de marge sur coût variable**.

EXEMPLE : la Société INFONIE distribue auprès de revendeurs de la région RhôneAlpes du matériel informatique importé de Taïwan. Le coût d'achat (transport, taxes, etc.) représente 60 % du prix de revente. Les représentants sont rémunérés en partie par une commission de 5 % sur le chiffre d'affaires.

Les autres charges, d'un montant annuel de 525 000 €, sont des charges de structure. Le chiffre d'affaires réalisé l'année N a été de 2 000 000 €.

SOLUTION

Les charges variables représentent 60 % + 5 %, soit 65 % du chiffre d'affaires.

Pour un chiffre d'affaires x, on a donc :

- charges variables $y_2 = 0{,}65\,x$
- marge sur coût variable $y_3 = x - 0{,}65\,x = 0{,}35\,x$
- résultat $R = 0{,}35\,x - 525\,000$.

Pour un chiffre d'affaires de 2 000 000 €, on a donc le résultat suivant :

$$R = (0{,}35)\,(2\,000\,000) - 525\,000 = 175\,000$$

2. Notion de seuil de rentabilité

2.1 Définition

Le **seuil de rentabilité** de l'entreprise est le chiffre d'affaires pour lequel elle couvrirait la totalité de ses charges sans bénéfice ni perte.

On parle aussi de **chiffre d'affaires critique** ou de **point mort**.

Pour un chiffre d'affaires égal au seuil de rentabilité, on a donc :

Marge sur coût variable = Charges fixes

2.2 Détermination

A. Détermination par le calcul

a' désignant le taux de marge sur coût variable et F les charges fixes, le seuil de rentabilité x est donc défini par la relation :

$$\underbrace{a'x}_{\text{marge sur coût variable}} = \underbrace{F}_{\text{charges fixes}} \qquad \text{soit } x = \frac{F}{a'}$$

$$\text{Seuil de rentabilité} = \frac{\text{Charges fixes}}{\text{Taux de marge sur coût variable}}$$

APPLICATION À L'EXEMPLE

Pour la société Infonie, la marge sur coût variable représente 35 % du chiffre d'affaires. Pour couvrir les charges fixes (525 000), le chiffre d'affaires à réaliser x est donc défini par :

$$0{,}35x = 525\,000 \qquad \text{d'où } x = 525\,000/0{,}35 = 1\,500\,000\ €$$

B. Détermination graphique

a) Principe

Si l'on porte le chiffre d'affaires x en abscisse :

- la marge sur coût variable $y_1 = 0{,}35x$ est représentée par une droite passant par l'origine ;
- les charges fixes (indépendantes de x) sont représentées par une droite parallèle à l'axe des abscisses.

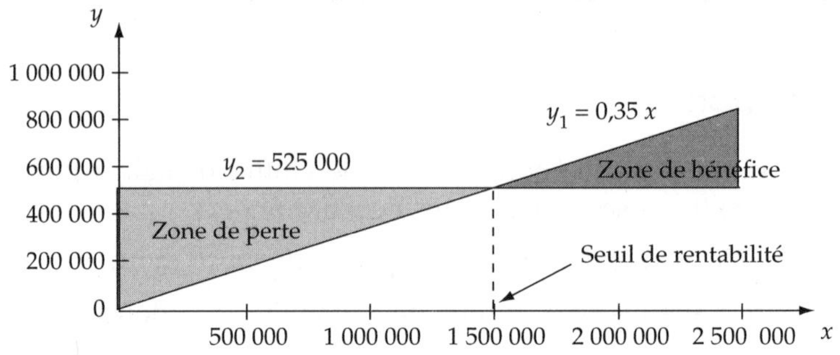

b) Variantes

La détermination graphique peut se faire en représentant non pas la marge sur coût variable mais le résultat.

On atteint le seuil de rentabilité lorsque ce résultat est égal à 0.

APPLICATION À L'EXEMPLE

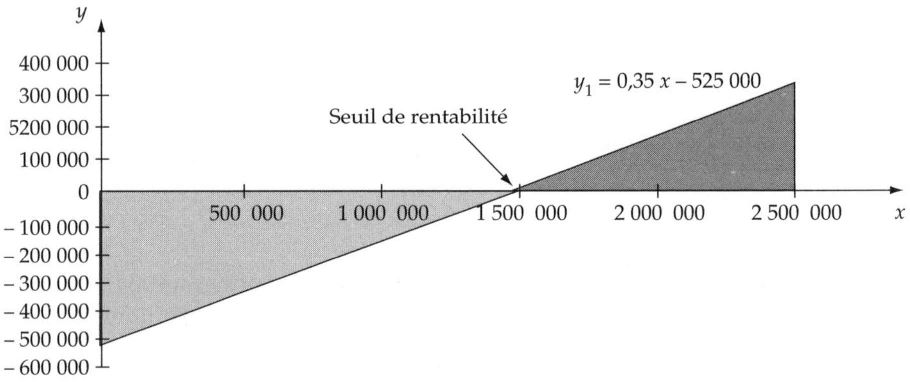

3. Mise en œuvre de la notion de seuil de rentabilité

3.1 Seuil de rentabilité et temps

A. Activité régulière

Si on admet que le chiffre d'affaires est **régulièrement réparti** sur l'année, on peut calculer la date à laquelle est atteint le seuil de rentabilité.

Dans le cas de la Société INFONIE, cette date se situerait au $\frac{(365 \times 1\,500\,000)}{2\,000\,000}$ =

273e jour de l'année, soit début octobre.

B. Activité irrégulière

Supposons que le chiffre d'affaires de la société INFONIE *pour l'année N se soit réparti de la façon suivante :*

Trimestre 1	Trimestre 2	Trimestre 3	Trimestre 4
300 000	600 000	400 000	700 000

SOLUTION

On peut calculer le chiffre d'affaires cumulé et la marge sur coût variable correspondante à la fin de chaque trimestre :

	Trimestre 1	Trimestre 2	Trimestre 3	Trimestre 4
Ventes	300 000	600 000	400 000	700 000
Chiffre d'affaires cumulé	300 000	900 000	1 300 000	2 000 000
Marge sur coût variable cumulée	105 000	315 000	455 000	700 000

Le seuil de rentabilité est atteint lorsque le cumul de la marge sur coût variable atteint 525 000, donc dans le courant du quatrième trimestre.

Le nombre de jours après la fin du troisième trimestre peut être précisé par interpolation :

$$\frac{525\,000 - 455\,000}{700\,000 - 455\,000}\ (90) = 25 \text{ jours, soit fin octobre.}$$

La représentation du cumul de la marge sur coût variable en fonction du temps permet de déterminer graphiquement la même date.

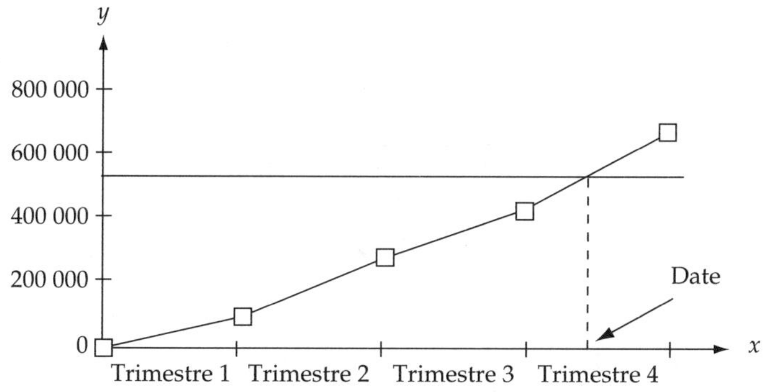

3.2 Seuil de rentabilité et modification des conditions d'exploitation

*Supposons que les 2 000 000 € de chiffre d'affaires de l'année N représentent un maximum dans les **conditions actuelles de l'exploitation**.*

Pour développer ses ventes, la Société INFONIE étudie deux solutions

- *la première consisterait à modifier sa structure (embauches supplémentaires de personnel commercial), ce qui aurait pour effet de porter le montant des charges fixes à 770 000 € par an, le taux de marge sur coût variable étant inchangé ;*
- *la seconde serait de diminuer de 5 % le prix de vente, ce qui rendrait les matériels d'INFONIE plus compétitifs et permettrait l'accroissement des quantités vendues.*

- **Étude de la modification de structure**

Deux questions peuvent être soulevées :

- quelle conséquence la modification de structure a-t-elle sur le seuil de rentabilité ?
- à quelle condition cette modification sera-t-elle rentable ?

Le **seuil de rentabilité** passe à 770 000/0,35, soit 2 200 000 €.
Par rapport à la situation actuelle, la modification ne sera rentable que si le nouveau chiffre d'affaires x permet d'obtenir un résultat supérieur au résultat actuel de 175 000 €.
Soit : $0,35\,x - 770\,000 > 175\,000$.
On en déduit : $x > 2\,700\,000$.

On peut donner la représentation graphique suivante du problème :

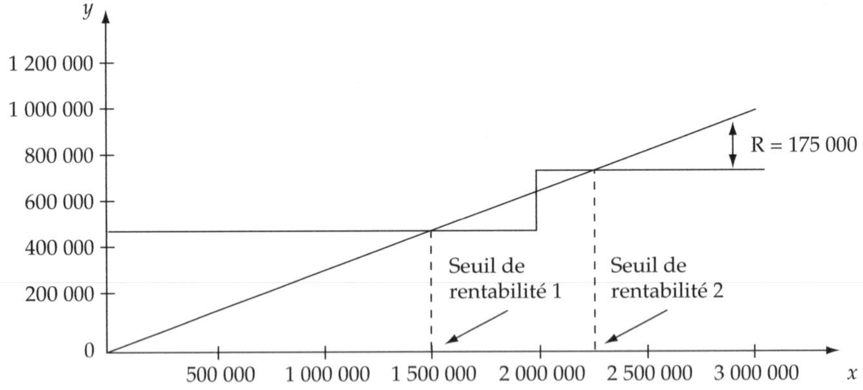

Pour développer les ventes au-delà de 2 000 000 €, il faut modifier la structure ; mais avec cette modification, on ne sera bénéficiaire que si le chiffre d'affaires devient supérieur à 2 200 000 € (nouveau seuil de rentabilité).

Pour retrouver le résultat que l'on avait sans modification de structure, il faut que le chiffre d'affaires atteigne 2 700 000 €.

- **Étude du changement de prix**

Déterminons le nouveau taux de marge sur coût variable.

Actuellement, pour un prix de 100, le coût variable est de 65.
La baisse de 5 % conduit à un prix de 95 pour un coût variable inchangé, soit un taux de marge de $\frac{95-65}{95} = 31{,}58\ \%$.

Le **nouveau seuil de rentabilité** serait égal à 525 000/0,3158 = 1 662 444 €.

Pour retrouver le bénéfice antérieur (175 000 €), le chiffre d'affaires x à réaliser est donné par :

$$0{,}3158\,x - 525\,000 = 175\,000, \text{ soit } x = 2\,216\,593\ €$$

Cette progression du chiffre d'affaires de 2 000 000 à 2 216 593, soit 10,83 % est à réaliser avec un prix en baisse de 5 % ; le taux d'augmentation des ventes en quantités doit donc être égal à 1,1083/0,95 – 1, soit 16,66 %.

Autre façon de poser le problème :
$2\,000\,000 \times 0{,}95\,(1 + x) = 2\,000\,000(1{,}1083)$
d'où $x = 0{,}1666$.

Représentation graphique :

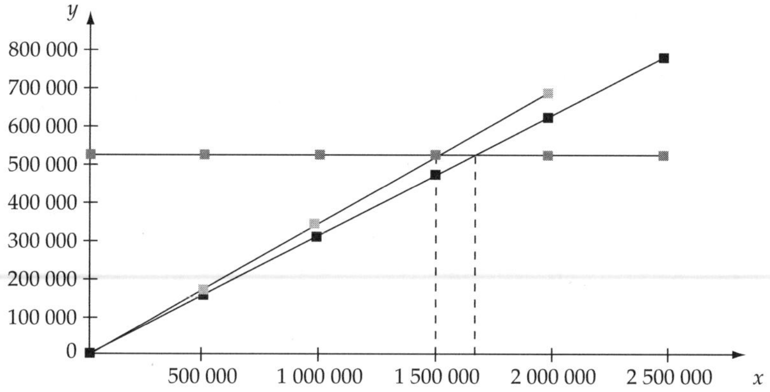

3.3 Problème de l'unicité du seuil de rentabilité

Dans tous les calculs qui précèdent, on est amené, pour définir le seuil de rentabilité, à raisonner sur un **taux de marge sur coût variable unique**. Le plus souvent, il s'agit en fait d'un **taux moyen** obtenu sur un ensemble de produits.

Si les écarts entre les taux de marge des différents produits sont importants, la notion de seuil de rentabilité peut perdre de sa pertinence.

EXEMPLE : considérons un commerce de détail de moyenne surface dont les ventes sont réparties en deux grands rayons : l'alimentaire, d'une part, et le non-alimentaire, d'autre part.

Les prix de vente sont fixés de façon à dégager
- *une marge sur coût variable de 20 % du chiffre d'affaires sur l'alimentaire ;*
- *une marge sur coût variable de 30 % sur le non-alimentaire.*

Les charges de structure représentent 1 000 000 € par an.

SOLUTION

La **détermination d'un seuil de rentabilité unique** supposerait que l'on détermine a priori la part de l'alimentaire et du non-alimentaire dans le chiffre d'affaires global afin de calculer un taux de marge moyen.

Si ce n'est pas le cas, on peut écrire, en désignant par x et y les chiffres d'affaires des deux rayons, la condition nécessaire pour ne réaliser ni bénéfice ni perte :

$$0{,}20x + 0{,}30y = 1\,000\,000$$

Tout couple de valeur (x, y) satisfaisant cette condition correspond donc à un seuil de rentabilité.

Par exemple : $\begin{cases} x = 2\,000\,000 \\ y = 2\,000\,000 \end{cases}$ $\begin{cases} x = 500\,000 \\ y = 3\,000\,000 \end{cases}$

Il y a bien sûr un grand nombre de solutions possibles qui sont représentées par la droite d'équation $0{,}20x + 0{,}30y = 1\,000\,000$. Cette droite est appelée droite d'équilibre.

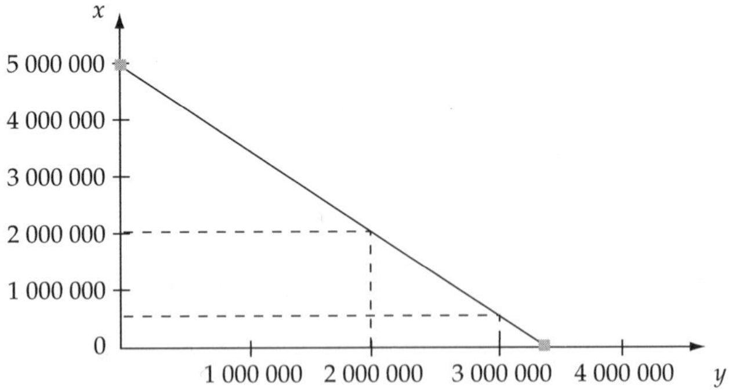

Une seconde solution au problème serait de répartir les charges fixes par rayon afin de déterminer un seuil de rentabilité par rayon.

4. Seuil de rentabilité en quantités

4.1 En cas de monoproduction

EXEMPLE. *Considérons une entreprise commerciale distribuant un seul produit A avec les données suivantes :*

- *prix de vente unitaire : 150 €*
- *coût variable unitaire : 120 € ;*
- *charges de structure annuelles : 600 000 €.*

SOLUTION

On peut raisonner comme précédemment pour définir un seuil de rentabilité **en valeur** : le taux de marge sur coût variable est de : (150 – 120) /150 = 20 %, le seuil de rentabilité est donc de 600 000/0,20 = 3 000 000 €.

Mais on peut raisonner aussi **en quantités** : la marge sur coût variable par unité vendue est de 30 €. Pour couvrir les charges fixes, il convient donc de vendre au minimum 600 000/30, soit 20 000 unités.

4.2 En cas de pluriproduction

Supposons que la même entreprise vende maintenant un second produit B acheté 60 € et revendu 100 €, soit une marge sur coût variable de 40 € Les charges de structure sont supposées inchangées.

On ne peut plus définir un seuil de rentabilité unique ; en revanche, on peut écrire une équation correspondant à l'obtention d'un résultat nul.

En désignant par A et B les quantités de produits vendus, cette équation s'écrit :

$$30A + 40B = 600\,000 \text{ €}.$$

On peut la représenter par une droite :

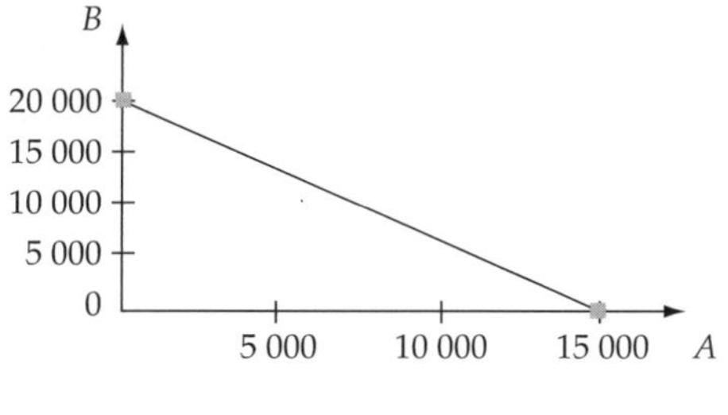

L'ensemble des points situés sur la droite correspondent à des programmes de ventes conduisant à des résultats nuls. On peut dire qu'il y a une infinité de seuils de rentabilité.

5. Seuil de rentabilité et risque

Pour une entreprise, le fait d'avoir un chiffre d'affaires (actuel ou prévu) se situant plus ou moins près du seuil de rentabilité donne une idée du risque qu'elle encourt de se trouver en déficit.

Deux indicateurs permettent d'évaluer ce risque : la **marge de sécurité** et le **coefficient de levier opérationnel**.

EXEMPLE : *considérons les comptes de résultat simplifiés de deux entreprises ayant le même secteur d'activité, l'habillement.*

La première (société A) produit dans ses propres usines l'essentiel de ses ventes. La seconde (société B) sous-traite une partie de sa production à l'étranger. (Toutes les données sont en k€.)

Société A

Charges variables	15 000	Ventes	25 000
Charges fixes	8 000		
Résultat	2 000		
	25 000		**25 000**

Société B

Charges variables	21 000	Ventes	25 000
Charges fixes	2 000		
Résultat	2 000		
	25 000		**25 000**

SOLUTION

Déterminons le seuil de rentabilité de chaque société.

- Société A : taux de marge sur coût variable $\frac{(25\,000 - 15\,000)}{25\,000} = 40\ \%$

  Seuil de rentabilité : 8 000/0,40 = 20 000.

- Société B : taux de marge sur coût variable $\frac{(25\,000 - 21\,000)}{25\,000} = 16\ \%$

  Seuil de rentabilité : 2 000/0,16 = 12 500.

Les deux sociétés ont donc le même chiffre d'affaires et le même résultat, mais la société B se situe très au-delà de son seuil de rentabilité, alors que la société A en est beaucoup plus proche.

5.1 Marge de sécurité

La marge de sécurité est définie par le rapport suivant :

$$\frac{\text{Chiffre d'affaires} - \text{Seuil de rentabilité}}{\text{Chiffre d'affaires}}$$

APPLICATION À L'EXEMPLE

On obtient pour la société A : $\dfrac{(25\ 000 - 20\ 000)}{25\ 000} = 20\ \%$

et pour la société B : $\dfrac{(25\ 000 - 12\ 500)}{25\ 000} = 50\ \%$

Le niveau de son chiffre d'affaires par rapport au seuil de rentabilité donne à la société B une position moins risquée que celle de la société A.

Lorsque les charges fixes sont importantes, le seuil de rentabilité est atteint **plus tard**, même si le résultat en fin d'année est satisfaisant. L'entreprise est plus fragile en cas de chute du niveau d'activité.

5.2 Coefficient de levier opérationnel

Dans notre exemple, on peut se demander quelle serait la variation de résultat correspondant à une variation donnée du chiffre d'affaires.

Raisonnons ainsi sur un taux de 10 %.

Pour la société A, cette augmentation de 2 500 k€ du chiffre d'affaires entraînerait une hausse de 2 500 × 0,40 de la marge sur coût variable, soit 1 000 k€. Le résultat augmenterait du même montant, du fait de la fixité des charges de structure.

Pour la société B, la même augmentation se traduirait par une hausse du résultat de 0,16 x 2 500, soit 400 k€

R désignant le résultat et CA le chiffre d'affaires, le **levier opérationnel** est défini par le rapport suivant : $\dfrac{\Delta R / R}{\Delta CA / CA}$

Le levier opérationnel est donc le rapport entre la variation relative du résultat et la variation relative du chiffre d'affaires.

On peut dire également que c'est l'**élasticité du résultat par rapport au chiffre d'affaires**.

Dans notre exemple, le levier opérationnel est égal :

– pour A, à : $\dfrac{1\ 000/2\ 000}{2\ 500/25\ 000} = 5$

– pour B, à : $\dfrac{400/2\ 000}{2\ 500/25\ 000} = 2$

La société A est beaucoup plus sensible aux variations de chiffre d'affaires que la société B ; elle est donc plus vulnérable.

La politique de sous-traitance menée par la société B augmente la part des charges variables et lui permet de mieux s'adapter aux fluctuations de la conjoncture lorsque l'activité diminue. En revanche, la société B profitera moins (en termes de résultat) d'une éventuelle progression de son chiffre d'affaires.

Remarque : le levier opérationnel, ainsi calculé, est indépendant du taux d'accroissement choisi ; on aurait trouvé la même valeur en prenant par exemple une variation de 5 %. Mais il dépend en revanche du chiffre d'affaires de référence retenu (ici 25 000 k€).

5.3 Seuil de rentabilité et probabilité

Une meilleure appréhension du risque est possible si on peut faire correspondre au chiffre d'affaires de l'entreprise **une loi de probabilité**.

Supposons que les lois de probabilité du chiffre d'affaires, pour chacune des entreprises A et B, soient deux lois normales de moyenne 25 000 et d'écart-type 5 000.

Soit Xa et Xb leurs chiffres d'affaires respectifs et T la variable normale centrée réduite, la **probabilité** pour la société A d'atteindre son seuil de rentabilité est :

$$P(Xa > 20\,000) = P\left(T > \frac{20\,000 - 25\,000}{5\,000}\right) = P(T > -1) = \pi(1)$$

π désigne la fonction de répartition de la variable normale centrée réduite. En recherchant dans une table, on trouve π (1) = 0,8413.

La même probabilité pour la société B s'écrit :

$$P(Xb > 12\,500) = P\left(T > \frac{12\,500 - 25\,000}{5\,000}\right) = P(T > -2{,}5) = \pi(2{,}5)$$

et on trouve dans la table π (2,5) $\approx$ 1.

Le risque de l'entreprise B est donc beaucoup moins élevé.

EXERCICES : série 18.

MOTS-CLÉS

• Charges fixes • Charges variables • Chiffre d'affaires critique • Élasticité
• Levier opérationnel • Marge de sécurité • Marge sur coût variable
• Point mort • Probabilité • Risque • Seuil de rentabilité

Chapitre 19

L'IMPUTATION RATIONNELLE DES CHARGES DE STRUCTURE

1. Influence du niveau d'activité sur le coût constaté

Comme l'a montré précédemment l'étude de la variabilité des charges (chapitre 17), les coûts unitaires tendent à diminuer lorsque le niveau d'activité augmente.

EXEMPLE : soit un produit A fabriqué par un atelier prévu pour produire 1 000 unités (unités mesurant l'activité de l'atelier) et pour lequel la comptabilité a enregistré les charges suivantes, pour trois périodes consécutives :

	Période 1	Période 2	Période 3
Production	1 000 unités A	800 unités A	1 100 unités A
Charges variables	90 000	72 000	99 000
Charges de structure	60 000	60 000	60 000
Total	150 000	132 000	159 000
Coût unitaire	150 €	165 €	144,54 €

L'**augmentation du coût unitaire en période 2** (165 au lieu de 150 en période 1) résulte uniquement de la baisse de l'activité, qui a conduit à répartir 60 000 € de charges de structure sur une production de 800 unités au lieu d'une production normale de 1 000 unités.

Répercuter sans précaution cette baisse de l'activité sur le niveau des coûts unitaires peut présenter des inconvénients.

- Si l'entreprise fixe le prix de vente de A à partir de ses coûts, elle sera amenée à le majorer sur les périodes de faible activité, au risque de contribuer à accroître cette sous-activité.
- Le stock de fin de mois (évalué au coût de production) sera surévalué du seul fait que l'activité a baissé.
- L'appréciation sur la gestion de la production sur cette période sera négative (coûts en hausse) alors que la responsabilité de la baisse de la production est peut-être extérieure aux services de production.

Pour éviter ces problèmes, la **méthode de l'imputation rationnelle des charges de structure** vise à **neutraliser l'incidence des variations d'activité** sur les coûts unitaires.

1.1 Principe

On considère que le montant global des charges de structure doit s'imputer à une activité normale (production de 1 000 unités A dans notre exemple).

Lorsque l'activité réelle est différente de l'activité normale, on impute donc non pas les charges fixes réelles mais les **charges fixes corrigées** par le coefficient suivant :

$$C = \frac{\text{Activité réelle}}{\text{Activité normale}}$$

Ce coefficient est dénommé **coefficient d'imputation rationnelle** ; il est inférieur à 1 en cas de sous-activité, supérieur à 1 en cas de suractivité.

APPLICATION À L'EXEMPLE

Charges	Périodes				
	Période 1 Activité normale $c = 1$	Période 2 Sous-activité : $c = 0{,}80$		Période 3 Suractivité : $c = 1{,}10$	
		Charges imputées	Différence d'imputation	Charges imputées	Différence d'imputation
Charges variables	90 000	72 000		99 000	
Charges fixes	60 000	48 000	12 000	66 000	– 6 000
Total	150 000	120 000	12 000	165 000	– 6 000
Nombre d'unités	1 000	800		1 100	
Coût unitaire	150	150		150	

Les coûts unitaires ont été régularisés : ils contiennent toujours la même part de charges fixes que lors de l'activité normale.

La différence d'imputation est appelée **coût de chômage** en période de sous-activité et **boni de suractivité** en période de suractivité.

1.2 Interprétation graphique

Dans notre exemple, les charges variables unitaires sont égales à 90. Nous pouvons établir les équations suivantes en appelant x l'activité :

– coût d'imputation rationnelle : $y_1 = 150\,x$

– coût complet : $y_2 = 90\,x + 60\,000$

D'où la représentation graphique :

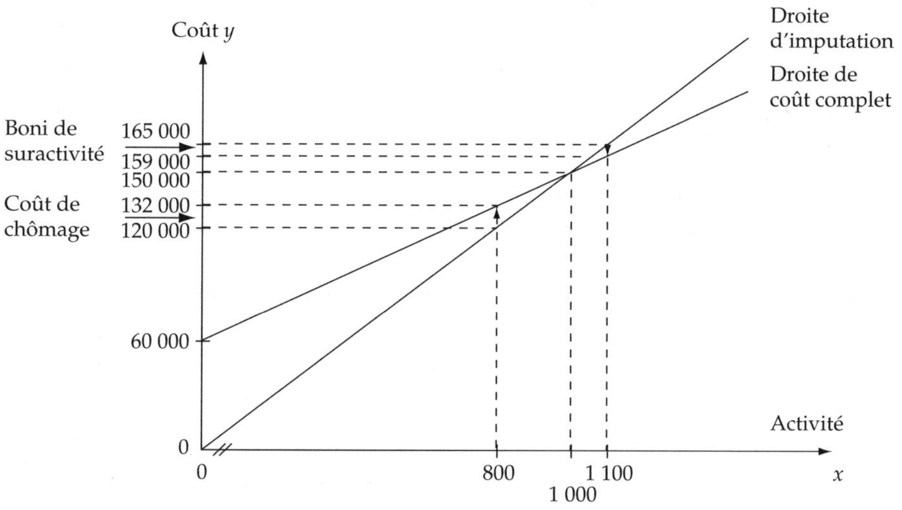

Ces équations peuvent être utilisées pour retrouver :

– le **coût de chômage** lorsque la production est de 800 unités :

$$90 \times 800 + 60\,000 - 150 \times 800 = 12\,000$$

– le **boni de suractivité** lorsque la production est de 1 100 unités :

$$90 \times 1\,100 + 60\,000 - 150 \times 1\,100 = -\,6\,000$$

1.3 Intérêt de l'imputation rationnelle

Il ne s'agit bien entendu pas de modifier les coûts : l'imputation rationnelle doit permettre de porter un jugement plus pertinent sur les conditions de l'exploitation, une fois éliminée l'incidence des variations d'activité.

Supposons que l'on ait observé, dans l'entreprise que nous étudions, les éléments suivants pour les périodes 4, 5 et 6.

	Période 4	Période 5	Période 6
Production	1 000 unités A	1 050 unités A	850 unités A
Charges variables	92 000	95 550	75 650
Charges de structure	60 000	60 000	60 000

SOLUTION

Sans application de l'imputation rationnelle, on aboutit aux coûts suivants :

	Période 4	Période 5	Période 6
Production	1 000 unités A	1 050 unités A	850 unités A
Total des charges	152 000	155 550	135 650
Coût unitaire	152,00	148,14	159,59

On serait tenté d'en tirer la conclusion que les conditions de l'exploitation ont été meilleures durant les périodes 4 et 5 que durant la période 6.

Avec l'imputation rationnelle, on obtient les résultats suivants :

	Période 4	Période 5		Période 6	
	1 000 unités	1 050 unités		850 unités	
	Charges imputées	Charges imputées	Différence d'imputation	Charges imputées	Différence d'imputation
Charges variables	92 000	95 550		75 650	
Charges fixes	60 000	63 000	– 3 000	51 000	+ 9 000
Total	152 000	158 550		126 650	
Coût unitaire	152	151		149	

Avec l'imputation rationnelle, on voit au contraire que c'est pendant la période 6 que les conditions de l'exploitation ont été les plus favorables.

Après avoir éliminé l'influence de la répartition des charges fixes, on s'aperçoit que les coûts unitaires ainsi calculés ne sont pas égaux à 150. Cela ne peut provenir que d'une consommation non proportionnelle des charges variables. On ne s'en serait peut-être pas aperçu si l'on n'avait pas neutralisé l'influence des charges fixes dans la variation du coût unitaire.

2. Pratique de l'imputation rationnelle

2.1 Application à la répartition des charges

EXEMPLE : soit une entreprise comprenant les centres suivants :

- *Centres auxiliaires : – gestion du matériel*
  – prestations connexes
- *Centres principaux : – atelier A*
  – atelier B

Pour le mois de juin, les charges indirectes se répartissent de la façon suivante :

– matières consommables : 300 000 (variables) ;
– charges de personnel : 400 000 (variables) ;
200 000 (fixes).

Les matières consommables concernent :

– la gestion du matériel : 50 000 ;
– les prestations connexes : 100 000 ;
– l'atelier A : 80 000 ;
– l'atelier B : 70 000.

Les charges de personnel se répartissent comme suit :

– 10 % à la gestion du matériel ;
– 20 % aux prestations connexes ;
– 40 % à l'atelier A ;
– 30 % à l'atelier B.

Les centres auxiliaires se répartissent de la manière suivante :

– prestations connexes : 25 % à l'atelier A, 75 % à l'atelier B ;
– gestion du matériel : 40 % à l'atelier A, 60 % à l'atelier B.

Présenter le tableau d'analyse des charges sachant que l'activité des centres Gestion du matériel, Prestations connexes, Atelier A, Atelier B se situe respectivement à 80 %, 60 %, 80 %, 120 % de leur activité normale.

SOLUTION

Trois méthodes peuvent être proposées pour la construction du tableau d'analyse des charges.

- **1re méthode** : dédoublement des colonnes de répartition

Charges par nature	Montants			Gestion du matériel		Prestations connexes		Atelier A		Atelier B		Différence d'imputation rationnelle	
	Charges totales	Charges fixes	Charges variables	Fixes	Variables	Fixes	Variables	Fixes	Variables	Fixes	Variables	–	+
Matières consommables	300		300		50		100		80		70		
Charges de personnel	600	400	200	40	20	80	40	160	80	120	60		
Totaux	900	400	500	40	70	80	140	160	160	120	130		
Coefficients d'imputation rationnelle				0,8		0,6		0,8		1,2			
Imputation des charges fixes				– 32	32	– 48	48	– 128	128	– 144	144		
Différences d'imputation				+ 8		+ 32		+ 32		– 24		– 24	72
Totaux après répartition primaire	900				102		188		288		274		
Répartifion secondaire :													
Gestion du matériel					– 102				40,8		61,2		
Prestations connexes							– 188		47		141		
Totaux après répartition secondaire	900				0		0		375,8		476,2	– 24	72

Les sommes sont données en milliers d'euros.

- **2e méthode** : emploi de tableaux annexes par nature de charges

Lorsque le nombre de centres est élevé, la méthode précédente a l'inconvénient de donner un tableau d'analyse complexe et difficilement lisible.

On peut alors procéder de la manière suivante :
- pour chaque catégorie de frais, établir les calculs dans un tableau annexe ;
- reporter sur le tableau d'analyse le montant des charges imputées.

Nature des charges : charges de personnel

Sections	Charges			Coefficient d'imputation rationnelle	Charges fixes imputées	Charges totales imputées	Différence d'imputation rationnelle	
	Totales	Variables	Fixes				–	+
Gestion du matériel	60	20	40	0,8	32	52		8
Prestations connexes	120	40	80	0,6	48	88		32
Atelier A	240	80	160	0,8	128	208		32
Atelier B	180	60	120	1,2	144	204	– 24	
	600	200	400			552	– 24	72

Tableau d'analyse

Charges par nature	Montants			Centre gestion du matériel	Centre prestations connexes	Centre Atelier A	Centre Atelier B	Différence d'imputation rationnelle	
	Charges totales	Charges variables	Charges fixes					–	+
Matières consommables	300	300	–	50	100	80	70		
Charges de personnel	600	200	400	52	88	208	204	– 24	72
	900	500	400	102	188	288	274		

- **3e méthode** : emploi de tableaux annexes par centres

Centre Gestion du matériel (CIR(1) = 0,8)

Libellés	Total	Charges fixes	Charges variables à imputer	Coût de chômage
Totaux après répartition primaire	110	40	70	
Imputation charges fixes		– 32	32	
		8	102	8

(1) CIR = coefficient d'imputation rationnelle.

Centre Prestations connexes (CIR = 0,6)

Libellés	Total	Charges fixes	Charges variables à imputer	Coût de chômage
Totaux après répartition primaire	220	80	140	
Imputation charges fixes		– 48	48	
		32	188	32

Centre Atelier A (CIR = 0,8)

Libellés	Total	Charges fixes	Charges variables à imputer	Coût de chômage
Totaux après répartition primaire	320	160	160	
Répartition secondaire :				
40 % centre Gestion du matériel			40,8	
25 % centre Prestations connexes			47	
Totaux après répartition secondaire		160	247,8	
Imputation charges fixes		– 128	128	
		32	375,8	32

Centre Atelier B (CIR = 1,2)

Libellés	Total	Charges fixes	Charges variables à imputer	Boni de suractivité
Totaux après répartition primaire	250	120	130	
Répartition secondaire :				
60 % centre Gestion du matériel			61,2	
75 % centre Prestations connexes			141	
Totaux après répartition secondaire		120	332,2	
Imputation charges fixes		– 144	144	
		– 24	476,2	– 24

2.2 Détermination de l'activité normale

Tous les calculs précédents sont fondés sur la définition d'une **activité normale** pour chacun des centres d'analyse ou pour l'entreprise dans son ensemble.

Selon le Conseil national de la comptabilité, l'activité normale correspond à l'**activité théorique maximale diminuée des déperditions incompressibles de l'activité** (temps de congé, arrêts de travail, entretien, etc.) et aux contraintes structurelles de l'organisation (changements d'équipes, goulots d'étranglement).

EXEMPLE : la SSMA (SOCIÉTÉ STÉPHANOISE DE MÉCANIQUE APPLIQUÉE) fabrique dans son usine de Saint-Chamond des pièces métalliques utilisées ensuite dans la fabrication de machines outils.

Ces pièces sont usinées dans un premier atelier U sur 10 machines automatiques. Les conditions normales d'activité sont les suivantes.

Le temps machine nécessaire pour chaque pièce est de 15 minutes.

Ces pièces passent ensuite, sans stockage intermédiaire, dans un second atelier F, où elles subissent un traitement de finition et de contrôle essentiellement manuel. Cet atelier emploie 4 personnes et le temps de travail par pièce est de 8 minutes. Pendant le mois, l'usine fonctionne en moyenne 169 heures.

Le taux d'emploi de la main-d'œuvre (rapport entre le temps de travail moyen effectif de la main-d'œuvre et le temps de présence) est de 0,9 dans l'atelier F. Dans l'atelier U, le taux de marche des machines est de 0,75 (rapport entre le temps de marche des machines et le temps de présence, prenant en compte les temps d'entretien, les pannes éventuelles, etc.).

Estimer quelle peut être l'activité considérée comme normale.

SOLUTION

Deux méthodes sont envisageables.

- Soit on définit une **activité normale pour chaque centre**.

La capacité normale de l'atelier U, exprimée alors en heures-machine, est égale à :

$$169 \times 10 \times 0{,}75 = 1\,267{,}50.$$

Celle de l'atelier F, exprimée en heures de main-d'œuvre, est égale à

$$169 \times 0{,}9 \times 4 = 608{,}40.$$

- Soit on définit une **activité normale pour l'ensemble de l'usine**.

Elle se définit alors en nombre de pièces.
En usinage, on peut traiter chaque mois : 1 267,5 x 60 /15, soit 5 070 pièces.
En finition, la production est limitée à 608,40 x 60/8 = 4 563 pièces.

L'atelier F apparaît donc comme le **goulot d'étranglement** et il définit la capacité normale de l'usine, soit celle qui correspond à une activité permettant de produire 4 563 pièces.

Cette solution apparaît comme plus logique si l'entreprise s'en tient de façon durable à la production de ce type de pièces.

Si, en revanche, sa gamme de fabrication peut évoluer rapidement, la première solution sera à retenir.

2.3 Imputation rationnelle et résultat comptable

Complétons l'énoncé précédent (au paragraphe 2.2) par les éléments suivants relatifs à la production et aux ventes du mois de juin N :

	Atelier U	**Atelier F**
Charges variables	35 000	15 000
Charges fixes	250 000	85 000
Nombre d'unité d'œuvre	1 010 heures-machine	533 heures de main-d'œuvre

La production a été de 4 000 pièces.

Les charges administratives entièrement fixes se sont élevées à 60 000 € pour le mois.

La consommation de matières a été de 150 000 €.

3 500 pièces ont été livrées au prix unitaire de 150 €. Le stock initial de pièces était négligeable.

Analyser coût de revient et résultat.

SOLUTION

- Si on définit un **taux d'activité par centre**

Pour l'usinage on aura :

– coefficient : 1 010/1 267,5 = 0,797 ;

– charges fixes imputées : 250 000 × 0,797 = 199 250.

Pour la finition on aura :

– coefficient : 533/604,8 = 0,881

– charges fixes imputées : 85 000 × 0,881 = 74 885.

Le coût de la sous-activité est alors : 250 000 + 85 000 – 199 250 – 74 885 = 60 865.

On en déduit le calcul du **coût de production** :

Matières consommées	150 000
Charges fixes imputées atelier U	199 250
Charges variables atelier U	35 000
Charges fixes imputées atelier F	74 885
Charges variables atelier F	15 000
Total	**474 135**

En l'absence de stock initial, le coût unitaire est donc égal à 474 135/4 000 = 118,53.

Coût de revient et résultat

	Quantité	Coût unitaire	Montant
Coût de production des ventes	3 500	118,53	414 855
Administration			60 000
Coût de revient	3 500		474 855
Ventes	3 500	150,00	525 000
Résultat analytique			50 145

Pour obtenir le résultat global de la comptabilité analytique, il conviendra de déduire le coût de la sous-activité, soit 60 865.
La comptabilité analytique fait donc ressortir une perte de
50 145 – 60 865 = – 10 720.

Remarque : on n'a pas appliqué l'imputation rationnelle aux charges d'administration. Cette solution ne change rien au résultat final et se justifie par le fait qu'il serait arbitraire de définir un taux d'activité pour ce type de charges.

- Si on définit **un taux d'activité pour l'ensemble de l'entreprise**

Il est alors égal à 4 000/4 563 = 0,877.

Le montant global des charges fixes de production imputées est :

$$0{,}877 \times 335\,000 = 293\,795$$

Le coût de la sous-activité est alors : 335 000 – 293 795 = 41 205.

On en déduit le calcul du **coût de production** :

Matières consommées	150 000
Charges fixes imputées	293 795
Charges variables atelier U	35 000
Charges variables atelier F	15 000
Total	**493 795**
Coût unitaire	123,45

Coût de revient et résultat

	Quantité	Coût unitaire	Montant
Coût de production des ventes	3 500	123,45	432 075
Administration			60 000
Coût de revient	3 500		492 075
Ventes	3 500	150,00	525 000
Résultat analytique			32 925

Le résultat global de la comptabilité analytique est :
32 925 – 41 205 = – 8 280 (perte).

Selon la méthode utilisée, la différence de résultat est de 10 720 – 8 280 = 2 440.

Cette différence se retrouve dans l'évaluation des stocks :
- stock final avec la méthode 1 : 500 × 118,53 = 59 265 ;
- stock final avec la méthode 2 : 500 × 123,45 = 61 725 ;
- différence : 61 725 – 59 265 = 2 460.

Aux arrondis de calcul près, la différence des résultats obtenus se retrouve dans la différence d'évaluation des stocks.

Remarque : on voit que la solution retenue pour l'activité normale va avoir une incidence sur la valorisation du stock final, donc sur le résultat de la comptabilité générale.

Le plan comptable général préconise d'exclure le coût de la sous-activité de la valorisation des stocks. Cela revient en fait à évaluer les stocks, et donc à calculer les coûts de production, selon la méthode de l'imputation rationnelle, en cas de sous-activité.

EXERCICES : série 19.

MOTS-CLÉS

• Activité • Activité normale • Activité réelle • Boni de suractivité • Coefficient d'imputation rationnelle • Coût de chômage • Différences sur niveau d'activité • Goulot d'étranglement • Imputation rationnelle • Stock

Chapitre 20

LE COÛT VARIABLE ET LES MARGES

1. Coûts variables et marges sur coûts variables

1.1 Rappel sur la typologie des charges en comptabilité analytique

Sont dites **directes** les charges qui ne concernent qu'un seul coût et peuvent de ce fait lui être **affectées**.

Sont dites **indirectes** les charges qui concernent plusieurs coûts et de ce fait ne peuvent être **imputées** qu'après **analyse**.

Cette classification ne coïncide pas avec la classification différenciant charges fixes et charges variables, fondée sur le **comportement des charges** en cas de variation du niveau d'activité.

On peut en voir des exemples sur le tableau suivant :

	Charges variables	Charges fixes
Charges directes	– Matières premières – Sous-traitance – Éventuellement une partie des charges de main-d'œuvre	– Amortissement de matériel spécifique à une production – Charges de main-d'œuvre affectables à un seul produit
Charges indirectes	– Matières consommables – Énergie – Transports – Etc.	– Frais administratifs – Amortissement du matériel et des locaux administratifs – Impôts directs

1.2 Définition de la méthode du coût variable

La méthode du coût variable consiste à ne prendre en compte dans le coût de chaque produit que des **charges variables**.

En reprenant le schéma du tableau précédent, on ne retient donc que les charges en grisé :

	CV	CF
CD		
CI		

Comme l'imputation rationnelle, cette méthode fournit des coûts unitaires sur lesquels les variations de niveau d'activité n'ont pas d'incidence.

Dans la terminologie anglo-saxonne, souvent utilisée en gestion, la méthode est dénommée « *direct costing* ». Il convient de bien noter que « direct » doit ici être traduit par « **variable** » et non par « direct ».

L'étude des charges variables et leur analyse par produit permettent de dégager des marges sur coûts variables par produits. Leur somme constitue la marge sur coûts variables globale de l'entreprise et sa confrontation avec les charges fixes permet de dégager le résultat.

La méthode s'ordonne donc conformément au schéma suivant :

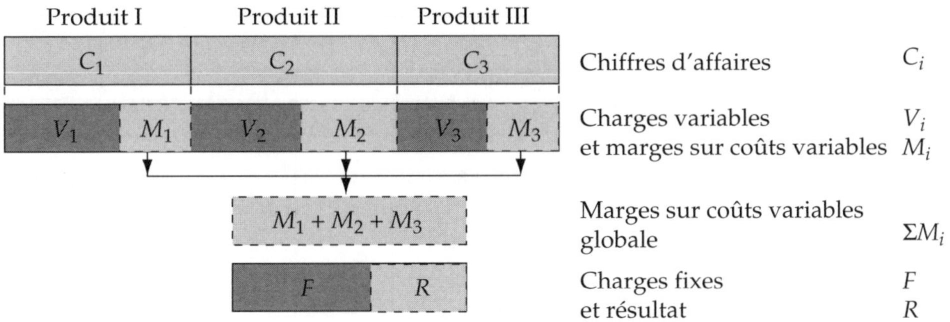

$M_i = C_i - V_i$ et $R = \Sigma M_i - F$

1.3 Application

La Société des textiles réunis (STR) est spécialisée dans la confection des vêtements en jersey. Pendant le premier trimestre de l'année N, elle a fabriqué et vendu deux types d'articles.

	Quantité fabriquée	Quantité vendue	Prix de vente unitaire
Article A (robes)	7 500	7 200	450
Article B (pull-overs	15 000	14 000	125

Les stocks initiaux des deux articles étaient nuls en début de semestre.

La répartition des charges entre les produits conduit au tableau suivant :

	Coût variable unitaire de production	Coût variable unitaire de distribution	Charges fixes de production	Charges fixes d'administration
Article A (robes)	250	20	1 000 000	400 000
Article B (pull-overs	60	5	450 000	200 000

Calculer le résultat selon deux méthodes.

A. Coûts complets et résultats

Le tableau de calcul dans notre exemple serait le suivant :

	A			B			Total
	Quantités	Coût unitaire	Montant	Quantités	Coût unitaire	Montant	
Coût variable de production	7 500	250	1 875 000	15 000	60	900 000	2 775 000
Charges fixes de production			1 000 000			450 000	1 450 000
Coût de production des produits fabriqués	7 500	383 1/3	2 875 000	15 000	90	1 350 000	4 225 000
Coût de production des produits vendus	7 200	383 1/3	2 760 000	14 000	90	1 260 000	4 020 000
Coût variable de distribution	7 200	20	144 000	14 000	5	70 000	214 000
Administration			400 000			200 000	600 000
Coût de revient			3 304 000			1 530 000	4 834 000
Chiffre d'affaires	7 200	450	3 240 000	14 000	125	1 750 000	4 990 000
Résultat			– 64 000			220 000	156 000

Le produit A apparaît déficitaire ; mais en conclure qu'il conviendrait d'arrêter sa fabrication serait prématuré. En effet, un certain volume de charges fixes absorbé actuellement par le produit A devrait alors être imputé au produit B.

B. Coûts variables et marges sur coûts variables

	A			B			Total
	Quantités	Coût unitaire	Montant	Quantités	Coût unitaire	Montant	
Coût variable de production des produits vendus	7 200	250	1 800 000	14 000	60	840 000	2 640 000
Coût variable de distribution	7 200	20	144 000	14 000	5	70 000	214 000
Coût variable	7 200	270	1 944 000	14 000	65	910 000	2 854 000
Chiffre d'affaires	7 200	450	3 240 000	14 000	125	1 750 000	4 990 000
Marge sur coût variable	7 200	180	1 296 000	14 000	60	840 000	2 136 000
Taux de marge sur coût variable			40 %			48 %	42,81 %
Charges fixes							2 050 000
Résultat							86 000

C Intérêt de l'analyse en coûts variables

a) Elle permet de déboucher directement sur le seuil de rentabilité et sur d'autres indices de gestion dérivés

- **Seuil de rentabilité** : 2 050 000/0,4281 = 4 788 600

Il convient de noter que ce taux de marge (42,81 %) est une moyenne pondérée d'un taux de 40 % et d'un taux de 48 %. Si la répartition des ventes entre les deux produits change, cette moyenne changera, ce qui montre la limite de la notion de seuil de rentabilité.

On peut exprimer cela différemment. Si *a* et *b* sont les chiffres d'affaires réalisés sur les produits A et B, l'équation 0,40 *a* + 0,48 *b* = 2 050 000 exprime que le seuil de rentabilité est atteint. On parle alors d'**équation d'équilibre**.

- **Marge de sécurité**

$$\frac{4\,990\,000 - 4\,788\,600}{4\,990\,000} = 4\ \%$$

- **Levier opérationnel**

Pour une augmentation de 10 % du chiffre d'affaires soit 499 000, le résultat augmente de 42,81 % de 499 000, soit 213 621. L'augmentation relative du résultat est de 213 621/86 000 = 248,4 %.

Le levier opérationnel est donc de 2,484/0,10 = 24,84.

b) Elle permet de prendre certaines décisions de gestion

- **Maintien d'une fabrication**

Le produit A, déficitaire quand on calcule les coûts complets, dégage cependant une marge sur coût variable de 1 296 000 €.

Supprimer la fabrication et la vente de ce produit réduirait le résultat global de 1 296 000 €, si les charges de structure n'étaient pas modifiées.

À court terme, l'entreprise a donc intérêt à maintenir cette fabrication.

- **Montant maximal de remise à accorder**

Le coût variable permet aussi de répondre à des questions du type : quel montant maximal de remise peut-on accorder à un client sur une commande supplémentaire ?

Tant que le prix de vente reste supérieur au coût variable, la marge dégagée contribue à l'accroissement du résultat global si les charges de structure sont vraiment fixes.

- **Détermination d'une combinaison optimale de production**

Complétons l'énoncé de notre exemple par les informations suivantes.

- *La fabrication d'un article A nécessite 40 minutes de piquage. Le marché ne peut absorber plus de 8 000 unités A par trimestre.*
- *La fabrication d'un article B nécessite 10 minutes de piquage. Le marché ne peut en absorber plus de 16 500 par trimestre.*
- *La capacité de l'entreprise en heures de piquage est de 8 000 heures par trimestre. Il n'existe pas d'autre contrainte de production.*
- *La STR voudrait répartir sa production entre les deux articles de façon à maximiser son résultat, donc sa marge sur coût variable.*

La marge sur coût variable par unité vendue est de 180 € pour A, 60 € pour B. La seule comparaison de ces marges unitaires ne suffit pas pour conclure que A est plus rentable que B ; en effet une unité de A mobilise davantage la capacité de piquage qu'une unité de B.

Il convient donc de calculer pour chaque produit la marge dégagée par heure de piquage :

	A	B
Marge sur coût variable unitaire	180	60
Temps unitaire de piquage	2/3	1/6
Marge sur coût variable par heure de piquage	270	360

On en déduit que la capacité de piquage (unique facteur rare dans notre exemple) est utilisée de façon plus rentable par la fabrication de B que par celle de A.

On fabriquera donc B au maximum. On pourrait fabriquer $\frac{8\,000 \times 60}{10} = 48\,000$ articles B, mais le marché n'en absorberait que 16 500 qui consomment $\frac{16\,500}{6} = 2\,750 \text{ h}$.

Restent disponibles 7 500 – 16 500/6 = 4 750 heures de piquage permettant de fabriquer $\frac{4\,750}{2/3} = 7\,125$ unités A.

Remarque : dans les exemples qui précèdent, on a raisonné à niveau constant de charges de structure, en se plaçant dans une optique de gestion à court terme.

Le coût variable apparaît ainsi comme un **outil pertinent pour la gestion à court terme** de l'entreprise.

D. Coûts variables et résultats

En coûts complets, le résultat calculé dans notre exemple était de 156 000. En coûts variables, il n'est que de 86 000. Cette différence de 70 000 entre les deux résultats est liée à l'**évaluation de la production stockée**.

En coûts complets, l'évaluation du stock final est la suivante :

300 articles A à 383 1/3	= 115 000
1 000 articles B à 90	= 90 000
Total	= 205 000

En coûts variables, elle est :

300 articles A à	250 =	75 000
1 000 articles B à	60 =	60 000
	Total =	135 000

La différence est bien de 70 000. Elle correspond au montant de charges fixes incluses dans la production stockée.

On peut présenter les comptes de résultat correspondant aux deux évaluations.

Méthode du coût complet

Charges variables		Ventes	4 990 000
de production	2 775 000	Production stockée	
de distribtuion	214 000	A	115 000
Charges fixes		B	90 000
de production	1 450 000		
administration	600 000		
Résultat	156 000		
Total	**5 195 000**	**Total**	**5 195 000**

Méthode du coût variable

Charges variables		Ventes	4 990 000
de production	2 775 000	production stockée	
de distribtuion	214 000	A	75 000
Charges fixes		B	60 000
de production	1 450 000		
administration	600 000		
Résultat	86 000		
Total	**5 125 000**	**Total**	**5 125 000**

Ces deux résultats différents proviennent de deux prises en compte différentes des charges de structure :

- en coûts complets, on considère que les charges de structure (de production) sont attachées aux produits ; par le biais donc de la production stockée, celles attachées aux stocks sont transférées d'une période sur l'autre ;
- en coûts variables, les mêmes charges de structure sont rattachées à la période ; elles doivent donc être absorbées en totalité par le résultat de la période.

En comptabilité générale, c'est la première conception qui doit être retenue.

L'entreprise qui tient sa comptabilité analytique en coût variable ne peut donc se passer d'un calcul parallèle en coûts complets pour évaluer ses stocks de fin d'exercice.

2. Coûts directs et coûts variables

2.1 Coûts directs

Le classement des charges donné en début de chapitre suggère un autre calcul de coûts partiels : les coûts directs.

	CV	CF
CD	(grisé)	(grisé)
CI		

À partir des **coûts directs**, on peut calculer des **marges sur coûts directs**. Bien que décrite par le plan comptable général, cette méthode est peu utilisée dans la pratique.

2.2 Coûts spécifiques

Dans cette méthode, on calcule des marges prenant en compte les **charges variables** et les **charges fixes directes**.

En revanche, les charges fixes indirectes considérées comme charges communes ne sont pas réparties entre les produits.

Dans notre schéma, les charges retenues sont les suivantes :

	CV	CF
CD	(grisé)	(grisé)
CI	(grisé)	

Les marges ainsi dégagées sont appelées **marges sur coûts spécifiques**.

Le schéma suivant lequel s'ordonne la méthode se présente alors ainsi :

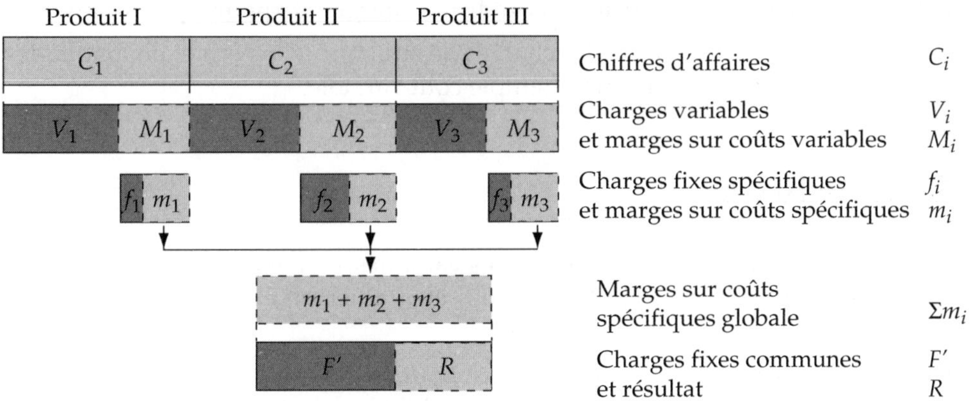

$M_i = C_i - V_i$ $m_i = M_i - f_i$ $R = \Sigma m_i - F'$

APPLICATION À L'EXEMPLE

Supposons que dans le cas de la SFR, les charges fixes de production puissent être considérées comme directes ; par contre les charges fixes d'administration sont considérées comme communes aux deux produits.

	Quantités	Coût unitaire	Montant	Quantités	Coût unitaire	Montant	Total
Coût variable de production des produits vendus	7 200	250	1 800 000	14 000	60	840 000	2 640 000
Coût variable de distribution	7 200	20	144 000	14 000	5	70 000	214 000
Coût variable	7 200	270	1 944 000	14 000	65	910 000	2 854 000
Chiffre d'affaires	7 200	450	3 240 000	14 000	125	1 750 000	4 990 000
Marge sur coût variable	7 200	180	1 296 000	14 000	60	840 000	2 136 000
Charges fixes directes imputables aux produits vendus			960 000 (1)			420 000 (1)	1 380 000
Marge sur coûts spécifiques			336 000			420 000	756 000
Charges fixes communes							600 000
Résultat							156 000

(1) Sur les 1 000 000 de charges fixes 7 200/7 500 sont imputables à la production vendue, soit 960 000, le reste est imputable à la production stockée.

Remarque : on retrouve le même résultat qu'avec la méthode du coût complet du fait que l'évaluation des stocks inclut ici les charges fixes de production.

Cette méthode est aussi appelée **méthode des marges et apports par produits**.

Prenant en compte une partie des charges de structure, elle permet de fonder des décisions à plus long terme que le simple coût variable.

3. Conclusion

- Avec la méthode du coût variable et ses variantes, on ne calcule pas de coûts de revient complets par produits fabriqués et vendus, on évite ainsi une répartition arbitraire des charges de structure.
- C'est un instrument de gestion efficace pour la gestion à court terme : la connaissance des marges et des seuils de rentabilité permet de jouer sur les prix de vente pour en accroître le volume et s'assurer des bénéfices supplémentaires lorsque les charges fixes sont couvertes.
- Le coût variable est employé par un grand nombre d'entreprises pour l'analyse de la fonction commerciale.
  L'usine est souvent considérée comme un fournisseur du service commercial et on raisonne alors sur les marges pour assurer la couverture des charges fixes du service commercial.
  Le calcul du coût variable et l'étude des marges y compris sur coûts spécifiques se développe aussi pour analyser la production.

EXERCICES : série 20.

MOTS-CLÉS

• Charge de structure • Charge directe • Charge fixe • Charge indirecte
• Charge variable • Coût complet • Coût direct • Coût spécifique
• Coût variable • *Direct costing* • Levier opérationnel • Marge de sécurité
• Marge sur coût direct • Marge sur coût spécifique • Marge sur coût variable
• Marges et apports par produits • Production stockée • Seuil de rentabilité

Chapitre 21

LE COÛT MARGINAL

1. Notion de coût marginal

1.1 Exemple

Considérons l'entreprise DESJARDINS, qui fabrique des moteurs pour tondeuses à gazon. Cette fabrication se fait par séries de 100 moteurs. La capacité actuelle de production permet, dans des conditions normales, de produire 500 unités par mois, soit 5 séries. Au-delà, il est possible de produire jusqu'à 700 unités en recourant à des heures supplémentaires.

Pour produire plus de 700 unités, des investissements seraient nécessaires, qui, se traduiraient par des charges de structure nouvelles.

Les éléments prévisionnels de coût sont les suivants pour un mois :

Production	400	500	600	700	800	900	1 000
Charges de structure	336 000	336 000	336 000	336 000	504 000	504 000	504 000
Charges variables	200 000	250 000	330 000	410 000	400 000	450 000	500 000
Coût total	536 000	586 000	666 000	746 000	904 000	954 000	1 004 000

1.2 Définition

D'un point de vue pratique, le coût marginal peut être défini comme le **coût de la dernière unité fabriquée**.

Selon les cas, il peut être calculé sur la dernière unité produite ou plus souvent sur la dernière série produite.

APPLICATION À L'EXEMPLE

À partir du tableau de l'énoncé, il suffit de calculer, à chaque niveau de production, l'accroissement du coût total par rapport au niveau précédent pour obtenir le coût marginal par série.

Le coût marginal unitaire sera obtenu en divisant par 100 (taille de la série) le coût marginal par série.

Production	400	500	600	700	800	900	1 000
Coût total	536 000	586 000	666 000	746 000	904 000	954 000	1 004 000
Coût marginal de série		50 000	80 000	80 000	158 000	50 000	50 000
Coût marginal unitaire		500	800	800	1 580	500	500

1.3 Interprétation du coût marginal

APPLICATION À L'EXEMPLE

Lorsque la production passe de 4 à 5 séries, le coût marginal de série est de 50 000 ; il correspond au **coût variable de production**.

Le coût marginal passe à 80 000 pour la 6e et la 7e série ; il s'agit toujours de charges variables, mais dont le montant unitaire a augmenté du fait que l'on produit au-delà de la capacité normale (heures supplémentaires, sous-traitance, etc.)

Le coût marginal de la 8e série augmente en raison de la **modification des charges de structure**.

À partir de la 9e série, on retrouve pour le coût marginal le coût variable normal.

Le tableau suivant permet une comparaison des différents coûts unitaires :

Production	400	500	600	700	800	900	1 000
Coût total	536 000	586 000	666 000	746 000	904 000	954 000	1 004 000
Coût marginal de série		50 000	80 000	80 000	158 000	50 000	50 000
Coût marginal unitaire		500	800	800	1 580	500	500
Coût complet unitaire		1 172	1 110	1 066	1 130	1 060	1 004
Coût variable unitaire(1)		500	550	586	500	500	500

(1) Rapport entre le total des charges variables et la production.

On voit que le coût marginal peut se confondre avec le coût variable :

- si la nouvelle production n'entraîne pas un accroissement des charges de structure,
- et si les charges variables unitaires sont constantes.

Remarque : à la différence du coût complet et du coût variable, le coût marginal ne doit pas être considéré comme une nouvelle méthode de calcul des coûts. Mais la possibilité pour une entreprise de calculer des coûts marginaux lui permet, comme on le verra plus loin, de prendre des décisions de gestion à court terme plus pertinentes.

2. Aspects théoriques du coût marginal

2.1 Expression mathématique du coût marginal

Sous certaines hypothèses, on peut donner une définition mathématique du coût marginal.

En désignant par C_{to} le coût total et q les quantités, on peut écrire $C_{to} = f(q)$. Cette relation exprime le fait que le coût total est fonction des quantités produites.

À une variation Δq des quantités correspond une variation ΔC_{to} de C_{to}.

Le coût marginal unitaire s'écrit donc : $C_{ma} = \dfrac{\Delta C_{to}}{\Delta q}$

Faisons l'hypothèse que la fonction $f(q)$ est continue.

Si $\Delta q \rightarrow 0$, le rapport $\frac{\Delta C_{to}}{\Delta q}$ a pour limite $f'(q)$ dérivée de la fonction $f(q)$.

Le coût marginal peut donc être interprété comme la **dérivée de la fonction coût total**.

Remarque : cette définition ne peut s'appliquer à l'exemple que nous avons donné au paragraphe 1.1, car le coût total n'est pas dans notre exemple une fonction continue.

2.2 Comparaison entre coût marginal et coût moyen unitaire

Le coût moyen est le rapport entre le coût total et les quantités, soit $C_{mo} = \frac{f(q)}{q}$

Recherchons à quelle condition ce coût moyen sera minimal.
À ce minimum, la dérivée de ce coût moyen doit s'annuler.

La dérivée de $C_{mo} = \frac{f(q)}{q}$ est égale à $\frac{qf'(q) - f(q)}{q^2}$

Elle s'annule si $f'(q) = \frac{f(q)}{q}$ ce qui signifie que le coût marginal est alors égal au coût moyen.

Le schéma correspondant serait le suivant :

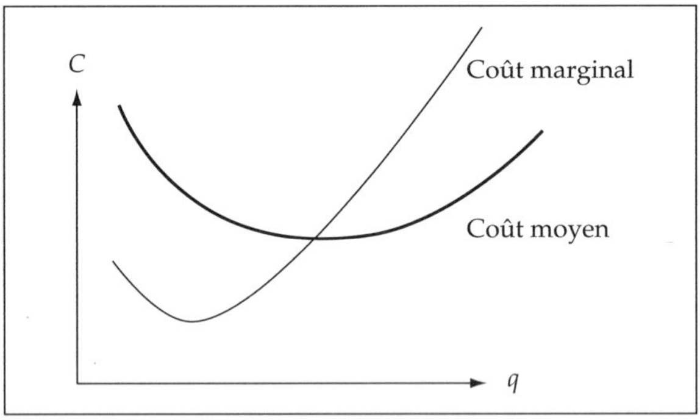

On peut, à partir d'un raisonnement économique simple, retrouver le résultat précédent :

– tant que le coût marginal est inférieur au coût moyen, les unités supplémentaires coûtent moins cher que les précédentes, ce qui tend à faire **baisser le coût moyen** ;

– lorsque le coût marginal est supérieur au coût moyen, les unités supplémentaires coûtent plus cher que les précédentes, ce qui tend à faire **monter le coût moyen**.

Coût marginal et coût moyen sont donc égaux lorsque ce dernier est à son **minimum**.

Ce niveau de production correspondant au coût moyen minimal peut être considéré comme l'**optimum technique**.

2.3 Coût marginal et optimum économique

On entend par optimum économique le niveau de production pour lequel l'entreprise obtient son **résultat maximal**.

A. Application

Considérons une entreprise pour laquelle, en fonction des quantités produites et vendues, on a les prévisions suivantes :

Quantité	10	15	20	25	30	35	40
Coût total	10 000	12 375	14 000	15 625	18 000	21 875	28 000
Chiffre d'affaires	13 000	17 750	22 250	26 500	30 500	34 250	37 750
Résultats	3 000	5 375	8 250	10 875	12 500	12 375	9 750

Analyser l'évolution des résultats.

SOLUTION

Le résultat apparaît être maximal pour $Q = 30$.

Le coût marginal unitaire en passant de 10 à 15 unités est égal à :

$$\frac{12\,375 - 10\,000}{5} = 475$$

Il s'agit en fait d'un coût marginal moyen entre 10 et 15 ; on peut le faire correspondre au centre de l'intervalle, soit 12,5.

B. Notion de recette marginale

Par analogie avec le coût marginal, cette notion peut être définie comme le **supplément de chiffre d'affaires** procuré par la dernière unité produite et vendue.

Dans notre exemple, en passant de 10 à 15 unités, elle est égale à :

$$\frac{17\,750 - 13\,000}{5} = 950$$

Mathématiquement, la recette marginale peut être interprétée comme la dérivée de la fonction chiffre d'affaires : $CA = g(q)$, soit $R_{ma} = g'(q)$.

Remarque : cette recette marginale est ici différente du prix de vente ; en effet, pour vendre plus, il convient parfois de baisser le prix de vente de toutes les unités. Elle est alors égale au prix de vente de la dernière unité diminuée de la baisse de prix des unités précédentes.

Lorsque le prix de vente est constant, la recette marginale est égale au prix de vente unitaire.

APPLICATION À L'EXEMPLE

Avec le même calcul pour les autres valeurs, on obtient le tableau suivant :

Quantité	12,5	17,5	22,5	27,5	32,5	37,5
Coût marginal	475	325	325	475	775	1 225
Recette marginale	950	900	850	800	750	700

C. Optimum économique

L'optimum économique correspond au résultat maximal.

Le résultat $r(q)$ est la différence entre le chiffre d'affaires $g(q)$ et le coût total $f(q)$.

$$r(q) = g(q) - f(q)$$

La fonction $r(q)$ admet un maximum si sa dérivée s'annule, soit :

$$r'(q) = g'(q) - f'(q) = 0$$

D'où $g'(q) = f'(q)$, ce qui signifie qu'**à l'optimum économique** on a :

recette marginale = coût marginal

APPLICATION À L'EXEMPLE

On vérifie que l'égalité entre recette marginale et coût marginal correspond à une valeur de Q comprise entre 27,5 et 32,5.

Mais on ne peut calculer de valeur plus précise dans la mesure où l'évolution du coût marginal et de la recette marginale à l'intérieur de chaque tranche n'est pas connue.

On peut représenter, sur un même graphique, le coût marginal C_{ma} le coût moyen C_{mo} et la recette marginale R_{ma}.

Le coût marginal est égal au coût moyen lorsque celui-ci est minimal.

L'intersection coût moyen, coût marginal définit l'**optimum technique**.
L'intersection coût marginal, recette marginale définit l'**optimum économique**.

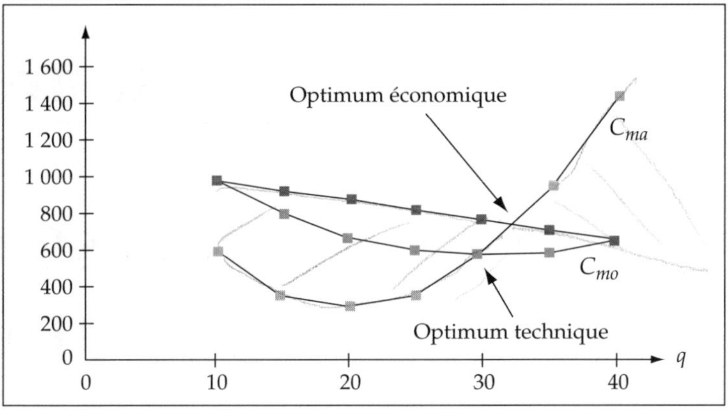

3. Coût marginal et gestion

Bien que théorique, l'analyse précédente peut éclairer certaines décisions en matière de tarification avec la pratique de **prix différentiels**.

Si une unité (ou une commande) supplémentaire peut être vendue à un prix différent des précédentes, le prix minimal à consentir pour cette vente est son coût marginal. C'est en effet à cette condition que le supplément de chiffre d'affaires sera supérieur au supplément de coût, ce qui contribuera à accroître le résultat.

Les *compagnies aériennes* recourent largement à cette pratique ; lorsqu'un avion n'est pas plein, le coût marginal du passager supplémentaire transporté est en effet très faible, ce qui peut amener à proposer des tarifs « réduits » à de nombreuses catégories de passagers (tarifs « jeunes », prix « dégriffés », etc.).

Mais ce type de pratique a des **limites** au niveau commercial :

– il ne doit pas y avoir transferts de clientèle entre les différents modes de tarification ;
– l'image de l'entreprise ne doit pas être altérée par les prix plus bas sur une partie de sa production.

Les *entreprises publiques* (EDF, SNCF) ont également certains modes de tarification s'inspirant du coût marginal.

EXERCICES : série 21.

MOTS-CLÉS

• Coût marginal • Coût moyen • Optimum • Optimum économique
• Optimum technique • Prix différentiels • Recette marginale

Chapitre 22

Les cessions internes

1. Centres de responsabilité, centres de profit

1.1 Définitions

L'organisation de l'entreprise conduit souvent à distinguer différentes divisions dont la performance peut être évaluée en fonction d'objectifs qui leur ont été assignés.

On parle de **centres de responsabilité** ; cela suppose que les responsables de ces centres disposent d'une certaine autonomie d'action pour réaliser au mieux leurs objectifs.

Exemples

Dans une grande surface, le rayon fruits et légumes constituera un centre de responsabilité dans la mesure où son responsable a la possibilité de prendre un certain nombre de décisions en matière de réapprovisionnement, de choix des fournisseurs, de disposition des marchandises, etc.

Dans une usine, un atelier peut être un centre de responsabilité lorsqu'il dispose, pour partie au moins, d'une certaine autonomie dans l'organisation interne de sa production.

Dans une banque, une agence de quartier est souvent un centre de responsabilité.

Il convient de bien distinguer :

- la notion de **centre de responsabilité**, qui relève du contrôle de gestion et implique certaines conséquences dans l'organisation des prises de décision ;
- la notion de **centre d'analyse**, déjà étudiée, qui est une notion de comptabilité analytique et désigne un compartiment comptable permettant le regroupement puis l'imputation de charges indirectes.

Il se peut toutefois qu'un centre d'analyse soit aussi un centre de responsabilité.

1.2 Typologie des centres de responsabilité

Il est possible de définir différents types de centres de responsabilité, en fonction de la nature des objectifs qui leur sont assignés.

- Un **centre de coûts** a pour objectif de minimiser ses coûts pour un niveau de production donné ; souvent, un atelier pourra être considéré comme un centre de coûts.
- Un **centre de recettes** a pour objectif la maximisation de son chiffre d'affaires : ce peut être le cas pour une division commerciale d'une entreprise, pour une direction régionale des ventes, pour un rayon d'un grand magasin, etc.
- Un **centre de profit** doit maximiser un profit (ou une marge). Une usine peut être un centre de profit si la production qu'elle livre à une autre unité de l'entreprise fait l'objet d'une évaluation. La performance de cette usine sera alors appréciée en fonction du profit (ou de la marge) réalisé.

Pour qu'une division puisse être considérée comme centre de profit, il convient donc que soit défini un **prix de cession interne** pour toutes les prestations fournies par cette unité à d'autres unités de l'entreprise.

2. Modalités de détermination des prix de cession interne

EXEMPLE

Dans son usine de Tournus, la Société MOBIHU fabrique des armatures métalliques, désignées par la suite sous le nom de « pièce A ». Une partie de cette production est livrée à l'usine de Mâcon, qui fabrique à partir de ces pièces A des sièges de bureau de différents modèles. Le reste de la production est vendu à des entreprises extérieures.

Les éléments suivants sont relatifs à une production mensuelle.

- ***Usine de Tournus (prestataire)***

– *Charges de structure : 900 000,*
– *Charges variables de production : 100 € par pièce A.*
– *Charges de distribution : 10 % du chiffre d'affaires (sur les ventes externes seulement).*

– Capacité de production : 5 000 unités par mois.

– Production et ventes du mois : 2 000 unités vendues à l'extérieur à 350 € l'unité et 2 500 unités cédées à l'usine de Mâcon.

- ***Usine de Mâcon (client)***

– Capacité de production : 3 000 sièges de bureau ; il faut une pièce A pour chaque siège.

Lorsque les pièces A ne sont pas fournies par l'usine de Tournus, elles peuvent être achetées à l'extérieur au prix de 370 €.

– Charges variables par siège (autres que pièces A) : 200 €.

– Charges de structure : 400 000 €

– Prix de vente d'un siège : 700 €.

– Ventes du mois : 2 500 unités.

Le problème est ici de déterminer le prix de cession auquel il conviendrait que l'usine de Tournus cède ses pièces A à l'usine de Mâcon.

2.1 Évaluations fondées sur les coûts

A. Le coût complet

Si on utilise la méthode de l'**imputation rationnelle**, on répartit les charges de structure sur la production normale, soit 5 000 pièces A.

Le prix de cession sera donc : $\frac{900\,000}{5\,000} + 100 = 280$

Sans imputation rationnelle, le coût complet serait égal à :

$$\frac{900\,000}{4\,500} + 100 = 300$$

Mais cette seconde méthode reviendrait à faire supporter au centre client (Mâcon) le coût de la sous-activité du centre fournisseur. Le premier calcul sera donc préféré.

Avec un prix de cession fixé à ce niveau, le centre ne ferait normalement ressortir ni bénéfice ni perte.

On peut prévoir de **majorer ce coût d'un pourcentage normal de marge** (10 % par exemple), soit ici : 280 + 28 = 308.

B. Le coût variable

Le prix de cession pourra être le coût variable, majoré éventuellement d'un taux de marge (10 %), ce qui reviendrait à fixer un prix de cession de 110.

Inconvénient : le centre fournisseur risque d'être systématiquement déficitaire, ses charges fixes n'étant pas couvertes.

Avantage : ce prix sera plus pertinent pour la prise de décisions à court terme, comme on peut le voir ci-après.

Supposons que l'usine de Mâcon (cliente) puisse avoir des débouchés supplémentaires au prix de 500 €, le prix de 700 € étant maintenu pour les autres ventes.

Avec un prix de cession **basé sur le coût complet** de 308 €, cette commande supplémentaire ne serait pas rentable pour l'usine de Mâcon. Elle entraînerait en effet pour elle 200 + 308 = 508 € de charges supplémentaires pour un supplément de recettes de 500.

Elle refusera donc cette commande supplémentaire.

Pourtant, ce qui n'apparaît pas rentable au niveau de l'usine de Mâcon l'est au **niveau global de l'entreprise**.

En effet, le coût variable pour l'ensemble de l'entreprise comprend :

– 100 € au niveau de l'usine de Tournus,

– 200 € au niveau de l'usine de Mâcon,

soit un total de 300 € inférieur aux 500 € proposés pour la vente.

La décision prise par l'usine de Mâcon, fondée sur un prix de cession en coût complet, n'est pas conforme à l'intérêt de l'entreprise.

Un prix de cession **fixé par rapport au coût variable** (100 €) éviterait cette contradiction. Le coût variable pour l'usine de Mâcon coïnciderait alors avec le coût variable pour l'entreprise (300 €) et conduirait à des décisions plus pertinentes à court terme.

2.2 Évaluations fondées sur le prix de marché

L'usine de Tournus pourrait céder sa production à celle de Mâcon au même prix qu'aux entreprises extérieures, déduction faite éventuellement des frais de distribution, non encourus sur les ventes internes ; ce qui conduirait à un prix de cession de 350 – 35 = 315 €.

La logique de ce système peut conduire à mettre les centres de l'entreprise (ici l'usine de Tournus) en **concurrence** avec des fournisseurs externes.

2.3 Prix de cession négociés

Le prix de cession résulte alors d'une discussion entre centre client et centre fournisseur. Cette discussion, qui peut prendre appui sur des coûts ou sur un prix de marché, est de toute façon utile pour que les prix de cession soient bien acceptés par les différents centres.

3. Évaluation des performances des centres

Dans une organisation en centres de profit, cette performance sera évaluée par le résultat (ou la marge) dégagé au niveau de chaque centre.

Si le niveau du prix de cession influence ce résultat dégagé au niveau de chaque centre, il est en revanche sans incidence sur le résultat global de l'entreprise.

Déterminons dans notre exemple le résultat de chaque centre dans les deux hypothèses suivantes :

a) prix de cession de 315 € (prix de marché)

b) prix de cession de 110 € (coût variable plus marge de 10 %).

SOLUTION

- **Hypothèse a**

	Usine de Tournus	Usine de Mâcon
Produits		
– ventes externes	2 000 × 350 = 700 000	700 × 2 500 = 1 750 000
– ventes internes	2 500 × 315 = 787 500	
Total produits	1 487 500	1 750 000
Charges		
– achats internes		787 500
– charges variables de production	100 × 4 500 = 450 000	200 × 2 500 = 500 000
– charges variables de distribution	70 000	
– charges de structure	900 000	400 000
Total des charges	1 420 000	1 687 500
Résultat	67 500	62 500

Résultat global : 62 500 + 67 500 = 130 000.

- **Hypothèse b**

	Usine de Tournus	Usine de Mâcon
Produits		
– ventes externes	2 000 × 350 = 700 000	700 × 2 500 = 1 750 000
– ventes internes	2 500 × 110 = 275 000	
Total produits	1 487 500	1 750 000
Charges		
– achats internes		275 000
– charges variables de production	100 × 4 500 = 450 000	200 × 2 500 = 500 000
– charges variables de distribution	70 000	
– charges de structure	900 000	400 000
Total des charges	1 420 000	1 175 000
Résultat	– 445 000	575 000

Résultat global : – 445 000 + 575 000 = 130 000.

Pour un même résultat global, on observe une répartition très différente entre les deux usines, selon l'hypothèse envisagée.

Le prix de cession de 110 €, fondé sur le coût variable, donne des résultats par centre trop déséquilibrés et serait sans doute ici mal accepté par l'usine de Tournus ; on a pourtant vu par ailleurs qu'il pouvait conduire à des décisions plus cohérentes à court terme.

EXERCICES ; série 22.

MOTS-CLÉS

• Biens et prestations échangés entre établissements • Centre de coûts • Centre de profit • Centre de recettes • Centre de responsabilité • Centre d'analyse • Cession interne • Performance • Prix de cession interne

PARTIE 3

Coûts préétablis et contrôle de gestion

Chapitre 23

GESTION BUDGÉTAIRE OU PRÉVISIONNELLE ET CONTRÔLE DE GESTION

1. **Contrôle de gestion et stratégie**
2. **Contrôle de gestion et système budgétaire**
3. **Hiérarchie et interdépendance entre les budgets**

Parmi les nombreuses définitions qui ont été données du contrôle de gestion, on peut retenir celle-ci : « Processus par lequel les dirigeants s'assurent que les ressources sont obtenues et utilisées, avec efficience, efficacité et pertinence, pour réaliser les objectifs de l'organisation(1). »

Le calcul des coûts et l'analyse des marges étudiées précédemment ne constituent donc que l'un des aspects du contrôle de gestion ; c'est en calculant et en analysant ses coûts que l'entreprise peut vérifier, *a posteriori*, que l'utilisation de ses ressources a été plus ou moins efficiente.

Mais cette observation du passé ne suffit pas à l'entreprise pour s'assurer de la pertinence de ses actions par rapport à la réalisation de ses objectifs. Il importe qu'elle analyse l'avenir.

1. Contrôle de gestion et stratégie

Les objectifs de l'entreprise peuvent se situer à des horizons plus ou moins éloignés.

(1) Définition donnée par Anthony Dearden, dans *Management Control Systems.*

La stratégie fixe des objectifs pour le **long terme** : sur quels marchés l'entreprise entend-elle s'implanter ? quels nouveaux produits seront développés ? quelle forme de croissance, interne ou externe, sera privilégiée ? comment sera assuré le financement de cette croissance ?

La réponse à ce type de question relève de la stratégie.

Le **contrôle de gestion** détermine des objectifs à **court terme** : quel volume de vente doit être réalisé sur tel produit ? quelle marge devra être dégagée sur telle activité ? comment se répartira la production entre les différentes usines ?

La définition de ces objectifs à court terme doit prendre en compte :

- les **objectifs** à long terme définis par la stratégie ;
- les différentes **contraintes** qui pèsent sur l'entreprise :
  - contraintes internes (capacités de production, force de vente disponible, etc.),
  - contraintes externes (conjoncture économique, situation de la concurrence, etc.).

On peut schématiser cela ainsi :

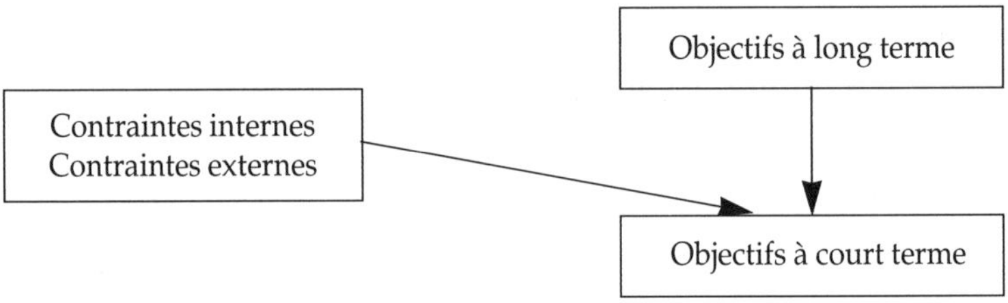

2. Contrôle de gestion et système budgétaire

2.1 Programmes et budgets

Un **programme** est l'expression d'objectifs en unités physiques.

Ces objectifs portent à la fois :

- sur un volume de produits ou de prestations à fournir (nombre d'unités à produire ou à vendre),
- sur un volume de ressources allouées pour réaliser ces prestations (matières premières, main-d'œuvre, machines).

Un **budget** est l'expression de ces mêmes objectifs en valeur.

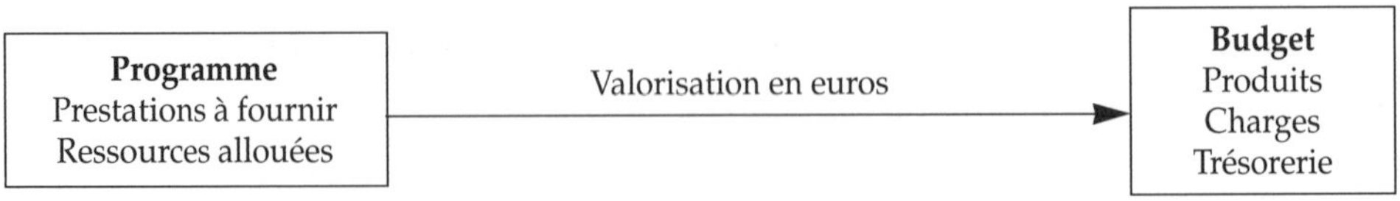

2.2 Contrôle budgétaire

Il s'agit de la confrontation *a posteriori* entre les prévisions (budget) et les réalisations. Cette confrontation permet de calculer des écarts :

Prévu (budget)	Réalisé	Écart
P	R	R-P

Le calcul et l'analyse de ces écarts doivent permettre :

- de faire apparaître la cause éventuelle de certains dysfonctionnements afin d'y apporter les corrections nécessaires ;
- de dégager les responsabilités de ces écarts.

Ce dernier point suppose que l'organisation de l'entreprise en centres de responsabilités coïncide avec le découpage de ses budgets.

Le système budgétaire peut alors constituer un outil important de motivation des responsables de l'entreprise.

C'est à partir de la confrontation entre budget et réalisations que pourra être évaluée leur performance.

2.3 Autres outils du contrôle de gestion

Le contrôle de gestion peut utiliser d'autres outils que le système budgétaire. Pour s'assurer de la conformité des actions et décisions des différents responsables avec les objectifs de l'organisation, d'autres moyens peuvent être utilisés :

- la définition de **centres de profit** a été évoquée dans la première partie (chapitre 22) ; ils permettent d'évaluer la performance de chaque division de l'entreprise par un profit ou une marge réalisée mais posent le délicat problème de l'évaluation des prestations internes échangées entre les divisions ;
- l'élaboration de **tableaux de bord** peut se substituer à un système de gestion budgétaire ou venir en complément ; elle fera l'objet du chapitre 37 de cet ouvrage.

3. Hiérarchie et interdépendance entre les budgets

Le découpage des budgets dépend de l'organisation de l'entreprise ; il est souhaitable, comme nous l'avons vu précédemment, de les faire coïncider avec des centres de responsabilité.

De façon générale, moyennant d'éventuelles subdivisions (par produit, par région, par usine etc.), les budgets correspondront aux **principales fonctions de l'entreprise** : ventes, production, approvisionnement, investissement, etc.

Certains de ces budgets déterminent, totalement ou en partie, les budgets correspondant à des fonctions situées en amont dans le processus de production.

Cette hiérarchie dans l'établissement des budgets peut être traduite par le schéma suivant :

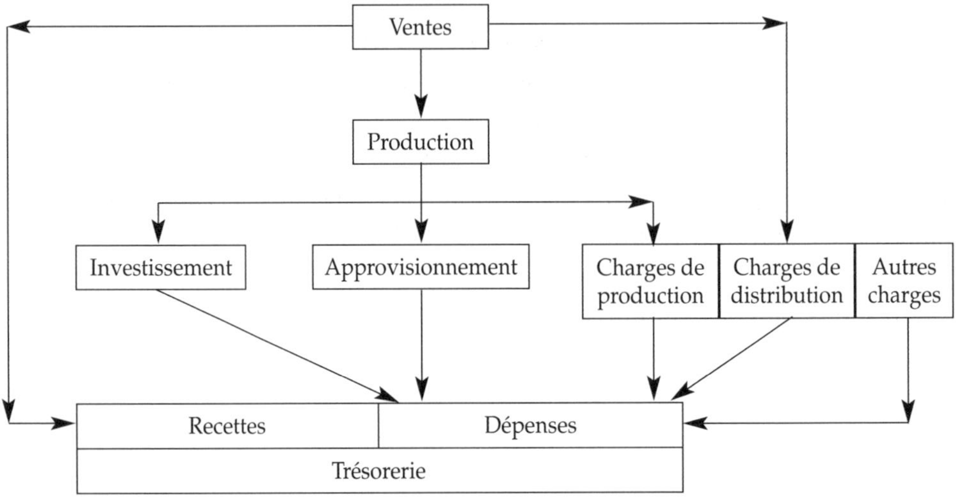

Cette représentation, quoique simplifiée, du fonctionnement de l'entreprise, justifie cependant l'ordre dans lequel nous aborderons l'étude des différents budgets.

Pour chacun de ces budgets nous envisagerons successivement :

– une phase **prévision** qui prend en compte les objectifs de l'entreprise, ses contraintes internes et externes, les données des budgets précédemment établis ;
– une phase **budgétisation** qui valorise les prévisions précédentes ;
– une phase **contrôle budgétaire** qui confronte prévisions et réalisations.

EXERCICES : série 23.

MOTS-CLÉS

• Budget • Budgétisation • Centres de profits • Contraintes • Contrôle de gestion • Gestion budgétaire • Gestion prévisionnelle • Objectifs • Prévision • Programme • Stratégie

Chapitre 24

LA GESTION BUDGÉTAIRE DES VENTES : PRÉVISIONS

L'entreprise aujourd'hui vend sur des marchés de plus en plus concurrentiels : concurrence nationale mais aussi souvent internationale. La demande y évolue rapidement tant en fonction des innovations technologiques que des changements de goût des consommateurs.

Ce caractère évolutif et « turbulent » des marchés conforte le rôle premier du budget des ventes dans le processus budgétaire, mais ne facilite pas son élaboration.

1. Les outils de prévision des ventes

Les ventes de l'entreprise résultent :

- pour une part d'éléments indépendants de son action (comportement de la concurrence, évolution de la conjoncture économique) ;
- pour une autre part de son action en matière commerciale (politique de prix, budget publicitaire, budget de la force de vente).

Une prévision précise peut donc rarement résulter d'une simple extrapolation du passé ; celle-ci peut néanmoins constituer une première étape dans le processus de prévision.

1.1 Méthodes de prévision fondées sur une extrapolation des tendances passées

Considérons les deux tableaux d'évolution des ventes suivants :

Année	1	2	3	4	5	6
Ventes 1 : y_1	100	130	150	175	210	240
Ventes 2 : y_2	100	120	148	182	230	290

A. Tendance linéaire

En reportant les données Ventes 1 sur un graphique, on obtient la représentation suivante :

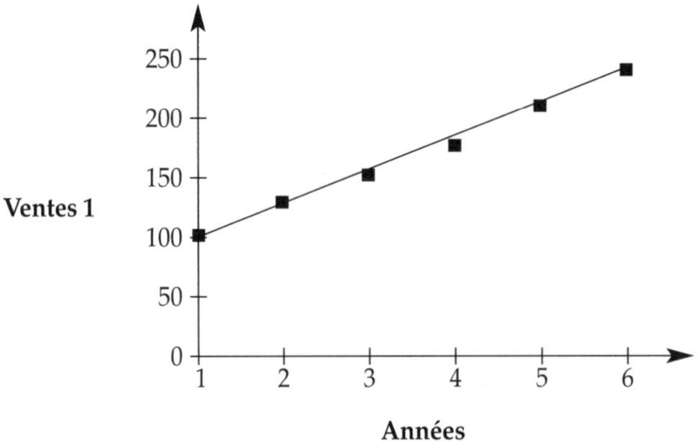

La disposition des points fait penser à une tendance linéaire.

L'équation de la droite d'ajustement peut être recherchée par la méthode des moindres carrés.

a) Détermination des paramètres d'un ajustement linéaire

L'équation de la droite d'ajustement, de la forme $y = ax + b$ a pour cœfficient directeur (formules de définition).

$$a = \frac{\sum X_i Y_i}{\sum X_i^2} \text{ avec } X_i = x_i - \bar{x} \text{ et } Y_i = y_i - \bar{y}$$

Cette formule prend en compte les écarts aux moyennes. Dans la pratique, en disposant d'une calculatrice on utilise plutôt :

Coefficient directeur $a = \dfrac{\sum x_i y_i - n\bar{x}\bar{y}}{\sum x_i^2 - n\bar{x}^2}$

Ordonnée à l'origine $b = \bar{y} - a\bar{x}$

La validité de l'ajustement peut être testée par le calcul du cœfficient de corrélation (ou son carré) :

$$r = \frac{\sum x_i y_i - n\bar{x}\bar{y}}{\sqrt{\sum x_i^2 - n\bar{x}^2}\sqrt{\sum y_i^2 - n\bar{y}^2}} \quad \left(\text{formule de définition : } r = \frac{\sum X_i Y_i}{\sqrt{\sum X_i^2}\sqrt{\sum Y_i^2}}\right)$$

Le tableau de calcul serait le suivant :

	x_i	y_i	$x_i y_i$	x_i^2	y_i^2
	1	100	100	1	10 000
	2	130	260	4	16 900
	3	150	450	9	22 500
	4	175	700	16	30 625
	5	210	1 050	25	44 100
	6	240	1 440	36	57 600
Somme	21	1 005	4 000	91	181 725
Moyenne	3,5	167,5			

$$a = \frac{4\,000 - 6 \times 3{,}5 \times 167{,}5}{91 - 6 \times 3{,}5^2} = 27{,}5714 \text{ ; } b = 167{,}5 - 27{,}5714 \times 3{,}5 = 71.$$

L'équation de la droite d'ajustement s'écrit donc : $y = 27{,}5714x + 71$.

$$r = \frac{4\,000 - 6 \times 3{,}5 \times 167{,}5}{\sqrt{91 - 6 \times 3{,}5 \times 3{,}5}\sqrt{181\,725 - 6 \times 167{,}5 \times 167{,}5}} = 0{,}9968$$

Cette valeur proche de 1 atteste d'une bonne corrélation et confirme donc la validité de l'ajustement linéaire.

b) Utilisation d'un tableur

Les mêmes résultats peuvent être obtenus **directement sur tableur**.

Avec EXCEL, *Y* et *X* désignant respectivement les zones contenant les valeurs de *x* et de *y* la fonction :

DROITEREG(Y ;X ;VRAI ;VRAI) donne les résultats suivants :

Valeur de *a* — Valeur de *b*

27,5714	71,0000
1,0973	4,2734
0,9937	4,5904

Valeur de r^2

On vérifie bien $r = \sqrt{0{,}9937} = 0{,}9968$.

Les trois autres paramètres sont significatifs de la valeur de l'ajustement mais leur étude dépasse le cadre de cet ouvrage.

c) Utilisation de l'ajustement linéaire pour la prévision

La tendance linéaire manifeste incite à utiliser la droite d'ajustement afin de prévoir les ventes de l'année 7, soit : $y = 27{,}5714 \times 7 + 71 = 264$.

Il faut toutefois rester attentif aux évolutions de la conjoncture qui pourraient perturber la tendance.

B. Tendance exponentielle

La représentation graphique de la série Ventes 2 est la suivante :

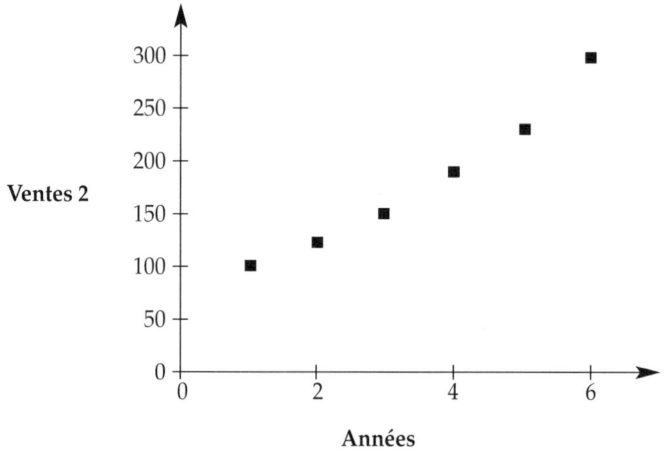

a) Détermination des paramètres de l'ajustement

On voit qu'une droite, quelle qu'elle soit, rendrait mal compte du phénomène d'accélération des ventes. L'allure de la courbe fait davantage penser à une tendance exponentielle.

Une telle courbe a une équation de la forme : $y = B.A^x$.

L'année figure en exposant, lorsque x augmente de 1, y est donc multiplié par un facteur constant A. On peut vérifier que c'est bien sensiblement le cas sur la série y_2 :

Année	1	2	3	4	5	6
Ventes 2 : y_2	100	120	148	182	230	290
y_i / y_{i-1}		1,2	1,23	1,23	1,26	1,26

Afin de calculer les paramètres d'un tel ajustement, il suffit d'écrire l'équation :

$y = B.A^x$ sous forme logarithmique : $\log y = x \log A + \log B$.

En posant log $A = a$ et log $B = b$, on est donc ramené à un ajustement linéaire entre log y et x.

Pour calculer les valeurs de a et b, il suffit de remplacer dans les formules de l'ajustement linéaire y par log y.

$$a = \frac{\sum x_i \log y_i - n\bar{x} \cdot \overline{\log y}}{\sum x_i^2 - n\bar{x}^2} \quad \text{et} \quad b = \overline{\log y} - a\bar{x}$$

Le tableau de calcul est le suivant :

	x_i	y_i	**log y_i**	x_i **log y_i**	x_i^2
	1	100	2,0000	2,0000	1
	2	120	2,0792	4,1584	4
	3	148	2,1703	6,5108	9
	4	182	2,2601	9,0403	16
	5	230	2,3617	11,8086	25
	6	290	2,4624	14,7744	36
Somme	21	1 070	13,3336	48,2925	91
Moyenne	3,5	178,3333	2,2223		

On trouve $a = 0{,}092841$. Puisque $a = \log A$, $A = 10^a = 1{,}2384$.

$b = 1{,}8973$ soit $B = 10^b = 78{,}95$.

L'équation de la courbe s'écrit : $y = 78{,}95 \times 1{,}2384^x$. Elle montre que sur chaque année, les ventes sont multipliées par 1,2384 ce qui correspond à un taux d'accroissement annuel de 1,2384 – 1 = 23,84%.

b) Utilisation d'un tableur

Sur le tableur EXCEL, la fonction LOGREG(Y ; X ;VRAI ;VRAI) fournit les valeurs suivantes :

Valeur de A — Valeur de B

1,2384	78,9459
0,0046	0,0180
0,9981	0,0193

Carré du coefficient de corrélation

c) Utilisation de l'ajustement exponentiel pour la prévision

En appliquant les mêmes principes que précédemment, pour l'année 7, on aurait $y_2 = 78{,}95 \times 1{,}2384^7 = 353$.

Il y a lieu d'envisager ce résultat avec les mêmes précautions que dans le cas précédent.

C. Prise en compte du cycle de vie du produit

Indépendamment des variations liées à la conjoncture, le choix d'un certain type de fonction (linéaire, exponentielle ou autre) pour prévoir l'évolution de la tendance peut s'appuyer sur la notion de cycle de vie du produit.

Le schéma suivant met en évidence les différentes phases de ce cycle :

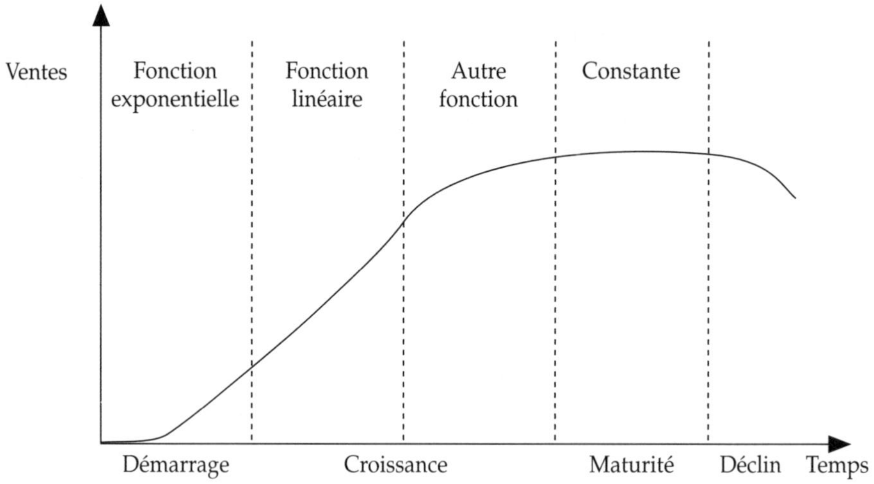

Aux différentes phases du cycle de vie correspondront des fonctions d'ajustement différentes ; il est donc important pour la prévision de bien identifier dans quelle phase se situe actuellement le produit.

1.2 Prise en compte des phénomènes saisonniers

Observons l'évolution des ventes d'une entreprise sur douze trimestres consécutifs :

	Trimestre 1	Trimestre 2	Trimestre 3	Trimestre 4
Année N – 2	66	96	145	144
Année N – 1	92	131	195	189
Année N	120	167	246	239

Le graphique ci-dessous montre clairement une tendance générale à la hausse représentée par **une droite de tendance (ou « trend »)** avec des variations au-dessus ou au-dessous de cette tendance en fonction des saisons. Ainsi les premiers et seconds trimestres se situent plutôt au-dessous de la tendance alors que les troisième et quatrième se situent en-dessus.

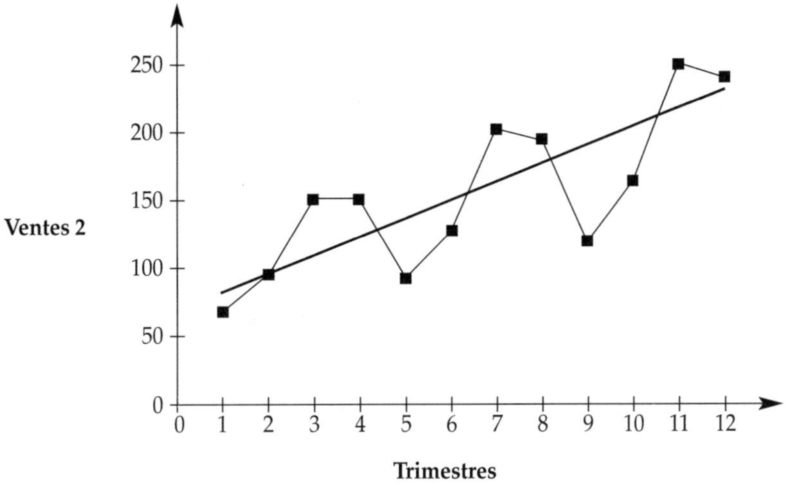

A. Détermination d'une série corrigée des variations saisonnières

On définit des *coefficients saisonniers* par le rapport :

$$\frac{\text{Données observées (ou données brutes)}}{\text{Tendance (ou données ajustées)}}$$

Supposons ces coefficients connus *a priori*[(1)].

En divisant les données observées par le coefficient du trimestre, on obtient **une série corrigée des variations saisonnières**.

• APPLICATION AUX DÉSAISONNALISATIONS

Soit les coefficients saisonniers suivants :

Trimestre 1	Trimestre 2	Trimestre 3	Trimestre 4
0,7	0,9	1,25	1,15

L'établissement de la série corrigée des variations saisonnières se présenterait ainsi :

Trimestre x	**1**	**2**	**3**	**4**	**5**	**6**	**7**	**8**	**9**	**10**	**11**	**12**
Données observées : y_i	66	96	145	144	92	131	195	189	120	167	246	239
Coefficient saisonnier : C_t	0,7	0,9	1,25	1,15	0,7	0,9	1,25	1,15	0,7	0,9	1,25	1,15
Série corrigée des variations saisonnières : $y'_i = y_i / C_t$	94	107	116	125	131	146	156	164	171	186	197	208

(1) Le problème des méthodes pour leur détermination sera repris ultérieurement.

En reportant cette série corrigée des variations saisonnières sur un graphique, on voit qu'elle présente une évolution beaucoup plus régulière que les données brutes.

En procédant à un ajustement sur cette série, on pourra avoir une prévision de la tendance des ventes et passer de là aux prévisions par trimestre.

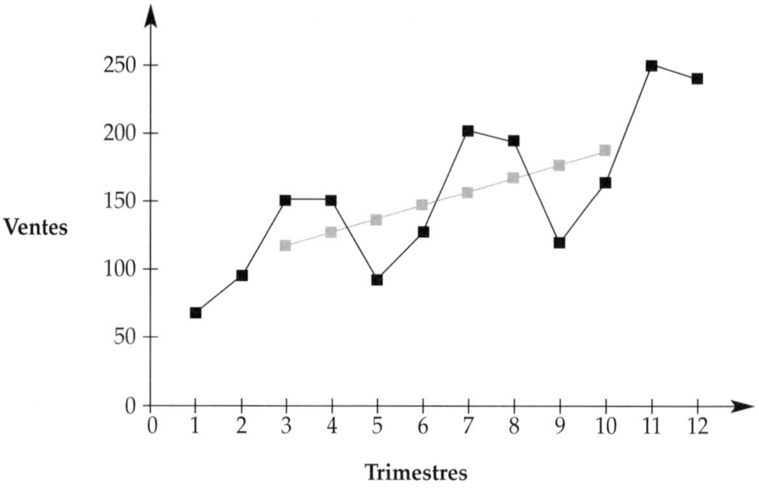

• **Application aux prévisions**

La droite d'ajustement de y' a pour équation $y' = 10{,}095\,x + 84{,}72$.

Afin de prévoir les ventes de l'année N+1, donc des trimestres 13, 14, 15, 16, on procédera aux calculs suivants :

Trimestre x	**13**	**14**	**15**	**16**
Prévision de la tendance : $y' = 10{,}095\,x + 84{,}72$	216	226	236	246
Coefficient saisonnier : C_t	0,7	0,9	1,25	1,15
Prévision des ventes par trimestre : $y = y' \times C_t$	151	203	295	283

B. Détermination de la tendance à partir des moyennes mobiles

Afin d'éliminer l'effet des variations saisonnières, on peut remplacer chaque valeur de la série par une moyenne calculée sur des valeurs représentant un ensemble correspondant à une durée d'une année centrée sur la date de chaque valeur.

Ainsi pour des données trimestrielles, on calculera :

$$y'_i = \frac{1/2y_{i-2} + y_{i-1} + y_i + y_{i+1} + 1/2y_{i+2}}{4}$$

En coefficientant y_{i-2} et y_{i+2} par 1/2, chaque trimestre de l'année est représenté dans le calcul avec la même pondération et la valeur calculée est centrée sur la période *i*.

• **APPLICATION À L'EXEMPLE**

Trimestre x	1	2	3	4	5	6	7	8	9	10	11	12
Données observées : y_i	66	96	145	144	92	131	195	189	120	167	246	239
Moyenne mobile : y_i			116	124	134	146	155	163	174	187		

Par exemple : $y'_3 = \dfrac{1/2 \times 66 + 96 + 145 + 144 + 1/2 \times 92}{4} = 116$.

Les moyennes mobiles ainsi calculées permettent de représenter la tendance.

En ajustant cette tendance, par exemple par la méthode des moindres carrés, on pourra comme précédemment l'utiliser à des fins de prévision.

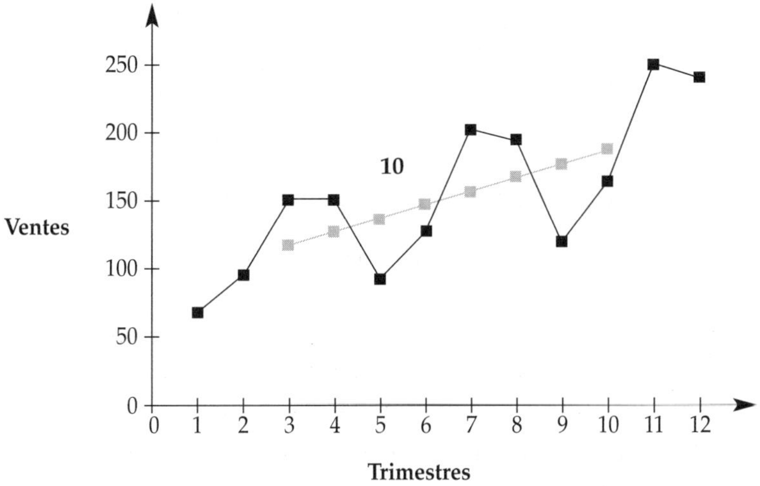

• **APPLICATION AUX COEFFICIENTS SAISONNIERS**

La tendance calculée à partir des moyennes mobiles peut servir aussi au *calcul des coefficients saisonniers* si ceux-ci ne sont pas connus au préalable.

Trimestre x	1	2	3	4	5	6	7	8	9	10
Données observées : y_i	66	96	145	144	92	131	195	189	120	167
Moyenne mobile : y'_i			116	124	134	146	155	163	174	187
Coefficients saisonniers : y_i / y'_i			1,25	1,16	0,69	0,90	1,26	1,16	0,69	0,89

On peut rapprocher les coefficients saisonniers relatifs à un même trimestre sur plusieurs années afin de déterminer les valeurs retenues définitivement.

On retiendra pour chaque trimestre la moyenne des valeurs trouvées en procédant à une approximation éventuelle pour que la somme des valeurs soit bien égale à 4.

	Trimestre 1	Trimestre 2	Trimestre 3	Trimestre 4
Année N – 2			1,25	1,16
Année N – 1	0,69	0,90	1,26	1,16
Année N	0,69	0,89		
Valeur retenue	0,69	0,90	1,25	1,16

Nota : Ce n'est pas la seule méthode pour déterminer des coefficients saisonniers.

Ces coefficients peuvent également être établis par diverses méthodes telles que les *rapports à la tendance* (ou au *trend*) (moyennes mensuelles des rapports valeurs réelles/valeurs ajustées, les valeurs ajustées étant obtenues à l'aide de l'équation des moindres carrés) ; ou *des méthodes simples* (moyennes de chaque mois/ moyenne de l'ensemble des mois de la période de référence).

1.3 Autres outils pour la prévision des ventes

Au-delà de la seule extrapolation des tendances passées, les prévisions de ventes doivent prendre en compte

– l'effet éventuel des actions envisagées sur le plan commercial,
– les évolutions dans les comportements d'achat de la clientèle potentielle,
– les évolutions de l'environnement économique général.

Elles peuvent en outre faire intervenir les notions de probabilités lorsqu'il est possible de les définir.

A. Prévision des ventes et probabilités

Si l'entreprise dispose d'informations statistiques concernant le secteur d'activité dans lequel elle tente de faire des prévisions et notamment si ces informations permettent de dégager une loi de probabilité, il est possible d'en tenir compte.

> EXEMPLE : *Une entreprise de magasins à grande surface ouvre un nouveau magasin de vente.Une étude statistique faite pour des magasins de même catégorie a permis de constater que les chiffres d'affaires mensuels au m^2 de surface de vente s'y répartissent suivant une loi de Laplace Gauss (répartition dite normale) de moyenne $m = 20\ 000$ € et d'écart type $\sigma = 1\ 500$ €. L'entreprise veut retenir un chiffre d'affaires prévisionnel tel que le risque qu'il ne soit pas atteint n'excède pas 8 %.*

Le chiffre d'affaires x_0 à retenir dans les prévisions doit être tel que la probabilité d'avoir un chiffre d'affaires inférieur soit de 0,08 ou, ce qui est équivalent, que la probabilité qu'il soit supérieur soit de 0,92.

On écrit que l'on recherche :

$$P\{x < x_0\} = 0{,}08$$

Sans étudier la théorie de la loi de Laplace Gauss ou loi normale, rappelons que la table de la fonction intégrale de ladite loi donne :

$$P\{t < t_0\} \text{ ou } \pi(t)$$

t résultant du changement de variable donné par la formule :

$$t = \frac{x - m}{\sigma}$$

Disposant de la probabilité 0,08, la table nous donne la valeur de t correspondante et cette valeur nous permet de trouver x à l'aide de la formule ci-dessus.

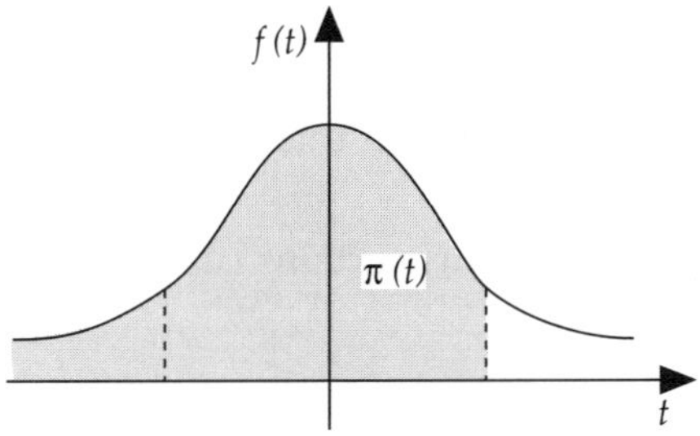

Les probabilités (en hachuré sous la courbe ci-contre) n'étant données par la table que pour $t \geqslant 0$, pour les autres valeurs de t, il y a lieu de faire un calcul en se servant des propriétés de la courbe :

–propriété de symétrie par rapport à l'axe des ordonnées,

–aire sous la courbe exprimant la probabilité totale égale à 1.

Ainsi, dans notre exemple, la probabilité 0,08 n'apparaît pas dans la table, mais :

$$\pi(t) = 0{,}08 \Rightarrow \pi(-t) = 1 - 0{,}08 = 0{,}92$$

d'où : $-t = 1{,}41$ et $t = -1{,}41$.

Finalement : $t = \dfrac{x - m}{\sigma} \Rightarrow -1{,}41 = \dfrac{x - 20\,000}{1\,500}$

d'où : $x = 17\,885$.

En retenant une prévision de chiffre d'affaires de 17 885 €, si les paramètres de la loi de probabilité ne changent pas, le magasin n'a qu'un risque de 8% de ne pas l'atteindre ou 92% de chances de l'atteindre ou le dépasser.

Cette analyse peut également se combiner avec l'étude du **seuil de rentabilité**, notamment pour calculer la probabilité de l'atteindre.

Remarque : Si l'on avait à faire une étude d'une probabilité $P\{t > t_0\}$, nous la ramènerions à l'étude précédente en constatant que :

$$P\{t > t_0\} = 1 - P\{t < t_0\}.$$

B. L'impact de l'action commerciale

Celle-ci revêt de multiples aspects : action publicitaire, politique de prix, importance de la force de vente, politique de distribution, etc.

Prenons deux exemples :

a) La politique de prix

Son effet sur le volume des ventes peut être apprécié à partir de la notion d'**élasticité**.

Celle-ci se définit comme le rapport entre la variation relative de la demande $\frac{\Delta q}{q}$ et la variation relative du prix : $\frac{\Delta p}{p}$.

$$e = \frac{\frac{\Delta q}{q}}{\frac{\Delta p}{p}}$$

Elle est normalement négative ; une valeur de –2 signifie qu'une hausse de prix de 10% entraînera une baisse de la demande de 20%.

Des sondages auprès de clients potentiels pourront dans certains cas permettre d'approcher la valeur de cette élasticité.

b) Le budget publicitaire

À partir d'observations antérieures, on peut éventuellement évaluer l'effet des dépenses publicitaires sur le volume des ventes.

La mesure de cet effet peut se fonder sur des études de corrélation.

C. Les évolutions du marché et de la clientèle

Celles-ci pourront être appréhendées :

- **à partir d'informations fournies par les vendeurs** d'après leur connaissance concrète du marché ;
- **par des études de marché** qui analysent les comportements d'achat de la clientèle potentielle sur un échantillon représentatif. De telles études, souvent coûteuses et sophistiquées, peuvent être confiées à des organismes extérieurs spécialisés. La technique mathématique des sondages permet d'extrapoler les résultats observés sur l'échantillon à l'ensemble du marché de l'entreprise.

> EXEMPLE D'APPLICATION : *Une importante compagnie d'assurances a mis au point un nouveau type de contrat d'assurance multirisques qu'elle envisage de proposer à l'ensemble de ses 300 000 clients.*
>
> *Dans un sondage réalisé auprès de 400 clients, 80 se sont déclarés intéressés.*
>
> *On cherche à déterminer le nombre prévisible de contrats qui seront signés.*

SOLUTION

La proportion f des clients de l'échantillon intéressés par le contrat est égale à 80/400 soit 20%. En extrapolant ce pourcentage à l'ensemble de la population, on trouve 0,20 × 300 000 = 60 000.

Mais du fait de la taille de l'échantillon (400 observations seulement sur 300 000) cette prévision présente un risque car la proportion p dans l'ensemble de la population peut être différente de f.

On cherchera donc à déterminer un intervalle, dit **intervalle de confiance**, contenant la vraie valeur de p avec une probabilité α. α est appelé **seuil de confiance**.

α doit être proche de 1 pour que la prévision soit fiable (on retient souvent $\alpha = 0{,}90$ ou 0,95).

Cet intervalle de confiance admet les bornes suivantes :

$$\left[f - t_\alpha\sqrt{\frac{f(1-f)}{n-1}}\ ;\ f + t_\alpha\sqrt{\frac{f(1-f)}{n-1}}\right]$$

n désigne la taille de l'échantillon.

La valeur de t_α est d'autant plus élevée que α est élevé.

Les valeurs les plus couramment retenues sont les suivantes[1] :

α	0,90	0,95	0,99
t_α	1,65	1,96	2,57

Sur notre exemple, en retenant un seuil de confiance de 0,95, l'intervalle de confiance pour p sera donc le suivant :

$$\left[0{,}20 - 1{,}96\sqrt{\frac{0{,}20 \times 0{,}80}{399}}\ ;\ 0{,}20 + 1{,}96\sqrt{\frac{0{,}20 \times 0{,}80}{399}}\right] = [0{,}16\ ;\ 0{,}24]$$

Pour 300 000 clients, l'intervalle correspondant est donc de [48 000 ; 72 000].

On peut penser avec une probabilité de 0,95, qu'il y aura entre 48 000 et 72 000 clients qui seront intéressés.

2. La prévision des coûts de distribution

Elle découle logiquement de la prévision des ventes, même s'il peut y avoir interaction entre les deux comme nous l'avons vu précédemment : la détermination d'un certain montant de budget publicitaire pourra par exemple se répercuter sur le niveau des ventes.

(1) t_α est déterminé en recherchant dans la fonction de répartition de la loi de Laplace-Gauss la valeur telle que $2\pi\,(t_\alpha) - 1 = \alpha$.

La double classification des charges étudiée dans la deuxième partie s'applique aux charges de distribution. On peut la présenter dans le tableau suivant :

	Charges variables	Charges fixes
Charges directes	– commissions sur ventes des commerciaux – emballages – frais de transports sur ventes	– publicités spécifiques à un produit – frais de lancement – promotion sur les lieux de vente – étude de marché
Charges indirectes		– personnel de la direction commerciale – personnel du magasin de produits finis – partie fixe de la rémunération des commerciaux – amortissement des locaux

Les charges variables sont pour une large part **proportionnelles au chiffre d'affaires** : (commissions versées aux représentants en fonction des ventes réalisées).

Pour d'autres charges variables, une analyse plus fine peut s'avérer nécessaire prenant en compte les prévisions en quantités et l'évolution probable du coût des facteurs.

EXERCICES : série 24.

MOTS-CLÉS

• Action commerciale • Ajustement exponentiel • Ajustement linéaire
• Coefficients saisonniers • Corrélation • Coûts de distribution • Cycle de vie
• Extrapolation • Intervalle de confiance • Marché • Moyennes mobiles
• Prévisions • Probabilité • Saisonnier • Seuil de confiance • Tableur
• Tendance exponentielle • Tendance linéaire • Tendances
• Variations saisonnières • Ventes

Chapitre 25

Budgétisation et contrôle des ventes

1. **Budgétisation des ventes**
2. **Contrôle**

1. Budgétisation

L'efficacité du système budgétaire suppose que les prévisions fassent l'objet de ventilations.

EXEMPLE : La société Florinard fabrique et distribue des parfums de trois modèles : Dahlia, Jasmin et Lilas. Ses objectifs globaux pour l'année N + 1 sont résumés dans le tableau ci-dessous :

	Ventes en milliers de flacons	Prix de vente unitaire
Dahlia	10 000	40
Jasmin	8 000	60
Lilas	5 000	90

1.1 Ventilation dans le temps

Celle-ci est nécessaire pour permettre à l'entreprise d'engager suffisamment rapidement les actions correctives nécessaires si les réalisations s'écartent trop des objectifs fixés.

Une périodicité mensuelle est souvent adoptée.

Elle présente l'avantage de déboucher sur des prévisions de trésorerie en fin de mois, le mois étant la période pertinente pour prendre les décisions en matière financière (remises à l'escompte, demandes de crédit à court terme, etc.).

Mais une périodicité plus longue (le trimestre par exemple) peut être préférée pour des raisons de coût.

Cette ventilation peut être faite à partir d'indices saisonniers[1], lorsque la répartition des ventes dans l'année présente une certaine constance.

APPLICATION

Supposons que les indices saisonniers observés sur les années précédentes soient les suivants :

Trimestre 1	Trimestre 2	Trimestre 3	Trimestre 4
1,10	0,7	0,5	1,70

Le budget global des ventes pourra être présenté de la façon suivante :

	Ventes en K€	Trimestre 1	Trimestre 2	Trimestre 3	Trimestre 4
Dahlia	400 000	(1) 110 000	70 000	50 000	170 000
Jasmin	480 000	132 000	84 000	60 000	204 000
Lilas	450 000	123 750	78 750	56 250	191 250
	1 330 000	365 750	232 750	166 250	565 250

(1) 400 000 × 1,1 / 4 = 110 000.

1.2 Ventilation par centres de responsabilité

La force de vente de l'entreprise est généralement divisée en centres de responsabilités. Cette division peut correspondre aux différents produits, aux différentes régions, éventuellement à différents canaux de distribution, etc. Un croisement de ces critères peut aussi être envisagé.

À chacun des centres de responsabilité sera attribué un budget ; c'est par rapport à l'exécution de ce budget que sera évaluée la performance du centre.

APPLICATION

Supposons que la force de vente soit organisée en trois régions : Nord, Centre et Sud représentant respectivement 20 %, 50 % et 30 % du potentiel de ventes. Les budgets par région pourront revêtir la présentation proposée en page suivante.

(1) L'indice saisonnier donne la part des ventes annuelles réalisées sur la période. Il ne se confond pas avec le coefficient saisonnier défini dans le chapitre précédent comme le rapport entre les valeurs brutes et la tendance. Indices et coefficients saisonniers ne sont égaux que si la tendance est stable.

	Ventes en K€	Trimestre 1	Trimestre 2	Trimestre 3	Trimestre 4
Nord	266 000	73 150	46 550	33 250	113 050
Centre	665 000	182 875	116 375	83 125	282 625
Sud	399 000	109 725	69 825	49 875	169 575
France	1 330 000	365 750	232 750	166 250	565 250

Selon la plus ou moins grande autonomie laissée aux régions pour la réalisation de l'objectif de chiffre d'affaires qui leur a été attribué, on pourra ou non croiser cette ventilation avec une ventilation par produit.

2. Le contrôle budgétaire des ventes

EXEMPLE : Les ventes réelles de l'année N + 1 sont données dans le tableau ci-dessous et rapprochées du montant des prévisions ; la dernière colonne donne la différence entre réalisations et prévisions.

	Prévisions			Réalisations			Écart
	Quantités	Prix unitaire	Montant	Quantités	Prix unitaire	Montant	
Dahlia	10 000	40	400 000	11 000	42	462 000	62 000
Jasmin	8 000	60	480 000	7 500	62	465 000	– 15 000
Lilas	5 000	90	450 000	3 000	90	270 000	– 180 000
Total			1 330 000			1 197 000	– 133 000

2.1 Analyse des écarts sur ventes en écart sur volume et écart sur prix

A. Exemple

Sur « Dahlia », on constate que la différence positive (62 000) entre réalisations et prévisions a deux origines : d'une part les **quantités vendues** (11 000) sont supérieures de 10 % aux prévisions (10 000) ; d'autre part **le prix de vente réel** (42) a dépassé de 5 % le prix prévu (40).

Le chiffre d'affaires est donc multiplié par 1,10 × 1,05 = 1,155 soit un dépassement de 15,5 %.

Cette analyse en pourcentage peut être remplacée par une analyse en valeur absolue qui décompose l'écart global de 62 000 en une part imputable aux quantités et une part imputable aux prix unitaires.

On distingue alors :

– un écart sur quantités : (11 000 – 10 000) × 40 = 40 000,
– un écart sur prix : (42 – 40) × 11 000 = 22 000.

B. Généralisation

Ce type de décomposition est possible chaque fois qu'un élément résulte du produit de deux facteurs. En désignant :

– par P_r le prix unitaire réel,
– par Q_r les quantités réelles,
– par P_p le prix prévu (ou préétabli),
– par Q_p les quantités prévues (ou préétablies),

le calcul précédent s'écrit :

Écart sur quantités : $(Q_r - Q_p) \times P_p$

Écart sur prix : $(P_r - P_p) \times Q_r$

Il repose sur trois conventions prévues par le plan comptable :

– calcul de l'écart dans le sens : réel – préétabli,
– valorisation de l'écart sur quantités au prix prévu,
– calcul de l'écart sur prix pour les quantités réelles.

Les conventions inverses seraient théoriquement possibles.

C. Limites de cette analyse

Appliquons cette analyse au second produit « Jasmin ». L'écart global de – 15 000 résulte :

– d'un écart sur quantités : (7 500 – 8000) × 60 = – 30 000,
– d'un écart sur prix : (62 – 60) × 7 500 = 15 000.

Mais il se peut que les deux ne soient pas indépendants ; c'est l'augmentation du prix qui a pu provoquer la baisse des quantités vendues.

2.2 Analyse des écarts sur marge

Au niveau de la fonction commerciale, un contrôle budgétaire portant seulement sur le chiffre d'affaires est souvent inadapté. Il peut inciter les commerciaux à augmenter le chiffre d'affaires par l'octroi aux clients de remises élevées, le développement des ventes se faisant alors au détriment de la rentabilité.

Beaucoup d'entreprises sont ainsi amenées à exercer un suivi de la fonction commerciale sur les marges réalisées.

> EXEMPLE : *Supposons que, pour l'entreprise Florinard, les coûts prévus de fabrication soient les suivants :*
>
> | | **Coût unitaire** |
> |---|---|
> | **Dahlia** | 16 |
> | **Jasmin** | 24 |
> | **Lilas** | 40 |

On peut alors calculer les marges par rapport à ces coûts préétablis tant au niveau des prévisions que des réalisations.

Cette comparaison est présentée dans le tableau qui suit :

	Prévisions			Réalisations			Écart
	Quantités	Marge unitaire	Montant	Quantités	Marge unitaire	Montant	
Dahlia	10 000	24	240 000	11 000	26	286 000	46 000
Jasmin	8 000	36	288 000	7 500	38	285 000	– 3 000
Lilas	5 000	50	250 000	3 000	50	150 000	– 100 000
Total	23 000	(1) 33,8261	778 000	21 500	(2) 33,5349	721 000	– 57 000

(1) 33,8261 = 778 000/23 000 (2) 33,5349 = 721 000/21 500

- **La comparaison des marges réelles et prévues** pourrait se faire globalement selon le même principe que l'analyse précédente :
- écart sur quantités : (21 500 – 23 000) × 33,8261 = – 50 739
- écart sur marge unitaire : (33,5349 – 33,8261) × 21 500 = – 6 261
  (aux arrondis près, la somme est bien égale à l'écart global : – 57 000).

- **L'écart sur marge unitaire négatif** pourrait laisser entendre que l'entreprise n'a pas suffisamment surveillé les prix de vente réellement appliqués (rabais ou remises excessives). Pourtant, sur chacun des produits, les marges unitaires sont supérieures ou égales à ce qui était prévu.

  Si la marge moyenne est inférieure aux prévisions, c'est que la répartition des ventes s'est modifiée entre les prévisions et les réalisations :
- les prévisions ont été dépassées sur le produit à faible marge (« Dahlia »),
- en revanche, on est resté très en-deçà des prévisions sur le produit à forte marge (« Lilas »).

- **Cet effet de « composition des ventes »** peut être mesuré de la façon suivante :
- marge prévue pour les quantités globales réelles : 33,8261 × 21 500 = 727 261
- marge prévue pour les quantités réelles compte tenu de leur répartition entre les produits :

Dahlia :	11 000 × 24 =	264 000
Jasmin :	7 500 × 36 =	270 000
Lilas :	3 000 × 50 =	150 000
Total :		684 000

La différence 684 000 – 727 261 = – 43 261 mesure l'*effet sur la marge de la nouvelle répartition* des ventes (effet dit de « mix » ou de composition).

La différence entre la marge réelle 721 000 et 684 000 soit 37 000, mesure l'*effet positif sur la marge globale des prix de ventes réels supérieurs* ou égaux à ce qui était prévu.

L'analyse de notre écart sur marge peut donc se résumer ainsi :

Écart sur quantités	– 50 739
Écart sur composition	– 43 261
Écart sur marges unitaires	37 000
Total	– 57 000

Dans une optique de contrôle de gestion, cette analyse apparaît plus pertinente ; elle pourra amener à orienter davantage l'action de la force de vente sur les produits à plus forte marge.

EXERCICES : série 25

MOTS-CLÉS

• Analyse d'écarts sur marges • Analyse d'écarts sur ventes • Budgétisation • Centres de responsabilité • Contrôle • Effet de composition • Effet de mix • Marges • Mix • Ventes

Chapitre 26

GESTION DE LA PRODUCTION : PROGRAMME DE PRODUCTION

Comme nous l'avons vu au chapitre 23, l'élaboration du budget de production découle de celle du budget des ventes

Mais elle doit prendre en compte aussi certaines contraintes propres à la production :

– limitation des capacités des machines et de la main-d'œuvre disponibles pour la fabrication,
– limitation des capacités de stockage, etc.

1. Établissement d'un programme de production

La détermination d'un programme de production optimal est plus ou moins complexe selon le nombre de produits concernés et selon le nombre de contraintes prises en compte.

1.1 Prise en compte d'une seule contrainte de production

EXEMPLE : L'entreprise Moburo fabrique des sièges de bureaux par assemblage de différents éléments plastiques et métalliques. Ces sièges sont de deux modèles A et B pour lesquels on a les éléments prévisionnels suivants pour l'année N :

	Modèle A	Modèle B
Possibilités de ventes (en quantités)	5 000	3 000
Temps d'assemblage nécessaire par unité fabriquée	1 heure	2 heures
Marge sur coût variable par unité fabriquée et vendue	40	70

La capacité de production de l'entreprise est limitée à 9 000 heures d'assemblage sur l'année.

SOLUTION

Le temps d'assemblage nécessaire pour la réalisation des objectifs de ventes serait égal à :

$$5\,000 \times 1 + 3\,000 \times 2 = 11\,000 \text{ heures d'assemblage.}$$

En l'absence d'investissement pour accroître cette capacité, ce programme n'est pas réalisable.

On peut donc se poser le problème sous la forme suivante : quel est pour l'entreprise le **meilleur programme de fabrication et de vente**, compatible à la fois avec les contraintes du marché (données par les possibilités de ventes) et la contrainte de production (capacité d'assemblage disponible) ?

En désignant par A et B les productions respectives de sièges A et B, les contraintes s'écrivent simplement :

$A \leqslant 5\,000$ → **Contraintes de marché**
$B \leqslant 3\,000$ → **Contraintes de marché**
$A + 2B \leqslant 9\,000$ → **Contrainte de production**

Par meilleur programme de production, il faut entendre celui qui procure à l'entreprise un bénéfice maximal.

Puisque l'on n'envisage pas de modification de la capacité de production, **le bénéfice est maximal si la marge sur coût variable est maximale soit** :

$$M = 40\,A + 70\,B \text{ maximale.}$$

Cette fonction à maximiser est appelée **fonction économique**.

Ce problème peut être résolu par la méthode graphique qui sera vue au paragraphe suivant.

Un raisonnement économique simple conduit *plus rapidement à la solution.*

On calcule ci-dessous la marge obtenue pour une heure d'assemblage selon que l'on fabrique A ou B :

	Modèle A	Modèle B
Marge par unité de produit	40	70
Temps d'assemblage par unité fabriquée	1 heure	2 heures
Marge par heure d'assemblage	40/1 = 40	70/2 = 35

On peut en conclure que l'assemblage constituant au niveau de la production la seule contrainte, on a intérêt à affecter prioritairement les heures d'assemblage à la production de A qui procure la plus grande marge horaire.

On produit donc A au maximum soit : A = 5 000 (limitation du marché).

Restent disponibles pour la fabrication de B : 9 000 – 5 000 = 4 000 heures permettant de fabriquer 4 000/2 unités soit B = 2 000.

Cette méthode peut être utilisée chaque fois que l'on a une seule **contrainte de production (ou facteur rare)**.

L'allocation de ce facteur rare aux différentes productions doit alors se faire dans l'ordre décroissant des marges par unité de facteur rare.

1.2 Prise en compte de plusieurs contraintes de production

A. Exemple

Considérons une entreprise fabriquant deux produits A et B nécessitant des travaux dans deux ateliers I et II.

Les temps en heures machines par unité de produit et par atelier sont donnés dans le tableau ci-dessous ainsi que les capacités disponibles :

	Atelier I	Atelier II
Produit A Produit B	3 heures 5 heures	4 heures 3 heures
Capacité journalière	1 500 heures	1 200 heures

On suppose par ailleurs que pour des raisons commerciales, la production de A ne peut excéder 200 unités par jour.

Les marges sur coût variable unitaires sont de 1 000 € pour A et 500 € pour B.

B. Écriture du problème

Le problème se met simplement en forme ainsi :

$$3\,A + 5\,B \leqslant 1\,500 \text{ (contrainte atelier I).}$$
$$4\,A + 3\,B \leqslant 1\,200 \text{ (contrainte atelier II).}$$
$$A \leqslant 200 \text{ (contrainte commerciale).}$$

Pour que le problème ait un sens, A et B ne peuvent évidemment être négatifs ; on peut donc ajouter les deux contraintes implicites : $A \geqslant 0$; $B \geqslant 0$.

Par ailleurs, M = 1000 A+ 500 B (fonction économique à maximiser).

De façon générale, ces problèmes comportant des contraintes exprimées sous forme d'inéquations linéaires et une fonction linéaire à optimiser portent le nom de **programme linéaire**.

Diverses solutions sont envisageables pour leur résolution.

C. Méthode graphique

Elle ne peut être utilisée que lorsque le problème se limite à deux variables.

À chacune des inéquations on peut associer une droite du plan dont l'équation correspond à l'égalité entre les deux membres soit :

$$3A + 5B = 1500.$$
$$4A + 3B = 1200.$$
$$A = 200.$$

Les variables étant positives ou nulles, on peut limiter la représentation à cette partie du plan.

Chacune de ces droites divise le plan en deux demi-plans tels que l'inégalité est satisfaite dans l'un des demi-plans et ne l'est pas dans l'autre.

On détermine ainsi la **zone d'acceptabilité du programme** :

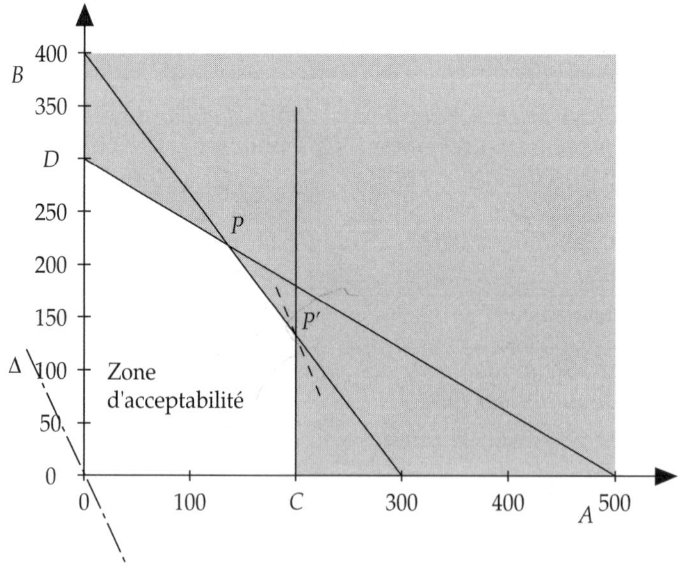

Tout point situé dans le polygone *OCP'PD* correspond à un programme de production compatible avec les contraintes du problème.

Parmi ces points, *P* joue un rôle particulier, situé aux intersections des droites représentatives des contraintes de production, il correspond au **plein emploi des deux ateliers**.

Les valeurs correspondantes de *A* et *B* sont données par la résolution du système :

$$\left.\begin{array}{l}3A + 5B = 1500\\ 4A + 3B = 1200\end{array}\right\} \begin{array}{l}A = 136\\ B = 218.\end{array}$$

Ce programme que l'on peut qualifier **d'optimum technique** (il est adapté à la capacité de production) n'est pas nécessairement un **optimum économique** (celui qui correspond à la marge maximale).

Pour déterminer ce dernier, on peut représenter la droite Δ correspondant à la fonction économique :

$$\mathrm{M} = 1\,000\,A + 500\,B.$$

On peut l'écrire sous la forme : $B = -2\,A + \mathrm{M}/500$.

Cette droite a donc une direction fixe correspondant à son coefficient directeur (–2). Son ordonnée à l'origine augmente en fonction de M.

Il convient donc pour maximiser M de déplacer la droite Δ parallèlement à elle-même le plus haut possible c'est-à-dire tant qu' elle garde un point dans la zone d'acceptabilité.

On voit sur le graphique que cet **optimum correspond au point *P′***. En ce point on a :

$$\left.\begin{array}{l}A = 200\\ 4A + 3B = 1\,200\end{array}\right\} \quad B = 400/3 = 133 \ ; \ A = 200$$

Ce programme réalise le pein emploi de l'atelier II mais il n'utilise dans l'atelier I que $3 \times 200 + 5 \times 400/3 = 1266$ heures laissant une capacité inemployée de 1 500 – 1 266 = 234 heures.

La marge correspondante est de $1\,000 \times 200 + 500 \times 133 = 266\,500$ au lieu de 245 000 au point *P*.

D. Résolution par la méthode du simplexe

La méthode précédente ne peut être utilisée si le programme comporte plus de deux variables.

La méthode du simplexe dont on rappelle les principes ci-dessous peut s'appliquer avec un nombre quelconque de variables.

a) Introduction des variables d'écarts

Le programme s'écrit initialement :

$$\left\{\begin{array}{l}3A + 5B \leqslant 1\,500\\ 4\mathrm{A} + 3B \leqslant 1\,200\\ A \leqslant 200\\ A \geqslant 0\,; \quad B \geqslant 0\\ M = 1\,000\,A + 500\,B \text{ (fonction économique à maximiser).}\end{array}\right.$$

On transforme les inéquations en équations en introduisant trois **variables d'écart** e_1, e_2, e_3.

On obtient :

$$\begin{cases} 3A + 5B + e_1 = 1\,500 \\ 4A + 3B + e_2 = 1\,200 \\ A + e_3 = 200 \\ \text{avec } A, B, e_1, e_2, e_3 \geqslant 0 \\ M = 1\,000\,A + 500\,B \text{ (fonction économique à maximiser).} \end{cases}$$

Économiquement, les variables d'écart peuvent ici s'interpréter comme des capacités (productives ou commerciales) inutilisées.

Le système formé par les trois équations avec cinq inconnues admet une **infinité de solutions**.

On peut démontrer (mais la démonstration sort du cadre de cet ouvrage) que si une solution optimale existe, elle aura au plus trois variables non nulles.

Parmi ces solutions possibles, on a celle qui consiste à ne retenir comme variables non nulles que les variables d'écart, soit : $A = 0$; $B = 0$; $e_1 = 1500$; $e_2 = 1200$; $e_3 = 200$.

Cette solution, qui consiste à ne rien produire, n'est évidemment pas optimale.

L'algorithme du simplexe permet d'améliorer progressivement cette solution de départ en permutant à chaque étape une variable nulle et une variable non nulle.

b) Présentation sous forme de tableau

Pour la commodité des calculs, on présente dans un tableau les coefficients des contraintes et de la fonction économique. La solution de départ correspond au tableau ci-dessous; la première colonne donne le nom des variables non nulles dans la solution actuelle ; la dernière colonne *K* donne la valeur de ces variables :

	A	*B*	e_1	e_2	e_3	*K*
e_1	3	5	1	0	0	1 500
e_2	4	3	0	1	0	1 200
e_3	1	0	0	0	1	200
M	1 000	500				

Pour améliorer cette solution : on sélectionne comme nouvelle variable (variable entrante) celle qui a sur la ligne de la fonction **économique le plus fort coefficient positif** soit ici la variable *A*.

On divise la colonne *K* du tableau (colonne des seconds membres) par la colonne de la **variable entrante** sélectionnée ; soit *R* la colonne résultant de cette division.

On choisit comme **variable sortante** (variable que l'on va annuler) celle qui correspond au **minimum positif** de la colonne *R*.

	A	B	e_1	e_2	e_3	K	R
e_1	3	5	1	0	0	1 500	1 500/3 = 500
e_2	4	3	0	1	0	1 200	1 200/4 = 300
e_3	(1)	0	0	0	1	200	200/1 = 200
M	1 000	500	0	0	0	0	

A variable entrante — e_3 variable sortante

La variable A remplacera donc la variable e_3 comme variable non nulle.

Le coefficient situé à l'intersection de la colonne et de la ligne sélectionnées est appelé **pivot**.

c) Transformation du tableau

A se substituant à e_3, il convient d'obtenir dans la colonne A les coefficients de la colonne e_3.

	Colonne A	Colonne e_3
e_1	3	0
e_2	4	0
e_3	1	1
M	1 000	0

Les lignes correspondant à des équations, on peut dans ce but remplacer chaque ligne par une combinaison linéaire d'elle-même avec une autre ligne.

La ligne du pivot (e_3) n'est pas à transformer. On peut noter : $(A) \rightarrow (e_3)$.

Ligne (e_1) : Pour obtenir 0 à la place du 3 sur la ligne (e_1), on peut retrancher à la ligne (e_1), 3 fois (e_3) transformation que l'on peut noter : $(e_1) \rightarrow (e_1) - 3 \times (e_3)$.

Soit :

(e_1)	3	5	1	0	0	1 500
3 × (e_3)	3	0	0	0	3	600
(e_1)	0	5	1	0	– 3	900

Ligne (e_2) : Pour obtenir 0 à la place du 4 sur la ligne (e_2), on peut retrancher à (e_2) 4 fois (e_3), transformation que l'on peut noter : $(e_2) \rightarrow (e_2) - 4 \times (e_3)$.

Soit :

(e_2)	4	3	0	1	0	1 200
4 × (e_3)	4	0	0	0	4	800
(e_2)	0	3	0	1	– 4	400

Ligne (M) : Pour obtenir 0 à la place de 1 000 sur la ligne (M), on peut retrancher à (M) 1 000 fois (e_3), transformation que l'on peut noter :

$$(M) \rightarrow (M) - 1000 \times (e_3).$$

Soit :

M	1 000	500	0	0	0	0
$1\,000 \times (e_3)$	1 000	0	0	0	1 000	200 000
M	0	500	0	0	– 1 000	– 200 000

On obtient donc le tableau suivant dans lequel A a remplacé e_3 :

	A	B	e_1	e_2	e_3	K
e_1	0	5	1	0	– 3	900
e_2	0	3	0	1	– 4	400
A	1	0	0	0	1	200
M	0	500	0	0	– 1 000	– 200 000

La solution correspondante est : $A = 200$; $B = 0$; $e_1 = 900$; $e_2 = 400$.

La valeur positive des deux variables d'écart signifie que les contraintes correspondantes ne sont pas saturées.

d) Seconde itération

On procède comme précédemment pour le choix de la variable entrante et de la variable sortante.

	A	B	e_1	e_2	e_3	K	R
e_1	0	5	1	0	– 3	900	900/5 = 180
e_2	0	(3)	0	1	– 4	400	400/3
A	1	0	0	0	1	200	+ ∞
M	0	500	0	0	– 1 000	– 200 000	

variable entrante (colonne B) — variable sortante (ligne e_2)

B va remplacer e_2. Le pivot est égal à 3.

Transformation du tableau :

(B) → (e_2)/3 (pour obtenir 1 dans la colonne du pivot).

(e_1) → (e_1) – 5 × (e_2)/3 (pour obtenir 0 dans la colonne du pivot).

(A) reste inchangé.

(M) → (M) – 500 × (e_2)/3.

On obtient le tableau suivant :

	A	B	e_1	e_2	e_3	K
e_1	0	0	1	– 5/3	11/3	700/3
B	0	1	0	1/3	– 4/3	400/3
A	1	0	0	0	1	200
M	0	0	0	– 500/3	– 100/3	– 800 000/3

Le fait de n'avoir sur la ligne M que des **valeurs négatives** signifie que l'on a atteint la **solution optimale**, soit : $A = 200$; $B = 400/3$.

$e_1 = 700/3$ signifie que pour ce programme optimum, une capacité de 700/3 heures reste disponible dans l'atelier I. En revanche, $e_2 = 0$, donc l'atelier II est utilisé à pleine capacité. $e_3 = 0$, donc le marché de A est saturé.

La valeur de la fonction économique M pour ce programme optimal est :

– marge sur A : $200 \times 1000 = 200\,000$,

– marge sur B : $400/3 \times 500 = 200\,000/3$,

Soit un total de 800 000/3.

On remarque que cette valeur se retrouve (au signe près) sur la dernière ligne du dernier tableau.Cette propriété qui est générale permet un contrôle de la solution trouvée.

E. Résolution informatique

On conçoit que pour un nombre élevé de produits et de contraintes, la méthode précédente, toujours possible, risque de conduire à des calculs particulièrement lourds.

L'utilisation du module **Solveur** proposé par les logiciels **tableurs** permet une résolution très simple de ce type de problème.

Sur Excel, l'introduction des données pourrait se faire conformément à l'écran suivant :

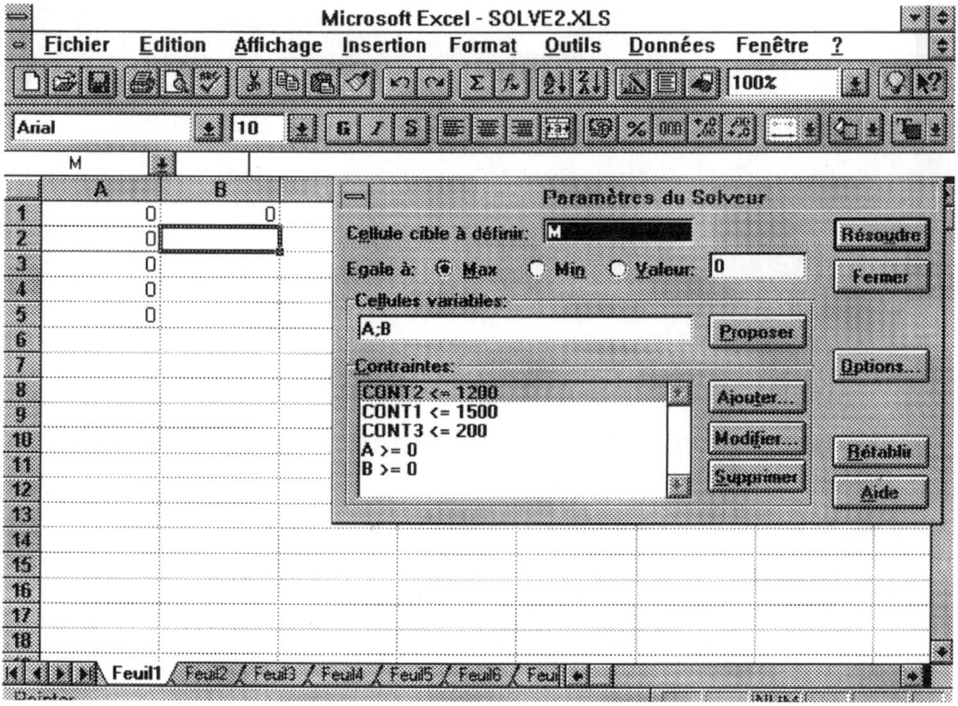

Les noms suivants ont été préalablement affectés aux cellules :

Cellule	Nom	Formule
A1	A	
B1	B	
A2	M	= 1 000 × A + 500 × B
A3	CONT1	= 3 × A + 5 × B
A4	CONT2	= 4 × A + 3 × B
A5	CONT3	= A

Le bouton **Résoudre** permet d'obtenir la solution optimale sur l'écran suivant :

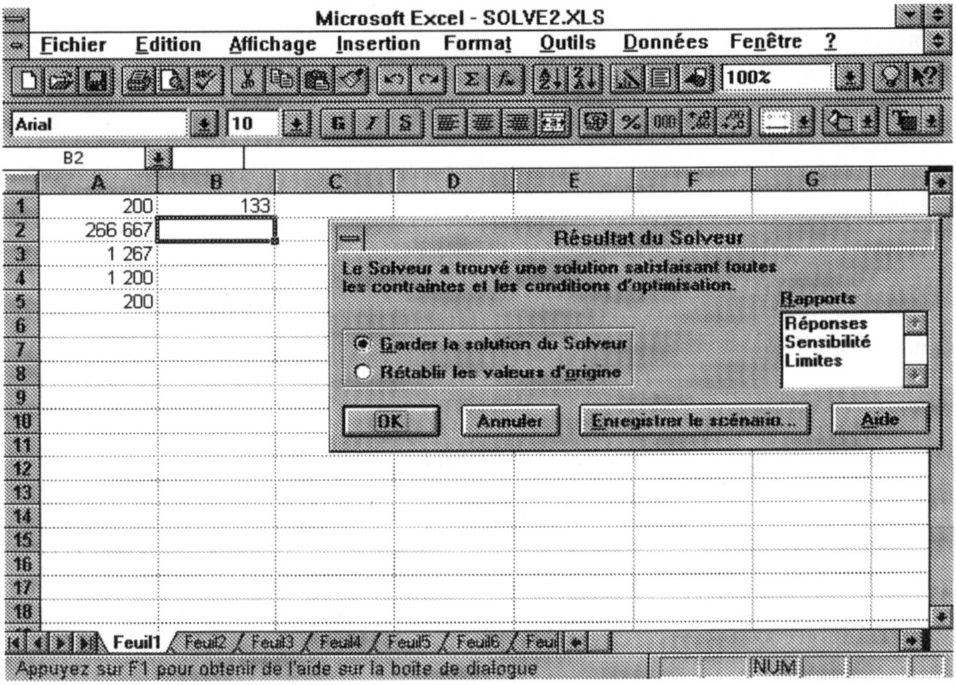

2. Budgétisation de la production

2.1 Hypothèse d'une production unique

Lorsque le rythme des ventes sur l'année est irrégulier, la répartition dans le temps de la production pose le problème de la politique de stockage.

> EXEMPLE : *Pour un produit P, les prévisions de ventes suivantes en quantités ont été établies pour l'année N :*

	Trimestre 1	Trimestre 2	Trimestre 3	Trimestre 4	Total
Quantités	1 500	1 500	2 000	3 000	8 000

Supposons que la fabrication d'une unité nécessite 2 heures de travail sur un poste d'assemblage.

Chaque poste d'assemblage a un coût annuel fixe de 100 000 € et est disponible 500 heures par trimestre.

Le coût de stockage d'une unité est de 1 000 € par an.

Deux politiques opposées sont *a priori* possibles pour la production :

a) Une production régulière dans le temps

Soit ici 2 000 unités par trimestre.

Les conséquences de cette politique sur les stocks sont données dans le tableau qui suit en faisant l'hypothèse d'un stock initial nul :

	Trimestre 1	Trimestre 2	Trimestre 3	Trimestre 4
Stock initial	0	500	1 000	1 000
Entrées (production)	2 000	2 000	2 000	2 000
Sorties (ventes)	1 500	1 500	2 000	3 000
Stock final	500	1 000	1 000	0
Stock moyen (1)	250	750	1 000	500

(1) (Stock initial + stock final)/2.

Cette politique a l'avantage d'utiliser au mieux le potentiel de production de l'entreprise : le nombre de postes de travail nécessaire est de (2 × 2 000)/500 = 8.

Mais elle a pour conséquence un stockage important. Le stock moyen sur l'année serait de (250 + 750 + 1 000 + 500)/4 = 625 unités.

On peut résumer ainsi le coût de cette politique :

Coût des postes de travail Coût de stockage	8 × 100 000 = 800 000 625 × 1 000 = 625 000
Total	1 425 000

b) Une adaptation du rythme de production au rythme des ventes

En supposant que la demande est régulière à l'intérieur de chaque période, on pourra à la limite avoir un stock constamment nul.

Mais il faut alors prévoir un nombre de postes de travail permettant de faire face à la demande maximale du trimestre 4 soit (2 × 3 000)/500 = 12 postes de travail.

On peut résumer ainsi les conséquences de cette politique :

	Trimestre 1	Trimestre 2	Trimestre 3	Trimestre 4
Stock initial	0	0	0	0
Entrées (production)	1 500	1 500	2 000	3 000
Sorties (ventes)	1 500	1 500	2 000	3 000
Stock final	0	0	0	0

Coût des postes de travail Coût de stockage	12 × 100 000 = 1 200 000 0
Total	1 200 000

Cette solution apparaît moins coûteuse que la précédente.

c) Une politique intermédiaire peut être recherchée

Par exemple, avec neuf postes de travail.

Avec 9 × 500 heures d'assemblage on peut produire au maximum 2 250 produits par trimestre.

Cette capacité est insuffisante de 750 unités pour le trimestre 4 que l'on pourra combler par un excédent de 250 unités au trimestre 3 et de 500 unités au trimestre 2.

On obtiendrait le budget de production et les coûts associés suivants :

	Trimestre 1	Trimestre 2	Trimestre 3	Trimestre 4
Stock initial	0	0	500	750
Entrées (production)	1 500	2 000	2 250	2 250
Sorties (ventes)	1 500	1 500	2 000	3 000
Stock final	0	500	750	0
Stock moyen	0	250	625	375

Stock moyen sur l'année : (0 + 250 + 625 + 375)/4 = 312,50.

Coût des postes de travail Coût de stockage	9 × 100 000 = 900 000 312,5 × 1 000 = 312 500
Total	1 212 500

On peut vérifier que le coût global avec 10 postes de travail serait inférieur. Mais la **solution optimale** ne peut être **recherchée** que **par simulation**.

d) Production à flux tendus

Aujourd'hui, dans de nombreux secteurs d'activité, les entreprises tendent à privilégier les **méthodes de gestion à « stock zéro »** ; on parle aussi de gestion à « **flux tendus** ».

On voit que cela peut se traduire par **une sous-utilisation des capacités de production** et un effort est fait afin de rendre ces capacités de production plus flexibles.

Sur notre exemple cette flexibilité pourrait être obtenue en se limitant à six postes de travail dont certains fonctionneraient en double équipe aux troisième et quatrième trimestres.

2.2 Hypothèse de productions multiples

Lorsque l'entreprise doit affecter successivement sa capacité de production à différents produits, se pose à elle le problème de la **taille des lots de fabrication**.

Si, par exemple, la demande d'un produit P est de 1200 unités sur l'année, on pourrait envisager :

– un seul lot de fabrication de 1200 unités sur l'année (solution 1) ;
– ou la fabrication chaque trimestre d'un lot de 300 unités (solution 2).

L'évolution du stock serait la suivante dans les deux cas :

Évolution du stock

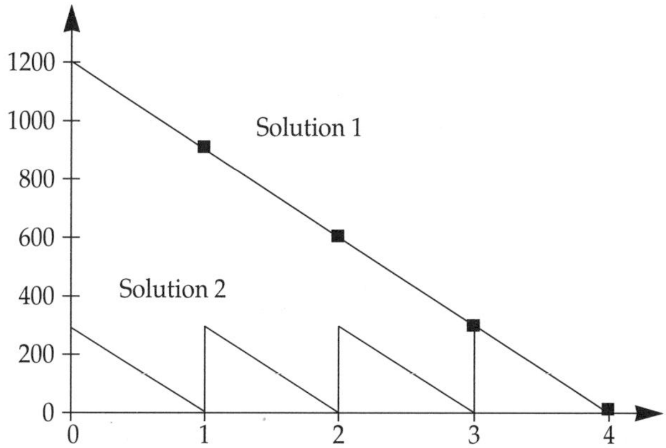

En terme de coût de stockage, la solution 1 sera bien évidemment plus onéreuse (stock moyen quatre fois supérieur).

En revanche, **on a vu, lors de l'étude des coûts d'activité** (chapitre 16), que beaucoup de charges liées à des activités support de la production (ordonnancement, planification de la production) ont un montant fixe indépendant de la taille des lots fabriqués.

Ces charges seront donc quatre fois supérieures avec la solution 2.

Le modèle de Wilson, qui sera étudié en détail dans le chapitre sur les approvisionnements permet, moyennant quelques hypothèses simplificatrices, de trouver une solution optimale à ce problème.

Désignons par :
- Q^* la taille optimale du lot de fabrication ;
- m la demande du produit par unité de temps ;
- C_s le coût de stockage par unité de produit et par unité de temps ;
- C_ℓ le coût fixe de lancement d'un lot de fabrication :

$$Q^* = \sqrt{\frac{2mC_\ell}{C_s}}$$

APPLICATION

Une entreprise chimique fabrique un engrais E dont la demande annuelle, régulièrement répartie sur l'année, est de 3600 tonnes.
Le coût de stockage d'une tonne est évalué à 300 € par an.
Le coût fixe de lancement d'un lot de fabrication est de 50 000 €.
Déterminer la taille optimale du lot de fabrication.

SOLUTION

$$Q^* = \sqrt{\frac{2 \times 3\,600 \times 50\,000}{300}} = 1\,095$$

Cela revient à mettre en fabrication chaque année 3 600/1 095 = 3,287 arrondi à 3 lots.

Remarque : La formule précédente suppose que le temps de production soit négligeable. Si tel n'est pas le cas, la formule donnée précédemment devient :

$$Q^* = \sqrt{\frac{2mC_\ell}{C_s(1-\lambda)}}$$

dans laquelle λ est le rapport entre le rythme des ventes et celui de la production.
Si l'on suppose dans l'exemple précédent que le rythme de production est de 30 tonnes par jour, on aura :

$$\lambda = \frac{3600/360}{30} = 1/3 \quad \text{et} \quad Q^* = \sqrt{\frac{2 \times 3\,600 \times 50\,000}{300 \times 2/3}} = 1\,341$$

Évidemment, au-delà de l'établissement des programmes de production et de la budgétisation il faut procéder à des contrôles. Cela implique non seulement un contrôle des quantités mais aussi un contrôle des coûts.

EXERCICES : série 26.

MOTS-CLÉS

• Budgétisation • Capacités de production • Contraintes • Facteur rare
• Flexible • Flux tendus • Fonction économique • Optimum économique
• Optimum technique • Production • Programme de production
• Programme linéaire • Simplexe • Solveur • Stock zéro • Tableur • Wilson

Chapitre 27

La gestion de la production : les coûts préétablis

1. Aspects généraux

1.1 Définition

La valorisation du programme de production impose le calcul de **coûts préétablis**.

Le plan comptable général en donne la définition suivante : « Coût évalué *a priori* soit pour faciliter certains traitements analytiques, soit pour permettre le contrôle de gestion par l'analyse des écarts. »

Il s'agit donc d'établir pour une activité normale de l'entreprise, des coûts prévisionnels considérés comme normaux, en vue de calculer par la suite d'éventuels écarts entre coûts constatés et coûts préétablis.

1.2 Rôle des coûts préétablis

a) Les coûts préétablis permettent une **évaluation rapide de la production obtenue** :

Valeur de la production = (Coût unitaire préétabli) × (Quantité produite)

On pourra de cette façon suivre l'exécution du budget sans attendre la remontée, toujours longue, des données comptables nécessaires pour le calcul des coûts réels.

b) Les coûts préétablis permettent aussi l'évaluation des projets spécifiques ; ils servent de base pour l'élaboration des **devis**.

c) Les coûts préétablis servent également à **contrôler les conditions internes d'exploitation**.

Considérés comme des normes d'exploitation, les coûts préétablis permettent une comparaison entre :
– ce qui devait se produire dans une fabrication ou dans un centre,
– ce qui s'est réellement produit.

La comparaison donne **des écarts** dont l'analyse fournit le moyen :
– de connaître les causes de variations des charges,
– de prendre les décisions correctives.

C'est ce qui fait dire que les coûts préétablis constituent un instrument de gestion de l'entreprise par la « **méthode des exceptions** ». La direction n'intervient dans l'exploitation que dans la mesure où l'analyse révèle des écarts anormalement importants.

1.3 Variétés de coûts préétablis

Les coûts préétablis peuvent être déterminés de diverses manières et, suivant les cas, leur appellation change. On parle de :

a) **Coût standard** lorsque les coûts préétablis sont calculés à partir d'une analyse de l'objet et du travail nécessaire faite par les services techniques (bureau des méthodes), c'est-à-dire d'une analyse « à la fois technique et économique ». Le coût standard présente généralement le caractère d'une norme.

b) **Coût budgété** lorsque les éléments des coûts sont tirés d'un budget d'exploitation établi à l'avance pour une certaine période.

c) **Coût moyen prévisionnel**, lorsque les éléments des coûts préétablis sont dégagés des périodes comptables antérieures.

Le choix du type de coût dépend des produits et de l'organisation générale de la gestion prévisionnelle.

2. Calcul des coûts préétablis

2.1 Principe

Comme les coûts de production réels, les coûts préétablis sont composés des éléments suivants : matières, main-d'œuvre, centres.

Charges directes	Matières	Coût unitaire préétabli × Quantités préétablies
	Main-d'œuvre directe	Taux horaire préétabli × Nombre d'heures préétabli
Charges indirectes	Autres charges (centres)	Coût de l'unité d'œuvre préétabli × Nombre d'unités d'œuvre préétabli ou Taux de frais préétabli × Montant de l'assiette de frais préétabli

D'une manière générale, pour chaque élément (matières, main-d'œuvre, centres) :

Coût préétabli = Coût unitaire préétabli × Quantité préétablie

2.2 Détermination des standards

Les coûts préétablis des matières incorporées dans les produits et de la main-d'œuvre sont généralement des coûts **standards** établis à partir d'une étude très détaillée du processus de production.

Leur détermination se fait en deux temps :

- établissement de **standards techniques** qui définissent les quantités de matières et de main-d'œuvre nécessaires pour exécuter une unité de la fabrication à entreprendre ;
- établissement **des coûts** à appliquer aux quantités standards.

Les standards techniques sont définis par le bureau des méthodes ou, à défaut, par un ingénieur ou un organisateur.

Les coûts unitaires standards sont établis par le service des achats ou la comptabilité.

A. Établissement des standards techniques

a) Matières

Deux cas sont à considérer :

- celui des industries de production de masse, où les produits sont obtenus de façon continue sans identification des lots produits.
  Exemples : la sidérurgie, l'industrie chimique, le raffinage du pétrole.
- celui des industries travaillant sur commandes, que la commande soit faite pour un stock ou pour un client, où chaque lot d'objets fabriqués est distinct des autres : c'est le cas de la plupart des fabrications d'articles de consommation.
- *Exemples :* l'appareillage électrique, l'industrie automobile, la chaudronnerie.

Dans le premier cas, les standards sont établis à partir de formules de composition qui déterminent :
- le dosage des matières à mettre en œuvre,
- le rendement des produits à obtenir.

Dans le deuxième cas, les standards sont établis à partir de nomenclatures qui définissent les pièces à fabriquer, les matières à employer, les quantités à mettre en œuvre (poids, surfaces ou volumes).

Dans tous les cas, on doit **tenir compte des déchets et des pertes diverses** provenant :
- des restes de matières non employées,
- des pertes résultant de la fabrication.

> EXEMPLE : *Dans une fonderie, les pertes au feu peuvent être de l'ordre de 10% ; sur la matière obtenue après fusion, on estime que le moulage peut entraîner des rebuts de l'ordre de 15%.*
>
> *Sur 100 kg de matière enfournée, on perd donc 10 kg à la fusion ; sur les 90 kg de matière obtenue après fusion, il y aura 13,5 kg de rebuts ; on a donc finalement 76,5 kg de matière utile.*
>
> *Pour couler une pièce de 200 kg, il faut donc prévoir :*
>
> $$\frac{100 \times 200}{76{,}5} \approx 261{,}4 \text{ kg de matière à enfourner.}$$

b) Main-d'œuvre

La base des standards de temps est l'analyse du travail qui comporte les phases suivantes :
- étude de la suite des opérations,
- qualification de l'ouvrier à employer,
- étude des mouvements nécessaires à chaque opération,
- calcul du temps théorique pour chaque opération.

Le calcul du temps peut se faire :
- par chronométrage,
- par addition de temps élémentaires étudiés expérimentalement,
- par usage de tables de temps élémentaires (temps établis sur de nombreuses expériences pour des mouvements simples).

La détermination du standard est obtenue par addition :
- du temps théorique de l'opération,
- du temps de mise en train réparti sur l'ensemble des unités constituant la série à fabriquer,
- d'un certain temps de relâche, correspondant au repos physique nécessaire après un effort.

EXEMPLE : Voici un exemple pour une série de 10 pièces.

Centièmes d'heures	Exécution			Mise en train et arrêts		
	Théorique	**Relâche**	**Total**	**Théorique**	**Relâche**	**Total**
Préparation, réglage et montage sur la machine				50	6	56
Exécution de 10 pièces	200	30	230			
Remise en place, démontage				15	2	17
Temps improductifs (courtes absences, pour attentes)					20	20
Temps total 10 pièces	200	30	230	65	28	93
Temps total pour une pièce			23			9,3 23
Temps standard par pièce						32,3

Remarques :

1. Le calcul précédent montre que le temps standard est lié à la taille des séries. En fabriquant des séries de 100 unités (au lieu de 10) :

– le temps total d'exécution serait multiplié par 10 soit 2300,

– le temps de mise en train (préparation, réglage, etc.) resterait identique soit 93.

Le temps total par pièce serait ramené à 2393/100 soit 23,93 par pièce (au lieu de 32,3).

On retrouve là un résultat mis en évidence lors de l'étude de la **comptabilité par activités** (voir 1ère partie, chapitre 16) : les charges générées par la fabrication d'une pièce diminuent lorsque la taille des séries augmente.

2. Avec les processus automatisés de production, **la part de la main-d'œuvre directe** diminue dans le coût total.

Pour le personnel qui travaille directement à la production, les modes actuels de rémunération (mensualisation dans la plupart des cas) conduisent souvent aujourd'hui à inclure ces charges dans les charges indirectes de l'atelier.

c) Charges indirectes

Lorsque l'unité d'œuvre retenue est un élément direct (matière consommée, main-d'œuvre directe), la détermination du standard ne nécessite pas d'étude spécifique.

Si l'on retient l'heure machine, la prise en compte des temps improductifs peut conduire à un schéma de ce type :

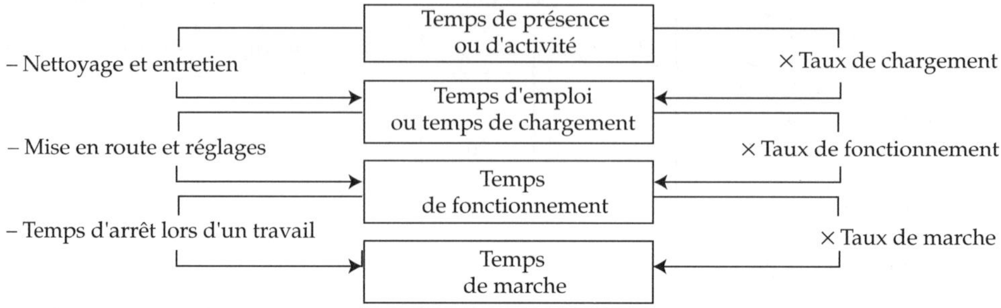

B. Établissement des prix et coûts standards

a) Matières

Le prix standard peut être :
– soit le prix de la dernière période, compte tenu des frais d'achat,
– soit un prix prévisionnel tenant compte de la conjoncture.

Le coût standard est le produit de ce prix par la quantité standard.

Mais il faut souvent tenir compte de la valeur des déchets et des rebuts qui se déduisent de la valeur des matières pour obtenir le coût standard.

EXEMPLE : Soit à calculer le coût standard matière d'une pièce de fonderie de 200 kg pour laquelle il faut prévoir 261,4 kg de matière à enfourner (voir exemple précédent) ; le prix de la fonte est évalué à 2 000 € la tonne. Mais les rebuts à réenfourner sont évalués à 700 € la tonne. Le calcul du coût standard se fera comme suit :

– matière à enfourner :	*261,4 kg à 2 €*	*522,80*
– perte au feu : 10 %	*26,1*	
– matière à mouler	*235,3*	
– rebuts : 15 %	*35,3 à 0,70 €*	*24,70*
– poids de la pièce	*200 kg*	
– coût standard matière de la pièce :		*498,10*

b) Main-d'œuvre

Le coût unitaire à retenir est un coût incluant la totalité des charges liées aux salaires (charges sociales patronales, congés payés, etc.).

Le personnel étant le plus souvent mensualisé, il convient donc de faire le calcul sur une base annuelle :

$$\text{Taux horaire} = \frac{\text{Salaires et charges annuelles}}{\text{Temps annuel de production}}$$

L'exemple traité au paragraphe C illustre un tel calcul.

c) Coût des unités d'œuvre

Leur calcul est fondé sur l'établissement d'un budget du centre correspondant à un **niveau normal d'activité**.

C. Exemple d'application

ENONCÉ : La SLEA (Société lyonnaise d'électronique appliquée) est spécialisée dans la fabrication d'appareillages électroniques de mesure, par assemblage de différents composants achetés à l'extérieur.

a) Pour les deux modèles les plus courants, (M1 et M2) la ***nomenclature*** *des composants (C1, C2, C3 et C4) utilisés est la suivante*

	M1	M2	Coût d'achat unitaire
C1	1	1	150
C2		2	20
C3	3	2	40
C4	1	2	100

Après assemblage, les appareils font l'objet d'un contrôle dans un atelier spécialisé.

b) Les gammes de fabrication prévoient les temps de main-d'œuvre directe nécessaires dans le centre d'assemblage :

	M1	M2
Assemblage	0,5 h	0,7 h

Le taux horaire *de la main-d'œuvre directe est à déterminer à partir des éléments suivants : trois personnes travaillent dans l'atelier d'assemblage et sont rémunérées sur la base d'un salaire brut mensuel de 2 400 € (pour 35 heures hebdomadaires) auquel il convient d'ajouter 48 % de charges patronales.*

Elles bénéficient de six semaines de congés payés.

Le taux d'emploi de la main-d'œuvre est défini comme le rapport :

$\frac{\textit{Temps productif}}{\textit{Temps de présence}}$ *; il est égal à 0,9.*

c) ***Les charges indirectes budgétées*** *pour l'année et la nature des unités d'œuvre sont données dans le tableau ci-dessous :*

	Assemblage	Contrôle
Total des charges	350 000	400 000
Unité d'œuvre	heure de main-d'œuvre	composant contrôlé
Capacité normale	à déterminer	40 000 composants

Présenter les fiches de coût unitaire standard des produits M1 et M2.

SOLUTION

Le calcul du coût des composants se fait sans difficulté.

Coût horaire de la main-d'œuvre :

– Salaires et charges annuels : 3 × 2 400 × 12 × 1,48 = 127 872
– Temps de présence annuel : 3 × 35 × (52 – 6) = 4 830
– Temps productif : 4 830 × 0,9 = 4 347

Taux horaire : 127 872 : 4 347 = 29,42 €

Coût des unités d'œuvre :

Assemblage : Si l'activité normale correspond au plein emploi de la main-d'œuvre, l'activité normale de l'assemblage est de 4 347 heures.

Coût prévisionnel de l'unité d'œuvre d'assemblage : 350 000/4 347 = 80,52

Contrôle : Le coût de l'unité d'œuvre est égal à 10.

Le nombre d'unités d'œuvre est égal à :

– 5 pour M1 (5 composants utilisés) ;

– 7 pour M2 (7 composants utilisés).

On en déduit les fiches de coût unitaire préétabli suivantes :

	M1			M2		
	Qté	CU	Montant	Qté	CU	Montant
C1	1	150	150,00	1	150	150,00
C2				2	20	40,00
C3	3	40	120,00	2	40	80,00
C4	1	100	100,00	2	100	200,00
Total composants	5		370,00	7		470,00
MOD	0,5	29,42	14,71	0,7	29,42	20,59
Charges indirectes :						
– assemblage	0,5	80,52	40,26	0,7	80,52	56,36
– contrôle	5	10	50,00	7	10	70,00
Total			474,97			616,95

3. Analyse et contrôle des coûts préétablis

3.1 Production et activité

L'étude des coûts préétablis et l'analyse des écarts implique de bien distinguer les notions de production et d'activité. Nous avons déjà évoqué ces idées précédemment par exemple en parlant des unités d'œuvre mesurant l'activité des centres d'analyse.

a) ***La production*** d'une entreprise correspond à ce que fabrique ou fournit ladite entreprise en vue de la vente. L'unité mesurant cette production est imposée par celle servant à facturer les flux de sortie : nombres de produits, poids, volume... ou, pour des services, heures, nombres de prestations... Ainsi, pour une entreprise de transport de personnes, la production pourra être mesurée en nombre de voyages ou en personnes transportées ou en kilomètres ou en voyageurs-kilomètres... suivant ce qui est facturé par l'entreprise.

b) ***L'activité*** par contre, qui ne concerne pas forcément l'entreprise tout entière est une donnée interne à l'entreprise, attachée à un ensemble de charges. Les unités mesurant cette activité peuvent être des unités d'œuvre pour les charges de centres d'analyse, des heures pour la main-d'œuvre directe et en généralisant, des quantités pour les matières premières. Contrairement à la production, pour l'activité, les unités retenues peuvent résulter d'un choix à condition d'éviter les unités sans aucune relation avec les charges considérées.

3.2 Niveau de comparaison des coûts

Les coûts préétablis sont déterminés pour une production considérée comme normale. Les coûts réels correspondent à la production réelle qui peut être différente.

Les écarts entre les consommations (matières, main-d'œuvre, charges de centres) n'ont de sens que s'ils résultent de la comparaison de coûts correspondant à des productions de même niveau.

Les écarts sur coûts seront toujours calculés au niveau de la **production réelle**.

Soit P_r la production réelle et P_p la production préétablie et soit G_r le coût réel de l'unité de production et G_p son coût préétabli. Il en résulte :
- coût réel de la production réelle : $G_r \times P_r$
- coût préétabli de la production préétablie : $G_p \times P_p$

Ces produits conduisent à la schématisation suivante :

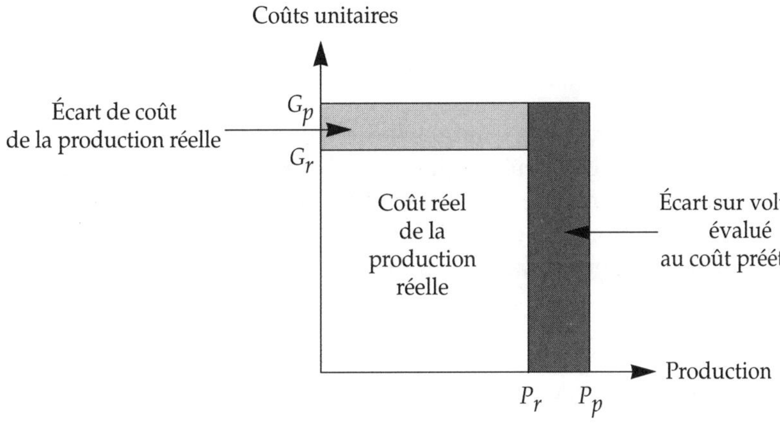

L'origine de **l'écart sur volume**(1) est évidente à savoir la variation de production, aussi s'agit-il de **rechercher** désormais les **causes de l'écart de coût de la production réelle constatée** et pour cela la notion d'activité est primordiale.

3.3 Variabilité des charges et coûts préétablis

Dans les principes que nous venons d'évoquer, nous avons privilégié comme dans les calculs de coûts réels les notions de charges directes et de charges indirectes. En réalité, dans le traitement des coûts préétablis il importe de tenir compte également des critères de variabilité :

- d'une part parce que, au stade des prévisions, les variations d'activité envisagées ont une incidence différente sur les charges variables et sur les charges fixes,
- d'autre part parce que, au stade de l'analyse des écarts, la présence ou non de charges fixes conduira à une méthode différente d'analyse.

	CV	CF
CD	I	IV
CI	II	III

Considérons le schéma ci-contre déjà envisagé dans la deuxième partie (chapitre 20) pour faire apparaître les diverses catégories de charges.

Nous verrons que suivant la catégorie, les principes d'analyse sont différents ; notamment suivant que l'on a affaire à des catégories contenant des charges fixes ou non. En conséquence, dans les chapitres suivants, nous traiterons :

- d'une part des charges directes et opérationnelles (I), charges ne contenant pas de parties fixes,
- d'autre part des charges indirectes (II et III), contenant des éléments variables et des éléments fixes. Les charges fixes directes ou charges de structure spécifiques (IV) peuvent être jointes pour l'analyse aux charges indirectes, mais peuvent aussi être laissées à part comme nous le verrons dans le chapitre 29.

EXERCICES : série 27

MOTS-CLÉS

• Activité • Charges directes • Charges indirectes • Comptabilité par activités • Coût • Coût budgété • Coût préétabli • Coût standard • Devis • Écart • Écart sur volume • Exceptions • Main-d'œuvre • Matières • Méthode des exceptions • Production • Taux de chargement • Taux de fonctionnement • Taux de marche

(1) Le plan comptable général parle d'écart sur volume d'activité. Il s'agit en réalité, fondamentalement d'un écart sur volume de production

Chapitre 28

LES ÉCARTS SUR COÛTS VARIABLES DE PRODUCTION

1. **Principes généraux et calcul des écarts**
2. **Analyse des écarts**
3. **Problèmes particuliers**

1. Principes généraux et calcul des écarts

1.1 Exemple

L'atelier « Coupe » d'une entreprise de « prêt à porter » travaille pendant une semaine sur un modèle unique de vêtement P255.
***Les prévisions** relatives à cette fabrication, établies par les services techniques, sont les suivantes :*

Fiche de coût standard modèle P255			
Élément	**Quantité**	**Coût unitaire**	**Montant**
Tissu	1,20 m	40	48
Main d'œuvre directe	5 minutes	1,50	7,5
Total coût variable			55,5

La charge de main-d'œuvre directe est considérée comme variable.
Production prévue pour la semaine : 1 000 unités.
Soit un budget (en coûts variables) de 1 000 × 55,5 = 55 500.
***Les éléments réels**, constatés au terme de la semaine, sont les suivants :*

Production : 1 050 unités.

Élément	Quantité	Coût unitaire	Montant
Tissu	1 320	41	54 120
Main d'œuvre directe	5 000	1,55	7 750
Total coût variable			61 870

1.2 Conventions de calcul des écarts

a) Convention de signe

Le plan comptable prescrit le calcul suivant :

Écart = coût réel – coût préétabli

Soit sur notre exemple : 61 870 – 55 500 = 6 370

S'agissant de coût, un tel écart (positif) peut être qualifié de « défavorable ».

b) La production de référence

Les deux sommes 55 500 et 61 870 ne s'appliquent pas à une même production.

Les 55 500 ont été prévus pour une production de 1 000 unités ; les 61 870 ont été obtenus sur une production réelle de 1 050 unités.

Pour une analyse plus pertinente de l'écart, on **ajuste les prévisions à la production réelle** soit ici :

$$55{,}5 \times 1\,050 = 58\,275$$

L'écart global sur coût (au sens où nous l'entendrons par la suite) est donc égal à 61 870 – 58 275 = 3 595.

C'est cet écart qui fera l'objet d'une analyse.

La différence pour comparer avec le budget : 58 275 – 55 500 = 2 775 est appelée par le plan comptable écart sur **volume d'activité** ; il s'agit plutôt en fait d'un écart sur **volume de production**. Nous l'appellerons **écart sur volume**.

	Coût réel			Coût préétabli de la production réelle			Écart global
Élément	Quantité réelle Q_R	Coût unitaire C_R	Montant $Q_R C_R$	Quantité préétablie Q_P	Coût unitaire C_p	Montant $Q_P C_p$	
Tissu	1 320	41	54 120	(1) 1 260	40	50 400	3 720
Main-d'œuvre directe	5 000	1,55	7 750	5 250	1,50	7 875	– 125
Total coût direct			61 870			58 275	3 595

(1) 1 050 × 1,2 = 1 260 ; 5 × 1 050 = 5 250.

Pour permettre l'analyse de l'écart global, on élabore le tableau précédent dans lequel la colonne « Quantité préétablie » est obtenue en multipliant la production réelle 1 050 par les éléments de la fiche de coût unitaire standard.

2. Analyse des écarts sur charges variables

Le tableau précédent nous a permis de décomposer l'écart en :
– écart sur matières : 3 720,
– écart sur main-d'œuvre directe variable : – 125.

2.1 L'analyse volume prix

Nous en avons donné le principe dans le chapitre 25.
Écart total : $Q_R\ C_R - Q_P\ C_P$ que l'on décompose en :

Écart sur quantités	Écart sur coût
$(Q_R - Q_p) \times C_p$	$(C_R - C_p) \times Q_R$
(Quantités réelles – Quantités préétablies) × Coût préétabli	(Coût unitaire réel – Coût unitaire préétabli) × Quantités réelles

Ce calcul repose sur une **convention** : valorisation de l'écart sur quantités au coût préétabli ; calcul de l'écart sur coût au niveau des quantités réelles.
La convention inverse eût été possible.

2.2 Analyse de l'écart sur matières

L'application des formules précédentes à la consommation de tissus de notre exemple donne les résultats suivants :
Écart total : 3 720 décomposé en :
– **Écart sur quantités :** (1 320 – 1 260) × 40 = 2 400
– **Écart sur coût :** (41 – 40) × 1 320 = 1 320.
Ils sont tous deux positifs (donc défavorables).
Ces deux sous-écarts renvoient généralement à des responsabilités différentes : l'écart sur quantités peut relever de la responsabilité de l'atelier lui-même, ou dans certains cas du contrôle des approvisionnements ; l'origine de l'écart sur coût unitaire est à rechercher dans le service des achats.
On peut éventuellement calculer l'écart **sur volume** (au sens du plan comptable) au niveau des matières :

Coût préétabli de la production réelle :	50 400
Coût préétabli de la production prévue[1] : 48 × 100	– 48 000
Écart sur volume	2 400

(1) ou « budget matières ».

2.3 Analyse de l'écart sur main-d'œuvre

La même analyse conduit à décomposer l'écart sur main-d'œuvre de – 125 en :

- un écart sur quantités plutôt appelé **écart sur temps** de (5 000 – 5 250) × 1,5 = – 375 ; (écart négatif donc favorable) ;
- un écart sur **coût unitaire (ou sur taux)** de : (1,55 – 1,5) × 5 000 = 250 (écart défavorable).

L'écart sur temps met en jeu le rendement du travail dans l'atelier ; le rendement a été en l'occurrence supérieur à ce que l'on attendait.

L'écart sur taux a son origine dans le niveau des salaires et relève donc généralement de responsabilités extérieures à l'atelier.

2.4 Représentation graphique des écarts

En portant sur un graphique les quantités en abscisse et les coûts unitaires en ordonnées, les coûts réels et préétablis ainsi que les écarts apparaissent sous forme de surfaces :

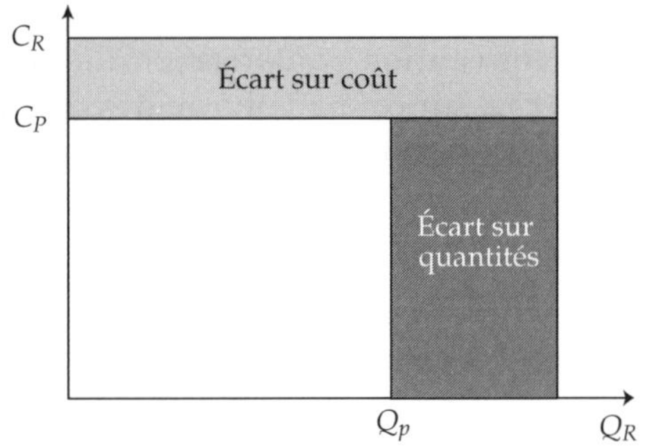

Remarque : selon les cas de figure, les deux surfaces peuvent éventuellement se chevaucher.

2.5 Pertinence de l'analyse

Cette décomposition en écart sur quantités et écarts sur coût n'a réellement un sens que pour les éléments de coûts variables. C'est bien le cas pour les matières.

Elle est moins significative pour la main-d'œuvre directe lorsque celle-ci est constituée pour l'essentiel de charges fixes.

Les variations de coûts de la main-d'œuvre ne sont pas, dans ce cas, proportionnelles aux variations de production.

Une analyse du type de celle que nous appliquerons pour les charges indirectes peut alors s'avérer plus pertinente.

3. Problèmes particuliers

Dans le cas étudié précédemment, nous avions pour chaque élément un seul coût préétabli et un seul coût réel.

Il n'en est pas ainsi :

- lorsque les sorties de stocks sont évaluées par des méthodes du type « premier entré premier sorti » ;
- lorsque des heures de main-d'œuvre sont rémunérées en heures supplémentaires.

Le raisonnement sur un coût moyen est alors possible, mais il appauvrirait l'analyse. Une analyse plus fine peut s'avérer utile.

> *EXEMPLE : Dans un atelier, pour la production d'une période, il est prévu de rémunérer 1 950 heures à un coût unitaire de 25 €. En réalité, cette production demande 2 100 heures dont le coût unitaire est de 25,6 €, pour 2 000 heures et de 32 € pour 100 heures rémunérées en heures supplémentaires.*
>
> *Par ailleurs, 50 heures (parmi les 2 000) ont été chômées en raison de pannes de machine.*

SOLUTION

Coût réel : 2 000 × 25,6 + 32 × 100 = 54 400.

Coût préétabli : 1 950 × 25 = 48 750 ;

soit un **écart global** de 5 650.

Écarts sur temps :

La différence entre temps réel et temps prévu est de 2 100 – 1 950 = 150 heures ; mais sur ces 150 heures on peut isoler les 50 heures chômées :

– écart sur heures chômées	: 50 × 25 =	1 250
– écart sur temps de travail	: 100 × 25 =	2 500
		3 750

Écart sur taux :

– sur les heures normales :	(25,6 – 25) × 2 000 =	1 200
– sur les heures supplémentaires :	(32 – 25) × 100 =	700
		1 900

Vérification : 3 750 + 1 900 = 5 650.

EXERCICES : série 28

MOTS-CLÉS

• Charge variable • Coût préétabli • Coût variable • Écart • Écart global • Écart sur coût unitaire • Écart sur quantités • Écart sur taux • Écart sur temps • Écart sur volume • Écart sur volume d'activité • Écart sur volume de production

Chapitre 29

Les écarts sur coûts contenant des charges de structure

1. Détermination des coûts préétablis
2. Calcul et analyse des écarts
3. Le problème des produits en cours

Les analyses présentées dans le chapitre précédent concernaient les charges variables. Nous avons vu qu'elles n'étaient vraiment pertinentes pour les charges directes que si elles sont variables.

Les charges indirectes, traitées dans des centres d'analyse, qui contiennent toujours une part d'éléments fixes et les charges fixes directes relèvent d'un autre type d'analyse, mettant en évidence la sous-imputation (ou la surimputation) de charges fixes liées aux variations d'activité.

1. Détermination des coûts préétablis

1.1 Budget des centres d'analyse

L'évaluation des coûts préétablis conduit à présenter des budgets faisant apparaître le détail des prévisions.

Les budgets de centres d'analyse ont un **double rôle** :

– ils permettent de calculer le coût préétabli de l'unité d'œuvre ;
– ils sont un **instrument de contrôle** des charges d'un centre par la comparaison entre les prévisions et les réalisations.

Ils s'établissent en déterminant :

- la **production** à obtenir, exprimée en nombre d'unités de produit ;
- l'**activité** à fournir (pour obtenir ladite production), exprimée en nombre d'unités d'œuvre.

Pour un centre de production, l'unité d'œuvre est généralement un temps de travail qui peut être :

- soit le **temps d'emploi** de la main-d'œuvre,
- soit le **temps de marche** des machines.

Mais, toute autre unité peut être retenue comme il a été vu dans la première partie (chapitre 5).

L'activité étant définie, la comptabilité calcule :

- les charges fixes, correspondant à la structure du centre d'analyse,
- les charges variables correspondant à l'activité prévue.

EXEMPLE : *Une entreprise fabrique dans un atelier A des boîtiers métalliques « minitour » servant de support pour l'assemblage d'unités centrales de micro-ordinateurs. Elle a mis au point un système de coûts standards.*

Le budget mensuel du centre doit prendre en compte les éléments suivants :

Éléments fixes :

- *Seize ouvriers travaillent dans l'atelier et sont rémunérés sur la base de 3 000 € par mois (congés payés inclus) pour 151,57 heures de présence. Les charges sociales patronales représentent 50 % de ce montant.*
- *Quatre machines sont utilisées dans l'atelier ; le temps de marche normal par machine est de 140 heures par mois. D'une valeur unitaire de 440 000 €, elles sont amortissables en 4 ans, sur 11 mois de production par an.*

Les autres éléments fixes (entretien, assurances, etc.) devraient s'élever à 11 200 € par mois.

***Éléments variables** : Force motrice, matières consommables, fournitures extérieures devraient représenter 200 € par heure machine, l'heure machine étant l'unité d'œuvre de l'atelier.*

***Production normale** : 1 120 boîtiers par mois.*

SOLUTION

Calculs préalables :

Charges de personnel : $16 \times 3\,000 \times 1{,}5 = 72\,000$

Amortissement : $\dfrac{4 \times 440\,000}{4 \times 11} = 40\,000$

Éléments variables : $200 \times 140 \times 4 = 112\,000$.

On peut présenter le budget du centre sous la forme suivante :

Nature des charges	Montant	Total
Charges fixes : – Charges de personnel – Amortissements – Autres charges fixes	 72 000 40 000 11 200	123 200
Charges variables	112 000	112 000
Total		235 200
Activité		560 heures
Coût standard par heure – dont fixe : 220 – variable : 200		420
Production		1 120 boîtiers
Coût par boîtier		210

1.2 Budgets flexibles

A. Principe

Le coût standard de l'unité d'œuvre que nous avons calculé (420) est fondé sur l'hypothèse d'une activité normale (560 heures).

En raison de l'existence des charges fixes, on obtiendrait un coût différent en faisant une autre hypothèse sur le niveau d'activité.

Le budget flexible est une prévision prenant en compte différentes hypothèses de niveau d'activité.

B. Application

Pour une activité égale à x, le budget flexible $f(x)$ peut s'écrire :

$$f(x) = 123\,200 + 200x.$$

Coût prévisionnel de l'unité d'œuvre : $\dfrac{123\,200}{x} + 200$

Il diminue donc lorsque x augmente.

Nous envisageons ci-dessous les activités de 520, 560 et 600 heures de marche.

	Activité en heures de marche		
	520	560	600
Charges fixes Charges variables	123 200 104 000	123 200 112 000	123 200 120 000
Budget flexible	227 200	235 200	243 200
Coût de l'unité d'œuvre	436,92	420,00	405,33

Dans les calculs qui suivront, nous prendrons toujours comme coût standard de l'unité d'œuvre celui qui correspond à l'**activité normale**. C'est la seule connue au moment de la prévision.

Ce faisant, un biais est introduit par la prévision dès lors que l'activité réelle s'écarte de l'activité normale.

2. Calcul et analyse des écarts

EXEMPLE : Supposons que, pour un mois donné, on ait enregistré les éléments suivants :
– charges réelles de l'atelier : 240 000 € ;
– activité réelle : 550 heures de marche ;
– production réelle : 1 000 boîtiers « mini-tours ».

2.1 Calcul de l'écart global

Rappelons que **l'écart global** se calcule comme la **différence entre les charges réellement constatées** et le **coût préétabli de la production réelle** :

– charges réelles constatées :	240 000
– coût préétabli de la production réelle : 1 000 × 210 =	210 000
– **écart global**	30 000

Les calculs peuvent être présentés dans un tableau similaire à celui que nous avons utilisé au chapitre précédent :

	Coût réel			**Coût préétabli de la production réelle**			**Écart**
	Quantité réelle Q_R	**Coût unitaire** C_R	**Montant** $Q_R C_R$	**Quantité préétablie** Q_p	**Coût unitaire** C_p	**Montant** $Q_p C_p$	
Charges de l'atelier	550	436,36 (1)	240 000	500(2)	420	210 000	30 000

(1) 240 000/550 = 436,36.
(2) L'activité prévue était de 560 heures pour une production de 1 120 boîtiers soit 560/1 120 = 0,5 heure par boîtier donc 500 heures pour 1 000 boîtiers.

2.2 Analyse de l'écart global

On pourrait appliquer à cet écart global l'analyse déjà présentée pour les charges variables :
– écart sur quantités : $(Q_r - Q_p) \times C_p = (550 - 500) \times 420 = 21\,000$,
– écart sur coût unitaire : $(C_r - C_p) \times Q_r = (240\,000/550 - 420) \times 550 = 9\,000$.

Cette analyse ne mettrait pas en évidence l'incidence de la sous-activité sur le coût de l'unité d'œuvre.

A. Décomposition en trois sous-écarts

a) L'écart sur budget

Il se calcule comme la différence suivante :

Charges réelles constatées – Budget flexible ajusté à l'activité réelle

Soit sur notre exemple :

– charges réelles constatées :	240 000	
– budget flexible pour l'activité réelle : 123 200 + 200 × 550 =	233 200	
– **écart sur budget :**	6 800	(défavorable)

Cet écart sur budget est assimilable à un écart sur coût. Il a le plus souvent des causes extérieures à l'entreprise : prix des facteurs supérieurs aux prévisions.

b) L'écart sur activité

Il se calcule comme la différence suivante :

Budget flexible ajusté à l'activité réelle – Coût préétabli de l'activité réelle

Soit sur notre exemple :

– budget flexible pour l'activité réelle :	233 200	
– coût préétabli de l'activité réelle : 550 × 420 =	231 000	
– **écart sur activité :**	2 200	(défavorable)

Cet écart était prévisible du fait que, l'activité réelle étant inférieure à la normale, la totalité des charges fixes n'ont pu être imputées à la production ; on peut d'ailleurs le retrouver par le calcul suivant :

Coût fixe préétabli de l'unité d'œuvre × (activité normale – activité réelle)

220 × (560 – 550) = 2 200

Cet écart n'est autre que l'écart d'imputation rationnelle que nous avons identifié en étudiant cette méthode dans la deuxième partie (chapitre 19), mais calculé sur la base des charges fixes prévisionnelles. En fait, n'ont été imputées à la production que $\frac{550}{560} \times 123\,200 = 121\,000$ de charges fixes.

c) L'écart sur rendement

Il se calcule comme la différence suivante :

Coût préétabli de l'activité réelle – Coût préétabli de la production réelle

Soit dans notre exemple :

– coût préétabli de l'activité réelle :	550 × 420	= 231 000	(ou 1 000 x 210) en termes de production
– coût préétabli de la production réelle :	500 × 420	= 210 000	
– **écart sur rendement**	(550 – 500) 420	21 000	(défavorable)

Nous retrouvons l'écart sur quantités calculé précédemment.

Il provient de ce que, pour la production réalisée, l'atelier a consommé plus d'heures machines qu'il n'aurait dû.

C'est donc bien le rendement de l'atelier qui est en cause.

On notera aussi que contrairement aux écarts précédents qui avaient plutôt une origine externe à l'atelier, c'est bien ici la responsabilité de l'atelier qui est en jeu.

d) Vérification

Écart global = Écart sur budget + Écart sur activité + Écart sur rendement.
30 000 = 6 800 + 2 200 + 21 000

Comme pour les charges directes, cette analyse pourrait être éventuellement complétée par le calcul de l'écart sur volume de production :

– coût préétabli de la production réelle :	210 000
– budget du centre pour la production normale :	235 200
– écart sur volume de production :	– 25 200

B. Représentation graphique de cette analyse

La présence des charges fixes et du budget flexible conduit à préférer une représentation de fonctions. Cela peut être un support pour le raisonnement mais ce n'est pas indispensable.

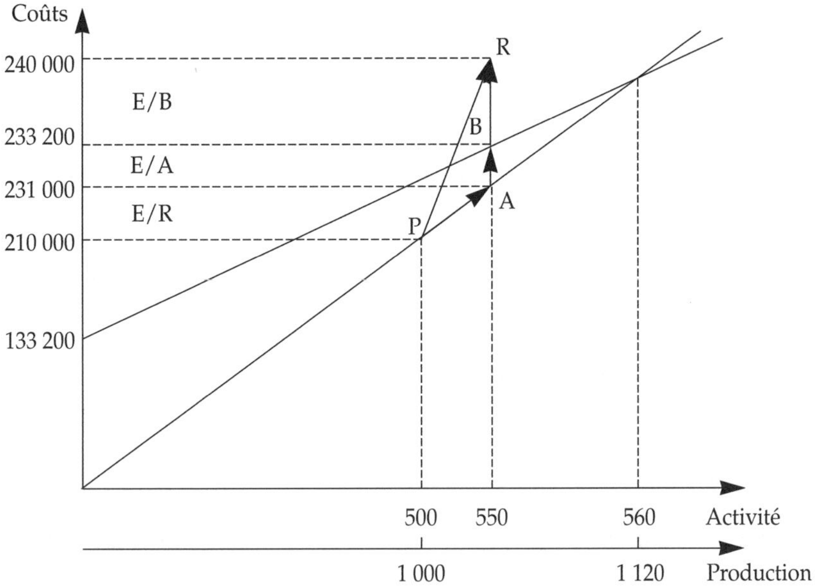

On a représenté, en fonction de l'activité x en abscisse :
- la droite du budget flexible, d'équation $y = 200x + 123\,200$;
- la droite d'imputation du coût des unités d'œuvre : $y = 420x$.
- les deux droites se coupent pour l'activité normale de 560 heures.

Le point R correspond à la situation réelle : activité : 550 ; coût : 240 000.

Le point P correspond à la situation préétablie pour la production réelle : activité : 500 ; coût : 210 000.

Le vecteur $\overrightarrow{PR}$ représente l'écart global. Il peut être décomposé comme la somme de trois vecteurs :

$$\overrightarrow{PR} = \overrightarrow{PA} + \overrightarrow{AB} + \overrightarrow{BR}.$$

La projection de $\overrightarrow{PA}$ sur l'axe des ordonnées est l'écart sur rendement. La projection de $\overrightarrow{AB}$ sur le même axe donne l'écart sur activité. Celle de $\overrightarrow{BR}$ représente l'écart sur budget.

Et l'on peut ainsi vérifier que l'écart global est la somme des trois écarts partiels.

3. Le problème des produits en cours

L'analyse des écarts sur coûts de production doit être menée au niveau de la **production de la période**. Les éventuels produits en cours sont convertis en unités d'équivalence pour déterminer le coût préétabli de la production réelle.

3.1 Exemple

Considérons la fiche de coût préétabli suivante pour un produit X :

	Quantité	Coût unitaire	Montant
Matières	2 unités	50	100
Centre d'analyse	3 unités d'œuvre	40	120
Total			220

Données relatives à la période :

– production terminée : 200 unités ;
– en cours initial : 30 unités ;
– en cours final : 40 unités.
– consommation de matières : 430 unités à 52 € ;
– charges indirectes : 605 unités d'œuvre pour 24 805 € ;
– état d'achèvement des en cours : 100 % pour ce qui concerne les matières ;
50 % pour les charges indirectes.

3.2 Solution

La production équivalente de la période s'élève à :

– pour les matières : – 30 + 200 + 40 = 210 unités ;

– pour les charges indirectes : – 30/2 + 200 + 40/2 = 205 unités.

Il conviendra donc de multiplier les éléments de la fiche de coût unitaire préétabli par ces productions équivalentes.

Le tableau de comparaison des coûts réels et préétablis se présente donc ainsi :

	Coût réel			**Coût préétabli de la production réelle**			**Écart**
	Quantité réelle Q_R	**Coût unitaire** C_R	**Montant** $Q_R C_R$	**Quantité préétablie** Q_p	**Coût unitaire** C_p	**Montant** $Q_p C_p$	
Matières	430	52	22 360	420 (1)	50	21 000	1 360
Centre d'analyse	605		24 805	615 (2)	40	24 600	205
Total			47 165			45 600	1 565

(1) 210 × 2 = 420 (2) 205 × 3 = 615.

À partir de ce tableau les analyses d'écarts peuvent être conduites comme précédemment.

EXERCICES : série 29.

MOTS-CLÉS

• Budget flexible • Coût préétabli • Écart • Écart global • Écart sur activité • Écart sur budget • Écart sur rendement • En-cours

Chapitre 30

LE RAPPROCHEMENT ENTRE COÛTS ET BUDGETS

Les analyses d'écarts sur coûts que nous avons présentées précédemment sont faites **au niveau de la production constatée**.

Elles n'expliquent donc pas en totalité la différence entre réalisation et budget puisque celui-ci est établi pour un **niveau de production prévu**.

1. L'enregistrement des écarts sur coûts

1.1 Méthode des tableaux

La comptabilité analytique enregistre les coûts réels constatés suivant les méthodes vues antérieurement.

Les coûts préétablis sont enregistrés sur des fiches de coûts de revient tenues **hors comptabilité**.

La détermination et l'analyse des écarts sont faites sur des tableaux **extra-comptables** qui rapprochent les composantes du coût réel constaté et celles du coût préétabli.

Le calcul des écarts ne donne lieu à aucune écriture comptable.

La méthode est simple et n'apporte aucune modification au travail comptable, mais la détermination des écarts risque de n'être ni complète, ni exacte, puisqu'elle ne bénéficie pas du contrôle arithmétique de la tenue des comptes en partie double.

Cette méthode est cependant généralement la seule utilisée.

1.2 Application

Considérons l'exemple suivant :

- *Au cours du mois de mai, la fabrication d'un produit a donné lieu aux opérations suivantes :*

– Achat de matières premières : 6 800 kg à 11 € l'unité *74 800*
– Matières premières utilisées à la fabrication : 5 500 kg à 11 € *60 500*
– Charges de main-d'œuvre directe opérationnelle : 760 heures à 21 € l'heure *15 960*
– Charges de fabrication (centre de production) *57 000*
– Production : 600 unités de produits finis
– Vente : 500 unités à 250 € l'une *125 000*
– Charges de distribution (centre de distribution) *12 240*

- *Le coût préétabli de production avait été calculé sur les bases suivantes :*

– Production normale : 800 unités.
– Consommation de matières premières 8 kg 1/3 par unité, à 10 € le kg.
– Activité normale de l'atelier : 1 120 h.
– Coût de l'heure de main-d'œuvre directe opérationnelle : 20 €.
– Charges de fabrication : 62,5 € par unité d'œuvre (heure de main-d'œuvre directe) en tenant compte de 28 000 € de charges fixes.

On sait, en outre, que les charges de distribution préétablies sont imputées au coût de revient à raison de 10 % du coût de production des produits vendus.

A. Calcul des écarts

Calculons les écarts au niveau des 600 unités produites et pour le centre distribution, au niveau de 500 unités vendues.

Éléments	Coûts réels			Coûts préétablis			Écarts	
	Q_r	C_r	$Q_r C_r$	Q_p	C_p	$Q_p C_p$	+	–
Matières premières	5 500	11	60 500	5 000	10	50 000	10 500	
Main-d'œuvre directe	760	21	15 960	840	20	16 800		840
Centre de production			57 000	840	62,50	52 500	4 500	
Produits fabriqués	600	222,4	133 460	600	198,8	119 300		
Centre de distribution			12 240			9 940	2 300	
Produits vendus (1)	500	222,4	111 200	500	198,8	99 400		
Coût de revient			123 440			109 340		

(1) Ces coûts unitaires sont égaux aux coûts de production de la période, en l'absence de stocks initiaux, sinon la tenue d'un compte de stock s'imposerait.

B. Analyse des écarts

a) Écarts sur charges directes opérationnelles

	Quantités		ΔQ	C_p	Écarts			
					Matières		Main-d'œuvre	
	Q_r	Q_p			+	–	+	–
Écart sur quantité	5 500	5 000	500	10	5 000			– 1 600
Écart sur temps	760	840	– 80	20				
	Prix		ΔC	Q_r				
	C_r	C_p						
Écart sur coût	11	10	1	5 500	5 500			
Écart sur salaire	21	20	1	760			760	
					+ 10 500		– 840	

b) Écart sur charges indirectes

• Centre de production

Équation de coût préétabli : $y_1 = 250\,x$

Équation de budget : $y_2 = 150\,x + 28\,000$

Calcul des charges variables préétablies :

Budget total : $62{,}5 \times 1\,120 =$ 70 000

Charges fixes : 28 000

Charges variables : 42 000 soit $\dfrac{42\,000}{1\,120} = 37{,}5$ par heure.

D'autre part, pour une production réelle de 600 unités, l'activité réelle est de 760 heures et l'activité préétablie de $\dfrac{1\,120}{800} \times 600 = 840$ heures.

D'où l'analyse suivante :

Type d'écart	Composantes			Écarts	
	Nature	Calcul	Montant	+	–
Écart sur budget	Coûts réels constatés		57 000		
	Budget pour l'activité réelle	(37,5 × 760) + 28 000	56 500	500	
Écart sur activité	Budget pour l'activité réelle	(37,5 × 760) + 28 000	56 500		
	Coût préétabli des unités d'œuvre réelles	62,50 × 760	47 500	9 000	
Écart sur rendement	Coût préétabli des unités d'œuvre réelles	62,50 × 760	47 500		
	Coût préétabli	62,50 × 840	52 500		5 000
Écart total				9 500	5 000
				+ 4 500	

• Centre de distribution

En l'absence d'une unité d'œuvre mesurant l'activité ou d'un taux de frais et d'une séparation des charges fixes et des charges variables, dans cet exemple, il n'y a pas d'analyse à faire.

C. Tableau du compte de résultat (méthode des coûts préétablis)

		Valeurs préétablies	Valeurs réelles	Écarts
1	**Prix de vente** des produits vendus pendant la période	125 000	125 000	–
	Éléments du coût de revient			
2	**Coût global préétabli** de production des produits vendus pendant la période	99 400		
	Écarts :			
	Écarts sur matière directe :			
3	– sur coût			4 583
4	– sur quantité			4 167
	Écart sur main-d'œuvre directe :			
5	– sur salaire			633
6	– sur quantité (temps)			– 1 333
	Écart sur coût de centre d'analyse :			
7	– sur coût de budget			417
8	– sur activité			7 500
9	– sur rendement			– 4 167
10	**Coût global de production** des produits vendus		111 200	11 800
11	**Coût global hors production** relatif aux produits vendus	9 940	12 240	2 300
12	**Coût de revient total**	109 340	123 440	14 100
13	Résultat Bénéfice (1 – 12) Perte (12 – 1)		1 560	

Ce tableau proposé par le plan comptable a été établi en supposant que les prix de vente ont été ceux initialement prévus.

2. La liaison avec les budgets par l'écart sur volume

Outre les analyses des écarts sur charges étudiées dans les chapitres précédents, le Plan comptable général suggère, par un jeu de tableaux à caractère explicatif, le calcul éventuel d'un **écart sur volume**, évalué pour chaque élément constitutif des coûts. Le PCG 1982 n'envisageait par contre **pas cet écart dans les graphiques proposés,** ni dans les écritures.

Nous avons évoqué ce type d'écart, chapitre 28. Son évaluation, par exemple, pour l'élément constitutif « matière première » conduirait aux calculs suivants.

- Coût préétabli par unité : 10 × 8 1/3 = 83,33...
- Production préétablie : 800
- Production constatée : 600

D'où **écart sur volume** (évalué au coût préétabli) :

(600 – 800) 83,33 = – 16 666

Contrôle :

Coût constaté de la production constatée (information comptable) :		60 500
Coût préétabli de la production préétablie : 800 × 83,333		= 66 666
(information budgétaire)	Écart :	– 6 166

Nous retrouvons cet écart en additionnant :

Écart sur charges (calculé et analysé, page 252) :	10 500
Écart sur volume :	– 16 666
	– 6 166

L'écart sur volume est un écart budgétaire :

- il mesure l'erreur commise lors des prévisions de production, en la valorisant au coût préétabli ;
- il attire l'attention sur un écart à mettre à part avant d'analyser les écarts sur charges ;
- c'est un élément facile à saisir rapidement et qui fournit un indicateur indispensable pour toute la gestion.

3. Conclusion

La méthode des coûts préétablis a, en définitive, plusieurs intérêts :

- son objectif principal est le **contrôle de la gestion** par la **méthode des exceptions** ;
- **l'évaluation des stocks en cours de période est simplifiée** par l'application des coûts préétablis à tous les éléments de stocks ;
- l'utilisation des coûts préétablis permet **d'intéresser les différents services** à la marche des opérations ;
- combinée avec une estimation des ventes et des bénéfices, **elle permet l'établissement des budgets et du contrôle budgétaire**.

EXERCICES : série 30.

MOTS-CLÉS

• Budget • Comptabilisation • Écart • Écart sur activité • Écart sur coût de budget • Écart sur coût des achats • Écart sur coût des centres d'analyse • Écart sur main-d'œuvre • Écart sur matières • Écart sur rendement • Écart sur salaire • Écart sur temps • Écart sur volume • Écarts sur coûts préétablis • Résultat de la comptabilité analytique

Chapitre 31

La gestion des approvisionnements

La gestion des approvisionnements doit permettre à l'entreprise de disposer, au moment où elle en a besoin, des matières premières nécessaires à ses fabrications.

C'est donc à partir du programme de production que l'on pourra définir une politique d'approvisionnement.

EXEMPLE : La fabrication d'un appareil électroménager E, nécessite l'acquisition auprès d'un fournisseur extérieur d'une résistance électrique R au coût d'achat unitaire de 4 €.
Le programme de production de E est le suivant :

	Trimestre 1	Trimestre 2	Trimestre 3	Trimestre 4	Total
Production	40 000	35 000	45 000	60 000	180 000

Sur l'année, l'entreprise devra donc acheter 180 000 résistances électriques R.

1. Les politiques d'approvisionnement

Différentes politiques sont possibles en fonction de la **cadence d'approvisionnement** choisie.

On pourra envisager par exemple :

a) Un approvisionnement sur l'année (politique 1)

En supposant un stock initial nul, on commandera alors 180 000 unités en début d'année. On en déduit facilement le niveau de stock (en milliers d'unités) en début et en fin de chaque trimestre :

Trimestre	Stock initial	Stock final	Stock moyen
1	180	140	160
2	140	105	122,5
3	105	60	82,5
4	60	0	30

b) Un approvisionnement par trimestre (politique 2)

On aura alors quatre livraisons sur l'année de 45 000 unités chacune, au début de chaque trimestre. Les quantités en stock évolueront alors comme suit :

Trimestre	Stock initial	Stock final	Stock moyen
1	45	5	25
2	40	15	32,5
3	60	15	37,5
4	60	0	30

La seconde politique induit évidemment un niveau moyen de stocks beaucoup plus faible, comme on le voit sur le graphique ci-dessous :

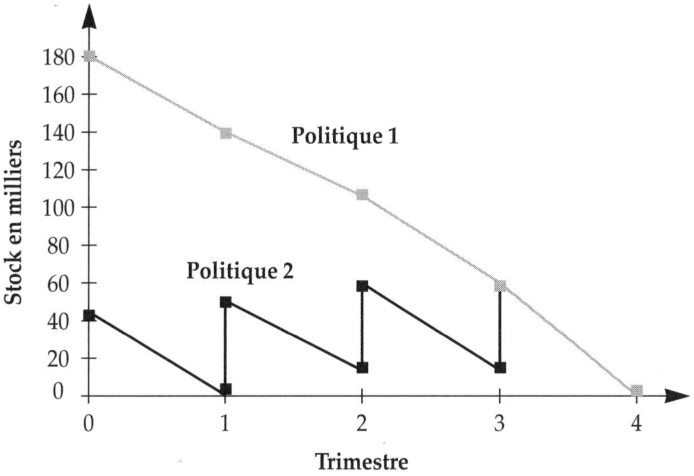

À la limite on peut vouloir adopter une politique de « stock zéro » **(politique 3)**. Celle-ci consisterait à ne se réapprovisionner en pièces R qu'au moment même où elles doivent être incorporées dans la fabrication. Chaque série de fabrication donnera donc lieu à un réapprovisionnement.

Cette politique dite de « **flux tendus** » ou de « **juste à temps** » (JAT) est privilégiée aujourd'hui par beaucoup de grandes entreprises (industrie automobile par exemple). Elle suppose un fort pouvoir de négociation de l'entreprise par rapport à des fournisseurs qui doivent être en mesure de livrer sans délai les quantités de pièces demandées. Elle revient souvent à transférer sur le sous-traitant la charge du stockage.

2. Les coûts associés à une politique d'approvisionnement

2.1 Le coût de lancement des commandes (ou coût de passation des commandes)

La gestion des commandes induit des charges indirectes dans un centre d'approvisionnement : charges de personnel du service achat et du magasin, charges de transport, etc.

Une partie de ces charges varie en fonction du **nombre de commandes** passées mais indépendamment des quantités commandées à chaque fois : contrôle des réceptions, traitement administratif des commandes, une partie des coûts de transport, etc.

L'analyse par les activités (voir chapitre 16) montre d'ailleurs que la « commande » est souvent un **inducteur de coût pertinent** pour l'analyse de certaines charges d'approvisionnement.

La politique 1 envisagée précédemment (un seul approvisionnement par an) induira **donc un coût de lancement des commandes** beaucoup plus faible que la politique 2 (quatre approvisionnements dans l'année) et que la politique 3 (approvisionnement en « juste à temps »).

2.2 Le coût de stockage (ou coût de possession du stock)

La possession d'un stock induit des charges dont le montant varie en **fonction du niveau de stock**. Certaines de ces charges se retrouvent dans le centre d'analyse « approvisionnement » : assurances, amortissement des locaux, etc. ; d'autres sont comptabilisées comme charges administratives et financières dans les coûts hors production : coût du financement du stock.

Ce coût de possession (sur l'année) est proportionnel à **la valeur du stock moyen**. Il sera donc beaucoup plus élevé pour la politique 1 que pour la politique 2. Il sera à la limite nul dans le cas d'une politique de réapprovisionnement en « juste à temps ».

2.3 Le coût de pénurie (ou coût de rupture de stock)

Dans ce qui précède, on a supposé que la connaissance préalable de la demande permettait d'éviter toute rupture de stock.

Les erreurs de prévision, l'incertitude sur les délais de livraison par le fournisseur, peuvent conduire dans certains cas à une insuffisance temporaire d'approvisionnements pour satisfaire les besoins de la fabrication.

Ce risque est encouru lors de chaque réapprovisionnement et il est donc plus élevé avec la politique 2 qu'avec la politique 1.

L'évaluation de ce coût de rupture de stock est souvent difficile. Il peut englober :

- un coût d'opportunité lié à des ventes manquées ;
- un « déficit d'image commerciale » induit par les retards dans la livraison aux clients ;
- des charges supplémentaires entraînées par la désorganisation de la production.

2.4 Application

Supposons que dans notre exemple, les coûts soient les suivants :
– coût de lancement des commandes : 5 000 € par commande,
– coût de stockage : 0,2 € par unité et par an.
On peut calculer le coût de gestion associé aux deux premières politiques.

Politique 1
Coût de lancement des commandes : 1 × 5 000 = 5 000.
Stock moyen sur l'année : (160 000 + 122 500 + 82 500 + 30 000)/4 = 98 750.
Coût de stockage : 98 750 × 0,2 = 19 750.
Coût total : 5 000 + 19 750 = 24 750.

Politique 2
Coût de lancement des commandes : 4 × 5 000 = 20 000.
Stock moyen sur l'année : (25 000 + 32 500 + 37 500 + 30 000)/4 = 31 250.
Coût de stockage : 31 250 × 0,2 = 6 250.
Coût total : 20 000 + 6 250 = 26 250.

Remarque : Souvent, le coût de stockage est évalué en pourcentage annuel de la valeur du stock moyen.
Supposons ici que ce pourcentage soit de 5 %.
Le coût de stockage pour la politique 1 serait alors calculé ainsi :
– stock moyen en valeur : 98 750 × 4 = 395 000,
– coût de stockage : 395 000 × 0,05 = 19 750.

3. Modèle d'optimisation en avenir certain

Les calculs précédents mettent en évidence que le coût total de lancement des commandes est une fonction décroissante des quantités commandées ; que le coût total de stockage est une fonction croissante de ces mêmes quantités.

On est donc amené à se poser le problème de l'existence d'une solution optimale.

3.1 Le modèle de Wilson

Il fournit une réponse sous certaines hypothèses :

- la demande est connue de façon certaine ;
- la consommation est régulière sur l'année ;
- aucune rupture de stock n'est autorisée.

Soit Q la consommation en quantités et N le nombre de réapprovisionnements dans l'année ; chaque réapprovisionnement portera sur Q/N unités.

Les hypothèses précédentes conduisent à la représentation suivante du niveau de stock :

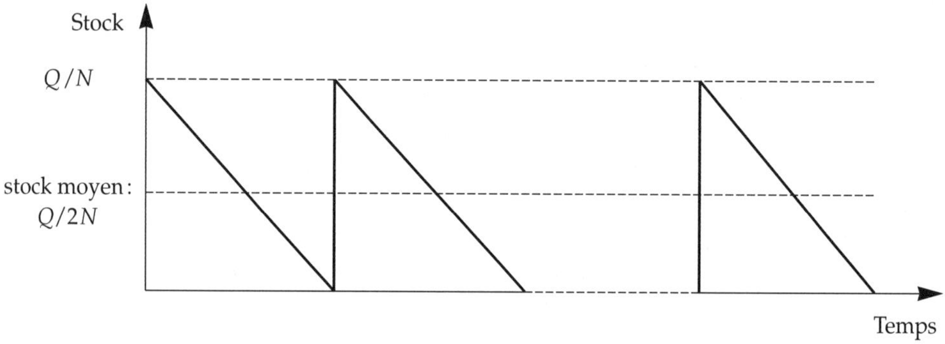

Désignons par : C_ℓ le coût de lancement d'une commande ;
C_s le coût de possession par an d'une unité de matière.

Le coût total sur l'année s'écrit :

- coût de lancement des commandes : $N \times C_\ell$
- coût de stockage : $\dfrac{C_s Q}{2N}$

Le coût total est donc une fonction de N que l'on peut écrire :

$$f(N) = N \times C_\ell + \frac{C_s Q}{2N}$$

Cette fonction passe par un minimum si sa dérivée s'annule soit :

$$f'(N) = C_\ell - \frac{C_s Q}{2N^2} = 0$$

On en déduit :

$$N = \sqrt{\frac{C_s Q}{2C_\ell}}$$

EXEMPLE : La consommation annuelle d'une matière M *est de 48 000 € en valeur (12 000 unités à 4 €).*

Le coût de lancement est de 60 € par commande et le coût de stockage représente 9 % par an.

Déterminer le nombre optimal de réapprovisionnements.

SOLUTION

On a $C_\ell = 60$; $C_s = 0{,}09 \times 4 = 0{,}36$; $Q = 12\,000$.

La « formule de Wilson » s'écrit donc : $N = \sqrt{\dfrac{12\,000 \times 0{,}36}{2 \times 60}} = 6$

soit sur l'année, 6 réapprovisionnements de 2 000 unités.

On peut représenter en fonction de N :

– le coût de lancement des commandes : $y_1 = 60N$

– le coût de stockage : $y_2 = 12\,000 \times 0{,}36/2N = 2\,160/N$

– le coût total : $y_3 = y_1 + y_2$.

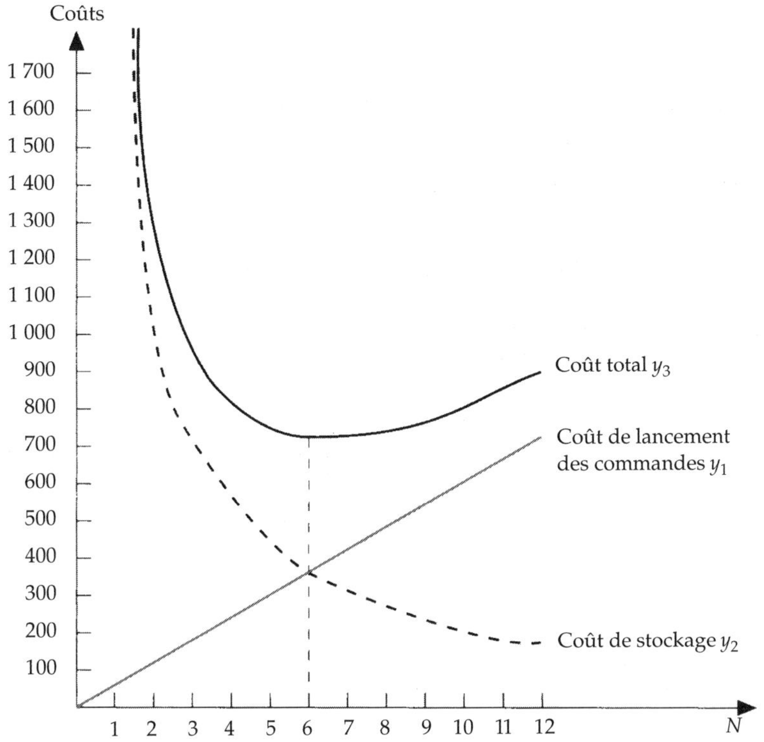

Nota : au lieu d'appliquer la « formule de Wilson », on peut exprimer la fonction « coût total », en calculer la dérivée et rechercher la valeur de *N* qui l'annule.

Les mêmes résultats peuvent être obtenus par calcul :

Cadence	Coût de lancement $60 \times C_r$	Coût de stockage 2 160/N	Coût total	
1	60	2 160	2 220	
2	120	1 080	1 200	
3	180	720	900	
4	240	540	780	
5	300	432	732	
6	360	360	720	**solution optimale**
7	420	309	729	
8	480	270	750	
9	540	240	780	
10	600	216	816	
11	660	196	856	
12	720	180	900	

Remarque : Il apparaît sur le tableau que le coût total est minimal **lorsque le coût de lancement des commandes est égal au coût de stockage**.

Ce résultat est général et peut induire une autre méthode, simple, de recherche de la cadence optimale de réapprovisionnement.

3.2 Prise en compte de tarifs dégressifs

Il est d'un usage courant, dans les relations entre clients et fournisseurs que des remises soient accordées en fonction des volumes commandés.

Supposons sur notre dernier exemple qu'une réduction de 2% soit consentie par le fournisseur sur les livraisons de 3 000 unités au minimum et de 3% sur les livraisons de 6 000 unités au minimum.

Notre tableau précédent doit être complété par l'économie éventuelle sur le prix d'achat.

Celle-ci s'élève à $0{,}02 \times 12\,000 \times 4 = 960$ pour les commandes comprises entre 3 000 et 6 000 unités.

Elle passe à $0{,}03 \times 12\,000 \times 4 = 1\,440$ pour les commandes de 6 000 unités ou plus.

Cadence	Quantité	Coût de lancement	Coût de stockage	Économie sur coût d'achat	Total
1	12 000	60	2 160	– 1 440	780
2	6 000	120	1 080	– 1 440	– 240
3	4 000	180	720	– 960	– 60
4	3 000	240	540	– 960	– 180
5	2 400	300	432	0	732
6	2 000	360	360		720
7	1 714	420	309		729
8	1 500	480	270		750
9	1 333	540	240		780
10	1 200	600	216		816
11	1 091	660	196		856
12	1 000	720	180		900

La solution optimale est la commande semestrielle de 6 000 unités puisqu'elle conduit au coût le plus négatif (l'économie fait plus que compenser les coûts de lancement et de stockage).

4. La prise en compte du risque de rupture de stock

Le coût d'une rupture de stock est souvent élevé ; néanmoins, vouloir se garantir contre tout risque de rupture de stock peut entraîner un gonflement des stocks encore plus onéreux. L'entreprise se voit donc souvent contrainte d'arbitrer entre ces deux exigences contradictoires.

4.1 La notion de stock de sécurité

Lorsque les approvisionnements se font à une date fixe t, la quantité disponible en stock après livraison Q doit permettre de faire face à la consommation C jusqu'à la livraison suivante.

Si C est connue de façon certaine, il suffit de choisir $Q = C$. C'est l'hypothèse qui est faite dans le modèle de Wilson et qui conduit à un stock nul avant chaque livraison.

En cas d'erreur de prévision sur C, on risque cependant d'avoir l'une des situations suivantes :

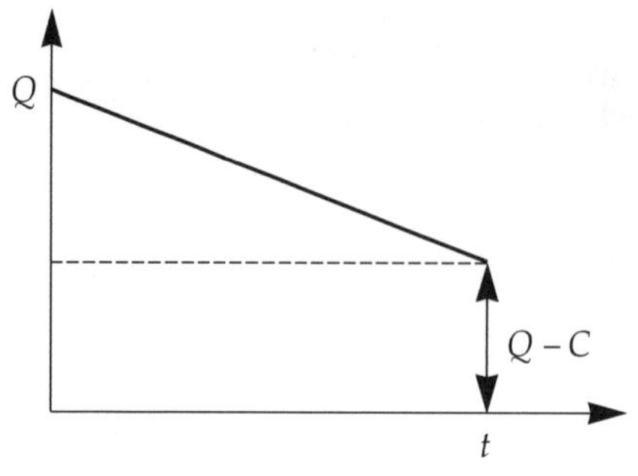

Situation 1 : $Q > C$; il n'y a pas de rupture de stock.

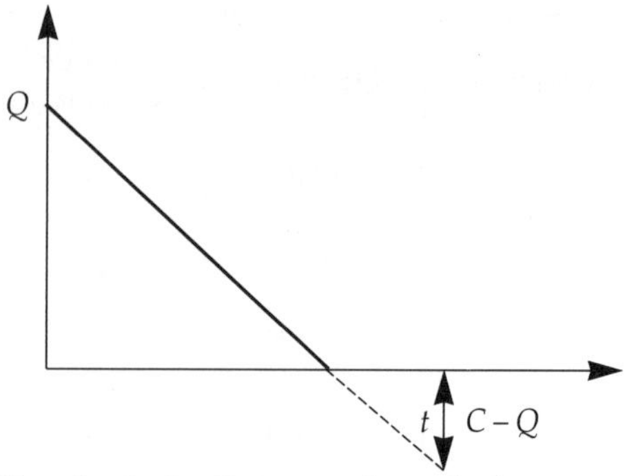

Situation 2 : $Q < C$; rupture de stock ; il a manqué $C - Q$ unités pour satisfaire la demande.

Lorsque la consommation de la période n'est pas connue de façon certaine, elle peut être considérée comme une **variable aléatoire** suivant une loi de probabilité.

On peut déterminer alors l'espérance mathématique (ou moyenne) de cette loi de probabilité, soit $E(C)$, Q étant la quantité disponible en stock en début de période, **le stock de sécurité** est alors égal à : $Q - E(C)$.

Autrement dit, c'est la quantité qui restera en stock si la demande est égale à la demande moyenne.

On pourra déterminer ce stock de façon à ce que la probabilité de rupture de stock ne dépasse pas une valeur fixée.

EXEMPLE 1 : cas d'une demande discrète

La consommation mensuelle d'une matière faisant l'objet d'un réapprovisionnement chaque mois, suit la loi de probabilité suivante :

Consommation : C	2	3	4	5	6
P (C)	0,3	0,4	0,15	0,10	0,05

On veut déterminer un niveau de stock de sécurité limitant à 5% le risque de rupture de stock.

La consommation moyenne $E(C)$ est égale à :

$$2 \times 0{,}3 + 3 \times 0{,}4 + 4 \times 0{,}15 + 5 \times 0{,}10 + 6 \times 0{,}05 = 3{,}2.$$

Avec un stock initial de 5 unités, la probabilité d'une rupture de stock est égale à $P(6) = 0{,}05$ qui est la valeur limite fixée.

Le stock de sécurité est alors égal à $5 - 3{,}2 = 1{,}8$ unité.

EXEMPLE 2 : cas d'une demande continue

La consommation hebdomadaire C d'une matière suit une loi normale de moyenne 2 000 et d'écart-type 200.

Avec un réapprovisionnement au début de chaque semaine, quel stock de sécurité faut-il prévoir pour limiter les risques de rupture à 10% ?

Soit Q la quantité disponible en début de période, on cherche :
Q tel que $P(C > Q) = 0{,}10$ soit $P(C < Q) = 0{,}90$.
On désigne par T la variable normale centrée réduite et $\Pi(t)$ sa fonction de répartition.

$$T = \frac{C - 2\,000}{200}\ ;\ P(C < Q) = P\left(T < \frac{Q - 2\,000}{200}\right) = 0{,}9$$

dans la table de la loi normale, on trouve $\Pi(1{,}28) = 0{,}9$.

On en déduit $\frac{Q - 2\,000}{200} = 1{,}28$ soit $Q = 2\,256$.

Le stock de sécurité sera donc de 2 256 – 2 000 = 256 unités.

4.2 Notion de stock d'alerte

Dans ce qui précède, on a supposé fixée la période de réapprovisionnement. Pour faire face aux aléas de la demande, une autre solution consiste à passer une nouvelle commande chaque fois que le stock atteint un niveau donné appelé **stock d'alerte** (ou stock critique).

Ce stock d'alerte doit permettre de couvrir :
- la consommation normale pendant la période de réapprovisionnement ;
- une accélération éventuelle de la demande pendant cette période ;
- les incertitudes sur le délai de livraison.

Le schéma serait le suivant :

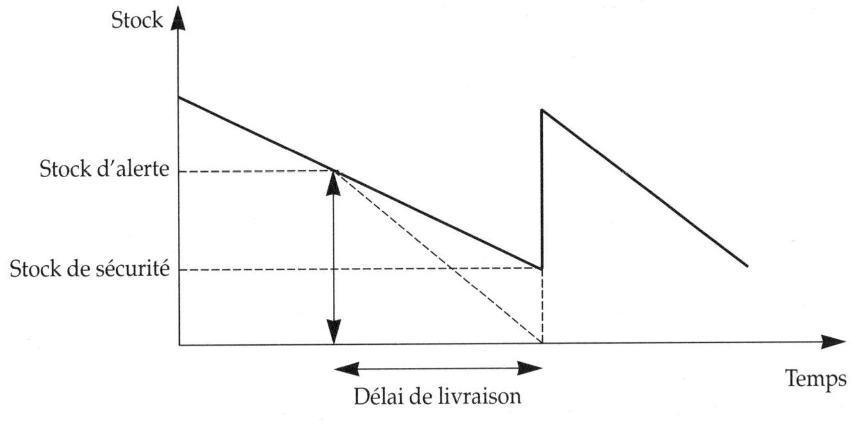

4.3 Modèles d'optimisation en avenir aléatoire

En augmentant le stock de sécurité, on accroît le coût de stockage en même temps que diminue le risque de rupture de stock.
Des formules simples d'optimisation existent lorsque le coût de stockage et le coût de pénurie peuvent être considérés comme indépendants du temps.

A. Cas d'une demande discrète

EXEMPLE : *Dans le rayon alimentaire d'une grande surface, un produit alimentaire périssable A est mis en rayon tous les 2 jours. La demande* D *sur ces 2 jours suit la loi de probabilité suivante :*

d	5	6	7	8	9
P(D = *d*)	0,1	0,3	0,3	0,2	0,1

A a un coût de revient de 5 € par unité ; il est revendu 8 €.

En cas de non vente, A est revendu à une entreprise extérieure qui l'utilise pour l'alimentation d'animaux au prix de 4 €.

Il convient de déterminer la quantité optimale à mettre en rayon au début de chaque période de 2 jours.

PREMIÈRE SOLUTION

Désignons par S les quantités disponibles en stock en début de période.

Pour le calcul du résultat R dégagé sur le produit, deux cas sont à envisager :

a) $S < D$

Le stock est insuffisant pour satisfaire la totalité de la demande. On vendra alors S unités, sur lesquelles on obtient un résultat R de $(8 - 5) \times S = 3\,S$.

b) $S \geq D$

On vendra alors D unités avec une marge unitaire de 3 ; sur les $(S - D)$ unités restantes, on perd 5 – 4 soit 1 € par unité.

$$R = 3D - 1(S - D) = 4D - S.$$

On peut alors présenter dans un tableau à double entrée le résultat associé à chaque valeur de D et de S ; le résultat est le suivant :

S \ D	5	6	7	8	9
5	15	15	15	15	15
6	14	18	18	18	18
7	13	17	21	21	21
8	12	16	20	24	24
9	11	15	19	23	27

Remarque : les deux hypothèses envisagées correspondent aux cases situées de part et d'autre de la diagonale.

En prenant en compte les probabilités de chaque niveau de demande, on peut calculer l'espérance mathématique du résultat associé à chaque niveau de stock choisi.

Notons $E(R_i)$ l'espérance de résultat pour un stock égal à i.

On aura par exemple :

$$E(R_6) = 14 \times 0{,}1 + 18 \times 0{,}3 + 18 \times 0{,}3 + 18 \times 0{,}2 + 18 \times 0{,}1 = 17{,}6.$$

En faisant le même calcul pour les différentes valeurs de i, on trouve les valeurs suivantes :

i	5	6	7	8	9
$E(R_i)$	15	17,6	19	19,2	18,6

Le stock optimal est donc de 8 unités.

Nota : Les calculs précédents peuvent être présentés sous forme matricielle :

15	15	15	15	15		0,1		15
14	18	18	18	18		0,3		17,6
13	17	21	21	21	×	0,3	=	19
12	16	20	24	24		0,2		19,2
11	15	19	23	27		0,1		18,6

R_{ij} (matrice des résultats) — P_i (vecteur probabilités) — Vecteur des espérances mathématiques

Deuxième solution

Une formule générale d'optimisation simple peut être donnée lorsque coût de pénurie et coût de stockage sont indépendants du temps.

Soit **C_p le coût unitaire de pénurie.**

Il s'agit sur notre exemple du manque à gagner entraîné par le manque d'une unité en stock.

C'est donc la marge que l'on réalise sur la vente d'un produit soit 8 – 5 = 3.

Ce coût est indépendant du temps puisqu'une vente manquée est définitivement perdue (il ne peut y avoir ici de retard dans la livraison du client).

Soit **C_s le coût de stockage par unité.**

C'est le coût occasionné par la mise en stock d'un produit, que l'on risque de ne pas vendre, faute d'une demande suffisante.

C'est donc la perte enregistrée sur le produit que l'on doit « brader » en fin de période, faute de l'avoir vendu dans les délais soit 5 – 4 = 1.

On calcule un coefficient $\rho = \frac{C_p}{C_p + C_s}$ appelé **taux de pénurie**.

Sur notre exemple $\rho = \frac{3}{3+1} = 0,75$.

On désigne par ***F* la fonction de répartition de la demande** obtenue par le cumul de la loi de probabilité soit ici :

d	5	6	7	8	9
$P(D = d)$	0,1	0,3	0,3	0,2	0,1
$F(d) = P(D \leq d)$	0,1	0,4	0,7	0,9	1

Le stock optimal est obtenu pour la plus petite valeur S telle que $F(S) \geq \rho$.

La première valeur de F supérieure à 0,75 est 0,9.

Le niveau optimal du stock en début de période est donc de **8 unités**.

$$E(D) = 0{,}1 \times 5 + 0{,}3 \times 6 + 0{,}3 \times 7 + 0{,}2 \times 8 + 0{,}1 \times 9 = 6{,}9.$$

Le stock de sécurité serait donc de 8 – 6,9 = 1,1 unité.

B. Cas d'une demande continue

Un résultat similaire est **obtenu dans le cas d'une demande continue**.

F désignant la fonction de répartition de la demande, le stock optimal correspond alors à la valeur S telle que :

$$F(S) = \rho = \frac{C_p}{C_p + C_s}$$

> EXEMPLE : *Pour une usine de confection, le stock de début de saison d'un modèle unique doit permettre de faire face à la demande de la saison. Cette demande suit une loi normale de moyenne 4 000 et d'écart type 500.*
>
> *Ce modèle a un coût variable de fabrication de 100 €. Il est vendu 180 € et les invendus en fin de saison sont soldés 60 €.*
>
> *Déterminer la quantité optimale à mettre en fabrication en début de saison.*

SOLUTION

$C_p = 80$ (déficit de marge sur une vente manquée).

$C_s = 100 - 60 = 40$ (coût de mise en stock d'un article non vendu).

$$\rho = \frac{C_p}{C_p + C_s} = 80/120 = 0{,}667$$

Dans la table de la loi normale, on trouve $F(0{,}43) = 0{,}667$ soit $\frac{S - 4\,000}{500} = 0{,}43$;

d'où, $S = 4\,215$.

Le stock de sécurité est de 4 215 – 4 000 = 215 unités.

EXERCICES : série 31.

MOTS-CLÉS

• Approvisionnement • Avenir aléatoire • Avenir certain • Cadence d'approvisionnement • Continue (demande) • Coût de lancement • Coût de passation • Coût de pénurie • Coût de possession • Coût de rupture • Coût de stockage • Demande continue • Demande discrète • Discrète (demande) • Flux tendus • Inducteur • Juste à temps • Modèle de Wilson • Optimisation • Pénurie • Probabilité • Risque • Rupture • Stock • Stock d'alerte • Stock de sécurité • Stock optimal • Stock zéro • Tarifs dégressifs • Taux de pénurie • Wilson

Chapitre 32

BUDGÉTISATION ET CONTRÔLE DES APPROVISIONNEMENTS

1. **Le choix d'une politique d'approvisionnement selon les produits**
2. **Budgétisation dans le cas d'une consommation régulière**
3. **Budgétisation dans le cas d'une consommation irrégulière**
4. **Contrôle budgétaire des approvisionnements**

La budgétisation des approvisionnements doit faire apparaître l'échelonnement dans le temps (sur l'année en général) des commandes et des livraisons afin de donner à l'entreprise les informations nécessaires pour établir ses prévisions de trésorerie.

1. Le choix d'une politique d'approvisionnement selon les produits

Dans le chapitre précédent ont été présentés les éléments qui sous certaines hypothèses permettent de définir une politique optimale d'approvisionnement : coût de lancement des commandes, coût de pénurie, coût de stockage, lois de probabilités des consommations…

La détermination de ces éléments est souvent incertaine et coûteuse ; une telle recherche ne s'impose pas toujours pour tous les approvisionnements.

1.1 Classification des approvisionnements par valeur

L'utilisation de méthodes très élaborées de gestion se justifie d'autant plus que les valeurs en cause sont importantes. Une étude préalable de la répartition des valeurs des approvisionnements utilisés s'avère donc nécessaire. Elle peut se faire par la détermination d'une courbe de concentration.

A. Courbe de concentration des consommations

EXEMPLE : Soit une entreprise dont les fabrications nécessitent 15 composants (ou matières) différents dont les consommations annuelles seraient les suivantes :

Composant	A1	A2	A3	A4	A5	A6	A7	A8	A9	A10	A11	A12	A13	A14	A15
Consommation (en K€)	20	50	1 050	180	420	40	60	25	90	410	40	21	22	15	111

Dans le tableau qui suit, on a reclassé les références des composants dans l'ordre décroissant des consommations et on a cumulé les pourcentages des références et des consommations correspondantes. Les deux dernières lignes permettent de représenter la courbe de concentration.

Références des composants	A3	A5	A10	A4	A15	A9	A7	A2	A6	A11	A8	A13	A12	A1	A14
Consommation (en K€)	1 050	420	410	180	111	90	60	50	40	40	25	22	21	20	15
Cumul des consommations	1 050	1 470	1 880	2 060	2 171	2 261	2 321	2 371	2 411	2 451	2 476	2 498	2 519	2 539	2 554
Cumul des références en %	7	13	20	27	33	40	47	53	60	67	73	80	87	93	100
Cumul des consommations en %	41	58	74	81	85	89	91	93	94	96	97	98	99	99	100

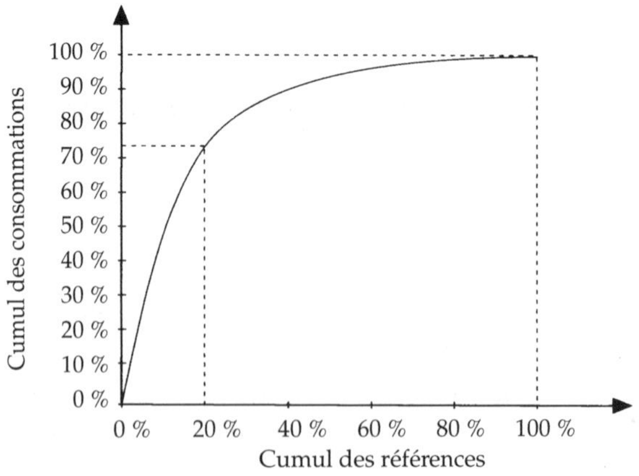

Les trois composants les plus utilisés (A3, A5, A10) représentent 20% du nombre de références utilisées (3/15) et 74% des valeurs des consommations.

L'observation de ce type de courbe fait apparaître des lois de répartition assez générales.

B. Loi des vingt/quatre-vingts

Selon cette loi, environ 80% du montant total de la consommation serait réalisé sur 20% de la nomenclature. Ce pourcentage est à peu près respecté sur notre exemple (74% au lieu de 80%).

Pour les approvisionnements correspondants (A3 ; A5 ; A10), on appliquera donc des méthodes de gestion très rigoureuses, type modèle de Wilson, afin d'en minimiser le coût.

Pour les autre références (80% de la nomenclature mais seulement environ 20% de la consommation) des méthodes plus empiriques pourront être utilisées.

C. Méthode ABC

À partir de la même courbe de concentration, on distingue trois groupes d'approvisionnements :

a) Groupe A dit des approvisionnements « standards »

Il représente 60 à 70% des consommations pour 5 à 10% de la nomenclature.

Sur notre exemple, A3 et A5 (58% de la consommation pour 13% des références) appartiendraient à ce groupe.

Les articles correspondant feront l'objet d'une gestion très rigoureuse visant à minimiser la somme des coûts de stockage, de lancement et de pénurie.

b) Groupe B dit des approvisionnements « courants »

Il représente 25 à 30% des consommations pour 25 à 30% de la nomenclature.

A10 ; A15 ; A4 et A9 appartiendraient à ce groupe.

Leur gestion plus souple sera fondée essentiellement sur la notion de stock d'alerte.

c) Groupe C dit des approvisionnements « exceptionnels »

Plus de 60% des références pour moins de 10% de la consommation.

Ce groupe ne fait pas l'objet d'une véritable gestion de stocks ; on se contente de réapprovisionnements sur demande ou de commandes décidées de façon très empirique.

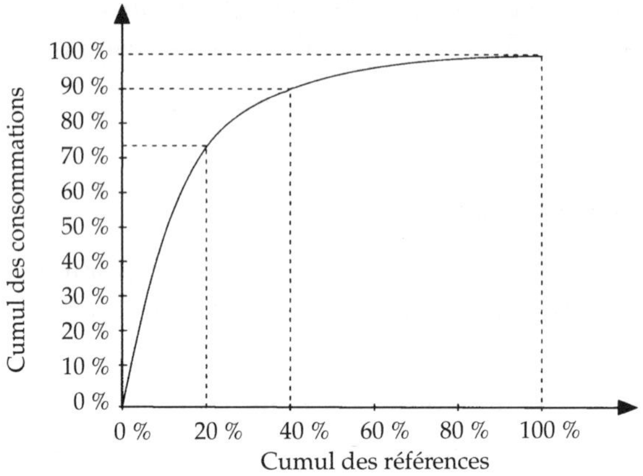

1.2 Éléments qualitatifs à prendre en compte dans le choix d'une politique de réapprovisionnement

Nous avons vu au chapitre précédent que les modes actuels de production en « flux tendus » pouvaient conduire à des cadences de réapprovisionnement qui ne sont pas optimales au sens du modèle de Wilson.

La politique de réapprovisionnement va alors être tributaire de la qualité de la relation que l'entreprise a établie avec ses fournisseurs ou sous-traitants.

Dans quelle mesure peut-elle obtenir d'eux, dans un délai minimal, des livraisons prévues ou non, conformes tant en qualité qu'en quantité à ce qu'elle attend ?

2. Budgétisation dans le cas d'une consommation régulière

Le modèle de Wilson permet de déterminer une cadence optimale de réapprovisionnement.

La prise en compte éventuelle d'un stock de sécurité et du délai normal de livraison du fournisseur permet de déterminer les dates de livraison et les dates de commande sur l'année.

EXEMPLE : Reprenons un cas traité dans le chapitre précédent.
Consommation annuelle d'une matière M : 48 000 € en valeur (12 000 unités à 4 €).
Le coût de lancement est de 60 € par commande et le coût de stockage représente 9 % du stock moyen par an, soit 0,36 € par unité.
Le modèle de Wilson nous a permis de déterminer la cadence optimale de réapprovisionnement :

$N = \sqrt{\frac{12\,000 \times 0,36}{2 \times 60}} = 6$ *; chaque livraison portera donc sur 12 000/6 = 2 000 unités.*

Complétons l'énoncé par les informations suivantes :
– stock initial en début d'année : 2 000 unités,
– stock de sécurité : un mois de consommation soit 1 000 unités,
– délai de livraison : 15 jours.

a) Détermination des dates de livraisons

Elles auront lieu tous les deux mois.

La première doit intervenir lorsque le stock sera tombé à 1 000 unités soit début février ; les suivantes auront lieu les 1/4, 1/6, 1/8, 1/10, 1/12.

b) Détermination des dates de commande

Elles anticiperont de 15 jours les dates de livraison.

On en déduit le budget suivant sur le premier semestre (le second semestre serait ici identique) :

Mois	Janvier	Février	Mars	Avril	Mai	Juin
Date commande	15/01		15/03		15/05	
Date livraison		1/02		1/04		1/06
Stock initial	2 000	1 000	2 000	1 000	2 000	1 000
Livraison		2 000		2 000		2 000
Consommation	1 000	1 000	1 000	1 000	1 000	1 000
Stock final	1 000	2 000	1 000	2 000	1 000	2 000

3. Budgétisation dans le cas d'une consommation irrégulière

EXEMPLE : *Pour une matière M, les prévisions de consommation en quantités pour l'année N s'établissent ainsi :*

J	F	M	A	M	J	J	A	S	O	N	D	Total
200	150	250	250	200	200	150	50	200	250	250	250	2 400

Autres éléments d'information :
– stock au 1/1 : 450 unités ;
– coût de lancement : 60 € par commande ;
– coût de stockage : 1,8 € par unité et par an ;
– délai d'approvisionnement : 2 mois ;
– stock de sécurité : 200 unités.

Bien que l'une des conditions d'application du modèle de Wilson (consommation régulière) ne soit pas remplie, on peut utiliser la formule comme approximation de la cadence optimale de réapprovisionnement soit :

$$N = \sqrt{\frac{C_s Q}{2C_\ell}} = \sqrt{\frac{1{,}8 \times 2\,400}{2 \times 60}} = 6$$

Deux modes de budgétisation sont alors envisageables :
- une budgétisation par quantités constantes (et à périodes variables) ;
- une budgétisation par périodes constantes (et quantités variables).

3.1 Budgétisation par quantités constantes

Les livraisons (et les commandes) porteront donc sur 2 400/6 = 400 unités. Il reste à déterminer leur date.

Cette détermination peut s'appuyer sur la représentation graphique :
- du cumul des sorties de stocks ;
- du cumul des entrées en stock (stock initial plus livraisons).

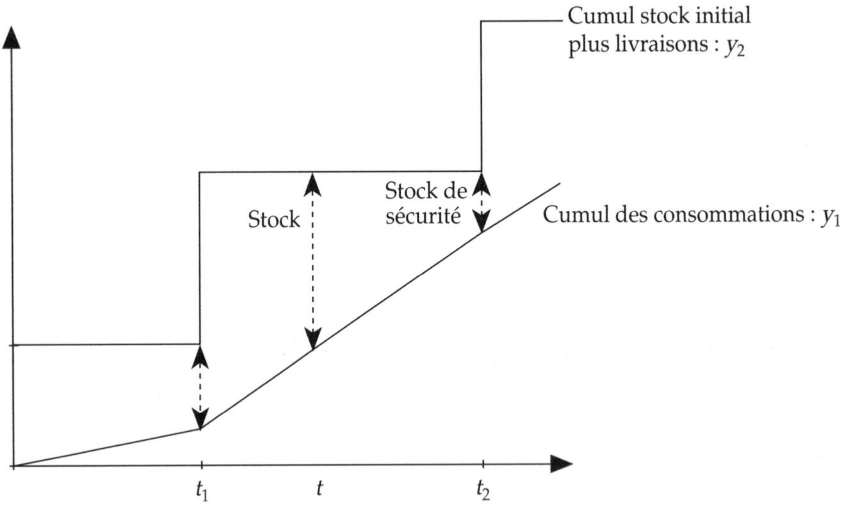

De façon générale :
- le cumul « stock initial plus livraisons » y_2 varie par paliers au moment de chaque livraison (t_1 et t_2 sur le graphique).
- le cumul des consommations y_1 varie de façon régulière selon le rythme de consommation de la période.
- la différence entre y_2 et y_1 donne le niveau de stock à l'instant t ;

Pour respecter la règle relative au stock de sécurité, il faut donc choisir t_1 et t_2 de façon à ce que l'écart entre les deux courbes ne descende pas en dessous du stock de sécurité.

Appliquons ce raisonnement à notre exemple en calculant le cumul des consommations à la fin de chaque mois et en rajoutant à ce cumul la valeur du stock de sécurité (200) ; soit y_3 la valeur obtenue.

	J	F	M	A	M	J	J	A	S	O	N	D
Consommations	200	150	250	250	200	200	150	50	200	250	250	250
Cumul des consommations y_1	200	350	600	850	1 050	1 250	1 400	1 450	1 650	1 900	2 150	2 400
$y_3 = y_1$ + stock de sécurité	400	550	800	1 050	1 250	1 450	1 600	1 650	1 850	2 100	2 350	2 600

Date de la première livraison : avant la première livraison, y_2 le cumul « stock initial + livraison » est de 450, c'est-à-dire le stock initial.

y_3 fin janvier étant inférieur à 450, aucune livraison n'est nécessaire en janvier.

Fin février, $y_3 = 550$; une livraison doit donc avoir lieu courant février.

Pour en déterminer la date précise, on peut procéder par interpolation : la fraction courue de février devra être égale à $\frac{450 - 400}{550 - 400} = 1/3$ soit environ 10 jours.

Date de la seconde livraison : avant cette seconde livraison, y_2 sera égal à $450 + 400 = 850$.

Les valeurs de y_3 montrent que cette livraison devra intervenir courant avril puisque fin avril, y_3 aurait dépassé y_2.

La fraction courue d'avril devra être égale à $\frac{850 - 800}{1\,050 - 800} = 1/5$ soit 6 jours.

Pour le calcul des autres dates de livraison, on peut présenter le tableau suivant :

		J	F	M	A	M	J	J	A	S	O	N	D
Consommations		200	150	250	250	200	200	150	50	200	250	250	250
Cumul des consommations y_1		200	350	600	850	1 050	1 250	1 400	1 450	1 650	1 900	2 150	2 400
$y_3 = y_1$ + stock de sécurité		400	550	800	1 050	1 250	1 450	1 600	1 650	1 850	2 100	2 350	2 600
livraison	y_2												
1	450		X										
2	850				X								
3	1 250					X							
4	1 650								X				
5	2 050										X		
6	2 450												X

Pour les livraisons de mai et août, les valeurs de y_2 coïncident avec les valeurs de y_3 donc les livraisons se feront fin de mois.

Livraison d'octobre :

$$\frac{2\,050 - 1\,850}{2\,100 - 1\,850} = 4/5 \text{ du mois soit environ 24 jours.}$$

Livraison de décembre :

$$\frac{2\,450 - 2\,350}{2\,600 - 2\,350} = 2/5 \text{ du mois soit environ 12 jours.}$$

Les dates des commandes sont obtenues simplement en anticipant de deux mois les dates des livraisons.

On en déduit le budget des approvisionnements suivant :

Mois	J	F	M	A	M	J	J	A	S	O	N	D
Date commande		6/02	31/03			30/06		24/08		12/10		
Date livraison		10/02		6/04	31/05			31/08		24/10		12/12
Stock initial	450	250	500	250	400	600	400	250	600	400	550	300
Livraison		400		400	400			400		400		400
Consommation	200	150	250	250	200	200	150	50	200	250	250	250
Stock final	250	500	250	400	600	400	250	600	550	300	450	450

3.2 Budgétisation par périodes constantes

On fixe *a priori* les dates des réapprovisionnements. Puisque $N = 6$, on aura un réapprovisionnement tous les deux mois à compter par exemple du 1/02.

Les quantités livrées seront alors variables et devront être telles qu'elles permettent de ne pas descendre en dessous du stock de sécurité avant la livraison suivante.

Première livraison : le stock fin janvier est de 250. Q désignant la livraison de début février, on doit avoir :

250	+	Q	− 150	− 250	=	200.
(stock initial)		(livraison)	(consommations de fév.)	(consommations de mars)		(stock de sécurité)

Soit $Q = 350$.

Livraison d'avril : le stock initial étant égal au stock de sécurité, il suffit que la livraison Q couvre la consommation des deux mois d'avril et mai soit 450.

Le **même raisonnement** peut être appliqué aux **livraisons suivantes** qui doivent couvrir deux mois de consommation.

On en déduit le budget suivant :

Mois	J	F	M	A	M	J	J	A	S	O	N	D
Date commande		1/02		1/04		1/06		1/08		1/10		1/12
Date livraison		1/02		1/04		1/06		1/08		1/10		1/12
Stock initial	450	250	450	200	400	200	350	200	400	200	450	200
Livraison		350		450		350		250		500		450
Consommation	200	150	250	250	200	200	150	50	200	250	250	250
Stock final	250	450	200	400	200	350	200	400	200	450	200	400

4. Le contrôle budgétaire des approvisionnements

Le contrôle doit porter à la fois sur les quantités et sur les coûts.

4.1 Le contrôle des quantités

A. Analyse des écarts

Les **écarts** observés entre **consommations prévues** et **réalisées** devront être analysés ; ils pourront amener, le cas échéant, à remettre en cause les procédures de prévision.

Les **écarts** observés entre **livraisons prévues** et **réalisées** peuvent porter sur les quantités livrées, les délais de livraison, voire la qualité des matières livrées. Ils pourront déboucher éventuellement sur un réexamen du choix des fournisseurs.

B. Calcul de ratios significatifs

Un certain nombre de **ratios** ou **indices** peuvent être calculés afin d'évaluer l'efficacité de la gestion des approvisionnements.

La **fréquence des pénuries** (ruptures de stock) peut être mesurée par le rapport :

$$\frac{\text{Quantités manquantes}}{\text{Quantités consommées}}$$

Une évolution défavorable de ce rapport (augmentation) peut être le signe d'une mauvaise appréciation du stock de sécurité nécessaire.

La **vitesse de rotation des stocks** est égale au rapport : $\dfrac{\text{Coût d'achat des matières consommées}}{\text{Stock moyen}}$

Dans une optique de gestion à flux tendus, ce rapport devrait augmenter.

Le rapport $\frac{\text{Nombre de livraisons réalisées dans les délais annoncés}}{\text{Nombre total de livraisons}}$ est un critère pertinent d'appréciation de la **fiabilité des fournisseurs**.

4.2 Les contrôles sur les coûts

Lors de l'étude des coûts de production préétablis, nous avons vu comment décomposer l'écart sur matières en écart sur quantités et écart sur coût.

Le premier (écart sur quantités) relève de la responsabilité de la fonction production.

La responsabilité du second (écart sur coût unitaire) incombe normalement à la fonction approvisionnement.

Des prix d'achat inférieurs aux prévisions (écarts favorables) peuvent avoir pour contrepartie :

– des commandes moins fréquentes mais plus importantes en volume, ce qui a une incidence sur les coûts de stockage ;
– une moindre qualité des approvisionnements qui se répercutera sur les coûts de production ou sur les ventes.

C'est au niveau de la fonction approvisionnement que les interférences entre ces éléments devront être analysées.

EXERCICES : série 32.

MOTS-CLÉS

• Approvisionnement • Budgétisation • Concentration • Consommation • Contrôle • Fiabilité • Indices • Livraison • Méthode ABC • Pénuries • Périodes • Ratios • Rotation • Stock • Stock de sécurité • Vingt/quatre vingts

Chapitre 33

La gestion des investissements : prévisions

1. Généralités

1.1 La notion d'investissement

Au sens comptable du terme, l'investissement consiste en l'acquisition d'actifs immobilisés : terrains, constructions, matériels industriels, immobilisations incorporelles ou financières…

Il s'agit donc de biens dont la durée d'utilisation prévue dépasse le cadre de l'exercice comptable.

Au sens économique, l'investissement peut englober d'autres dépenses qui n'ont pas le caractère comptable d'immobilisations. Tel est le cas en particulier des investissements immatériels : recherche, formation, investissements publicitaires…

Bien que considérées comme charges d'exploitation, ces dépenses ont des effets qui vont au delà de l'exercice en cours et elles constituent à ce titre de véritables investissements.

Contrairement aux autres aspects de la gestion prévisionnelle étudiés antérieurement (ventes, production, approvisionnements), la gestion des investissements se situe dans le **long terme**.

Elle est l'expression principale de la **stratégie de l'entreprise** et doit en conséquence faire l'objet de **plans pluriannuels**.

Le budget des investissements correspondra donc à un découpage en « tranches annuelles » de plans à long terme.

1.2 Investissement et financement

Les charges envisagées précédemment dans le cadre de la gestion budgétaire (approvisionnements, charges de production, etc.) ont vocation à être couvertes par les ressources courantes de l'entreprise.

Pour les dépenses d'investissement, ce financement interne à l'entreprise peut être insuffisant et des ressources externes devront être alors recherchées : apports en capital de l'exploitant ou des associés, emprunts.

Parallèlement au budget des investissements, il conviendra d'établir un **budget de financement** faisant apparaître les parts respectives du **financement interne (autofinancement)** et du **financement externe**.

2. Les éléments à prendre en compte dans les décisions d'investissement

En fonction des objectifs poursuivis, on peut distinguer différentes catégories d'investissements :

- **investissements de renouvellement :** il s'agit alors de remplacer des équipements anciens ;
- **investissements de croissance :** l'objectif est alors soit de développer une activité nouvelle, soit d'accroître le potentiel de production d'une activité déjà existante ;
- **investissements de productivité :** leur but est d'obtenir une même production en réduisant l'ensemble des coûts.

Dans tous les cas, on attend que les **dépenses immédiates** liées à l'investissement (coût d'acquisition) soient compensées par des **suppléments de recettes** et/ou des diminutions de dépenses **réparties sur l'ensemble de la durée de vie de l'investissement**.

Au niveau de la méthode de travail, il faut :

- isoler les éléments du projet d'investissement du reste de l'activité,
- **privilégier une approche trésorerie** (recettes – dépenses) et non une étude en terme de résultat (produits – charges).

2.1 Les dépenses liées à l'investissement

Elles comprennent :

- le **coût d'acquisition** des biens ;
- les **charges connexes :** transport, coût d'installation, coût des essais, coût éventuel de la formation du personnel, etc ;
- la variation du **besoin en fonds de roulement :** lorsque l'investissement se traduit par un surcroît d'activité, les stocks, créances et dettes d'exploitation sont modifiés en conséquence. Cette augmentation du besoin en fonds de roulement, sorte d'investissement dans le cycle d'exploitation, devra être financée et donc prise en compte dans le budget de financement ;
- les **charges d'exploitation** générées par l'investissement pendant toute sa durée de vie (consommations de matières, charges de personnel, etc).

2.2 Les recettes ou les diminutions de dépenses liées à l'investissement

On attend de l'investissement :

- un supplément de chiffre d'affaires (investissements de croissance),
- ou des économies de charges d'exploitation (investissements de productivité) ; ces économies pourront porter en particulier sur des postes de charges de personnel, de charges externes (entretien, énergie, etc),
- la récupération, en fin de vie du projet, de la valeur résiduelle nette d'impôt des immobilisations ainsi que du besoin en fonds de roulement qui redevient disponible et se traduit par des encaissements de créances sans nouveaux achats.

2.3 La notion de flux net de liquidités

Parmi les éléments mentionnés ci-dessus, certains coïncident directement avec des produits ou des charges d'exploitation (supplément de chiffre d'affaires, charges de personnel, consommations de matières, etc) ; ils auront une incidence directe sur le résultat annuel donc sur l'impôt sur les bénéfices et la trésorerie.

D'autres auront une incidence sur le résultat et la trésorerie mais avec un décalage dans le temps : le coût d'acquisition des immobilisations est une dépense immédiate mais il ne se répercutera sur le résultat et sur l'impôt correspondant qu'au fur et à mesure des amortissements pratiqués.

D'autres éléments (variation du besoin en fonds de roulement) sont des dépenses (ou des non-dépenses) sans incidence sur le résultat.

Un regroupement de ces éléments doit être fait année par année afin de mesurer l'impact exact (impôt compris) de l'opération d'investissement sur la trésorerie de l'entreprise.

EXEMPLE : Considérons un investissement de croissance, de durée de vie 5 ans, pour lequel on a les éléments prévisionnels suivants : coût d'acquisition : 5 000 K€ amortissable en linéaire sur 5 ans.

Les suppléments de chiffre d'affaires et de charges d'exploitation (hors amortissement) attendus sur les 5 années sont donnés dans le tableau suivant (en K€) :

Année	1	2	3	4	5
Supplément de chiffre d'affaires	2 400	2 700	3 000	3 000	3 000
Supplément de charges d'exploitation (hors amortissement)	1 100	1 250	1 400	1 400	1 400

Le besoin en fonds de roulement représente 1 mois de chiffre d'affaires. La valeur résiduelle de l'investissement est nulle en fin de projet. On suppose que l'entreprise est soumise à l'impôt sur les sociétés au taux de 331/3%.

On peut dans un premier temps déterminer la trésorerie générée par l'activité de l'entreprise. Pour cela calculons la **capacité d'autofinancement** (CAF) dégagée chaque année par l'investissement. Il s'agit d'une « CAF d'exploitation ».

On sait que celle-ci peut se calculer de deux façons :

a) Méthode additive

CAF = Résultat après impôt + amortissements

Le calcul serait le suivant :

Année	1	2	3	4	5
Chiffre d'affaires	2 400	2 700	3 000	3 000	3 000
Charges d'exploitation (hors amortissement)	1 100	1 250	1 400	1 400	1 400
Dotations aux amortissements	1 000	1 000	1 000	1 000	1 000
Résultat avant impôt	300	450	600	600	600
Impôt	100	150	200	200	200
Résultat après impôt	200	300	400	400	400
CAF	1 200	1 300	1 400	1 400	1 400

b) Méthode soustractive

CAF = Excédent brut d'exploitation (EBE) – impôt

Année	1	2	3	4	5
Chiffre d'affaires	2 400	2 700	3 000	3 000	3 000
Charges d'exploitation (hors amortissement)	1 100	1 250	1 400	1 400	1 400
Excédent brut d'exploitation	1 300	1 450	1 600	1 600	1 600
Impôt	100	150	200	200	200
CAF	1 200	1 300	1 400	1 400	1 400

La capacité d'autofinancement n'est toutefois qu'un flux potentiel de liquidités. La prise en compte de la variation du besoin en fonds de roulement dans les dépenses d'investissement nous redonne bien les flux de liquidités. Cela, en application de la relation :
EBE (après IS) – variation du BFRE = Excédent de trésorerie d'exploitation.

Calculons à présent la variation du besoin en fonds de roulement :

Année	0	1	2	3	4	5
Chiffre d'affaires		2 400	2 700	3 000	3 000	3 000
Besoin en fonds de roulement (CA/12)		200	225	250	250	250
Variation du besoin en fonds de roulement	200	25	25	0	0	– 250

Remarques : L'augmentation du besoin en fonds de roulement est supposée créer un besoin de financement dès le début d'année et anticipe donc d'une année l'augmentation du chiffre d'affaires.

En fin de durée de vie de l'investissement, on peut considérer que ce besoin en fonds de roulement redevient disponible pour l'entreprise (–250 en fin d'année 5).

On peut donc compléter le **tableau de calcul des flux nets de liquidités**, en notant par convention :

– en positif les entrées de trésorerie ;
– en négatif les sorties de trésorerie.

La dépense d'investissement qui est immédiate est positionnée au début de l'année 1, notée 0. Les CAF sont prises en compte en fin d'exercice.

Année	0 Début année 1	1 Fin année 1	2	3	4	5
CAF		1 200	1 300	1 400	1 400	1 400
Variation du besoin en fonds de roulement	– 200	– 25	– 25	0	0	+ 250
Investissement	– 5 000					
Flux net de liquidités ou flux net de trésorerie	– 5 200	1 175	1 275	1 400	1 400	1 650

3. Les critères de choix des investissements

Les décisions d'investissement engagent l'entreprise sur de longues périodes ; des choix inopportuns peuvent même dans certains cas remettre en cause sa pérennité.

Il convient donc de disposer en la matière de critères pertinents.

En tant qu'élément essentiel de la stratégie de l'entreprise, l'investissement peut dans certains cas obéir à des considérations autres que purement financières : volonté de s'introduire sur un marché nouveau, de maîtriser une filière de production en amont ou en aval de son activité actuelle, etc.

Mais l'idée de rentabilité (à plus ou moins long terme) est toujours essentielle dans la décision d'investir.

3.1 Principe de la séparation des décisions d'investissement et de financement

Au choix d'un investissement doit correspondre le choix d'un mode de financement.

Un principe généralement admis aujourd'hui en analyse financière consiste à dissocier les deux étapes de ce choix.

Il convient dans un premier temps d'analyser la **rentabilité économique** du projet, indépendamment de son mode de financement.

On étudie ensuite dans un second temps quel est le mode de financement le plus approprié et quelle est l'incidence de ce mode de financement sur la **rentabilité financière** du projet.

3.2 La rentabilité économique de l'investissement

A. Critère du délai de récupération du capital investi

Ce critère assez sommaire consiste à calculer au bout de combien de temps les flux nets de liquidités dégagés par l'investissement permettent de récupérer le capital investi.

Il suffit donc de calculer le cumul des flux ce qui donne sur notre exemple :

Année	0	1	2	3	4	5
Flux net de liquidités ou flux net de trésorerie	– 5 200	1 175	1 275	1 400	1 400	1 650
Cumul du flux net	– 5 200	– 4 025	– 2 750	– 1 350	50	1 700

Le capital investi est récupéré ici au début de l'année 4.

Selon ce critère, une entreprise ne retiendrait que les projets ayant un **délai de récupération inférieur à une valeur donnée**.

Ce mode de choix qui ne prend pas en compte les flux postérieurs à la date de récupération peut se justifier dans une conjoncture instable, lorsque les prévisions sur un avenir éloigné sont incertaines ou dans les secteurs de haute technologie où les produits sont vite obsolètes.

B. Les critères fondés sur l'actualisation des flux

L'actualisation consiste à pondérer chaque flux de trésorerie par le coefficient $(1 + t)^{-n}$ n étant l'année d'échéance de ce flux et t le taux d'actualisation retenu.

$(1 + t)^{-n}$ étant une fonction décroissante de n, on attribue donc à chaque flux un poids d'autant moins élevé que son échéance est éloignée dans le temps.

a) Choix du taux d'actualisation

Le taux d'actualisation choisi est le taux de rentabilité minimale exigée par l'entreprise pour le projet envisagé. Pour le fixer on peut se référer à des critères internes (coût du capital par exemple) ou à des informations externes (rentabilité d'un projet similaire, taux du marché financier).

Prenons l'exemple du **coût du capital** pour l'entreprise. Il est égal au coût du financement stable de l'entreprise (capitaux propres et capitaux empruntés).

Supposons que la société envisagée précédemment dispose de 100 M€ de capitaux propres et de 50 M€ d'emprunt à long terme au taux de 9 %.

Le coût des capitaux propres est de 10,5 % : il s'agit en fait du taux de rentabilité attendu par les actionnaires et il peut être évalué à partir des dividendes distribués.

Pour déterminer le coût du capital, il convient de calculer une moyenne pondérée entre le coût des capitaux propres et le coût (après impôt) des capitaux empruntés.

$$\text{Coût du capital} = \frac{100}{150} \times 10,5 + \frac{50}{150} 9(1 - 1/3) = 9\ \%$$

Remarque : Pour un investissement présentant des **risques particuliers**, on pourrait majorer le taux ainsi calculé d'une « prime de risque ».

b) Critère de la valeur actuelle nette (VAN) de l'investissement

Si on désigne par F_i le flux net de liquidités de l'année i, la valeur actuelle nette s'écrit :

$$\text{VAN} = \sum_{0}^{n} F_i (1 + t)^{-i}$$

Il s'agit d'une « VAN économique » puisque les flux de financement ne sont pas pris en compte.

Selon ce critère, un projet d'investissement sera retenu si sa **valeur actuelle nette est positive** ; entre deux investissements, on choisira celui dont la valeur actuelle nette est la plus élevée.

À partir de la valeur actuelle nette, on peut calculer un **indice de profitabilité** :

$$\text{Indice de profitabilité} = \frac{\text{VAN}}{\text{Montant investi}}$$

Cet indice de profitabilité indique la VAN pour 1 € de capital investi. Il peut être pris en compte pour comparer deux investissements qu'un montant de valeurs actuelles nettes sensiblement identiques ne départagerait pas.

APPLICATION À L'EXEMPLE

Les valeurs de $(1 + t)^{-i}$ peuvent être recherchées dans une table financière ou sur une calculatrice ; on obtient :

Année	0	1	2	3	4	5	Total
Flux net de liquidité : F_i	– 5 200	1 175	1 275	1 400	1 400	1 650	
$(1 + 0{,}09)^{-i}$	1	0,917 43	0,841 68	0,772 18	0,708 43	0,649 93	
$F_i\,(1 + 0{,}09)^{-i}$	– 5 200	1 077,98	1 073,14	1 081,06	991,79	1 072,39	93,36

La VAN étant positive, l'investissement pourra être retenu.
Sur le tableur Excel, la fonction **VAN(0,09 ; Fl) actualise** au taux de 9 % une suite de flux contenus dans la zone Fl à partir de l'année 1.
Pour obtenir la VAN de l'investissement, il conviendra donc de retrancher I_0 la valeur de l'investissement initial.

c) Le critère du taux interne de rentabilité (TIR)

Le taux de rentabilité interne est le taux pour lequel la somme des flux nets actualisés est nulle ; c'est donc *t* tel que :

$$\sum_{0}^{n} F_i(1+t)^{-i} = 0$$

Selon ce critère on retiendra les projets dont le TIR est supérieur ou égal à une valeur donnée qui est alors interprétée comme un taux de rejet, généralement le coût du capital pour l'entreprise.

Entre deux projets, on choisira celui dont le TIR est le plus élevé.

APPLICATION À L'EXEMPLE

On peut résoudre l'équation en essayant différentes valeurs.
– à 9 % on a trouvé : 96,36,
– à 10 % on trouverait : – 45,52.

On procède par interpolation :

$$\begin{array}{ccc} 9 & t & 10 \\ \downarrow & \downarrow & \downarrow \\ 96{,}36 & 0 & -45{,}52 \end{array}$$

$$t = 9 + (10 - 9) \times \frac{96{,}36 - 0}{96{,}36 + 45{,}52} = 9{,}68\ \%$$

Sur le tableur Excel, la formule **TRI(Fl ; 0,10)** donnerait directement la valeur de ce taux, *Fl* désignant la zone contenant les valeurs des flux à partir de l'année 0 ; 0,10 étant une valeur de départ arbitrairement choisie.

3.3 La prise en compte du mode de financement du projet

L'étude de la rentabilité économique du projet ayant permis de conclure sur l'opportunité de sa réalisation, il reste à choisir son mode de financement.

Ce choix consiste généralement en un arbitrage entre :

- financement intégral par fonds propres,
- financement partiel par emprunt,
- recours au crédit bail.

Deux démarches sont envisageables :

- comparer les flux de financement actualisés correspondant aux différentes hypothèses ; pour cela on calcule les VAN des modes de financement.
- calculer la valeur actuelle nette de l'investissement corrigée par les flux de financement (VAN totale ou corrigée de l'investissement).

EXEMPLE : Supposons que pour l'investissement étudié, deux possibilités soient envisagées en plus du financement sur fonds propres :
- *un emprunt pour la moitié du montant investi soit 2 500 K€ remboursé en cinq amortissements constants de 500 K€ au taux de 8 %,*
- *un crédit bail sur la totalité de l'investissement soit 5 000 K€ donnant lieu au versement de 5 annuités de 1 200 K€ payables en début d'année et au paiement d'une option d'achat de 1 000 K€ au terme des cinq années.*

A. Calcul de la valeur actuelle nette des flux de financement

La valeur actuelle nette d'un financement est la différence entre le montant reçu et les annuités décaissées. Dans les développements précédents le mode de financement implicite est le financement par fonds propres. La valeur actuelle nette d'un autre financement prend en compte tout ce qui change par rapport au calcul de la VAN économique. Il s'agit encore d'une approche additionnelle en termes de trésorerie.

a) Financement partiel par emprunt

Les flux de financement comprennent :

- le financement reçu c'est-à-dire le montant de l'emprunt, noté avec un signe + ;
- le paiement des annuités de remboursement de l'emprunt ;
- l'économie d'impôt sur les intérêts versés chaque année égale à 33 1/3 % de ces intérêts.

La différence entre ces deux derniers éléments constitue l'annuité nette, notée avec un signe –.

APPLICATION À L'EXEMPLE

Année	1	2	3	4	5
Capital restant dû	2 500	2 000	1 500	1 000	500
Intérêt	200	160	120	80	40
Amortissement	500	500	500	500	500
Annuité	700	660	620	580	540
Économie d'impôt	67	53	40	27	13
Annuité nette	633	607	580	553	527

On actualise ces flux au taux de 9% :

Année	0	1	2	3	4	5	VAN
Annuité nette		– 633	– 607	– 580	– 553	– 527	
Emprunt reçu	+ 2500						
$(1 + 0{,}09)^{-i}$	1	0,917 43	0,841 68	0,772 18	0,708 43	0,649 93	
Flux actualisés	+ 2 500	– 581	– 511	– 448	– 392	– 342	226

Cette valeur actualisée positive indique que la somme des flux décaissés est inférieure au montant reçu. Ce financement est favorable, au taux choisi.

Le taux qui annule la VAN du financement exprime le coût du financement, il est appelé « taux actuariel ». Dans cet exemple, il est égal à 5,33%, ce qui correspond au coût de l'emprunt après IS (8% × 2/3) = 5,33%.

b) Financement par crédit bail

Pour ce mode de financement, il convient de prendre en compte les flux suivants :

– le montant financé, noté avec un signe + ;

– les annuités de crédit-bail et les économies d'impôt qu'elles induisent. Les économies d'impôt sont placées en fin d'exercice ;

– le paiement de l'option d'achat en fin de contrat.

Contrairement aux deux solutions précédentes, le crédit-bail ne permet pas l'amortissement comptable des immobilisations acquises puisque l'entreprise n'en est pas propriétaire.

Il convient donc de prendre en compte l'abandon de l'économie d'impôt correspondante.

Elle est ici chaque année de 1 000/3 = 333.

Le tableau de calcul serait le suivant :

Année	0	1	2	3	4	5	VAN
Montant financé	+ 5 000						
Annuité de crédit bail	– 1 200	– 1 200	– 1 200	– 1 200	– 1 200		
Économie d'impôt		+ 400	+ 400	+ 400	+ 400	+ 400	
Option d'achat						– 1 000	
Abandon de l'économie d'impôt sur amortissement		– 333	– 333	– 333	– 333	– 333	
Flux de financement	3 800	– 1 133	– 1 133	– 1 133	– 1 133	– 933	
Coefficient d'actualisation	1	0,917 43	0,841 68	0,772 18	0,708 43	0,649 93	
Flux actualisé	3 800	– 1 039	– 954	– 875	– 803	– 606	– 477

Le crédit-bail aurait ici une VAN négative et serait à rejeter. Le coût de ce financement exprimé par le taux actuariel est de 13,84 %.

Remarques :

1. En réalité, cette étude est à affiner selon les cas. Le bien racheté par option peut être immédiatement cédé. Dans ce cas, la valeur de revente atténue le coût du financement. S'il n'est pas cédé il faut tenir compte des économies d'impôt sur les amortissements économiques du bien, positionnées l'année suivante. Enfin, l'entreprise n'opte pas systématiquement pour le rachat. Toutefois, s'il est prévu une valeur résiduelle dans le calcul de la VAN économique, il faut opter pour le rachat dans la VAN du financement.
2. Le critère du taux actuariel doit être manié avec prudence. Si le montant du financement obtenu n'est pas le même, il vaut mieux calculer la VAN du financement avant de conclure.

B. Calcul de la valeur actuelle nette totale ou corrigée de l'investissement

L'étude de la rentabilité économique du projet avait conduit à une VAN économique de 96,36 K€.

La prise en compte du financement modifie cette valeur.

On a l'égalité :

VAN totale = VAN économique + VAN du financement

APPLICATION À L'EXEMPLE

- **Financement intégral sur fonds propres :** la VAN totale est égale à la VAN économique.
- **Financement pour moitié par emprunt :**

VAN totale = 96,36 + 226 = 322,36

Le fait de financer une partie du projet par un emprunt dont le coût après impôt est inférieur au taux d'actualisation augmente la rentabilité du projet.

• **Financement par crédit bail :**

VAN totale = 96,36 – 477 = – 380,64.

La rentabilité du projet est diminuée par le recours à un financement dont le taux réel (après impôt) est supérieur au taux d'actualisation retenu.

C. Notion d'effet de levier

L'emprunt permet d'accroître la rentabilité financière d'un investissement lorsque le taux de l'emprunt (après impôt) est inférieur au taux interne de rentabilité du projet.

Cet effet, bien connu en analyse financière, est appelé « **effet de levier** ».

On peut le vérifier sur notre exemple en reprenant les flux annuels de la VAN économique et les flux de financement liés à l'emprunt.

Année	0	1	2	3	4	5
Flux nets de liquidités avant financement	– 5 200	1 175	1 275	1 400	1 400	1 650
Flux de financement	2 500	– 633	– 607	– 580	– 553	– 527
Flux global	– 2 700	542	668	820	847	1 123

Le taux interne de rentabilité de l'opération pourrait être calculé par l'équation suivante :

$$-2\,700 + 542\,(1+t)^{-1} + 668\,(1+t)^{-2} + 820\,(1+t)^{-3} + 847\,(1+t)^{-4} + 1\,123\,(1+t)^{-5}.$$

On trouve t = 13 % au lieu de 9,67 % avant prise en compte du financement. 13 % est le taux de rentabilité financière des capitaux propres investis.

3.4 La prise en compte du risque

La pertinence des critères énoncés précédemment est évidemment tributaire de la fiabilité des prévisions réalisées.

L'incertitude qui les concerne est d'autant plus grande qu'elles portent sur des flux éloignés dans le temps.

On peut prendre en compte cette incertitude :

– en majorant le taux d'actualisation retenu d'une « **prime de risque** » ;
– en utilisant les indicateurs classiques du calcul des **probabilités**.

EXEMPLE : Soit un investissement de 1 000 K€ dans une activité nouvelle d'une durée de vie prévisionnelle de 3 ans.

Les flux nets annuels qui en sont attendus ont fait l'objet de trois hypothèses :
– hypothèse pessimiste (A) : flux annuel de 350 K€. Probabilité de réalisation de cette hypothèse : 0,2 ;
– hypothèse médiane (B) : flux annuel de 40 K€. Probabilité de réalisation : 0,5 ;
– hypothèse optimiste (C) : flux annuel de 500 K€. Probabilité de réalisation : 0,3.

Le coût du capital pour l'entreprise est de 10 %.

Les flux nets annuels de liquidité étant constants, ils peuvent être calculés à partir des formules d'annuités constantes :

Hypothèse A : $\text{VAN(A)} = -1000 + 350\,\dfrac{1-1{,}10^{-3}}{0{,}10} = -130$

Hypothèse B : $\text{VAN(B)} = -1000 + 400\,\dfrac{1-1{,}10^{-3}}{0{,}10} = -5$

Hypothèse C : $\text{VAN(C)} = -1000 + 500\,\dfrac{1-1{,}10^{-3}}{0{,}10} = 243$

La rentabilité de l'investissement peut être appréciée à partir de l'espérance mathématique de cette VAN :

$$E(\text{VAN}) = (-130 \times 0{,}2) + (-5 \times 0{,}5) + (243 \times 0{,}3) = 44{,}4.$$

Le projet serait donc en moyenne rentable.

La variance et l'écart type de cette VAN mesurent le risque du projet :

$\text{Variance} = (-130)^2 \times 0{,}2 + (-5)^2 \times 0{,}5 + (243)^2 \times 0{,}3 - (44{,}4)^2 = 19\,136$

Écart type : $\sqrt{19\,136} = 138$.

C'est à partir de ces deux indicateurs de **rentabilité** et de **risque** que l'on prendra les décisions d'investissement, notamment pour comparer des projets d'investissement.

EXERCICES : série 33.

MOTS-CLÉS

• Actualisation • Besoin en fonds de roulement • Budget de financement • CAF (capacité d'autofinancement) • Capacité d'autofinancement • Choix d'investissement • Coût du capital • Crédit-bail • Critères de choix • Croissance • Délai de récupération • Économie d'impôt • Effet de levier • Emprunt • Financement • Flux net de liquidités • Indice • Investissement • Productivité • Profitabilité • Renouvellement • Rentabilité économique • Rentabilité financière • Risques • TIR (taux interne de rentabilité) • Valeur actuelle nette • VAN (valeur actuelle nette)

Chapitre 34

LA GESTION DES INVESTISSEMENTS : BUDGÉTISATION ET CONTRÔLE

1. Préparation des budgets

1.1 Le plan de financement

La gestion des investissements impliquant la prise en considération du devenir de l'entreprise à long terme, il importe de ne pas présenter des budgets à court terme sans confronter également besoins et ressources sur plusieurs années. C'est l'objet du plan de financement.

Ce plan confronte :

- les **emplois** liés aux investissements projetés : acquisitions d'immobilisations, augmentations du besoin en fonds de roulement, remboursements d'emprunts, dividendes versés sur les éventuelles augmentations de capital…,
- avec les **ressources** prévues pour les financer : capacité d'autofinancement, augmentations de capital, emprunts à long terme, cessions d'immobilisations, diminutions du besoin en fonds de roulement.

La différence entre ressources et emplois fait apparaître chaque année un **excédent** ou une **insuffisance** de financement.

Mais pour juger de l'équilibre financier du projet, c'est moins les soldes annuels qu'il convient de prendre en considération que leur **cumul**.

Le plan de financement suivant a été établi sur trois années :

	N + 1	*N* + 2	*N* + 3
RESSOURCES			
– Autofinancement		40 000	60 000
– Apports de fonds propres	660 000		
– Nouveaux emprunts		200 000	
– Ressources exceptionnelles			150 000
– Diminution de besoin en fonds de roulement		50 000	
Total (a)	660 000	290 000	210 000
EMPLOIS			
– Immobilisations incorporelles	50 000		
– Immobilisations corporelles	380 000	220 000	180 000
– Immobilisations financières		100 000	
– Remboursements d'emprunts			20 000
– Augmentation de besoin en fonds de roulement	170 000		20 000
Total (b)	600 000	320 000	220 000
Excédent } (a) – (b)	60 000		
Insuffisance } (a) – (b)		30 000	10 000
Report	0	60 000	30 000
Cumul	+ 60 000	+ 30 000	+ 20 000

La ligne « Cumul » étant toujours positive, le plan est équilibré : l'excédent de la première année compense les déficits des annés suivantes.

Cet équilibre du plan de financement ne préjuge en rien de la rentabilité des investissements concernés.

1.2 Ordonnancement et investissements

On a supposé dans les développements précédents que l'ensemble des opérations d'acquisition se faisait à un instant *t* unique (date 0).

Dans la pratique, les investissements se traduisent le plus souvent par des opérations échelonnées dans le temps et reliées entre elles par des **contraintes d'antériorité**.

Les flux financiers générés par ces opérations seront donc également étalés dans le temps.

Le recours à la théorie des graphes peut s'avérer nécessaire afin d'en déterminer les dates de façon plus précise.

EXEMPLE : La société SATAR envisage de faire construire et d'équiper une usine. Une étude préalable a permis d'établir un tableau des tâches à réaliser, des relations d'antériorité entre elles et des durées nécessaires pour chacune. Ces durées sont exprimées en mois, chaque fraction de mois étant comptée pour un mois.

Tâches	Nature des tâches	Tâches précédentes	Durées
a	Construction du bâtiment		8
b	Travaux d'électricité	*a*	2
c	Travaux de plomberie, canalisations	*a*	3
d	Installation de la climatisation	*c*	1
e	Travaux de menuiserie	*b, d*	3
f	Installation d'une chaîne de montage	*a*	2
g	Installation de machines M_1	*f*	2
h	Installation de Machines M_2	*c*	1
i	Installation de machines M_3	*h*	1
j	Travaux de peinture	*e, g, i*	1
k	Finitions diverses	*e, g, i*	2
l	Branchements et essais	*j, k*	1

Il s'agit de déterminer :

– à quelle date le projet sera effectivement opérationnel ;

– quelles seront les échéances des différents flux financiers liés à cette réalisation.

La méthode des potentiels (MPM) et la méthode PERT permettent de résoudre ce type de problème.

A. La méthode MPM (ou méthode des potentiels METRA)

a) Construction du graphe

Chaque sommet représente une tâche ou opération.

Chaque arc représente une contrainte d'antériorité.

La valuation a_{ij} associée à un arc reliant deux taches i et j est le délai minimal séparant le début des deux tâches ; le plus souvent il s'agit de la durée de la tâche origine.

Pour construire le graphe, on ordonne les sommets par niveau selon la procédure suivante :

Le niveau 0 regroupe l'ensemble des sommets sans précédent (tâche *a*).

Le niveau 1 regroupe l'ensemble des sommets sans précédent après élimination des sommets de niveau 0.

…

Le niveau *i* regroupe l'ensemble des sommets sans précédents après élimination des sommets de niveau inférieur à *i*.

L'application à notre exemple se présente ainsi :

	Niveaux					
	0	**1**	**2**	**3**	**4**	**5**
	Sommets précédents après élimination des sommets de niveau antérieur					
a						
b	*a*					
c	*a*					
d	*c*	*c*				
e	*b, d*	*b, d*	*d*			
f	*a*					
g	*f*	*f*				
h	*c*	*c*				
i	*h*	*h*	*h*			
j	*e, g, i*	*e, g, i*	*e, g, i*	*e, i*		
k	*e, g, i*	*e, g, i*	*e, g, i*	*e, i*		
l	*j, k*	*j, k*	*j, k*	*j, k*	*j, k*	
Sommets de niveau *i*	*a*	*b, c, f*	*d, g, h*	*e, i*	*j, k*	*l*

On place alors les sommets de gauche à droite dans l'ordre des niveaux.

Un arc du graphe relie les tâches entre lesquelles on a une relation d'antériorité. On ajoute une tâche Fin pour dater la fin des travaux.

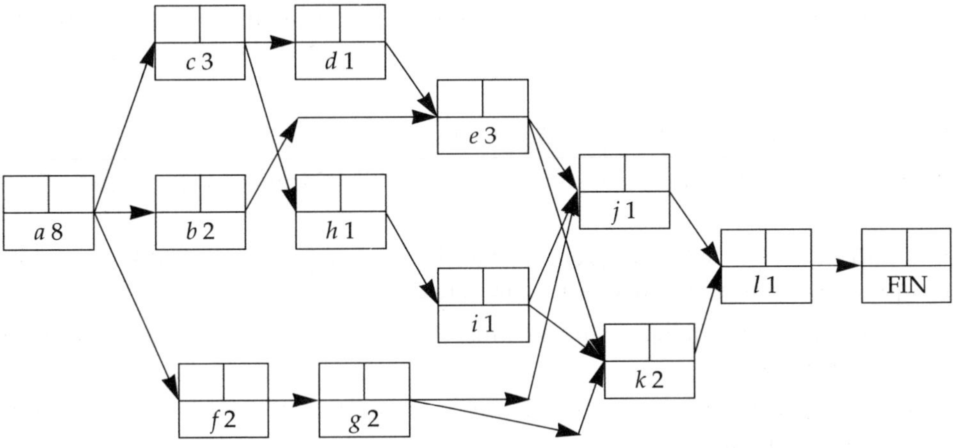

b) Détermination des dates au plus tôt

Pour chaque sommet (tâche) i de durée d_i, on va noter sur le graphe :

– T_i la date de début au plus tôt,

– T_i^* la date de début au plus tard que l'on notera ainsi sur le graphe :

T_i	T_i^*
$i\ d_i$	

L'algorithme est le suivant : toutes les tâches de niveau 0 (ici a) ont pour date au plus tôt $T_i = 0$.

Pour une tâche i de niveau k, T_i = Maximum $(T_j + d_j)$, j étant une tâche précédant i.

Au niveau 1, on aura donc : $T_c = 0 + 8 = 8$; $T_b = 0 + 8 = 8$; $T_f = 0 + 8 = 8$.

Au niveau 2 : $T_d = 8 + 3 = 11$; $T_h = 8 + 3 = 11$; $T_g = 8 + 2 = 10$.

Au niveau 3 : T_e = Maximum $(8 + 2 ; 11 + 1) = 12$; $T_i = 11 + 1 = 12$.

Au niveau 4 : T_j = Maximum $(12 + 3 ; 12 + 1 ; 10 + 2) = 15$;
T_k = Maximum $(12 + 3 ; 12 + 1 ; 10 + 2) = 15$.

Au niveau 5 : T_l = Maximum $(15 + 1 ; 15 + 2) = 17$.

Pour la tâche fin, $T_{\text{fin}} = 17 + 1 = 18$.

Les travaux seront donc terminés au plus tôt au bout de 18 mois.

c) Détermination des dates au plus tard

Pour la tâche fin, on pose $T^*_{\text{fin}} = T_{\text{fin}}$.

Pour une tâche i de niveau k, T_i^* = Minimum $(T_j^* - d_i)$, j étant une tâche suivante de i.

Niveau 5 : $T_l^* = 18 - 1 = 17$.

Niveau 4 : $T_j^* = 17 - 1 = 16$; $T_k^* = 17 - 2 = 15$.

Niveau 3 : T_e^* = Minimum $(16 - 3 ; 15 - 3) = 12$; T_i^* = Minimum $(16 - 1 ; 15 - 1) = 14$; etc.

Ces dates au plus tard indiquent la date limite à laquelle on peut commencer chaque tâche, sans remettre en cause la date de fin des travaux.

Les tâches pour lesquelles « date au plus tôt » = « date au plus tard » sont dites **tâches critiques**.

Tout retard pris sur l'une d'entre elles entraînera un retard sur la date de livraison finale des travaux.

Elles devront faire l'objet d'une surveillance toute particulière.

L'ensemble des tâches critiques constitue **le chemin critique**.

Il est noté sur le graphe en traits renforcés.

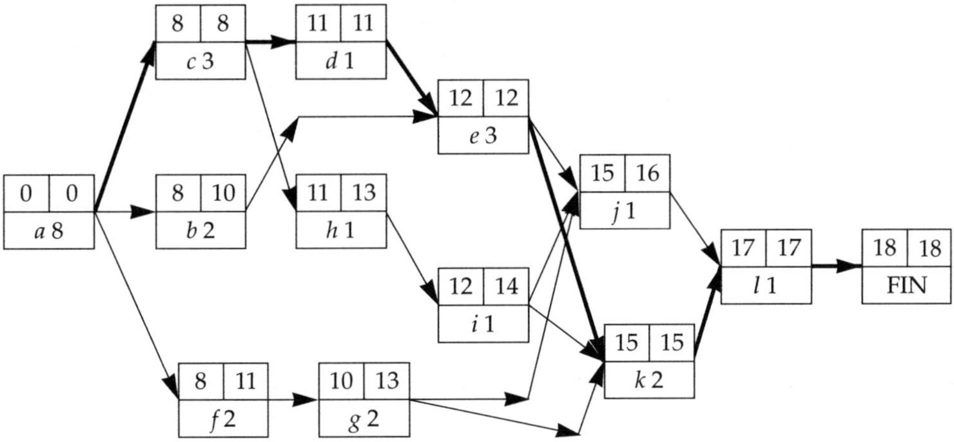

d) Détermination des marges

La différence entre date au plus tôt et date au plus tard est la **marge totale** : Mt_i.

Pour une tâche *i*, $Mt_i = T_i^* - T_i$.

On peut donc retarder le début d'une tâche *i* de Mt_i sans remettre en cause la date de début au plus tard des tâches suivantes.

Par définition, cette marge est nulle pour les tâches critiques.

On peut calculer également une **marge libre** : Ml_i.

C'est le délai sur lequel on peut jouer sans remettre en cause la date de début au plus tôt des tâches suivantes.

Elle se calcule par la formule suivante :

Minimum $(\boldsymbol{T_j - d_i}) - \boldsymbol{T_i}$, *j* étant une tâche suivante de *i*.

Exemple : la tâche *h* a pour date au plus tôt 11 ; elle peut commencer en 13 sans compromettre la fin des travaux en 18 ; sa marge totale est donc de 2 ; mais si on veut pouvoir réaliser toutes les tâches suivantes à leur date au plus tôt, la tâche *h* ne doit pas commencer au-delà de 11 (marge libre 0).

L'ensemble de ces résultats peut être noté dans le tableau suivant.

Tâches	Date de début au plus tôt : T_i	Date de début au plus tard : T_i^*	Marge totale	Marge libre
a	0	0	0	0
b	8	10	2	2
c	8	8	0	0
d	11	11	0	0
e	12	12	0	0
f	8	11	3	0
g	10	13	3	3
h	11	13	2	0
i	12	14	2	2
j	15	16	1	1
k	15	15	0	0
l	17	17	0	0
Fin	18	18	0	0

B. La méthode PERT (« program evaluation research task »)

a) Graphe

Les tâches sont représentées par les arcs du graphe ayant pour longueur la durée de la tâche.

Les sommets sont des **étapes** dont la signification est la suivante :
- toutes les tâches arrivant en ce sommet sont terminées ;
- toutes les tâches partant de ce sommet peuvent commencer.

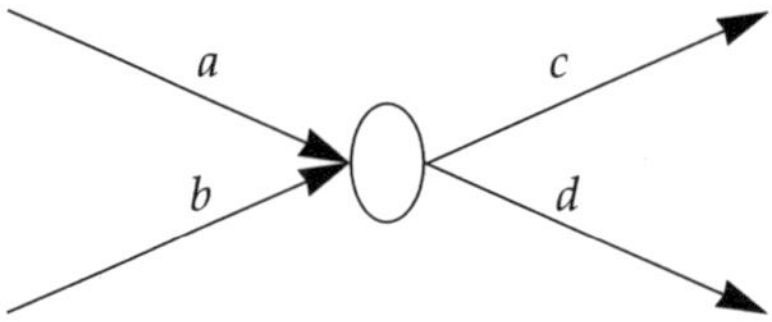

Ce schéma traduirait la relation : *a* et *b* précédent *c* et *d*.

Ce mode de représentation nécessite dans certains cas l'introduction de tâches fictives de longueur 0.

Pour traduire :
- *a* antérieur à *c* et *d*
- *b* antérieur à *c*

le schéma serait le suivant :

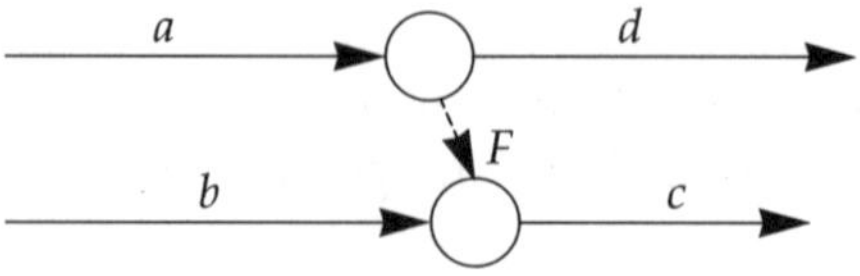

Le problème de la SATAR conduirait au graphe suivant :

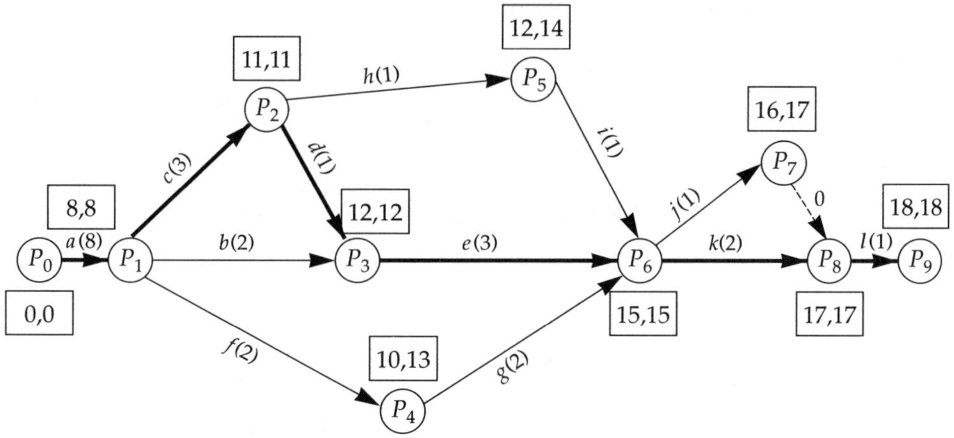

B. Détermination des dates au plus tôt et des dates au plus tard des étapes

Elle se fait par le même algorithme que celui utilisé dans la méthode MPM.

On a noté sur le graphe V_j et W_j les dates au plus tôt et au plus tard de ces étapes dans un rectangle :

V_j, W_j

C. Détermination des dates au plus tôt et des dates au plus tard des tâches

V_j est également la **date au plus tôt de toutes les tâches** partant de l'étape *j*.

Pour une tâche *i* de durée d_i arrivant à l'étape *j* la **date au plus tard** sera égale à $W_j - d_i$.

2. Présentation des budgets

2.1 Budget des acquisitions

ou budget des investissements proprement dit.

Ce budget se scinde également pour distinguer :

- les **engagements de dépenses** : dates à partir desquelles il n'est plus possible de renoncer aux dépenses sans payer un dédit. Les dates d'engagement des divers éléments d'un plan d'investissement sont dépendantes et un retard entraîne le décalage des dates suivantes. *Exemple :* acquisition d'un terrain avant la construction d'un bâtiment, elle-même précédant l'implantation de matériels ;
- les **décaissements** ou règlements successifs : ils dépendent des dates d'engagement et des conventions passées ;
- les **réceptions** : la possibilité pour l'entreprise de disposer effectivement des investissements dépendra de leurs dates (du moins de la réception provisoire). Les prévisions d'engagement doivent être faites en fonction des dates de réception espérées.

Pour tenir compte de ces trois aspects, le budget des acquisitions peut être présenté conformément à l'exemple suivant :

EXEMPLE : *Considérons le cas de la construction et de l'équipement d'une usine étudié précédemment. La société SATAR envisage de faire commencer les travaux le 15 décembre N et de faire réaliser tous les travaux au plus tôt. Les contacts pris avec constructeurs et installateurs ont permis de dresser le tableau suivant :*

	Coûts (millions)	Engagements (mois)	
a	1 000	3	Avant le début des travaux de chaque type
b	20	2	
c	30	2	
d	40	1	
e	20	2	
f	500	2	
g	70	2	
h	50	3	
i	60	2	
j	10	1	
k	10	1	
l	10	2	

Pour chaque chantier, il est prévu des paiements de 10 % à l'engagement, 20 % au début des travaux et 70 % à la fin des travaux.

En se basant sur le calendrier au plus tôt des tâches, on peut établir l'échéancier suivant des dépenses relatives à l'ensemble de l'opération :

Tâches	Dates à partir du début des travaux, durées et délais: Fin	Durée	Début	Délai d'engagement	Engagement	Réceptions: 8 A	10 O	11 N	12 D	13 J	15 M	16 A	17 M	18 J
						N+1	N+1	N+1	N+1	N+2	N+2	N+2	N+2	N+2
a	8	8	0	3	–3	1000								
b	10	2	8	2	6		20							
c	11	3	8	2	6			30						
d	12	1	11	1	10				40					
e	15	3	12	2	10						20			
f	10	2	8	2	6		500							
g	12	2	10	2	8				70					
h	12	1	11	3	8				50					
i	13	1	12	2	10					60				
j	16	1	15	1	14							10		
k	17	2	15	1	14								10	
l	18	1	17	2	15									10
						1000	520	30	160	60	20	10	10	10
						1 820								

Tâches	Engagements: –3 S	6 J	8 A	10 O	14 F	15 M
	N	N+1	N+1	N+1	N+2	N+2
a	1000					
b		20				
c		30				
d				40		
e				20		
f		500				
g			70			
h			50			
i				60		
j					10	
k					10	
l						10
	1000	550	120	120	20	10
	1 820					

Tâches	Décaissements: –3 S	0 D	6 J	8 A	10 O	11 N	12 D	13 J	14 F	15 M	16 A	17 M	18 J
	N	N	N+1	N+1	N+1	N+1	N+1	N+2	N+2	N+2	N+2	N+2	N+2
a	100	200		700									
b			2	4	14								
c			3	6		21							
d					4	8	28						
e					2		4			14			
f			50	100	350								
g				7	14		49						
h				5		10	35						
i					6		12	42					
j									1	2	7		
k									1	2		7	
l										1		2	7
	100	200	55	822	390	39	128	42	2	19	7	9	7
	1 820												

Cet échéancier permet de répartir les besoins de financement sur chacun des exercices N, $N + 1$, $N + 2$.

Il fournit d'autre part les informations nécessaires pour l'établissement du budget de trésorerie.

2.2 Budget de financement

Le budget des acquisitions ne peut être retenu que si le budget de financement fait apparaître la possibilité de dégager des ressources suffisantes. Les deux budgets sont étroitement liés, ainsi qu'il apparaît dans l'exemple suivant.

Budget des décaissements

	Montant prévu	N		N + 1		N + 2	
		1er semestre	2e semestre	1er semestre	2e semestre	1er semestre	2e semestre
Usine	1 820		300	55	1 379	86	
Immeuble	2 800	900	1 100	600	200		
Entrepôt	1 380			1 145	21	214	
	6 000	900	1 400	1 800	1 600	300	

Budget de financement

	Dépenses		Ressources				Cumul des ressources
	Décaissements	Cumul	Autofinancement	Cumul	Financement externe	Cumul	
1er semestre N	900	900	500	500	400	400	900
2e semestre N	1 400	2 300	700	1 200	700	1 100	2 300
1er semestre N + 1	1 800	4 100	800	2 000	1 000	2 100	4 100
2e semestre N + 1	1 600	5 700	800	2 800	800	2 900	5 700

Le financement externe à rechercher vient en complément de l'autofinancement prévu.

3. Contrôle des investissements

3.1 Contrôle des budgets

Dans le budget des investissements, les écarts sont fréquents :

- écarts de délais,
- écarts de montants.

Une surveillance régulière du budget est nécessaire et les décisions qui en résultent peuvent entraîner, sinon un arrêt du programme d'investissement, du moins éventuellement une reconversion.

3.2 Contrôle de la rentabilité

Il est également nécessaire de s'assurer que la rentabilité des investissements n'est pas trop inférieure à celle que l'on attendait.

Des calculs du même type que ceux envisagés pour le choix peuvent être effectués *a posteriori* :

– pour juger de la rentabilité,
– pour juger les méthodes de choix qui ont été utilisées.

EXERCICES : série 34.

MOTS-CLÉS

• • Budget • Budgétisation • Chemin critique • Contrainte d'antériorité • Contrôle • Décaissement • Emploi • Engagement • Graphe • Investissement • Marge • MPM (méthode des potentiels) • Ordonnancement • PERT • Plan de financement • Réception • Ressource • Tâches critiques

Chapitre 35

GESTION DE LA TRÉSORERIE

1. Les objectifs de la gestion de trésorerie

La gestion de trésorerie doit permettre à l'entreprise de faire face à tout moment aux échéances de ses dettes ; la cessation de paiement est en effet pour elle le risque majeur, et la prévention de ce risque est la condition même de sa survie.

Mais cette prévention doit se faire au moindre coût :
- un **déficit de trésorerie** peut, dans certaines conditions, être compensé par des concours bancaires ; mais ceux-ci entraînent un alourdissement des charges financières et peuvent grever la rentabilité de l'entreprise ;
- une **trésorerie excédentaire** a aussi un coût, même si celui-ci n'est pas inscrit explicitement dans les charges de l'entreprise ; il s'agit d'un « coût d'opportunité » ; les fonds immobilisés dans une trésorerie pléthorique pourraient être affectés à d'autres emplois générateurs de profit.

Comme en matière de stocks, on cherchera donc à optimiser la gestion de trésorerie avec un objectif de « trésorerie zéro ».

2. Les prévisions de trésorerie

Elles résultent de la conjonction de deux éléments :
- les budgets opérationnels étudiés précédemment (ventes, approvisionnements, production, investissements) ;
- les décalages de paiement.

2.1 Le budget de trésorerie : résultante des autres budgets

Le schéma des relations entre les différents budgets a déjà été présenté au chapitre 23 :

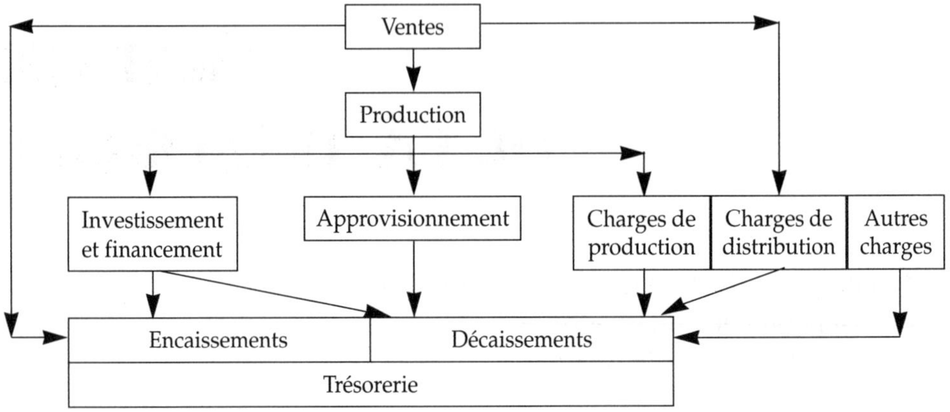

Les **entrées de trésorerie** (encaissements) proviennent :
- des ventes de l'entreprise ; il s'agit des ventes taxes comprises, la TVA étant reversée à l'État mais de façon décalée dans le temps ;
- des ressources à caractère plus exceptionnel issues des budgets d'investissement et de financement : cessions d'immobilisations, emprunts, augmentation de capital.

Les **sorties de trésorerie** (décaissements) correspondent :
- à des charges courantes de l'entreprise : achats, charges de production, charges de distribution ; lorsqu'elles sont soumises à TVA, ces charges sont à retenir pour leur montant taxes comprises ;
- il convient de noter que toutes les charges incluses dans les budgets opérationnels ne se traduisent pas par des dépenses : ainsi, les amortissements pris en compte dans les budgets de production sont sans effet sur les sorties de trésorerie.

2.2 Les décalages de paiement

Les pratiques commerciales courantes introduisent le plus souvent un décalage dans le temps entre produits et encaissements d'une part, charges et décaissements d'autre part.

Ces décalages sont pour certains **connus à l'avance de façon précise**.

Ils peuvent résulter en particulier de la réglementation sociale ou fiscale. Ainsi les charges sociales doivent être versées selon la taille de l'entreprise avant le 5 ou le 15 du mois suivant le paiement des salaires ; la TVA à décaisser est à verser, selon les entreprises, à une date limite située entre le 15 et le 25 du mois suivant la vente.

Le crédit client-fournisseur est à l'origine des plus longs **décalages de paiement**.

Cette importance tient pour une part à des usages propres à chaque profession. Les modalités classiques de règlements (30 jours fin de mois ou 60 jours fin de mois) induisent un décalage moyen de 45 ou 75 jours entre la vente et son encaissement ; mais le décalage réel est souvent plus important compte tenu des retards de règlement.

La durée du crédit fournisseur tient aussi parfois à un certain « **rapport de force** » entre client et fournisseur. Traditionnellement en France, la grande distribution tend à exiger de ses fournisseurs des délais de paiement très longs.

La pratique de l'escompte de ses traites permet à l'entreprise de réduire, moyennant un certain coût financier, l'effet de ces décalages sur sa trésorerie.

Une étude statistique des encaissements passés peut être utile dans certains cas afin d'analyser les modalités réelles de règlement des clients.

> *EXEMPLE : On a noté dans le tableau suivant les encaissements des ventes des 6 premiers mois de l'année.*

Mois de vente	Mois d'encaissement									
		J	**F**	**M**	**A**	**M**	**J**	**J**	**A**	**Total**
J	15 000	2 850	7 500	4 650						15 000
F	17 000		3 400	8 670	4 930					17 000
M	19 000			3 800	9 500	5 700				19 000
A	16 000				3 200	8 000	4 800			16 000
M	21 000					4 200	10 500	6 300		21 000
J	18 000						3 600	9 180	5 220	18 000

Le montant des encaissements de chaque mois a été rapporté ensuite au montant des ventes du mois *M*.

Mois de vente	Mois d'encaissement									
		J	**F**	**M**	**A**	**M**	**J**	**J**	**A**	**Total**
J	15 000	19 %	50 %	31 %						100 %
F	17 000		20 %	51 %	29 %					100 %
M	19 000			20 %	50 %	30 %				100 %
A	16 000				20 %	50 %	30 %			100 %
M	21 000					20 %	50 %	30 %		100 %
J	18 000						20 %	51 %	29 %	100 %
							Mois	*M*	*M* + 1	*M* + 2

Cette analyse montre que de façon à peu près constante, 20% des ventes sont encaissées le mois même, 50% le mois suivant, 30% deux mois plus tard. Ces taux pourront être appliqués pour les prévisions des mois suivants.

3. La budgétisation de la trésorerie

3.1 Choix de la période

La périodicité doit être adaptée au rythme des échéances les plus fréquentes. Les dépenses importantes ayant pour la plupart une fréquence mensuelle (salaires, charges sociales, paiement des fournisseurs en fin de mois, TVA, etc), c'est donc généralement le mois qui est retenu comme période de budgétisation. Il convient cependant de noter que l'équilibre mois par mois d'un tel budget ne garantit pas que des difficultés de paiement ne puissent survenir en cours de période…

L'établissement de budgets mensuels ne dispense donc pas d'un suivi plus précis de la trésorerie au jour le jour.

3.2 Exemple d'élaboration d'un budget de trésorerie

A. Énoncé

Une société exploite plusieurs magasins spécialisés dans la distribution de fournitures de bureau.

***a) Les budgets** suivants ont été établis pour le premier semestre de l'année* N :

Budget des ventes

	J	F	M	A	M	J
Ventes HT	97 000	112 500	115 000	140 000	165 000	180 000
TVA	19 012	22 050	22 540	27 440	32 340	35 280
Ventes TC	116 012	134 550	137 540	167 440	197 340	215 280

Budget des achats

	J	F	M	A	M	J
Achats HT	125 500		138 500		97 200	
TVA	24 598		27 146		19 051	
Achats TC	150 098		165 646		116 251	

Budget des autres charges

	J	F	M	A	M	J
Salaires bruts	43 000	43 000	43 000	43 000	43 000	43 000
Charges sociales	18 490	18 490	18 490	18 490	18 490	18 490
Charges diverses (non soumises à TVA)	5 500	6 500	5 420	3 290	7 500	3 050

Les charges diverses comprennent 2 000 € d'amortissement par mois.

***Budget des investissements :** acquisition d'un matériel informatique au mois d'avril, d'une valeur de 50 000 € hors taxes payable en mai.*

***b) Les décalages de paiement** suivants sont à prendre en compte :*
– 2/3 des ventes sont réglées au comptant (clientèle de particuliers), le reste à trente jours fin de mois ;
– la totalité des achats sont payés à 60 jours fin de mois ;
– les salaires nets (80 % des salaires bruts) sont payés en fin de mois, les versements aux organismes sociaux se font au 15 du mois suivant ;
– la TVA est décaissée le 20 de chaque mois.

***c) Le bilan au 1er janvier** fait ressortir les éléments suivants :*
– trésorerie : 125 000 ;
– clients : 40 000 encaissables en janvier ;
– fournisseurs : 142 000 payables en janvier ;
– TVA à décaisser : 8 500 ;
– organismes sociaux : 48 500.

B. Solution

Le budget des encaissements peut être présenté ainsi :

	J	F	M	A	M	J
Ventes TC	116 012	134 550	137 540	167 440	197 340	215 280
Encaissements au comptant (2/3 des ventes du mois M)	77 341	89 700	91 693	111 627	131 560	143 520
Encaissements à crédit (1/3 des ventes du mois M – 1)		38 671	44 850	45 847	55 813	65 780
Créances clients au bilan	40 000					
Total des encaissements	117 341	128 371	136 543	157 473	187 373	209 300

a) Budget des encaissements

Son élaboration pourra se faire en plusieurs étapes :

• ***Décaissements relatifs aux achats***

Il suffit de décaler les achats TC de 2 mois et de prendre en compte le règlement des fournisseurs figurant au bilan.

	J	F	M	A	M	J
Achats TC	150 098		165 646		116 251	
Règlements	142 000		150 098		165 646	

• ***Décaissements de la TVA***

La différence entre TVA sur ventes du mois *M* et TVA sur achats du mois *M* donne la TVA à décaisser (ou éventuellement un crédit de TVA à reporter) ; le versement aura lieu le mois *M* + 1 après déduction éventuelle d'un crédit de TVA antérieur.

	J	F	M	A	M	J
TVA sur ventes TVA sur achats TVA sur immobilisations	19 012 24 598	22 050 0	22 540 27 146	27 440 0 9 800(1)	32 340 19 051	35 280 0
TVA à décaisser Crédit de TVA	 – 5 586	22 050	 – 4 606	17 640	13 289	35 280
Règlement	8 500	0	16 464(2)	0	13 034(3)	13 289

(1) 50 000 × 0,196 = 9 800 (2) 22 050 – 5 586 = 16 464 (3) 17 640 – 4 606 = 13 034

• ***Décaissements des autres charges***

Les versements aux organismes sociaux doivent inclure :

– les cotisations salariales soit 20 % des salaires bruts et les charges sociales patronales ;

– leur règlement est décalé d'un mois par rapport aux salaires.

Pour les charges diverses, il faut exclure le montant des amortissements qui ne sont pas des charges décaissées.

	J	F	M	A	M	J
Salaires bruts Charges sociales Retenues salariales	43 000 18 490 8 600	43 000 18 490 8 600	43 000 18 490 8 600	43 000 18 490 8 600	43 000 18 490 8 600	43 000 18 490 8 600
Salaires nets(1) Organismes sociaux Autres charges	34 400 48 500 3 500	34 400 (2)27 090 4 500	34 400 27 090 3 420	34 400 27 090 1 290	34 400 27 090 5 500	34 400 27 090 1 050
Total des décaissements	86 400	65 990	64 910	62 780	66 990	62 540

(1) Salaires bruts – retenues salariales (2) Retenues salariales + charges sociales du mois M – 1

• ***Synthèse des décaissements***

Elle reprend l'ensemble des décaissements calculés précédemment plus éventuellement certains décaissements exceptionnels (investissement) :

	J	F	M	A	M	J
Règlement des achats Règlement de la TVA Paiement des autres charges Investissement	142 000 8 500 86 400	0 0 65 990	150 098 16 494 64 910	0 0 62 780	165 646 13 034 66 990 59 800	0 13 289 62 540
Total des décaissements	236 900	65 990	231 472	62 780	305 470	75 829

b) Budget de trésorerie

Il reprend le total des encaissements et décaissements et fait apparaître la trésorerie initiale et finale de chaque période.

	J	F	M	A	M	J
Trésorerie initiale	125 000	5 441	67 822	– 27 107	67 587	– 50 510
Encaissements	117 341	128 371	136 543	157 473	187 373	209 300
Décaissements	236 900	65 990	231 472	62 780	305 470	75 829
Trésorerie finale	5 441	*67 822*	– 27 107	67 587	– 50 510	82 961

3.3 Équilibrage de la trésorerie

L'étude précédente fait apparaître des déficits de trésorerie prévisibles fin mars et fin mai.

L'entreprise devra recourir à des concours bancaires afin de les combler.

Les deux formes les plus courantes en sont :

- l'escompte de traites ou de lettres de change relevés magnétiques (ou les bordereaux de cession de créances loi Dailly) ;
- le découvert bancaire.

Il conviendra aussi d'envisager les utilisations possibles des excédents.

A. L'escompte des traites ou des lettres de change relevés magnétiques

Cette procédure suppose que les créances commerciales soient matérialisées par des traites, acceptées par le client ou ait donné lieu à l'établissement de LCR magnétiques. En fonction de ses besoins et dans la limite d'un plafond d'escompte négocié avec sa banque, l'entreprise remettra ces traites à l'escompte pour disposer des fonds avant l'échéance.

APPLICATION À L'EXEMPLE

Supposons que l'escompte des traites se fasse au taux annuel de 9 %.

Le **déficit fin mars** n'apparaîtra qu'en fin de mois, au moment du paiement des fournisseurs. Les remises à l'escompte pour combler ce déficit seront des traites ou des LCR à échéance fin avril. Ces créances à fin avril correspondent aux règlements à crédit du mois d'avril soit 45 847 d'après le budget des encaissements.

Elles sont donc suffisantes pour couvrir le déficit de 27 107.

Soit X le montant à remettre à l'escompte :

L'escompte (intérêts débiteurs) sera égal à : $X\,\dfrac{0,09 \times 30}{360} = 0,0075X$

On devra donc avoir $X - 0{,}0075X = 27\,107$; $X = 27\,312$.

La trésorerie fin mars sera donc augmentée de 27 107 (déduction faite des commissions bancaires) ; en contrepartie, les règlements d'avril seront diminués de 27 312.

La trésorerie fin avril et fin mai est donc diminuée du montant de l'agio soit 205.

Le **déficit à couvrir fin mai** sera donc de 50 510 + 205 = 50 715.

Le même raisonnement que précédemment conduit à remettre à l'escompte un montant X tel que :

$$X - 0{,}0075\,X = 50\,715\ ;\ X = 51\,098.$$

L'agio de 383 réduira d'autant la trésorerie fin juin.

Le budget ajusté de trésorerie se présenterait ainsi :

	J	F	M	A	M	J
Trésorerie initiale	125 000	5 441	67 822	0	67 382	0
Encaissements	117 341	128 371	136 543	157 473	187 373	209 300
Escompte			27 107	– 27 312	50 715	– 51 098
Décaissements	236 900	65 990	231 472	62 780	305 470	75 829
Trésorerie finale	5 441	67 822	0	67 382	0	82 373

B. Le recours au découvert bancaire

Les banques peuvent dans certaines conditions autoriser les entreprises à avoir un découvert. Le taux appliqué sur ces découverts est généralement supérieur de 2 ou 3 points à celui de l'escompte, car ces crédits, non garantis par des traites, présentent pour les banques plus de risques d'impayés. Une commission de plus fort découvert représentant 0,05 % du plus fort découvert mensuel grève le coût de l'opération. L'intérêt est calculé sur le montant du découvert qui peut varier chaque jour.

APPLICATION À L'EXEMPLE

Supposons que le taux appliqué aux découverts soit de 12 %.

Analysons l'évolution de la trésorerie début avril.

Le découvert initial de 27 107 va se résorber progressivement au fur et à mesure des encaissements au comptant des ventes, diminués des charges payées au comptant. En supposant que leur répartition est régulière sur le mois, elles s'élèvent à 111 627 – 1 290 = 110 337 soit 3 678 par jour. Compte tenu des autres échéances de dépenses sur le mois, l'évolution de la trésorerie en avril se présente ainsi :

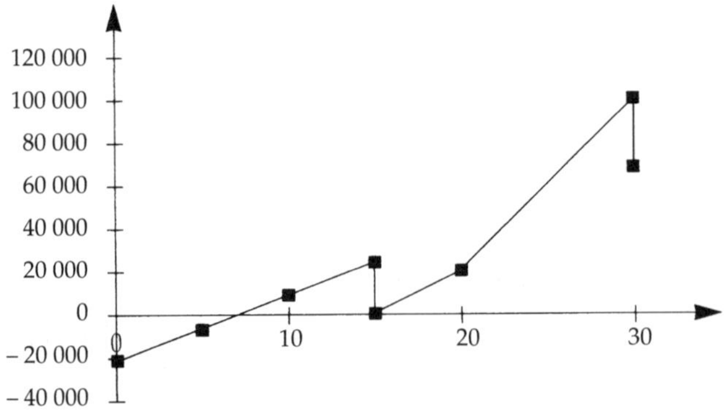

Le déficit est résorbé après environ 7 jours.

Pendant ces sept jours, l'intérêt à 12 % porte sur un découvert moyen de 27 107/2 = 13 554.

Montant des intérêts : $13\,554\ \frac{0,12 \times 7}{360} = 32$

Commission de plus fort découvert : $27\,107 \times 0{,}0005 = 14$

Agio total : 46

Ce montant est à comparer à celui de l'escompte sur la même période : 205.

Malgré son taux plus élevé, le crédit par découvert a ici un coût beaucoup plus faible car il adapte, contrairement à l'escompte, le montant et la durée du crédit aux besoins exacts de l'entreprise. C'est une formule plus souple pour la gestion de la trésorerie mais les banques peuvent en limiter l'octroi aux clients qui présentent des garanties suffisantes.

C. La gestion des excédents

Le trésorier pourra chercher à placer les soldes positifs prévisibles sur certaines périodes.

Ces placements doivent avoir des échéances rapprochées dans la mesure ou les excédents importants sont de courte durée.

Une diminution du recours au crédit fournisseur peut être une solution intéressante pour la gestion des excédents si les paiements au comptant donnent lieu à des escomptes de règlements.

3. Le contrôle de la trésorerie

Ce contrôle doit faire apparaître et analyser les écarts entre prévisions et réalisations pour les encaissements et pour les décaissements.

L'origine de ces **écarts** peut se trouver :

- dans le **non-respect des budgets** opérationnels (ventes, approvisionnements, production) dont le budget de trésorerie est la résultante ; il conviendra alors de faire les ajustements nécessaires pour tenir compte des variations d'activité ;
- dans le **non-respect des décalages de paiement** qui avaient été prévus : retards dans les paiements des clients ou dans l'obtention de certains concours financiers (emprunts, subventions, etc.).

Cette analyse peut déboucher sur une remise en cause des pratiques commerciales : contrôle préalable de la solvabilité des clients, délais de règlements accordés.

EXERCICES : série 35.

MOTS-CLÉS

• Budget • Budgétisation • Contrôle • Créances Dailly • Dailly
• Décaissement • Décalages • Découvert bancaire • Encaissement
• Équilibrage • Escompte • Excédents • Lettres de change relevés
• Traites • Trésorerie

Chapitre 36

La synthèse des prévisions : le budget général

1. Généralités

1.2 Les budgets annexes

Nous avons étudié précédemment les **principaux budgets opérationnels** de l'entreprise.

La diversité des situations peut conduire évidemment à établir d'autres budgets ; citons parmi les plus courants : le budget des charges de distribution, le budget des opérations financières, le budget des charges administratives.

Ce dernier est souvent important ; il concerne les fonctions de direction générale, gestion du personnel, comptabilité, gestion financière, secrétariat.

Il s'agit pour l'essentiel de **charges de structure** dans lesquelles la part des charges de personnel est généralement prépondérante.

Une analyse précise de l'évolution probable des salaires est donc nécessaire pour son élaboration.

EXEMPLE DE CALCUL : *Considérons un service administratif employant 50 personnes l'année N. Les charges de personnel ont été de 2 000 000 € l'année N.*

Le budget de l'année N + 1 doit prendre en compte les conséquences des accords salariaux qui sont intervenus sur les deux années :

Année *N*	**Année *N* + 1**
1 % au 1/01	2 % au 1/01
2 % au 1/04	
2 % au 1/09	2 % au 1/09

Afin de chiffrer l'impact sur la masse salariale annuelle de ces accords, il convient de raisonner sur un salaire de 100 à la fin de *N* – 1 et de suivre son évolution sur les 2 ans :

	1/01/*N*	**1/04/*N***	**1/09/*N***	**1/01/*N* + 1**	**1/09/*N* + 1**
Salaire	100 × 1,01 = 101	101 × 1,02 = 103,02	103,02 × 1,02 = 105,08	105,08 × 1,02 = 107,18	107,18 × 1,02 = 109,32
Nombre de mois payés à ce taux	3	5	4	8	4
Montant versé	101 × 3 = 303	515,10	420,32	857,44	437,28
Total sur l'année	Année *N* : 1 238,42			Année *N* + 1 : 1 294,72	

Le **taux d'augmentation** entre les deux années est égal à : $\frac{1\,294{,}72}{1\,238{,}42} - 1 = 4{,}546\ \%$

La **prévision de masse salariale** pour l'année *N* + 1 s'élève donc à 2 000 000 × 1,04546 = 2 090 920. Il s'agit là d'une prévision à effectif constant.

Il conviendrait ensuite de corriger ce montant :
- de l'effet des augmentations individuelles (promotions) ;
- de l'effet des embauches et des départs éventuels.

Supposons que l'on prévoit :
- le départ d'un salarié au 1/02/*N* + 1 au salaire mensuel (charges comprises) de 3 600 € au 1/01/*N* + 1 ;
- l'arrivée d'un nouveau salarié le 1/04/*N* + 1 au salaire mensuel de 3 000 €.

Effet du départ : S'il n'était pas parti, ce salarié aurait reçu : 7 mois à 3 600 et 4 mois à 3 600 × 1,02 soit 39 888 € qu'il convient de retrancher du montant précédent.

Effet de l'embauche : 5 mois à 3 000 et 4 mois à 3 000 × 1,02 soit 27 240 €.

Notre prévision de salaires sera donc après correction de :
2 090 920 + 27 240 – 39 888 = 2 078 272 €.

1.2 Les objectifs du budget général

À partir des différents budgets et de la situation en début d'année (bilan), on cherchera à établir :

- un compte de résultat prévisionnel pour l'année (ou pour la période si elle est différente de l'année),
- un bilan prévisionnel de fin d'année (ou de fin de période).

2. Application

2.1 Énoncé

Nous repartons des données utilisées au chapitre précédent pour élaborer le budget de trésorie :

a) Détail des budgets

Budget des ventes

	J	F	M	A	M	J	Total
Ventes HT	97 000	112 500	115 000	140 000	165 000	180 000	809 500
TVA	19 012	22 050	22 540	27 440	32 340	35 280	158 662
Ventes TC	116 012	134 550	137 540	167 440	197 340	215 280	968 162

Budget des achats

	J	F	M	A	M	J	Total
Achats HT	125 500		138 500		97 200		361 200
TVA	24 598		27 146		19 051		70 795
Achats TC	150 098		165 646		116 251		431 995

Budget des autres charges

	J	F	M	A	M	J	Total
Salaires bruts	43 000	43 000	43 000	43 000	43 000	43 000	258 000
Charges sociales	18 490	18 490	18 490	18 490	18 490	18 490	110 940
Charges diverses (non soumises à TVA)	5 500	6 500	5 420	3 290	7 500	3 050	31 260

Les charges diverses comprennent 2 000 € d'amortissement par mois.

Budget des investissements :

Acquisition d'un matériel informatique au mois d'avril, d'une valeur de 50 000 € hors taxes payable en mai.

b) Le bilan au 1er janvier *fait ressortir les éléments suivants :*

– trésorerie : 125 000,

– clients : 40 000 encaissables en janvier,

– fournisseurs : 142 000 payables en janvier,

– TVA à décaisser : 8 500,

– organismes sociaux : 48 500.

c) ***Complétons ces informations*** *par un certain nombre d'éléments nécessaires à l'établissement du budget général.*

Sur ses ventes de marchandises, la société applique un taux de marge moyen représentant 45 % du prix de vente hors taxes.

Les rubriques du bilan au premier janvier, non données dans l'énoncé précédent, sont les suivantes :
- *immobilisations nettes : 200 000,*
- *stock de marchandises : 95 000,*
- *capitaux propres : 261 000.*

2.2 Solution

On aurait donc le bilan schématique suivant en début de période :

Actif		Passif	
Immobilisations nettes	200 000	Capitaux propres	261 000
Stock de marchandises	95 000	Fournisseurs	142 000
Clients	40 000	État	8 500
Trésorerie	125 000	Organismes sociaux	48 500
	460 000		460 000

A. Établissement du compte de résultat prévisionnel

Les principaux éléments sont à rechercher dans la colonne *total* des budgets opérationnels.

Il convient bien entendu de retenir les éléments pour leur montant hors TVA déductible.

Ventes hors taxes : 809 500 (d'après budget des ventes).

Achats hors taxes : 361 200 (d'après budget des achats).

Charges de personnel : 258 000 + 110 940 = 368 940 (d'après budget des autres charges).

Charges diverses (hors amortissement) : 31 260 – 6 × 2 000 = 19 260.

Amortissement : 6 × 2 000 = 12 000.

Pour déterminer les **variations de stock de marchandises**, il convient de calculer le coût d'achat des marchandises vendues :

Le taux de marge représentant 45% du prix de vente, ce coût d'achat représente 55% des ventes hors taxes, soit 0,55 × 809 500 = 445 225.

Le compte de stock de marchandises peut donc être schématisé ainsi :

	Montants
Stock initial	95 000
Entrées (achats)	361 200
Sorties	445 225
Stock final	10 975

Soit une variation de stock de 95 000 – 10 975 = 84 025.

Des **charges financières** prévisibles ont été mises en évidence lors de l'équilibrage de la trésorerie.

Reportons nous au budget de trésorerie ajusté du chapitre précédent :

	J	F	M	A	M	J
Trésorerie initiale	125 000	5 441	67 822	0	67 382	0
Encaissements	117 341	128 371	136 543	157 473	187 373	209 300
Escompte			27 107	– 27 312	50 715	– 51 098
Décaissements	236 900	65 990	231 472	62 780	305 470	75 829
Trésorerie finale	5 441	67 822	0	67 382	0	82 373

La différence entre les valeurs nominales des effets escomptés et les valeurs nettes nous donne le montant des charges financières soit :

27 312 – 27 107 + 51 098 – 50 715 = 588.

Ces calculs préalables permettent de présenter le compte de résultat prévisionnel pour le premier semestre :

Charges		Produits	
Achats de marchandises	361 200	Ventes de marchandises	809 500
Variations de stock	84 025		
Charges de personnel	368 940		
Charges diverses	19 260		
Dotations	12 000		
Charges financières	588		
		Résultat (perte)	36 513
Total	846 013	Total	846 013

B. Établissement du bilan prévisionnel

À partir des budgets opérationnels, on recherche les montants de produits non encore encaissés au 30/06 et le montant des charges non encore décaissées. Ces sommes seront inscrites au bilan final en créances ou en dettes.

Ventes : il reste à encaisser 1/3 des ventes taxes comprises de juin soit 215 280/3 = 71 760. L'entreprise reste débitrice de ses achats taxes comprises de mai : 116 251.

Il reste à payer aux organismes sociaux : 20 % des salaires bruts de juin (8 600) et les charges sociales de juin (18 490) soit un total de 27 090.

On reste redevable de la TVA sur les ventes de juin (35 280), aucune TVA déductible n'étant apparue sur le même mois.

Les **immobilisations nettes** augmentent de 50 000 (acquisitions) et diminuent de 12 000 (amortissement) :

$$200\,000 + 50\,000 - 12\,000 = 238\,000$$

La **valeur du stock final** a été calculée pour l'établissement du compte de résultat : 10 975.

La **trésorerie finale** a été calculée dans le budget de trésorerie mois par mois : 82 373.

En l'absence d'un tel calcul mois par mois, ce montant peut être retrouvé dans un **budget global de trésorerie pour le semestre** :

Budget des encaissements	
Créances au 1/01	40 000
Ventes TTC	968 162
– Créances au 30/06	– 71 760
Total des encaissements	936 402

Budget des décaissements	
Fournisseurs au 1/01	142 000
État au 1/01	8 500
Organismes sociaux au 1/01	48 500
Achats TTC	431 995
TVA à décaisser(1)	78 067
Salaires bruts	258 000
Charges sociales	110 940
Charges diverses	19 260
Charges financières	588
Investissement	59 800
– Fournisseurs au 30/06	– 116 251
– État au 30/06	– 35 280
– Organismes sociaux au 30/06	– 27 090
Total des décaissements	979 029

(1) TVA sur ventes – TVA sur achats – TVA sur immobilisations.

Budget de trésorerie	
Trésorerie au 1/01	125 000
Encaissements	936 402
Décaissements	979 029
Trésorerie au 30/06	82 373

Le bilan au 30/06 se présente donc ainsi :

Actif		Passif	
Immobilisations nettes	238 000	Capitaux propres	261 000
		Résultat	– 36 513
Stock de marchandises	10 975	Fournisseurs	116 251
Clients	71 760	État	35 280
Trésorerie	82 373	Organismes sociaux	27 090
	403 108	Total	403 108

Le **rapprochement** des trois documents de synthèse (compte de résultat, bilan et budget de trésorerie) donne une vision globale sur l'évolution prévisible de l'entreprise. On peut conclure sur notre exemple :

– à une insuffisance de rentabilité (résultat négatif), malgré un taux de marge élevé ; le montant de charges de structure apparaît trop important par rapport

à l'activité prévue ; il restera à voir si l'augmentation des ventes en fin de semestre se confirme sur le second semestre ;
– à une situation de trésorerie qui reste pour le moment satisfaisante ; l'absence de rentabilité ne s'est pas encore traduite en termes de trésorerie en raison du déstockage et d'une situation de départ très excédentaire.

Au vu de ces prévisions, l'entreprise pourra être amenée à modifier sa politique : réduction des charges de structure et (ou) engagement de mesures pour développer l'activité ; placement des excédents temporaires de trésorerie.

3. Conclusion sur la méthode budgétaire

On voit que la méthode budgétaire peut être riche d'enseignements pour le gestionnaire.

Au travers des budgets, c'est l'ensemble de l'activité de l'entreprise qui est décrite et analysée.

Mais cette **méthode budgétaire est lourde à mettre en œuvre** : la cohérence nécessaire entre les différents budgets nécessite dans la phase d'élaboration de nombreux échanges d'informations entre responsables.

Il est fréquent dans de grandes organisations que la procédure budgétaire pour l'année N démarre au milieu de l'année $N - 1$.

Cette relative lourdeur se retrouve aussi dans la **phase de contrôle**. Le contrôle budgétaire implique la remontée de données comptables qui est souvent longue, malgré les progrès des traitements informatisés.

L'analyse des écarts risque alors d'être trop tardive pour permettre de prendre à temps les mesures correctives qui s'imposent.

La **validité** de la méthode budgétaire repose également sur la **fiabilité de ses prévisions**. Dans un environnement économique souvent qualifié de « turbulent », ces données prévisionnelles peuvent être remises en cause par l'évolution de la conjoncture économique et l'action de la concurrence.

Il peut être alors opportun dans le cadre des budgets d'envisager plusieurs hypothèses d'évolution de l'activité.

Des **simulations** peuvent être faites sur tableur afin d'envisager l'impact sur les budgets de ces différentes hypothèses.

EXERCICES : série 36.

MOTS-CLÉS

• Bilan • Budget • Budget de trésorerie • Budget des décaissements
• Budget des encaissements • Budget général • Fiabilité • Masse salariale
• Méthode budgétaire • Prévisionnel • Résultat

Chapitre 37

Le tableau de bord

1. Introduction

On retrouve sous cette appellation deux types de documents.

a) Le tableau de bord financier

S'appuyant sur des données comptables, il regroupe un certain nombre d'indicateurs caractéristiques de la situation financière de l'entreprise : ratios, soldes de gestion, etc.

Il fournit une information globale sur l'entreprise que la périodicité de certains traitements comptables ne permet généralement d'obtenir qu'une ou deux fois par an.

b) Les tableaux de bord de gestion parfois aussi appelés tableaux de bord de « pilotage »

Ils sont établis au niveau de chacun des centres de responsabilité de l'entreprise selon une périodicité beaucoup plus courte (semaine, mois).

Ils comportent un certain nombre d'indicateurs caractéristiques de la performance du centre.

C'est à cette seconde conception du tableau de bord que nous ferons référence dans la suite du chapitre.

En tant qu'outils du contrôle de gestion, ces tableaux de bord peuvent venir en complément du contrôle budgétaire, voire se substituer à lui dans de petites organisations.

2. Les objectifs du tableau de bord

2.1 Obtenir des informations dans un délai très court

Le contrôle budgétaire nécessite la remontée de données comptables dont les délais d'obtention sont souvent trop longs pour permettre à l'entreprise de prendre suffisamment vite les mesures correctives nécessaires.

Les informations fournies dans le tableau de bord doivent au contraire pouvoir être obtenues très **rapidement** pour permettre aux responsables de réagir immédiatement aux évolutions de l'environnement de l'entreprise.

Cette idée de « **pilotage en temps réel** » est à l'origine même du terme « tableau de bord ».

S'il n'est pas toujours possible d'obtenir l'information en temps réel, du moins convient-il que sa périodicité soit compatible avec celle des décisions que les responsables ont à prendre aux différents niveaux de l'entreprise.

2.2 Mettre en évidence certains paramètres de la compétitivité de l'entreprise

La comptabilité ne met pas en évidence tous les éléments de la compétitivité.

Aujourd'hui par exemple, la **qualité** est considérée comme un facteur essentiel de la performance à tous les niveaux de l'entreprise. Mais il est difficile, voire impossible, de faire apparaître cette composante en comptabilité. Les coûts de la « **non-qualité** » sont généralement des **coûts cachés**.

Dans un tableau de bord, on essayera de définir des **indicateurs** de non-qualité, par exemple, un rapport entre un nombre de pièces mises au rebut et un nombre de pièces fabriquées.

Contrairement donc au contrôle budgétaire qui ne raisonne que sur des valeurs, le tableau de bord pourra prendre en compte des éléments non monétaires : quantités, durées, etc.

On parle alors d'**indicateurs physiques**.

3. L'élaboration du tableau de bord

3.1 Le choix des indicateurs

Un tableau de bord est en principe associé à un **centre de responsabilités** (atelier, division commerciale, usine etc.).

A. Définition de la « mission » de ce centre

Par mission il faut entendre l'objectif de ce centre, la raison même pour laquelle il a été créé.

> EXEMPLE : *Considérons le* ***service de maintenance*** *d'une société de services informatiques.*
>
> *Les clients chez qui la société a installé un système informatique (matériel et logiciel), font appel à ce service dès qu'ils rencontrent un problème dans l'utilisation de leur système.*
>
> *Le service peut dans certains cas résoudre le problème par téléphone ; dans d'autres cas, le déplacement d'un technicien sur le site sera nécessaire.*
>
> *La* ***mission du centre*** *est donc ici le dépannage des clients.*

B. Définition de ses critères de réussite

Les critères de réussite du centre sont les éléments en fonction desquels on pourra dire qu'il a plus ou moins rempli sa mission.

Sur notre exemple, on pourra définir les critères de réussite suivants :

- la **qualité du diagnostic** de panne : le service doit savoir identifier la véritable cause du problème afin de proposer la solution adaptée ;
- la **rapidité de l'intervention** et de la résolution du problème ; c'est là en effet un facteur de compétitivité essentiel pour des activités de ce type (maintenance, service après-vente, etc) ;
- le **coût de l'intervention** ; il est de ce point de vue préférable que le problème soit résolu par téléphone. Ce n'est que dans le cas où une telle solution n'a pas été trouvée que l'on envisagera le déplacement d'un technicien.

C. L'association d'indicateurs à ces critères de réussite

Un indicateur sera donc une grandeur (absolue ou relative, monétaire ou non) permettant de mesurer le degré de satisfaction des critères de réussite précédemment définis.

On pourra associer à chaque critère, un ou deux indicateurs.

De préférence on calculera des indicateurs dont la valeur augmente avec le degré de satisfaction du critère de réussite.

APPLICATION À NOTRE EXEMPLE

a) La **qualité du diagnostic** de panne peut être évaluée par le pourcentage des interventions qui ne donnent pas lieu (dans un certain délai) à un second appel. On l'exprimera ainsi afin d'avoir une fonction croissante :

$$I_1 = 1 - \frac{\text{Nombre de seconds appels}}{\text{Nombre total d'appels}}$$

b) La **rapidité de l'intervention** pourra être évaluée par l'indicateur I_2 : temps moyen qui s'écoule entre l'appel du client et la fin de l'intervention (téléphonique ou sur site).

Si, commercialement, il est important d'assurer un dépannage le jour même, on pourra définir un second indicateur :

$$I_2 = \frac{\text{Nombre de clients satisfaits le jour même}}{\text{Nombre total d'appels}}$$

c) Le **coût de l'intervention** comprend deux éléments :

- le coût salarial lié au temps passé à l'intervention ;
- le coût éventuel des pièces à changer.

Seul le premier élément est sous le contrôle du centre de maintenance ; le coût des pièces à changer relevant de la responsabilité de la fabrication et/ou de l'approvisionnement, et n'a donc pas à être pris en compte dans ce tableau de bord.

Le coût salarial réel ne pourra être connu qu'*a posteriori* mais n'a pas d'intérêt en soi dans ce tableau de bord.

Le **temps moyen passé sur chaque intervention** I_3 est un indicateur suffisant.

En revanche le pourcentage de dépannages réalisés par téléphone est un élément essentiel de la productivité du centre.

L'indicateur correspondant serait : $I_3 = \dfrac{\text{Nombre de dépannages téléphoniques}}{\text{Nombre total de dépannages}}$.

d) On peut **ajouter certains indicateurs** dont le centre n'a pas lui-même la maîtrise, mais qui sont destinés à éclairer sur les conditions de son activité : le nombre total d'appels sur la période, l'évolution du parc de systèmes installés, etc.

3.2 La présentation du tableau de bord

La valeur prise par un indicateur n'a généralement d'intérêt que si elle est comparée à une norme et/ou à des valeurs observées sur le passé.

Une norme peut être un objectif fixé par l'entreprise (par exemple 90% de clients dépannés dans la journée même pour l'indicateur I_2) ; elle peut aussi dans certains cas résulter de données observées dans la profession.

Un clignotant est une valeur de l'indicateur en dessous de laquelle des actions correctives devront nécessairement être engagées ; si par suite d'une augmentation de l'activité, l'indicateur I_2 passait en dessous d'un certain seuil, on pourra être amené par exemple à accroître le personnel affecté au service.

L'aspect visuel peut être privilégié dans un tableau de bord et peut amener à utiliser des représentations graphiques plutôt que de simples données numériques.

Le support informatique de plus en plus utilisé pour la présentation des tableaux de bord offre de ce point de vue de multiples possibilités.

Celui de notre exemple pourrait avoir la présentation suivante :

Tableau de bord mensuel du centre maintenance : À fin avril *N*

Critères de réussite	Norme	Clignotant	Valeur de l'indicateur ou évolution
Indicateur d'activité du service : I_0 Nombre d'appels sur la période			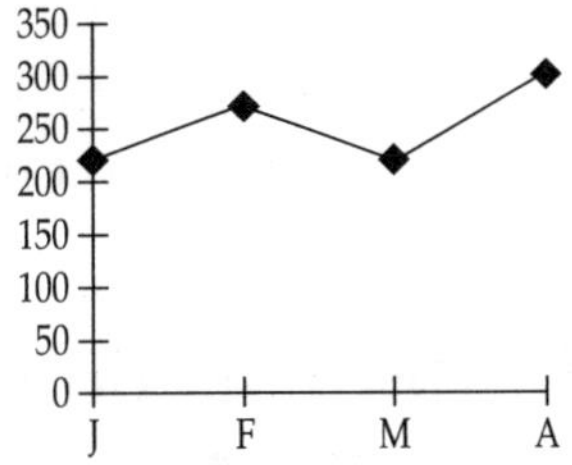
Indicateur de qualité du diagnostic $I_1 = 1 - \frac{\text{Nombre de seconds appels}}{\text{Nombre total d'appels}}$	80 %	70 %	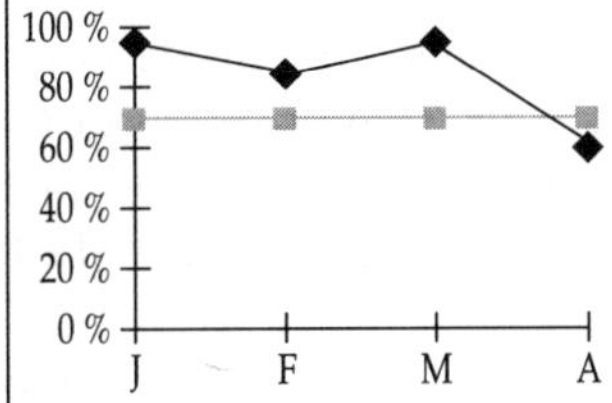
Indicateurs de rapidité d'intervention I_2 : temps moyen qui s'écoule entre l'appel du client et la fin de l'intervention $I_2 = \frac{\text{Nombre de clients satisfaits le jour même}}{\text{Nombre total d'appels}}$	4 h 90 %	6 h 70 %	3 h 35 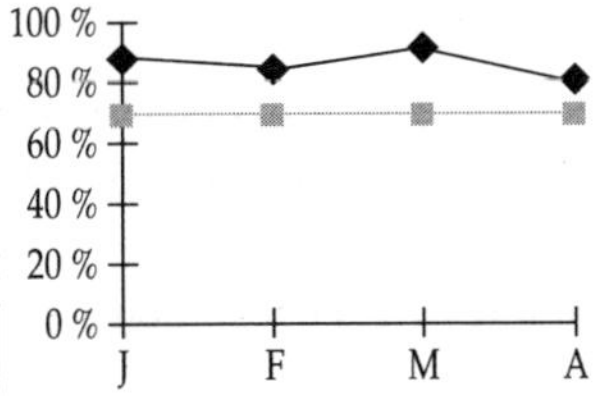
Indicateur de coût I_3 : temps moyen par intervention $I_3 = \frac{\text{Nombre de dépannages téléphoniques}}{\text{Nombre total de dépannages}}$	1 h 30 60 %	2 h 50 %	1 h 50 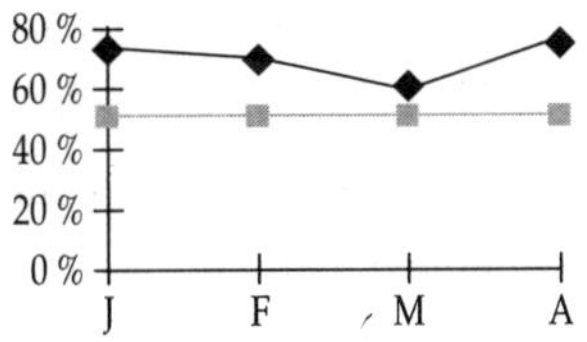

3.3 Imbrication des tableaux de bord de différents niveaux hiérarchiques

Le tableau de bord d'un niveau supérieur est souvent obtenu, au moins partiellement, par agrégation des données de niveau inférieur.

Considérons une société de la grande distribution :

– le chef de rayon tiendra un tableau de bord détaillant les ventes par familles de produits ;
– dans le tableau de bord du directeur de magasin seront repris les totaux par rayons ;
– le tableau de bord du directeur commercial de la société permettra le suivi des ventes par magasin et par familles de produits sur l'ensemble des magasins.

4. Modèles de tableaux de bord pour différentes fonctions

Bien que le tableau de bord doive être adapté à la situation de chaque entreprise, on peut donner un certain nombre d'éléments que l'on retrouve le plus souvent dans les centres, selon la fonction à laquelle ils se rattachent : approvisionnement, production, distribution, fonction financière.

Centre d'approvisionnement

Critères de réussite	Indicateurs possibles
Satisfaction des besoins des services de production	Fréquence des ruptures de stock
Qualité des approvisionnements	Taux de pièces défectueuses
Minimisation des coûts de stockage	Stock moyen par matière ou rotation du stock
Qualité de la négociation	Taux de remise obtenu ou rapport entre prix négocié et prix catalogue

Centre de production

Critères de réussite	Indicateurs possibles
Respect des programmes de fabrication	Rapport entre quantités produites et prévues
Respect des normes de qualité	Taux de pièces mises au rebut
Rendement matière	Rapport entre quantités produites et quantités de matières utilisées
Rendement machines	Production par heure machine

Centre de distribution

Critères de réussite	Indicateurs possibles
Satisfaction de la demande dans les délais annoncés	Pourcentage de ventes assuré dans les délais ou délai réel/délai annoncé
Satisfaction des exigences de qualité	Taux de retours
Solvabilité de la clientèle	Taux d'impayés
Qualité de la négociation	Taux de remise accordés
Respect des programmes de vente	Quantités vendues

Service financier chargé de la trésorerie

Critères de réussite	Indicateurs possibles
Disposer à tout moment des disponibilités nécessaires pour les règlements aux échéances prévues	Solde de trésorerie En-cours d'escompte Découvert bancaire
S'assurer de la rentrée des créances aux dates prévues	Montant des créances échues non réglées ; durée du crédit client
Minimiser les frais financiers	Montant des charges financières
Gérer les excédents	Produit des placements de trésorerie

5. Conclusion sur le tableau de bord

Bien conçu, le tableau de bord est un outil très utile pour le contrôle de gestion.

Il permet :

– une **décentralisation des décisions** car il donne aux différents responsables les éléments d'informations nécessaires pour ces décisions ;
– une **réaction rapide** aux évolutions de l'environnement qui peuvent imposer de modifier certains choix tactiques ou stratégiques ;
– une **évaluation** de la performance des centres de responsabilités au vu de l'évolution de leurs indicateurs.

EXERCICES : série 37.

MOTS-CLÉS

• Coût caché • Indicateur • Pilotage • Qualité • Responsabilité
• Tableau de bord

EXERCICES

Chaque série correspond à un chapitre de l'ouvrage
et le numéro de la série est le même que celui du chapitre.

Série 1

Les objectifs et les moyens de la comptabilité de gestion

1 Analyse simple de charges

Le compte trimestriel de résultat (résumé) de l'entreprise DOINE, qui fabrique et vend deux articles A et B, se présente comme suit :

Résultat

Achats de matières premières	420 000	Production vendue	1 060 000
Autres charges externes	400 000		
Charges de personnel	80 000		
Dotations aux amortissements	50 000		

L'analyse des charges et des produits par nature d'article fabriqué et vendu donne les éléments suivants.

Achats :
- pour A 180 000
- pour B 240 000

Charges de personnel :
- pour A 15 000
- pour B 65 000

Les autres charges doivent se répartir entre A et B proportionnellement aux nombres d'unités fabriquées et vendues, soit pour A : 8 000, pour B : 12 000.
Les amortissements doivent être affectés par moitié à chacun des deux produits.
Le prix de vente unitaire est de 50 € pour A et de 55 € pour B.
Il n'y a aucun stock ni en début ni en fin de trimestre.

Travail demandé

Répartir les charges entre les deux produits et déterminer leurs résultats respectifs.

2 Entreprises de services

Soit des entreprises produisant des services
– une entreprise de transport,

– un salon de coiffure,
– un établissement bancaire.

Travail demandé

Dans chaque cas, déterminer les différents coûts que ces entreprises pourraient calculer.

3 Exemples simples de charges directes ou indirectes

Dans une usine fabriquant des embrayages de différents modèles pour véhicules automobiles sur une chaîne unique de fabrication, on constate les charges suivantes :

– les pièces incorporées dans ces embrayages ;
– l'énergie électrique consommée sur la chaîne de fabrication ;
– la rémunération du personnel travaillant sur la chaîne de fabrication ;
– la rémunération du personnel de maîtrise (contremaîtres) ;
– l'amortissement de la chaîne de fabrication.

Dans un centre social qui gère trois services distincts : halte-garderie, loisirs du mercredi pour enfants, aide à domicile, les charges sont les suivantes :

– la rémunération des monitrices de la halte-garderie ;
– la rémunération de la directrice de la halte-garderie ;
– la rémunération de la directrice du centre social ;
– le salaire des aides à domicile ;
– le chauffage de la halte-garderie, installée dans ses propres locaux ;
– l'électricité des locaux du centre social, utilisés conjointement par les services loisirs et aide à domicile.

Travail demandé

Indiquer si les charges énumérées ci-dessus constituent des charges directes ou indirectes.

QUESTIONS

1. Définissez un coût. Définissez le coût de revient.
2. Les stocks de produits finis sont-ils évalués au coût de revient ? Justifiez la réponse.
3. Comparez prix d'achat et coût d'achat.
4. Comparez une marge et un résultat.
5. Expliquez pourquoi la flexibilité de la production crée des conditions particulières pour le calcul des coûts.

Série 2

L'organisation générale d'une comptabilité de gestion

1 Organigramme simple

L'entreprise ORG fabrique et commercialise trois produits A, B et C à partir de matières M, N et P. Les produits A et B sont fabriqués à partir des matières M et N associées dans des proportions différentes. Le produit C est fabriqué à partir du produit B, auquel on ajoute la matière P.

Travail demandé

Présenter un organigramme du type de celui du cours décrivant cette fabrication en vue de la mise sur pied d'une comptabilité analytique.

2 Organigramme d'une brasserie

La BRASSERIE P à S fabrique de la bière. Le cycle de production comporte quatre phases principales : maltage, brassage, fermentation, soutirage.
Le maltage a pour but la fabrication de malt à partir d'orge. Cette orge est nettoyée avant d'être mise en silo. Au fur et à mesure des besoins, l'orge est trempée, mise à germer, séchée sur une " touraille " d'où l'on retire le malt pour le stocker jusqu'à son utilisation en brasserie.
La brasserie écrase le malt puis, avec de l'eau l'empâte et le trempe dans une chaudière. Le malt est ensuite filtré pour séparer le moût sucré des drêches qui constituent des déchets vendus aux agriculteurs. Le moût est mélangé avec du houblon dans une " chaudière à houblonner ", puis séparé des feuilles de houblon épuisé dans un " panier à houblon ". Le moût bouillant est déversé dans des réservoirs puis réfrigéré et filtré pour être mis à fermenter après adjonction de levure. Cette fermentation a lieu pour moitié dans des cuves closes et pour moitié dans des cuves ouvertes. La bière mûrit ensuite lentement dans des réservoirs ou " tanks de garde " ; elle est ensuite filtrée puis stockée dans des réser-

voirs ou " tanks tampons ". Lors du soutirage, une partie de la bière est mise en fûts et l'autre partie en bouteilles lavées, bouchées et étiquetées.

Travail demandé

Établir un organigramme de comptabilité analytique, en faisant bien apparaître les coûts et les stocks.

3 Organigramme d'une fabrique de glace

La société G fabrique, entre autres produits, de la glace. La composition est réalisée par des mélanges à partir de matières premières qu'elle achète soit à ses filiales, soit à des fournisseurs indépendants du groupe (silice, carbonate et sulfate de soude, calcaire) et de calcin, c'est-à-dire des débris de verre de même composition destinés à l'accélération de la fusion.

La composition est déversée dans des fours contenant environ 1 000 tonnes de verre en fusion. Le chauffage est assuré par des brûleurs à mazout. Le verre progresse de lui-même de l'entrée vers la sortie du four ; c'est la coulée continue. A la sortie, le verre pâteux passe entre deux rouleaux d'une machine lamineuse. La feuille de verre est " doucie " sur ses deux faces par une série de meules en fonte, sous une boue de sable, avant d'être coupée. Les " volumes " sont alors acheminés vers les tables de polissage. La glace est ensuite lavée pour la débarrasser de toutes les crasses et impuretés.

Les glaces arrivent alors dans l'atelier de découpe où, en fonction de leur qualité, elles sont débitées suivant les besoins et mises en entrepôt (le calcin provient des débris de cette découpe).

Pour certains usages, on reprend une partie de ces glaces afin de leur faire subir la trempe, qui leur confère des qualités particulières. Elles sont ainsi portées à 700° environ et refroidies extérieurement de façon brutale par des jets d'air soufflé. On obtient la glace Securit, utilisée notamment dans l'industrie automobile.

Travail demandé

Établir un organigramme de comptabilité analytique permettant une analyse détaillée.

QUESTIONS

Indiquez si les éléments suivants sont des charges directes ou indirectes :
- les matières incorporées aux produits fabriqués,
- les rémunérations versées au personnel de la direction générale,
- les amortissements d'un atelier où ne passe qu'un seul produit,
- les primes d'assurances payées pour l'ensemble d'une usine fabriquant plusieurs produits.

Série 3

Le calcul des charges incorporables

1 Recherche de charges incorporables

L'examen des comptes de gestion de l'entreprise COB fait apparaître les éléments suivants.

- Pour le mois de décembre :
  - ensemble des comptes 60 à 66 : 127 000 €,
  - compte charges exceptionnelles : 6 000 €.
- Pour l'année écoulée :
  - compte 6811 : 63 000 €,
  - compte 6815 : 260 000 €

Parmi les dotations aux amortissements, 20 000 € concernent les frais d'établissement et parmi les dotations aux provisions, 27 000 € concernent un litige, et l'entreprise ne considère pas qu'il soit normal de les incorporer aux coûts. Les autres provisions correspondent à la moyenne annuelle prise en considération dans les calculs des autres mois.
Les capitaux propres de l'entreprise s'élèvent à 400 000 € et l'on fait entrer dans les coûts leur rémunération au taux de 9 %. De même, une rémunération fictive de l'exploitant est évaluée à 2 400 € par mois.

Travail demandé

Calculer le montant des charges incorporables aux coûts du mois de décembre.

2 Reconstitution des charges de la comptabilité générale

La comptabilité analytique de l'entreprise MUND fait apparaître un montant de charges incorporables aux coûts de l'année de 3 400 000 €. Ces charges ont été calculées à partir des charges de la comptabilité générale en faisant les corrections nécessitées par les éléments ci-après.

- 30 000 € de dotations aux amortissements des frais d'établissement (non incorporables) ont été comptabilisés en comptabilité générale.
- Les capitaux propres s'élèvent à 1 500 000 € et leur coût fictif a été évalué au taux de 8 %.
- Une rémunération fictive de l'exploitant a été prise en considération pour 2 500 € par mois.

Travail demandé

Retrouver le montant des charges de la comptabilité générale de l'année N.

3 Recherche de charges incorporables

En vue de calculer les différents coûts pour le mois de janvier, l'entreprise ECK vous fournit les informations suivantes.

- Charges comptabilisées en janvier : 360 000, dont 12 000 € de rappels de rémunérations versés en janvier pour des travaux effectués en décembre sur des produits qui ont été achevés en janvier.
- Les amortissements concernent :
  - des immobilisations amorties linéairement en dix ans et acquises pour 1 600 000 € ; dépréciation réelle : 100 000 € par an ;
  - des immobilisations soumises à l'amortissement dégressif et acquises début janvier au prix de 500 000 € pour une durée de cinq ans ; dépréciation réelle : 200 000 €.
- Les capitaux propres de l'entreprise s'élèvent à 1 200 000 € et l'on prend en considération une rémunération fictive de ces capitaux au taux de 8 % l'an.
- Il semble logique d'évaluer à 2 600 € par mois la rémunération que pourrait espérer l'exploitant pour un travail comparable à celui qu'il accomplit dans son entreprise.

Travail demandé

Déterminer le montant des charges incorporables aux coûts du mois de janvier.

QUESTIONS

1. Quels sont les objectifs de la prise en compte de charges supplétives ?
   Et qu'en est-il des charges non incorporables ?
2. Qu'entend-on par charges d'usage et par charges étalées ?

Série 4

Les charges directes et les charges indirectes

1 Répartition simple des charges

L'entreprise COFI a procédé à une ventilation de ses charges indirectes faisant apparaître :

– charges d'approvisionnement : 1 00 000 ;
– charges de production : 600 000 ;
– charges de distribution : 300 000 ;
– charges générales : 150 000.

En vue de l'imputation de ces charges aux coûts, on procède à une répartition simple.

Les charges générales sont d'abord réparties entre approvisionnement, production et distribution, proportionnellement aux montants respectifs de charges de ces fonctions. Ensuite, les imputations aux coûts sont faites ainsi :

– charges d'approvisionnement imputées aux coûts d'achat de M_1 et M_2 proportionnellement aux quantités de M_1 et M_2 achetées ;
– charges de distribution imputées aux coûts de distribution de P_1 et P_2 proportionnellement aux quantités de P_1 et P_2 vendues ;
– charges de production imputées aux coûts de production de P_1 et P_2 proportionnellement aux quantités de matières consommées.

Vous disposez des informations suivantes pour la période étudiée :

	Quantités achetées (kg)	**Quantités consommées** (kg)	
		Pour P_1	pour P_2
M_1	3 000	1 000	2 000
M_2	5 000	2 000	3 000

Il a été vendu 200 articles P_1 et 300 articles P_2.

Travail demandé

1. Répartir les charges générales.
2. Présenter un tableau faisant apparaître les imputations des charges aux divers coûts.
3. Critiquer ces méthodes de répartition et d'imputation.

2 Répartition de charges et résultats

La Société SuperC exploite une petite surface commerciale de 600 m^2 dans une ville de province.
L'activité du magasin est dissociée en deux rayons : l'alimentaire (A), qui occupe deux tiers de la surface, et le non-alimentaire (NA).
Sept personnes sont employées par le magasin, dont on vous donne les salaires bruts mensuels dans le tableau ci-dessous :

Fonction	Nombre	Salaire brut mensuel
Caissière	4	1 300
Responsable rayon alimentaire	1	1 900
Responsable rayon non-alimentaire	1	2 400
Directeur du magasin	1	3 200

Le taux des charges sociales représente 50 % des salaires bruts.
Les salaires des caissières sont à répartir au prorata du chiffre d'affaires des rayons ; celui du directeur est à attribuer par parts égales aux deux rayons.
Le chiffre d'affaires réalisé au mois de mars N a été de 300 000 € sur l'alimentaire et de 200 000 € sur le non-alimentaire.
Les marges réalisées (par rapport aux prix d'achat des produits) représentent :
- 20 % du prix d'achat des produits sur le rayon alimentaire ;
- 25 % du prix d'achat des produits sur le non-alimentaire.

Les frais de transport se sont montés à 2 % du prix d'achat.
Les amortissements sont de 3 600 € par mois et doivent être répartis en fonction des surfaces occupées.
Les autres charges, de 9 000 € par mois, s'imputent en fonction du chiffre d'affaires.

Travail demandé

1. Répartir les charges entre les deux rayons.
2. En déduire les résultats obtenus par chacun des rayons au mois de mars N.

3 Répartition des charges indirectes et concurrence

A. Une entreprise commerciale X achète trois produits A, B et C chez un grossiste en vue de les revendre.
Pour le mois de novembre, les achats sont les suivants :

- produit A : 4 000 kg à 100 €, soit 400 000 € ;
- produit B : 2 000 kg à 150 €, soit 300 000 € ;
- produit C : 1 500 kg à 300 €, soit 450 000 €.

Pour la même période, les frais généraux s'élèvent à 150 000 €.

En vue de fixer les prix de vente de chacun des produits, l'entreprise cherche à déterminer ses coûts de revient.

1re hypothèse : l'entreprise envisage une répartition égalitaire des charges indirectes entre chaque catégorie de produit.

2e hypothèse l'entreprise envisage une répartition au prorata des quantités achetées.

3e hypothèse : l'entreprise envisage une répartition au prorata des prix d'achat globaux.

Travail demandé

1. Calculer le coût de revient d'un kilogramme de chaque produit dans chacune des hypothèses.
2. Compte tenu d'une marge bénéficiaire de 10 % du coût de revient, fixer les prix de vente dans chacune des hypothèses.

B. L'entreprise X retient l'hypothèse 2. Une entreprise Y, placée dans les mêmes conditions (mêmes achats, mêmes charges), retient l'hypothèse 1.
En admettant un comportement rationnel des clients, on peut se demander vers quelle entreprise ces derniers vont se diriger pour chaque produit si leur demande n'excède pas les quantités offertes par une entreprise pour chacun de ces produits.

Travail demandé

1. Déterminer ce que vendra chaque entreprise en fonction des choix desclients.
2. Calculer le résultat pour chaque entreprise en admettant que les produits non vendus soient perdus et en admettant que les produits choisis par les clients à la question précédente soient tous vendus.
3. Conclure.

C. Les deux entreprises X et Y proposent en fait leurs produits sur un marché permettant d'écouler 7 000 kg de A, 3 400 kg de B, 2 500 kg de C.
Les hypothèses du paragraphe B sont par ailleurs maintenues.

Travail demandé

1. Déterminer ce que vendra chaque entreprise.
2. Calculer le résultat pour chaque entreprise.

QUESTIONS

1. Quand utilise-t-on les termes « imputation » et « affectation » ?
2. Quelle différence faites-vous entre matières premières et matières consommables ?

Série 5

Le traitement des charges indirectes

1 Établissement d'un tableau d'analyse simple

Dans l'entreprise industrielle PIVOT, les charges courantes suivantes, enregistrées en comptabilité générale, doivent être considérées comme des charges indirectes pour le calcul des coûts :

Fournitures administratives	:	1 200
Services extérieurs (comptes 61)	:	1 000
Services extérieurs (comptes 62)	:	800
Charges de personnel	:	26 000
Impôts et taxes	:	2 000
Dotations aux amortissements	:	1 000
Dotations aux provisions	:	500

Les charges indirectes sont réparties entre les centres suivants :

- Prestations connexes,
- Ébauchage,
- Finissage,
- Ventes au détail,
- Ventes en gros.

Les bases de répartition sont données dans le tableau ci-dessous (en pourcentage pour chaque charge).

Charges	Prestations connexes	Ébauchage	Finissage	Ventes au détail	Ventes en gros
Fournitures administratives	5	5	10	50	30
Services extérieurs (comptes 61)	80			10	10
Services extérieurs (comptes 62)		40		10	50
Charges de personnel	5	35	40	10	10
Impôts et taxes	20			50	30
Amortissements	20	20	20	20	20
Provisions				40	60

Travail demandé

1. Établir le tableau d'analyse des charges.
2. Calculer le coût des centres de production et de ventes, sachant que le coût du centre Prestations connexes se répartit entre les quatre centres principaux, à raison de :
   - Ebauchage : 20 % ;
   - Finissage : 50 % ;
   - Ventes au détail : 10 % ;
   - Ventes en gros : 20 %.
3. Calculer le coût de l'unité d'œuvre de chaque centre sachant que les unités d'œuvre sont les suivantes :
   - Ébauchage : 10 000 kg de matières premières ;
   - Finissage : 1 000 h de travail machine ;
   - Ventes au détail : 1 000 produits vendus ;
   - Ventes en gros : 2 000 produits vendus.

2 Transferts croisés entre deux centres

Après répartition primaire, le début d'un tableau d'analyse se présente ainsi :

	Centres auxiliaires		Centres principaux		
	Gestion des bâtiments	Prestations connexes (1)	Atelier A	Atelier B	Distribution
Totaux après répartition primaire	25 000	74 000	1 500 000	1 000 000	2 000 000
Répartition Gestion des bâtiments					
Répartition Prestations connexes					
Unités d'œuvre	h/ouvrier	km parcouru	kg produit	kg produit	produit vendu
Nombre d'unités d'œuvre	6 000	200 000	4 000	3 500	8 000
Coût de l'unité d'œuvre					

(1) Charges essentiellement relatives à divers transports.

Le centre Gestion des bâtiments a fourni 1 200 heures au centre Prestations connexes, 1 400 heures à l'atelier A, 2 500 heures à l'atelier B et le reste au centre Distribution.

Le centre Prestations connexes a parcouru 12 500 kilomètres pour le centre Gestion des bâtiments, 17 500 kilomètres pour l'atelier A, 24 000 kilomètres pour l'atelier B, et le reste pour le centre Distribution.

Travail demandé

Compléter ce tableau d'analyse.

3 Coûts de centres

La société TEXACO est la filiale d'un grand groupe pétrolier qui distribue des carburants achetés à la raffinerie dans différents points de ventes de la marque du groupe et dans quelques grandes surfaces.

Dans le calcul de ses coûts de revient et résultats, les centres Transports et Approvisionnements sont considérés comme auxiliaires par rapport à deux centres principaux : Distribution points de ventes et Distribution grandes surfaces.

Pour le mois de mars de l'année N, on a enregistré les éléments suivants :

	Approvisionnements	Transports	Distribution points de ventes	Distribution grandes surfaces
Achats de carburants	1 250 000			
Autres charges	250 000	180 000	200 000	180 000
Total primaire	1 500 000	180 000	200 000	180 000

Les prestations du centre Transports sont à répartir de la façon suivante : 20 % au centre Approvisionnements, 50 % au centre Distribution points de vente, 30 % au centre Distribution grandes surfaces.

Les prestations du centre Approvisionnements ont concerné le centre Transports à raison de 20 %. Le reste est imputé aux deux centres principaux en fonction des quantités vendues, soit 600 000 litres aux points de vente, et 1 000 000 litres aux grandes surfaces.

Travail demandé

Déterminer les coûts des centres principaux.

4 Charges supplétives et non incorporables. Abonnement

Le service de fabrication de l'entreprise industrielle SURP comprend deux ateliers A et B, qui produisent respectivement les pièces n° 1 et n° 2, et un atelier de montage et finition M.

Vous disposez, des informations suivantes concernant les charges indirectes de janvier N :

Fournitures administratives :	16 600 €
Autres fournitures :	2 950 €
Services extérieurs (comptes 61) :	9 500 €
Services extérieurs (comptes 62) :	8 000 €
Impôts et taxes :	5 000 €
Charges de personnel :	78 000 €
Provisions et amortissements :	8 550 €

Il est précisé qu'un montant de 1 700 € dans les provisions et amortissements concerne une provision non incorporable et que l'on estime à 43 200 € par an les charges supplétives.

Le tableau d'analyse a été commencé de la manière suivante.

Tableau d'analyse des charges indirectes

Charges par nature	Totaux	Énergie	Transport	Gestion des matériels	Approvisionnement	Atelier A	Atelier B	Atelier M	Distribution
Matières consommables	10 200	4 998		1 020		1 020	1 020	1 122	1 020
Fournitures administratives	16 600		1 328	8 466	996	1 992	996	2 160	662
Autres fournitures	2 950			2 065					885
Services extérieurs (comptes 61)	9 500	1 995	285	285	950	1 995	1 995	1 710	285
Services extérieurs (comptes 62)	8 000		8 000						
Impôts et taxes	5 000		600	1 200					3 200
Charges de personnel	78 000		3 120	7 020	3 900	17 160	20 280	18 718	7 802
Unité d'œuvre						1 pièce	1 pièce	1 objet	

On envisage d'utiliser les clés de répartition suivantes pour les lignes non encore chiffrées.

	Transport	Gestion des matériels	Approvisionnement	Atelier A	Atelier B	Atelier M	Distribution
Amortissements et provisions	6	3	7	22	36	22	4
Charges supplétives	8	11	5	14	14	40	8

La répartition des centres auxiliaires entre les autres centres se fait conformément aux pourcentages ci-après :

	Gestion des matériels	Approvisionnement	Atelier A	Atelier B	Atelier M	Distribution
Énergie			40 %	40 %	20 %	
Transport	10 %	30 %				60 %
Gestion des matériels		5 %	30 %	30 %	30 %	5 %

Pour janvier N, les productions sont les suivantes :

Pièce n° 1	: 5 000
Pièce n° 2	: 4 000
Objets terminés	: 5 000

Travail demandé

Compléter le tableau d'analyse et calculer le coût des unités d'œuvre des centres de production.

Remarque : arrondir les sommes à l'euro inférieur et les coûts des unités d'œuvre au centime le plus proche. Prévoir une colonne " Autres frais à couvrir " pour les frais résiduels de centres.

5 Choix d'unité d' œuvre

Dans l'atelier d'assemblage d'une fabrique d'appareils électroniques, on doit choisir entre deux unités d'œuvre possibles pour l'imputation des charges aux produits : l'heure-machine ou l'heure de main-d'œuvre directe.

Pour les six derniers mois, on a noté les éléments suivants :

	Charges	Heures de main-d'œuvre	Heures-machine
Juillet	41 000	810	648
Août	22 875	460	340
Septembre	47 560	850	690
Octobre	48 000	960	800
Novembre	45 500	890	850
Décembre	52 000	990	820

Travail demandé

Indiquer quelle unité d'œuvre doit être retenue si l'on se fonde sur une étude statistique appropriée.

QUESTIONS

1. Quand utilise-t-on les termes « imputation », « affectation », « répartition » ?
2. À quoi servent les calculs de coûts d'unités d'œuvre (observez un schéma d'organisation de comptabilité analytique) ?
3. Quelle différence y a-t-il entre « unité d'œuvre » et « taux de frais » ?

Série 6

La méthode fondée sur des coefficients d'équivalence

1 Méthode des équivalences

Une entreprise, fabriquant des petites pièces métalliques : boulons, vis, écrous..., a adopté la méthode des coefficients d'équivalence pour la détermination de ses coûts de production.
Les coefficients d'équivalence ont été déterminés après enquête statistique prenant essentiellement en compte des différences de poids, de volume, de dimension.
La table d'équivalence suivante a été obtenue.

Éléments de coût / Fabrication	Matières premières	Main-d'œuvre	Énergie	Entretien	Amortissements des équipements
Boulon	1	1	1	1	1
Vis	0,80	1,12	1,10	1,10	1,10
Écrou	1,25	1,10	1,40	1,24	1,12
Clou	1,10	0,9	0,80	1,10	1,10
Rondelle	0,30	0,8	1	0,4	0,5

On admet que le coefficient global résulte du calcul de la moyenne arithmétique pondérée des coefficients partiels. Les coefficients de pondération sont 2 pour les matières premières, 3 pour la main-d'œuvre et 1 pour les autres éléments de coût.
La production globale quotidienne est (en unités fabriquées) de : 10 000 boulons, 15 000 vis, 30 000 écrous, 50 000 clous, 8 000 rondelles.

Travail demandé

1. Évaluer la production quotidienne en unités de référence.
2. Calculer le coût de production d'une unité de chaque type de fabrication sachant que l'entreprise travaille 24 jours par mois et que le total mensuel des charges est de 110 988 €.

2 Méthode des équivalences

La Société QUATRIX fabriquant des pièces détachées pour automobiles a une production très diversifiée de 1 000 articles environ. La production est classée en quatre grandes familles d'articles : A, B, C et D.

La détermination des coûts par famille se fait selon les méthodes traditionnelles ; en revanche, à l'intérieur de chaque famille, une table de correspondance permet l'application de la méthode des équivalences. L'entreprise calcule des coûts de production mensuels. Pour le mois de janvier N, des calculs préalables ont conduit aux résultats suivants :

	Charges directes	Charges indirectes
Famille A	51 000	42 500
Famille B	400 000	303 000
Famille C	350 000	95 280
Famille D	155 100	300 000

Par ailleurs, vous disposez des informations ci-après :

Articles : A_i	Coefficient : a_i	Production : q_i
A_{000}	1	
…	…	
A_{122}	1,08	20 000
A_{123}	0,78	18 000
A_{124}	1,32	23 000
A_{125}	1,13	15 000
A_{126}	1,10	16 000

$\sum q_i a_i = 4\,250\,000$
$\sum q_i b_i = 3\,800$
$\sum q_i c_i = 24\,200$
$\sum q_i d_i = 246\,000$

Travail demandé

1. Calculer les coûts unitaires des articles de référence des quatre familles.
2. Évaluer les coûts des productions mensuelles des articles A_{122}, A_{123}, A_{124}, A_{125} et A_{126}.

QUESTIONS

1. Donnez une définition de la méthode des équivalences.
2. Quel rapprochement peut-on faire entre l'évaluation des en-cours et la méthode des équivalences ?

Série 7

Les principes de comptabilisation

1 Écritures de répartition entre centres d'analyse

Considérer l'exercice 1, série 5.

Travail demandé

1. Présenter en deux écritures la répartition des charges indirectes entre les centres d'analyse :
   - une écriture pour la répartition primaire,
   - une écriture pour la répartition secondaire.
2. Présenter cette répartition en une seule écriture.

2 Comptes schématiques

Considérer l'exercice 4, série 5.

Travail demandé

Présenter les comptes schématiques correspondant à la répartition primaire puis secondaire des charges.

3 Schématisation d'une comptabilité analytique

L'entreprise BANQUIE est spécialisée dans la fabrication d'un produit unique P à partir d'une matière première.
Pour le mois de janvier, vous disposez des informations suivantes concernant la comptabilité analytique.

- **Stocks au 1er janvier**

– Matières premières : 2 750 kg à 30 € le kg, soit 82 500 €
– Produit finis : 400 kg à 90 € le kg, soit 36 000 €.

- **Achats de matières premières** : 11 000 kg à 20 € le kg, soit 220 000 €.

- **Charges directes** :
- d'approvisionnement : 29 000 €,
- de production : 200 000 €,
- de distribution : 25 000 €.
- **Charges indirectes** : le tableau d'analyse apparaît ci-après.

		Centres auxiliaires	Centre approvisionnement	Centre production	Centre distribution	Différences d'incorporation
Charges par nature	580 000	78 500	70 000	290 000	140 000	1 500
Charges supplétives	3 500	3 500				
Totaux après répartition primaire	583 500	82 000	70 000	290 000	140 000	1 500
Répartition secondaire		– 82 000	14 000	50 000	18 000	
Totaux définitifs	583 500	0	84 000	340 000	158 000	1 500

- **Stock au 31 janvier**
- matières premières : néant
- produits finis : néant.

Travail demandé

En utilisant les informations concernant cette entreprise, chiffrer un jeu de comptes du type de celui de la page 51 du chapitre 7.

Remarque : cet exemple est établi de façon à éviter des calculs qui nécessiteraient la connaissance des chapitres suivants. C'est dans cette optique notamment que l'on envisage l'hypothèse de stocks nuls en fin de période.

4 Tenue d'une comptabilité autonome avec écritures en partie double

Considérer les informations concernant l'entreprise BANQUIE fournies dans l'exercice précédent.

Travail demandé

Présenter le journal d'une comptabilité analytique autonome jusqu'à la détermination du coût de revient.

QUESTIONS

1. Qu'est-ce qu'un compte réfléchi ? Pourquoi le qualifie-t-on de « réfléchi » ?
2. À votre avis, que reste-t-il comme comptes en fin d'exercice dans une balance de comptabilité analytique autonome ?

Série 8

Les coûts d'achat

1 Établissement d'un tableau de coûts d'achat

L'entreprise MALDA fabrique divers produits à partir de deux matières premières, A et B. Les achats du mois de janvier ont été (hors taxes) :

- pour A, de 10 000 kg à 10 € le kg,
- pour B, de 20 000 kg à 15 € le kg.

Le tableau d'analyse des charges indirectes comporte entre autres un centre Approvisionnement dont le total après répartition secondaire est de 60 000 €. Le tonnage des livraisons étant sensiblement constant, on a retenu pour unité d'œuvre de ce centre le kilogramme de matière achetée.

Travail demandé

Présenter un tableau de calcul des coûts d'achat.

2 Calcul d'un coût d'achat

Le 15 octobre, l'entreprise DOVÉ a pris livraison d'un lot de marchandises expédiées en port dû et facturées 1 495 € toutes taxes comprises (taux de TVA : 19,6 %). Les frais de transport incorporables aux coûts de la comptabilité analytique et concernant cette livraison s'élèvent à 30 €.
La réception, qui a duré 75 minutes, est assurée par un contrôleur dont le coût par heure de contrôle est de 20 €. Le tableau d'analyse des charges indirectes du mois d'octobre comprend un centre Approvisionnement, pour lequel l'unité d'œuvre « commande réceptionnée » est évaluée à 7 €.

Travail demandé

Calculer le coût d'achat de cette commande.

3 Reconstitution des éléments d'un coût d'achat

Le coût d'achat d'une commande est évalué à 1 980 €. Ce coût est égal aux 11/10e du prix d'achat et les frais de transport sur achats représentent le tiers des frais de contrôle et le double des frais de manutention.

Travail demandé

Retrouver les différents éléments de ce coût d'achat.

4 Calcul d'un coût d'achat – Recherche d'un prix de vente

La Société IKÉO commercialise des mobiliers en kit, achetés à un grand nombre de fournisseurs. Pour le calcul de ses coûts, elle a un centre Approvisionnement regroupant les salaires et charges des personnes suivantes :

Nombre et fonction		Salaire brut mensuel
1	directeur des achats	3 600
2	secrétaires service des achats	1 500
1	magasinier	2 400
4	manutentionnaires	1 300
2	personnes chargées du contrôle réception	1 700

Tous les salariés sont payés sur treize mois et disposent de cinq semaines de congés payés.
Le taux des charges sociales pour l'employeur est de 50 % du salaire brut.

À ces charges de personnel il convient d'ajouter :
- l'amortissement des locaux pour un montant hebdomadaire de 500 € ;
- des charges diverses pour 2 400 € par semaine.

Le calcul des coûts se fait par semaine.
L'assiette de frais retenue pour ce centre est le prix d'achat.
Le montant global des achats de la semaine a été de 510 121 €.

Travail demandé

1. Déterminer le coût d'achat d'une bibliothèque en pin achetée au prix de 300 € HT.
2. Si le magasin revend les articles de façon à obtenir un bénéfice représentant 25 % de son prix de vente, déterminer ce prix de vente.

QUESTIONS

1. Quelle différence faites-vous entre prix d'achat et coût d'achat ?
2. La taxe sur la valeur ajoutée fait-elle partie du coût d'achat ?

Série 9

La tenue des comptes de stocks

1 Coût moyen unitaire pondéré et dernier entré, premier sorti

Dans une entreprise industrielle, les mouvements de la matière première X pendant le mois de mai ont été les suivants

2 mai, en stock : 320 kg à 0,80 € le kg ;
3 mai, sortie de 80 kg pour la commande n° 436 ;
4 mai, réception de 120 kg facturés à 0,98 € le kg ;
6 mai, sortie de 100 kg pour la commande n° 438 ;
11 mai, sortie de 80 kg pour la commande n° 439 ;
18 mai, entrée de 120 kg au prix de 1,06 € le kg ;
20 mai, sortie de 100 kg pour la commande n° 438 ;
27 mai, entrée de 150 kg au prix de 1,08 € le kg ;
30 mai, sortie de 80 kg pour la commande n° 439.

Travail demandé

1. Présenter le compte de stock en évaluant les sorties au coût moyen unitaire pondéré (en conservant éventuellement quatre décimales).
2. Présenter le compte de stock en évaluant les sorties suivant la méthode du dernier entré, premier sorti.

2 Diverses méthodes d'évaluation des sorties. Deux mois successifs

L'entreprise C utilise pour sa fabrication un raccord de fonte dénommé R5760 qu'elle se procure auprès de plusieurs fournisseurs.
Pendant les mois de janvier et février, les mouvements suivants ont été enregistrés sur les fiches de stock du magasin :

1er janvier :	stock de 100 pièces à 12,50 € ;
3 janvier :	bon de sortie n° 10, 80 pièces ;
8 janvier :	reçu de X, fournisseur, 200 pièces à 13,10 € ;
12 janvier :	bon de sortie n° 11, 120 pièces ;
18 janvier :	bon de sortie n° 30, 60 pièces ;
22 janvier :	reçu de Y, fournisseur, 160 pièces à 12,80 € ;
3 février :	bon de sortie n° 35, 150 pièces ;
5 février :	reçu de X, fournisseur, 300 pièces à 12,50 € ;
6 février :	reçu de Z, fournisseur, 135 pièces à 12,00 € ;
19 février :	bon de sortie n° 41, 240 pièces ;
25 février :	reçu de Y, fournisseur, 80 pièces à 13,20 € ;
26 février :	bon de sortie n° 48, 100 pièces.

Travail demandé

Pour les deux mois, évaluer les sorties en présentant les comptes de stocks avec arrêté à la fin de chaque mois, dans les hypothèses suivantes :
1re hypothèse : méthode du coût moyen pondéré avec cumul sur le stock initial ;
2e hypothèse : méthode du coût moyen pondéré après chaque entrée ;
3e hypothèse : méthode du premier entré, premier sorti ;
4e hypothèse : méthode du dernier entré, premier sorti.

Remarque : arrondir les coûts unitaires au centime le plus proche.

3 Influence des méthodes d'évaluation des sorties de stock sur le bénéfice

La SOCIÉTÉ INDUSTRIELLE DU NORD a commencé sa production le 1er janvier avec un stock de matières premières de 2 000 kg achetées à 5 € le kilogramme.
Un examen des livres comptables et des fiches de stocks des magasins donne les renseignements suivants pour la période qui s'achève au 30 avril :

Achats	Sorties pour la fabrication	
2 février : 1 200 kg à 6,00 € le kg	15 janvier : 500 kg	15 mars : 600 kg
1er mars : 1 320 kg à 8,10 € le kg	31 janvier : 700 kg	31 mars : 800 kg
1er avril : 1 400 kg à 7,05 € le kg	15 février : 600 kg	15 avril : 700 kg
	28 février : 720 kg	30 avril : 700 kg

Au 30 avril, le prix des matières premières sur le marché est de 6,50 € le kilogramme. La société n'a pas encore choisi la méthode pour calculer la valeur des sorties de matières premières, mais la direction envisage d'employer l'une des trois méthodes suivantes :

- coût moyen pondéré des achats avec cumul du stock (pour la période considérée) ;
- premier entré, premier sorti ;
- dernier entré, premier sorti.

Travail demandé

1. Établir le compte de stock des matières premières, pour la période considérée, en appliquant chacune des trois méthodes.

2. Sachant que les ventes des quatre mois s'élèvent à 55 000 € et en admettant que ces ventes correspondent à la production de la période considérée et que les charges autres que les matières s'élèvent à 19 500 €, déterminer l'incidence de chaque méthode de valorisation des sorties sur le bénéfice.
3. Le stock de matières premières devant figurer au bilan du 30 avril au coût moyen pondéré des achats ou au prix du marché si ce dernier est inférieur au premier, déterminer la correction à apporter éventuellement à l'évaluation du stock telle qu'elle résulte de l'emploi des méthodes proposées.

Remarque : arrondir les coûts unitaires au centime le plus proche.

4 Coûts théoriques de sortie

L'entreprise PIBELINS utilise, pour la fabrication de ses produits, une seule matière première N, dont le stock au 1er janvier s'établissait à 166 400 kg à 5 € le kilogramme, soit 832 000 €.

Les mouvements de ce stock ont été les suivants en janvier :

6 janvier, sortie de matière première pour le compte de la commande en cours n° 302 : 10 000 kg ;
9 janvier, réception de 25 000 kg au coût d'achat global de 132 256 € ;
17 janvier, sortie pour la commande n° 302 : 20 000 kg ;
24 janvier, réception de 8 070 kg au coût d'achat total de 42 367,50 € ;
27 janvier, sortie pour la commande n° 303 : 3 000 kg.

Pour accélérer le calcul de ses coûts de revient, l'entreprise utilise la méthode des prix prévisionnels de sortie de stock, soit pour janvier 5 € par kilogramme de matière première.

Travail demandé

1. Établir le compte de stock de la matière première N, les sorties étant évaluées au coût prévisionnel.
2. Indiquer les rectifications découlant de la connaissance du coût exact des sorties qui devront être apportées en fin de mois.

Remarque : calculer les coûts unitaires avec quatre décimales.

5 Comparaison des modes d'évaluation des sorties de stock

La société ET INFORMATIQUE importe, de Taïwan, des micro-ordinateurs d'un modèle unique montés autour de micro-processeurs P6. Dès leur arrivée, les machines sont testées et configurées avant d'être stockées. Le coût correspondant est d'environ 100 € par machine.

La distribution se fait exclusivement dans le rayon spécialisé d'un hypermarché de la région.

Au premier trimestre de l'année N, les livraisons en provenance de Taïwan ont été les suivantes :

Date	Quantités	Prix unitaires
14.1	50	1 780
12.2	100	1 500
16.3	80	1 300

Le stock initial au 1er janvier comprenait 10 machines à 1 900 € (coût de contrôle et de configuration inclus).
Pour le même trimestre, cinq livraisons à l'hypermarché ont été effectuées :

Date	Quantités	Prix unitaires
16.1	20	2 000
2.2	20	1 900
18.2	90	1 640
20.3	50	1 500
25.3	20	1 440

Travail demandé

1. Déterminer la valeur des sorties et du stock final dans deux hypothèses :
   - valorisation des sorties au coût moyen pondéré ;
   - valorisation des sorties selon la méthode premier entré, premier sorti.
2. En déduire, selon les deux méthodes, la marge réalisée sur chacune des livraisons et la marge globale.
3. Quel mode d'évaluation semble dans ce cas le plus adapté ?

QUESTIONS

1. Comment les entrées des achats en stock sont-elles valorisées ?
2. Comment les entrées des produits finis en stock sont-elles valorisées ?
3. À quoi sert un stock ?
4. Le mode de valorisation des sorties de stock a-t-il une incidence sur le résultat de la comptabilité générale ? Justifiez la réponse.
5. Si l'on achète sans vendre, quelle est la conséquence sur le stock ? sur le résultat ?
6. Qu'entend-on par « inventaire permanent » et « inventaire intermittent » ?
7. Recherchez des types d'entreprises qui ne peuvent pas avoir de stocks de produits finis. Connaissez-vous des entreprises qui ne souhaitent pas avoir de stocks de produits finis, de matières ou d'approvisionnements ?
8. Quels sont les avantages et les inconvénients des stocks importants ?

Série 10

Les coûts de production

Produits finis et produits intermédiaires

1 Coût de production d'une commande – Calcul simple

L'entreprise PEL fabrique des produits galvanisés. La commande n° 18 a exigé les charges directes suivantes : 2 tonnes de tôle à 52 € la tonne ; 150 kg de zinc à 0,48 € le kilogramme et 15 h de main-d'œuvre directe pour la galvanisation à 18,4 € l'heure (charges sociales comprises).
Les charges du centre emboutissage s'élèvent à 3 800 € ; elles sont imputées aux coûts en fonction des tonnes de tôle traitées, dont le total s'élève, pour la période considérée, à 38 tonnes.
Les charges du centre galvanisation s'élèvent à 3 150 € ; elles sont imputées aux coûts de production sur la base des heures de main-d'œuvre directe dont le total s'élève à 450 heures.

Travail demandé

Calculer le coût de production de la commande n° 18.

2 Coûts de production et stocks des produits finis

La société industrielle SORG fabrique trois séries d'objets dont les différents coûts sont calculés mensuellement.
Les opérations de fabrication du mois de janvier donnent les consommations suivantes.

Première série

Matières premières	186 037,50
Matières consommables	7183,00
Main-d'œuvre directe	71 599,00
Autres charges directes	1 853,50

Deuxième série

Matières premières	172 227,00
Matières consommables	9 114,60
Main-d'œuvre directe	93610,00

Troisième série

Matières premières	176 593,00
Matières consommables	7 898,00
Main-d'œuvre directe	84 231,40

Autres charges directes 1 588,40 Autres charges directes 1 498,20

La production du mois a été de :

- 130 000 objets de la première série ;
- 110 000 objets de la deuxième série ;
- 120 000 objets de la troisième série.

Il est, en outre, imputé à chaque série des charges indirectes sur la base de 1,60 € par euro de main-d'œuvre directe.
Il y avait en magasin, au début du mois :

- 10 000 objets de la première série à 2,816 € l'un ;
- 15 000 objets de la deuxième série à 4,18 € l'un ;
- 12 500 objets de la troisième série à 3,08 € l'un.

Il a été sorti pour les ventes du mois :

- 100 000 objets de la première série ;
- 95 000 objets de la deuxième série ;
- 120 000 objets de la troisième série.

Travail demandé

1. Calculer les coûts de production unitaires pour chaque série.
2. Établir les comptes de stocks des produits finis en évaluant les sorties au coût moyen unitaire pondéré.

Remarque : calculer les coûts unitaires avec quatre décimales.

3 Calcul de coûts de production

L'entreprise ELUAS produit des instruments de levage. Vous disposez des informations suivantes pour le mois de janvier.

- **Répartition des charges indirectes**

	Approvisionnement	Préparation	Usinage	Montage	Distribution
Totaux après répartition secondaire	57 000	16 800	115 000	130 000	80 000
Unités d'œuvre ou assiette de frais	kg de matière achetée	m^2 d'encombrement au sol	heure de main-d'œuvre directe	heure de main-d'œuvre directe	coût de production
Nombres d'unités d'œuvre	3 800	400	5 000	3 250	
Coûts unitaires ou taux de frais					

- **Stocks initiaux**
  - Matière A : 500 kg à 95 € le kg.

– Matière B : 200 kg à 70 € le kg.

- **Achats de matières**
  – Matière A : 2 000 kg achetés 90 € le kg.
  – Matière B : 1 800 kg achetés 60 € le kg.
- **Stocks finals**
  – Matière A : 400 kg.
  – Matière B : 300 kg.
- La production de la commande n° 7 a nécessité :
  – 200 kg de matière A,
  – 180 kg de matière B,
  – 200 h de main-d'œuvre usinage à 14 €,
  – 150 h de main-d'œuvre montage à 16 €.

L'aire de préparation réservée aux matières premières est de 400 m^2. On admet que l'encombrement des matières y est proportionnel à leur poids. Le total des charges du centre préparation est imputé chaque mois, ce qui conduit à une répartition entre les matières sorties.

Travail demandé

1. Calculer les coûts d'achat.
2. Présenter les comptes de stocks des matières.
3. Calculer le coût de production de la commande n° 7.

4 Coûts de production et évaluation de sorties de stock

La Société INFOLAND assemble dans son usine de Villeurbanne des micro-ordinateurs à partir de composants achetés à l'extérieur.

Elle propose actuellement à sa clientèle quatre configurations différentes notées C1, C2, C3 et C4. Ces configurations à base de microprocesseur P7 diffèrent en fonction :

– de la vitesse d'horloge du microprocesseur ;
– de la capacité de mémoire vive RAM ;
– de la taille du disque dur ;
– de la présence ou non d'une carte son et d'un lecteur de DVD-Rom ;
– du type d'écran (14 ou 17 pouces).

La nomenclature des éléments de chaque configuration est donnée dans le tableau suivant ainsi que les informations relatives aux éléments en stock au 1er avril.

	C1	C2	C3	C4	Quantités en stock au 1.4	Coût unitaire
P7 800	x				10	400
P7 1 000		x			15	500
P7 1 200			x		25	600
P7 1 500				x	12	700
RAM 64	x				20	240
RAM 128		x	x		50	360
RAM 256				x	10	440
Disque dur 10 giga	x	x			15	200
Disque dur 15 giga			x		22	400
Disque dur 20 giga				x	15	500
Écran 14 pouces	x	x			20	200
Écran 17 pouces			x	x	40	360
Clavier	x	x	x	x	70	100
Carte son		x	x	x	50	80
Lecteur DVD-ROM		x	x	x	15	200
Système d'exploitation	x	x	x	x		180
Composants divers (boîtiers, souris, etc.)	x	x	x	x		80

La production des micro-ordinateurs comprend trois opérations qui s'enchaînent : le montage, l'installation des logiciels et le contrôle.

Temps (heures)	C1	C2	C3	C4	Coût unitaire
Montage	1,00	1,00	1,25	1,5	36
Installation des logiciels	0,40	0,40	0,40	0,40	36
Contrôle	0,40	0,40	0,40	0,60	36

Les charges indirectes de production (amortissements des locaux, salaires indirects, fournitures diverses) ont été pour le mois de 20 400 €.

Elles se répartissent entre les appareils montés en fonction des productions pondérées par les coefficients d'équivalence suivants :

	C1	C2	C3	C4
Coefficients d'équivalence	1	1,5	1,8	2

Au mois d'avril N, les achats suivants ont été réceptionnés :

Éléments	Quantités	Prix unitaires
P7 800	30	360
P7 1 000	30	440
RAM 256	30	420
Disque dur 10 giga	45	160
Disque dur 20 giga	45	400
Écran 14 pouces	30	160
Lecteur DVD-ROM	35	180

Il n'y a pas de frais d'approvisionnement à proprement parler.
On dispose des informations suivantes sur les stocks en début de mois :

	C1	C2	C3	C4
Stocks en quantités	10	5	2	5
Coût unitaire	1 689,10	2 265,4	2 784,2	3 186,4

La production et les ventes de micro-ordinateurs, en quantités, pendant ce même mois ont été les suivantes :

	C1	C2	C3	C4
Production	15	18	20	12
Ventes	18	16	18	14

Travail demandé

1. Calculer les coûts de production de la période en évaluant les sorties de stock de composants au coût moyen pondéré.
2. Déterminer les coûts de production des micro-ordinateurs vendus pendant la période en évaluant les sorties de stock de micro-ordinateurs :
   – au coût moyen pondéré ;
   – selon la méthode du dernier entré, premier sorti.
3. Compte tenu des caractéristiques particulières de ce marché, quel mode d'évaluation vous paraît le plus pertinent ?

QUESTIONS

1. Que contient un coût de production ?
2. Y a-t-il nécessairement stock de produits finis lorsqu'il n'y a pas fabrication à la commande ?
3. Quand parle-t-on d'affectation ? Quand parle-t-on d'imputation ?

Série 11

Les coûts de production

Produits en cours, produits dérivés

1 Déchets et en-cours

Au 1er avril N, on relevait dans une balance analytique des comptes de l'entreprise X :

– stock du produit P : 300 kg à 15,50 €
– stock du produit P en-cours : 1 600 €.

Durant le mois d'avril, la production du produit P a nécessité :

– 1 000 kg de matière première à 8 €,
– 300 h de main-d'œuvre à 20 €,

et les charges des centres ont été de 1 020 pour le centre Préparation, de 668 pour le centre Cuisson et de 760 pour le centre Épuration.
En fin de mois, on entre en magasin 750 kg de produits finis. On obtient 80 kg de déchets évalués à 0,6 € le kg, et il reste des produits en-cours pour 1 800 €.

Travail demandé

1. Calculer le coût de production du produit P (global et unitaire).
2. Déterminer le coût moyen du produit P pour la période.

2 Sous-produit – En-cours – Coûts successifs

Une entreprise industrielle fabrique un produit unique R et un sous-produit S. Deux ateliers participent à la production de R.

– Atelier A : traitement de la matière première M ; obtention d'un produit semi-fini P, livré immédiatement à l'atelier B, et d'un sous-produit S.
– Atelier B : transformation du produit P et adjonction de matière N pour obtenir R.

Dans un troisième atelier C, le sous-produit subit un traitement qui le rend commercialisable.

L'entreprise dispose d'une comptabilité analytique autonome et calcule des coûts complets. Dans le compte « Stock du sous-produit S », les entrées et les sorties sont chiffrées au coût théorique de 1 000 € la tonne, coût voisin du prix du marché, qui subit peu de fluctuations.
Les données relatives aux opérations du mois de janvier N apparaissent comme suit.

1) Extrait du tableau d'analyse des charges indirectes

Charges par nature	Totaux	Gestion des personnels	Gestion du matériel	Approvisionnements et magasin	Production			Distribution
					A	B	C	
Matières consommables	12 500							
Autres charges classe 6	278 960							
Charges supplétives	4 500							
Totaux primaires	295 960	53 610	46 450	16 900	57 200	67 630	270	53 900
Gestion des personnels								
Gestion du matériel								
Totaux définitifs								

2) Les clefs de répartition relatives aux centres auxiliaires sont les suivantes.

- Centre Gestion des personnels :
  - au centre Gestion du matériel 10 %
  - au centre Approvisionnements et magasin 15 %
  - au centre Atelier A 20 %
  - au centre Atelier B 25 %
  - au centre Atelier C 5 %
  - au centre Distribution 25 %
- Centre Gestion du matériel :
  - au centre Gestion des personnels 15 %
  - au centre Approvisionnements et magasin 5 %
  - au centre Atelier A 30 %
  - au centre Atelier B 30 %
  - au centre Atelier C 5 %
  - au centre Distribution 15 %

Remarque : les charges du centre Approvisionnements et magasin sont à imputer, à raison de 25 %, au coût d'achat de chacune des matières premières, et 50 % au coût de revient du produit fini.

3) Valeur des stocks au début du mois

Matière M	: 10 tonnes	à 800 € la tonne
Matière N	: 25 tonnes	à 508 € la tonne
Matières consommables	: 4 500 €	
Produit fini R	: 5 tonnes	à 3 198 € la tonne
Sous-produit S	: 1 tonne	à 1 000 € la tonne
En-cours dans l'atelier A	: 36 000 €	

Remarque : les comptes de stock tenus en inventaire permanent fonctionnent au coût moyen unitaire pondéré avec cumul du stock initial. (Arrondir ce coût unitaire à l'euro supérieur.)

4) Renseignements divers

- Achats du mois :

matière M	: 110 tonnes à 860 € la tonne
matière N	: 130 tonnes à 525 € la tonne
matières consommables	: 12 000 €

- Charges directes :

– matières mises en fabrication :

matière M	: 90 tonnes
matière N	: 140 tonnes

– main-d'œuvre :

Atelier A	: 190 000 €
Atelier B	: 145 000 €
Atelier C	: 961 €

- En-cours en fin de période :

Atelier A	: 45 000 €
Atelier B	: 12 000 €

- Fabrications :
  - l'atelier A a produit 75 tonnes de produit semi-fini P et 10 tonnes de sous-produit S ;
  - l'atelier B a produit 200 tonnes de produit fini R ;
  - l'atelier C a traité la totalité du sous-produit S fourni par A, et il en a été obtenu 9 tonnes commercialisables.

Travail demandé

1. Compléter le tableau d'analyse des charges indirectes.
2. Calculer les coûts successifs.
3. Présenter le journal de la comptabilité analytique.

3 Coût de production – En-cours

L'entreprise Lebobois fabrique des armoires en chêne d'un modèle unique. Elle travaille sur commande de sorte qu'elle n'a pas de stocks de produits finis ; en revanche, la longueur de son cycle de production pose le problème de l'évaluation des en-cours.

Le processus de fabrication conduit à estimer le degré d'avancement des encours sur les bases suivantes :

- 100 % pour ce qui concerne le bois consommé ;
- 50 % pour ce qui concerne la main-d'œuvre directe et les charges indirectes.

L'unité d'œuvre pour la répartition de ces dernières est l'heure de main-d'œuvre directe.

Pendant les mois de mars et avril de l'année N, on a enregistré les charges suivantes :

	Mars	Avril
Matières consommées	51 000	51 600
Main-d'œuvre directe	26 250	32 760
Charges indirectes	16 800	21 450
Total	94 050	105 810
Production terminée et livrée	9 armoires	14 armoires
Production en-cours en fin de mois	3 armoires	1 armoire

Il n'y avait pas de fabrication en cours début mars.

Travail demandé

1. Calculer le coût de production des armoires terminées et livrées au mois de mars.
2. Calculer le coût de production des armoires terminées et livrées au mois d'avril.

QUESTIONS

1. Quelle est la nature comptable des en-cours ?
Dans quel(s) document(s) de comptabilité générale apparaissent-ils ?

2. Quel élément de coût un en-cours de produit contient-il nécessairement ?

3. Comparez « déchets », « rebuts » et « sous-produits ».

Série 12

Les coûts hors production

1 Coûts de distribution par forme de vente

La société GEBER de Troyes, spécialisée en bonneterie et en tricots, vend ses produits :

– soit par correspondance aux particuliers,
– soit par représentants à des détaillants.

Pour le mois de septembre, le coût de production de ses ventes se répartit comme suit.

• Vente sur catalogue aux particuliers
– bonneterie : 120 000 €,
– tricots : 150 000 €.

• Vente aux détaillants :
– bonneterie : 160 000 €,
– tricots : 200 000 €.

Le tableau d'analyse des charges indirectes comporte deux centres de distribution (pour lesquels l'assiette de frais est le coût de production) : vente directe et vente détaillants, dont les totaux primaires sont respectivement de 45 000 € et 54 000 €. Ces centres reçoivent en outre des prestations du centre Gestion des personnels (vente directe : 22 500, vente détaillants : 16 000) et du centre Prestations connexes (vente détaillants : 38 000 €).

Les charges directes de distribution comprennent les éléments suivants.

• Pour les ventes aux particuliers :
– confection du catalogue : 16000 €,
– frais d'expédition du catalogue : 4 000 €,
– frais d'expédition des marchandises : 20 000 €.

• Pour les ventes aux détaillants :
commissions aux représentants : 28 800 €.

Travail demandé

Calculer les coûts de distribution relatifs à chaque forme de vente.

2 Coûts de distribution et répartition des charges de distribution par centre

Dans une entreprise qui fabrique un produit unique, les ventes se divisent en deux catégories :

– les ventes en gros qui sont faites par l'intermédiaire de représentants ;

– les ventes au détail faites par un magasin de vente.

Les charges de distribution sont réparties entre les centres d'analyse suivants : Représentants, Magasin de vente, Service des expéditions, Service commercial.

Pour le mois d'avril, on a enregistré les charges ci-après :

– charges de magasin : 2 864,40, dont 586,76 sont affectables au magasin de vente et le reste au centre Représentants ;

– charges de personnel : 4 358,75 pour le service des expéditions ; 8 754,40 pour le service commercial ; 23 082,79 pour le magasin de vente ; 52 082,36 pour la commission des représentants ;

– charges de livraison, dépensées par le magasin de vente : 3 428,05 ;

– emballages consommés par le service des expéditions : 6 079,60 ;

– fournitures d'emballage consommées par le magasin de vente : 462,50 ;

– services bancaires : 5 095,60 (frais affectables au service commercial).

Les charges des centres de distribution s'imputent aux coûts de distribution sur les bases suivantes :

– les charges du service commercial, proportionnellement au coût de production des articles vendus ;

– les charges du service des expéditions, proportionnellement aux quantités expédiées : le magasin de vente a fait assurer l'expédition de 500 unités par les soins de ce service.

Il a été vendu :

– par les représentants : 9 500 unités à 63 € ;

– par le magasin de vente : 2 500 unités à 75 €.

Le coût unitaire de production est de 50 €.

Travail demandé

1. Établir un tableau d'analyse des charges de distribution.

2. Calculer les coûts de distribution :

– des ventes en gros,

– des ventes au détail,

globalement et par article vendu.

3 Centres d'analyse à transferts croisés et coûts de distribution

Une entreprise vend ses produits en gros et au détail, les ventes au détail étant assurées par un magasin de vente.
Le service des expéditions est chargé de l'expédition des ventes en gros et de certaines ventes au détail ; il effectue également le transport des emballages pour le service des emballages.
Pour calculer les coûts de distribution, les charges de distribution sont réparties entre divers centres et pour le mois de mars les éléments de la répartition sont les suivants :

	Emballages	**Expéditions**	**Magasin de vente**
Charges de personnel	3 000	6 000	5 000
Emballages	8 000		
Impôts et taxes		8 400	3 400
Services extérieurs	100	900	100
Autres charges	500	1 200	1 100
Amortissements	100	15 300	4 000

Les charges du centre Emballages sont à répartir à raison de :
- 70 % au centre Expéditions ;
- 30 % au magasin de vente.

Les charges du centre Expéditions se répartissent à raison de :
- 10 % au centre Emballages ;
- 20 % au magasin de vente ;
- le reste au coût de distribution des ventes en gros.

Travail demandé

Compléter la répartition des charges entre les centres et calculer :
- le coût de distribution des ventes en gros,
- le coût de distribution des ventes au détail.

QUESTIONS

1. Pourquoi ne doit-on jamais traiter dans un centre auxiliaire le coût d'administration générale et de financement ?
2. Quand les emballages font-ils partie d'un coût ?
   Lorsque c'est le cas, de quel(s) coût(s) font-ils partie ?

Série 13

Les coûts de revient

1 Répartition entre centres avec transferts croisés Coût de revient d'une commande

On vous fournit ci-dessous, pour une entreprise industrielle et pour le mois de février N :

– les totaux des centres, après répartition primaire des charges ;
– les clés de répartition des centres auxiliaires ;
– la nature et le nombre d'unités d'œuvre ou assiette de frais des centres principaux ;
– les charges directes d'une commande.

• **Totaux après répartition primaire**

Force motrice	7 800
Vapeur	20 000
Magasin d'approvisionnement	16 480
Atelier A	29 400
Atelier B	20 880
Hors production	5 736

• **Clés de répartition des centres auxiliaires**

	Force motrice	Vapeur	Magasin d'approvisionnement	Atelier A	Atelier	Hors production
Force motrice		2	1	4	2	1
Vapeur	1		1	4	4	

• **Nature et nombre d'unités d'œuvre ou assiette de frais des centres principaux**

Centre Magasin d'approvisionnement :	9 840 kilos de matières premières achetées
Centre Atelier A :	8 440 kilos de matières premières utilisées
Centre Atelier B :	2 640 heures de main-d'œuvre directe
Centre Hors production :	269 440 euros de coût de production

• **Charges directes de la commande n° 5906**

La commande n° 5906, entièrement exécutée durant le mois de février N, a nécessité :

– 600 kg de matières premières à 12,40 € le kilogramme ;

– 348 heures de main-d'œuvre directe à 20 € l'heure.

Cette commande a été vendue au prix de 56 800 €.

Travail demandé

1. Terminer le tableau d'analyse et calculer le coût des unités d'œuvre et le taux de frais.
2. Calculer le coût de production de la commande n° 5906.
3. Calculer le coût de revient de la commande n° 5906.

2 Coût de revient de deux produits

Dans une entreprise qui fabrique et vend deux produits A et B, les opérations de fabrication et de vente du mois de juillet peuvent se résumer comme suit.

• **Consommation de matières premières**
  - Pour la fabrication du produit A : 6 500 kg à 100 € le kg.
  - Pour la fabrication du produit B : 4 000 kg à 100 € le kg.

• **Temps de fabrication**
  - Pour le produit A : 3 000 h de main-d'œuvre à 16 € l'heure.
  - Pour le produit B : 1 800 h de main-d'œuvre à 16 € l'heure.

• **Charges indirectes intéressant la production et la vente des deux produits**

Matières consommables :	20 000
Services extérieurs :	40 036
Charges de personnel :	50 000
Autres charges :	40 000
Dotations aux amortissements :	30 000

• **Production du mois**
  - Pour le produit A : 30 000 unités.
  - Pour le produit B : 40 000 unités.

• **Ventes** : 1 480 000 € se détaillant comme suit.
  - Pour le produit A : 20 000 unités pour 980 000 € ;
  - Pour le produit B : 30 000 unités pour 500 000 €.

Les quantités vendues ont été prélevées sur la fabrication du mois.

Avant leur imputation aux coûts, les charges indirectes sont réparties entre les centres d'après le tableau suivant :

Charges	Total	Gestion des person-nels	Atelier 1	Atelier 2	Hors produc-tion
Matières consommables	20 000		15 000	5 000	
Services extérieurs	40 036	4 000	5 500	16 000	14 536
Charges de personnel	50 000	14 000	8 000	15 000	13 000
Autres charges	40 000	23 500	1 000	1 500	14 000
Dotation aux amortissements	30 000		10 000	15 000	5 000
Total	**180 036**	**41 500**	**39 500**	**52 500**	**46 536**

Les charges des centres sont ensuite imputées de la manière suivante :

- celles du centre Gestion des personnels sont réparties à raison de 20 % à chacun des ateliers et 60 % au centre Hors production ;
- le total des charges de chacun des centres restants est imputé aux coûts et coûts de revient, en fonction des unités d'œuvre et assiette de frais ci-après :
  - atelier 1 : nombre de kilogrammes de matières premières traitées,
  - atelier 2 : nombre d'heures de main-d'œuvre directe
  - centre Hors production : coût de production des produits vendus.

Remarque : les coûts unitaires seront arrondis à la quatrième décimale et les montants globaux à l'unité.

Travail demandé

1. Achever l'analyse des charges indirectes.
2. Calculer les coûts de production des produits A et B.
3. Calculer les coûts de revient des produits A et B.

3 Centres d'analyse à transferts croisés – En-cours Coûts et Coûts de revient

Une entreprise industrielle travaille sur commande. Les commandes terminées sont aussitôt livrées et facturées.

Elle calcule ses coûts et coûts de revient réels par commandes. Il a été retenu trois centres auxiliaires, trois centres de production, un centre de distribution.

Les charges du 1er trimestre N, y compris les matières consommables, ont été réparties entre tous les centres conformément au tableau d'analyse ci-après.

Tableau d'analyse des charges

Charges	Montant	Centres auxiliaires			Centres de production			Centre Hors production
		Gestion des personnels	Gestion des bâtiments	Gestion des matériels	Atelier A	Atelier B	Atelier C	
Matières consommables	3 200		2 560			160	320	160
Fournitures administratives	800	480						320
Services extérieurs	37 640	2 700	2 904	7 187	7 186	5 854	5 604	6 205
Impôts et taxes	6 420	2 568						3 852
Charges de personnel	45 960	9 192	4 596	2 298	9 192	6 894	6 894	6 894
Charges de gestion courante	17 820	8 910			1 782	1 782	1 782	3 564
Amortissements	13 200	1 320 10 %	660 10 %	660 10 %	3 960 20 %	2 640 20 %	2 640 20 %	1 320 10 %
Unités d'œuvre ou assiette de frais					Heure de main-d'œuvre	Heure machine	Heure de main-d'œuvre	Coût de production des commandes terminées
Nombre d'unités d'œuvre ou montant de l'assiette					4 000	3 000	2 400	À calculer

La répartition des charges des centres auxiliaires entre les centres principaux s'effectue sur les bases chiffrées (en %) dans le tableau ci-dessous.

	Gestion des personnels	Gestion des bâtiments	Gestion des matériels	Atelier A	Atelier B	Atelier C	Hors production
Gestion des personnels		10	5	20	20	20	25
Gestion des bâtiments			15	30	25	20	10
Gestion des matériels		10		35	35	20	

D'autre part, on sait que la commande n° 135, en cours dans l'atelier C le 1er janvier N, était estimée à 18 700 €.

Vous disposez, ci-dessous, d'un extrait de la feuille d'imputation relative au premier trimestre.

Commandes n°	Matières premières (en euros)	Centres de production Nombre d'unités d'œuvre			Main-d'œuvre directe (en euros)	Prix facturé
		A	B	C		
Commande n° 135				480	12 300	43 600
Commande n° 136	6 000	1 450	1000	700	20 000	72 100
Commande n° 137	4 200	1 200	700	820	12 400	55 300
Commande n° 138	5 500	750	900	400	12 300	47 000
Commande n° 139	7 800	600	400			
Totaux	**23 500**	**4 000**	**3 000**	**2 400**	**57 000**	**218 000**

On remarquera que la commande n° 139 n'est pas terminée.

Travail demandé

1. Achever le tableau d'analyse des charges
   - en incorporant dans les centres un montant de charges supplétives égal à la rémunération conventionnelle du chef d'entreprise, soit 13 200 € par an ; la répartition se fera suivant les pourcentages indiqués à la dernière ligne du tableau de la page précédente ;
   - en effectuant la répartition secondaire.
2. Déterminer le coût de production global et le coût de revient global de l'ensemble des commandes livrées.
3. Déterminer le coût de production et le coût de revient de chacune des commandes n°s 135 et 137.

4 Coût de production – Coût de revient

La Société Optimex est spécialisée dans la fabrication de quatre produits cosmétiques commercialisés sous quatre appellations : Altesse, Baronne, Comtesse et Duchesse, dénommés dans la suite du texte A, B, C, D.

La fabrication se fait à partir d'un mélange, acheté et stocké, auquel sont incorporées d'autres matières dans un atelier malaxage.

La mise en pots des produits A, B, C, D s'effectue dans un atelier conditionnement (sans qu'il y ait stockage intermédiaire) et le coût par pot est le même quel que soit le cosmétique.

Les charges de distribution sont analysées dans deux centres :

- Distribution aux revendeurs, pour A et B ;
- Distribution aux professionnels (esthéticiens), pour C et D.

Vous disposez, en annexe, d'informations relatives à l'activité du mois d'avril N.

Travail demandé

1. Calculer, pour les produits A, B, C et D, les coûts de production unitaires et globaux.
2. Déterminer les coûts de revient unitaires et globaux par produit.

ANNEXE

État des stocks au 1. 4. N

	Quantité	Coût unitaire
Matières premières		
mélange	10 kg	80,00 €
autres matières	3 kg	80,00 €
Produits conditionnés		
pots de produit A	200 unités	12,05 €
pots de produit B	250 unités	20 €
pots de produit C	100 unités	27 €
pots de produit D	75 unités	42,24 €

Achats d'avril N

Achats	Quantité	Prix unitaire
Mélange	50 kg	77 €
Autres matières	5 kg	100 €

Ventes du mois d'avril N

	Quantités vendues	Prix unitaire
Pots de produit A	285 unités	14 €
Pots de produit B	270 unités	39 €
Pots de produit C	150 unités	40 €
Pots de produit D	110 unités	60 €

Tableau de répartition des charges indirectes

	Magasin	Malaxage	Conditionnement	Distribution A et B	Distribution C et D
Totaux	330	1 380	3 360	880	520
Unité d'œuvre	le kg de mélange acheté	le kg obtenu	le pot conditionné	le pot vendu	le pot vendu
Nombre d'unités d'œuvre	50	34,50	420		

Les charges de distribution sont proportionnelles au nombre de pots vendus. Les pots utilisés pour le conditionnement ne sont pas stockés au préalable et leur coût est inclus dans le total des charges du conditionnement.
Les éléments nécessaires à la fabrication de chaque pot sont les suivants :

	Mélange en kg	**Autres matières en kg**	**Main-d'œuvre directe en temps d'emploi**
A	0,02	0,002	6 minutes
B	0,05	0,0075	15 minutes
C	0,10	0,01	20 minutes
D	0,20	0,04	25 minutes

Le temps d'emploi correspond à 8/10 du temps d'activité. Le coût horaire du temps d'activité (charges sociales comprises) s'élève à 14 €.

Production du mois d'avril N

	Nombre de pots conditionnés
A	150
B	120
C	90
D	60

5 Problème d'ensemble simple conduisant à la détermination de coûts de revient

L'entreprise de constructions mécaniques Tuya fabrique en série des objets P résultant de l'assemblage de deux pièces A et B. Ces pièces sont usinées dans l'entreprise à partir d'aciers spéciaux achetés chez un fournisseur.

- Au 30.9, les stocks étaient les suivants :
  - aciers spéciaux : 1 600 kg à 4 000 € la tonne ;
  - pièces A : 80 pièces à 422,80 € la pièce ;
  - pièces B : 80 pièces à 760 € la pièce ;
  - objets P assemblés : 125 objets à 1 440 € la pièce.
- Les opérations du mois de novembre peuvent être résumées ainsi :
  - achats d'aciers : 7 000 kg à 3 800 € la tonne ;
  - usinage de 115 pièces A nécessitant 1 035 kg d'aciers et 540 heures de main-d'œuvre directe ;
  - usinage de 120 pièces B nécessitant 6 000 kg d'aciers et 720 heures de main-d'œuvre directe ;
  - assemblage de 130 objets P nécessitant 360 heures de main-d'œuvre directe.

L'heure de main-d'œuvre directe coûte 45 €.
Les charges indirectes sont analysées dans le tableau ci-après.

		Centres auxiliaires		Centres principaux			Hors production
		Gestion des personnels	Gestion des bâtiments	Approvi-sionnements	Usinage	Montage	
Matières consommables	16 000	500	1 500	1 000	8 000	3 000	2 000
Autres charges	93 520	23 500	11 500	11 355	20 815	11 995	14 355
Charges supplétives	2 000	2 000					
Clés de répartition des centres auxiliaires :							
– Gestion des personnels		– 100	5	25	25	20	25
– Gestion des bâtiments			– 100	15	35	35	15
Unités d'œuvre				kg de matière achetée	h de main-d'œuvre directe	h de main-d'œuvre directe	

L'entreprise Tuya a vendu 240 objets R

Travail demandé

Calculer les coûts et coûts de revient et présenter les comptes de stocks, en calculant des coûts unitaires arrondis au centime le plus proche.

QUESTIONS

1. Comparez la détermination d'un coût de revient dans une entreprise commerciale et dans une entreprise industrielle.
2. Définissez le « coût d'achat des marchandises vendues » et le « coût de production des produits vendus ».
3. Pourquoi ne doit-on jamais traiter le coût d'administration générale et de financement en centre auxiliaire ?
   Quel doit être le taux de frais correspondant ?
4. À quoi sert la connaissance d'un coût de revient complet ?
   Quelles critiques peut-on faire à son calcul ?

Série 14

Les résultats

1 Calcul simple de résultats sur produits

La société LE BUREAU MODERNE fabrique et vend divers produits parmi lesquels les plus importants sont les articles de papeterie et les encres. Pour déterminer les résultats du dernier trimestre de l'exercice, le comptable a ventilé les ventes dans les trois catégories suivantes :

Ventes papeterie	1 260 000
Ventes encres	1 140 000
Ventes de produits divers	682 500

Les autres éléments de calcul sont les suivants.

- **Coûts de production des produits vendus**

Papeterie	1 020 000
Encres	930 000
Produits divers	246 500

- **Charges de distribution**

	Papeterie	Encres	Produits divers
Salaires	18 750	15 600	50 250
Commissions	26 700	37 200	49 500
Frais de voyage	10 650	10 500	2 250
Assurances	1 230	1 230	4 560
Frais de livraison	4 440	4 860	12 720

Les charges de publicité sont de 34 500 € et les charges administratives de 65 895 €.

Les charges de publicité, qui s'ajoutent aux charges de distribution, sont à répartir également entre les trois catégories de vente, et les charges administratives sont à imputer aux coûts de revient proportionnellement aux coûts de production des produits vendus.

Travail demandé

1. Calculer les coûts de distribution.
2. Calculer les coûts de revient.
3. Calculer les résultats en fin de trimestre.

2 Étude d'une commande – Résultat d'ensemble Concordances

L'entreprise industrielle NIGASAM fabrique des objets P sur commande, à partir de trois matières premières M_1, M_2, M_3, dans trois ateliers A, B, C.
Le tableau d'analyse des charges indirectes de janvier peut être résumé ainsi :

	Total	Approvisionnement	Atelier A	Atelier B	Atelier C	Distribution	Administration générale et financement	Autres charges à couvrir
Charges courantes	240 139	13 500	36 000	63 000	104 000	15 759	6 304	1 576
Unités d'œuvre ou assiette de frais			heure de main-d'œuvre directe	heure machine	heure machine	coût de production	coût de production	coût de production
Nombre d'unités			1 500	1 800	2 600			
Taux de frais						0,05	0,02	0,005

Dans ces charges indirectes figurent :
– des matières consommables, pour 20 600 € ;
– les intérêts à 5 % du capital qui s'élève à 480 000 €.

D'autre part, un certain nombre de provisions s'élevant à 3 400 € ne sont pas comprises dans le total ci-dessus.
Le centre Approvisionnement se répartit entre les achats de matières premières au *prorata* des quantités achetées.

- **Stocks au 1er janvier**

Matières premières M_1	25 tonnes à 2 060 € la tonne
Matières premières M_2	12 tonnes à 1 830 € la tonne
Matières premières M_3	8 tonnes à 1 260 € la tonne
Matières consommables :	24 530 €

- **Achats effectués au cours du mois de janvier**

Matière M_1	15 tonnes à 2 120 € la tonne
Matière M_2	20 tonnes à 1 950 € la tonne
Matière M_3	10 tonnes à 1 350 € la tonne
Matières consommables :	18 450 €

Les opérations de fabrication de janvier ont intéressé 4 commandes portant les numéros 1722, 1723, 1724 et 1725. Les deux premières ont été terminées et vendues avant le 31 janvier ; les deux autres sont inachevées à la fin de ce mois. Il n'existait aucune commande en cours de fabrication au 1er janvier.

Le tableau suivant est mis à votre disposition.

Charges	Commande 1722	Commande 1723	Commande 1724	Commande 1725
Matière première M_1	4 300 kg	5 430 kg	3 780 kg	2 110 kg
Matière première M_2	3 780 kg	4 620 kg	3 240 kg	1 870 kg
Matière première M_3	2 120 kg	2 940 kg	1 910 kg	1 050 kg
Heures main-d'œuvre directe				
Atelier A	402,50 h	507,50 h	387,50 h	202,50 h
Atelier B	180,00 h	210,00 h	107,50 h	55,00 h
Atelier C	85,00 h	105,00 h	60,00 h	
Heures-machine				
Atelier A	80 h	95 h	72 h	38 h
Atelier B	590 h	680 h	380 h	150 h
Atelier C	910 h	1 240 h	450 h	

- **Coût de l'heure de main-d'œuvre directe**

Atelier A 39,20
Atelier B 38,60
Atelier C 39,60

- **Sorties des magasins de matières premières** : elles sont chiffrées au coût moyen pondéré en tenant compte du stock initial.

Au 31 janvier, il vous est en outre communiqué les renseignements suivants.

a) Provenant de la comptabilité analytique :
- résultat analytique commande n° 1722 11 229 € (bénéfice)
- produits courants non incorporés 1 215 €
- différences sur taux de cession (des centres) 3 €

b) Provenant de la comptabilité générale :
- montant des ventes :
  - commande n° 1722 133 000 €
  - commande n° 1723 166 000 €
- résultats de l'inventaire extra-comptable :
  - matière M_1 24,26 tonnes
  - matière M_2 18,34 tonnes
  - matière M_3 10 tonnes

– comptes de résultat :
  – produits exceptionnels 305 €
  – charges exceptionnelles 1 030 €
  – bénéfice 21 335 €

Remarque : toutes les sommes seront arrondies à l'euro inférieur.
Les coûts unitaires des kilogrammes de matières premières seront éventuellement calculés avec 3 décimales en arrondissant par défaut.

Travail demandé

1. Calculer les coûts des unités d'œuvre.
2. Présenter les comptes de stock des matières, en évaluant les différences d'inventaire au coût moyen pondéré.
3. Calculer le coût de revient de la commande 1723 et son résultat analytique.
4. Calculer le résultat de la comptabilité analytique.

QUESTIONS

1. Exprimez le « résultat analytique sur produits » en fonction du « résultat de la comptabilité générale » et en fonction des « éléments supplétifs et éléments non incorporés ».
2. Exprimez le « résultat de la comptabilité générale » en fonction du « résultat analytique sur produits » et en fonction des « éléments supplétifs et éléments non incorporés ».
3. Donnez des exemples de charges supplétives.
4. Donnez des exemples de charges non incorporables.
5. Donnez un exemple de produit non incorporé.

Série 15

Problèmes d'ensemble de coûts complets

1 Production sur commandes – Coût de revient et résultat – En-cours – Résultat global cumulé et rapprochement

Une entreprise industrielle, la Société MANUX, fabrique, uniquement sur commandes, des engins lourds de manutentions : ponts roulants, élévateurs…
L'entreprise est divisée en trois centres de production où s'effectuent successivement les travaux d'usinage, de soudure, de montage.
L'exercice comptable va du 1. 1. N au 31.12. N et, au 31 mars N, la balance analytique par soldes du premier trimestre se présente ainsi.

Stock des aciers	59 415	
Stock des fers	38 416	
Stock des pièces détachées	37 100	
Stock réfléchi[1]		195 776
Travaux en cours	132 954	
Achats réfléchis		152 473
Charges et dotations réfléchies		438 125
Produits réfléchis	690 900	
Résultats sur commandes terminées		175 150
Différences d'inventaire constatées	305	
Différences d'incorporation sur charges	2 434	
	961 524	961 524

Au 1er avril N, les commandes n° 127, 128, 129 étaient en cours d'exécution. Les deux premières ont été terminées dans le courant du mois et sont entrées en magasin en attendant leur livraison prévue pour le 25 avril. La com-

(1).Dont 100 000 € de travaux en cours.

mande n° 129 n'était pas terminée à fin avril et deux nouvelles commandes n° 130 et 131, ont été mises en chantier.

Extrait des feuilles d'imputation des mois précédents

N° des commandes	Coût des fers incorporés	Coût des aciers incorporés	Coût des pièces détachées	Heures		
				Usinage	Soudure	Montage
127	12 615	21 310	5 723	1 640	140	2 000
128	9 895	15 417	2 585	2 100	230	700
129	2 850	4 375	1 205	500	140	75

Pour le mois de mars, les coûts de l'unité d'œuvre pour les trois centres principaux, Usinage, Soudure et Montage ont été respectivement de 8,25 €, 9,40 € et 6,20 €.

Renseignements tirés de la comptabilité générale d'avril

Montant des factures pour les achats de fers : 19 900 €
Montant des factures pour les achats d'aciers : 32 800 €
Montant des factures pour les achats de pièces détachées : 10 000 €

L'ensemble des charges par nature, autres que les achats, s'élève à 156 800 €.
Prix de vente de la commande n° 127 livrée : 120 000 €
Prix de vente de la commande n° 128 livrée : 132 000 €

Le tableau d'analyse des charges pour le mois d'avril N est donné en annexe.
Les charges du centre Distribution sont imputées aux coûts de revient des commandes proportionnellement aux coûts de production de ces commandes (arrondir à l'unité la plus proche).
Les charges du centre Approvisionnement sont à imputer pour 1/2 au coût des aciers, pour 1/3 au coût des fers et le reste au coût des pièces détachées.

Clés de répartition des charges des centres auxiliaires

	Gestion des personnels	Gestion des moyens	Approvisionnement	Usinage	Soudure	Montage	Distribution
Gestion des personnels	100	0	10	30	10	30	20
Gestion des moyens	0	100	5	40	15	35	5

Extrait de la feuille d'imputation du mois d'avril

N° des commandes	Coût des fers incorporés	Coût des aciers incorporés	Coût des pièces détachées	Heures		
				Usinage	Soudure	Montage
127	0	2 037	2 205	0	800	1 800
128	4 720	4 315	2 758	200	900	4 200
129	4 225	7 320	3 210	1 000	800	3 500
130	5 825	9 374	2 211	2 400	250	300
131	6 218	10 426	1 917	2 600	250	200

D'après les renseignements fournis par le magasinier, on a pu constater qu'il n'existe plus que 35 274 € de pièces détachées en magasin au 30 avril N.

Travail demandé

1. Achever le tableau d'analyse des charges par nature et déterminer les coûts d'unités d'œuvre pour les centres principaux.
2. Présenter schématiquement les comptes de stocks pour les fers, les aciers et les pièces détachées.
3. Calculer les coûts de revient des commandes terminées n° 127 et 128.
Calculer les résultats analytiques correspondants.
4. Calculer le coût de production des commandes en cours à fin avril N.
5. Établir la balance analytique à la fin de ce même mois sur le modèle de la balance du premier trimestre mais en la classant suivant le plan comptable.
6. Déterminer le résultat global de la comptabilité analytique à fin avril N.
7. Dresser le compte **Résultat** (extrait) de la comptabilité générale et rapprocher les résultats à fin avril N.
8. Présenter le journal de la comptabilité analytique.

ANNEXE

Tableau d'analyse des charges pour le mois d'avril

Charges par nature	Montant	Gestion des personnels	Gestion des moyens	Approvisionnement	Centres principaux			Distribution
					Usinage	Soudure	Montage	
Charges de personnel								

Amortissements								
Totaux	**155 612**	**8 000**	**20 000**	**3 000**	**40 440**	**25 300**	**53 100**	**5 772**

2 Coûts et coûts de revient – Résultats en comptabilité générale et en comptabilité analytique

La SOCIÉTÉ INDUSTRIELLE DE VINCENNES fabrique des scies à métaux. Vous trouverez réunis (en annexe 2) tous les renseignements concernant la fabrication de ces produits pour une période.

Travail demandé

1. Présenter le compte de résultat (résumé) en justifiant chaque somme.
2. Présenter les répartitions, stocks, calculs de coûts et coûts de revient et déterminer le résultat en comptabilité analytique.

ANNEXE 1 : organisation

- **Présentation du produit**

  Scies à métaux à deux lames et armature métallique.

- **Matières de base** :
  - ferro-alliage pour les lames ;
  - acier ordinaire pour l'armature ;
  - fournitures complémentaires : poignée de bois, écrou de serrage à oreille, vis d'assemblage.

- **Organisation de l'entreprise** :
  - 1 magasinier affecté au magasinage des matières premières et des produits finis (les fournitures complémentaires assimilées à des matières consommables, achetées au fur et à mesure des besoins ne font pas l'objet de stockage) ;
  - 2 ouvriers qualifiés affectés à la fabrication des lames ;
  - 2 ouvriers qualifiés affectés à la fabrication des armatures ;
  - 1 ouvrier spécialisé exécutant les opérations de montage ;
  - 1 directeur des ventes chargé des opérations commerciales de distribution ;
  - 2 employés administratifs au service de gestion du personnel.

ANNEXE 2 : informations relatives à la période

- **Situation initiale** :
  - 140 kg de ferro-alliage au prix total de 422 €
  - 180 m de laminés d'acier ordinaire au prix de 2,7 € le mètre
  - 400 scies montées dans la forme sous laquelle elles sont présentées au public, coût unitaire de fabrication : 38,90 €.

- **Approvisionnement de la période** :
  - 800 kg de ferro-alliage à 3,2 € le kg ;
  - 1 500 m de laminés d'acier ordinaire à 2,8 € le mètre ;
  - poignées de bois à proportion de la production : 0,8 € l'une ;
  - fournitures complémentaires diverses, dans les mêmes proportions : 1,6 € par scie.

- **Consommation de matières** :
  - ferro-alliage, par lame : 150 g ;
  - laminés, par scie : 0,75 m.

• **Charges de personnel, charges sociales comprises**

Service magasinage	2 480 €
Service production :	
fabrication des lames	7 240 €
fabrication des armatures	6 921,7 €
montage	2 660 €
Service gestion des personnels	9 520 €
Service commercial	6 940 €

• **Transports**

Sur approvisionnements	280,00 €
Sur ventes	416,00 €

• **Autres charges**

Relatives aux approvisionnements	220,00 €
Relatives à la fabrication des lames	21 280,00 €
Relatives à la fabrication des armatures	19 405,30 €
Relatives aux opérations de montage	2 820,00 €

• **Fabrication de la période** : 2 200 scies.

• **Ventes de la période** : 2 050 scies au prix unitaire de 62 €.

• **Remarques complémentaires**

Les charges de personnel imputables au service « gestion des personnels » sont rattachées à chacune des opérations de magasinage, de fabrication et de distribution à proportion des exécutants de chaque service.

Les charges de magasinage sont réparties par tiers entre les deux matières premières et les produits finis vendus.

Les frais d'approvisionnement (transports, autres charges) sont partagés par moitié entre les deux matières premières.

• **Stocks en fin de période**

Ferro-alliage (280 kg) estimés	1 344 €
Acier ordinaire (30 m) estimés	111 €
Scies (550) estimés	20 570 €

Série 16

Les comptabilités par activités

1 Calcul de coûts – Comparaison entre les méthodes

L'entreprise ALGO est spécialisée dans la fabrication de chariots multiservices. Dans un atelier sont fabriqués les châssis à partir de tubes d'acier. Ils sont de quatre modèles différents, notés A, B, C, D en fonction des tailles et de la charge utile.

Le tableau suivant donne les éléments d'information sur l'activité de l'atelier au mois de juin de l'année N.

	A	B	C	D
Charge utile en kg	100	150	250	500
Tube d'acier (en mètres pour 1 châssis)	2	2,5	3	4
Temps d'usinage pour 1 châssis (en minutes)	4	5	6	8
Nombre de séries fabriquées dans le mois	1	1	2	2
Taille des séries (en unités)	2 000	1 000	400	200

Le coût d'achat du mètre de tube est de 16 €.

Les charges indirectes de l'atelier pour le mois s'élèvent à 220 500 € ; elles sont réparties en fonction des temps d'usinage.

Travail demandé

1. Calculer le coût de production des châssis par la méthode classique de calcul des coûts.
2. Une analyse plus fine des charges de l'atelier amène à constater qu'une part importante du travail correspond aux tâches de préparation et de mise en route des séries en fabrication.
   Cette part est estimée à environ un tiers de l'activité, de l'atelier et il apparaît logique de répartir cette fraction en fonction du nombre de séries fabriquées.

Déterminer les nouveaux coûts de production résultant de cette constatation.

3. Commenter les différences obtenues entre les deux méthodes.

2 Coûts complets – Analyse par activité *(d'après un sujet d'examen)*

La société ALIX est spécialisée dans la production et la commercialisation de sous-vêtements.

Cinq modèles différents sont actuellement proposés à la clientèle :

- les modèles B1 et B2, distribués par les centrales d'achat des grands magasins pour être vendus en grandes surfaces ;
- les modèles B3, B4, B5, destinés à la vente dans des magasins spécialisés.

Jusqu'à présent, les coûts de revient sont calculés selon la méthode du " coût-minute " il s'agit d'une méthode utilisée de façon très classique dans ce secteur d'activité ; l'imputation de la totalité des charges autres que les fournitures se fait sur la base du nombre de minutes de piquage requis par chaque produit.

Le contrôleur de gestion de la société a le sentiment que les coûts ainsi calculés ne correspondent pas à la réalité économique et il souhaiterait la mise en place d'une comptabilité d'activités.

Travail demandé

1. À partir de l'annexe 1, déterminer, pour l'année N, les coûts de revient et les résultats des produits par la méthode du coût-minute (on arrondira pour les calculs les prix de vente hors taxes au centime).
2. En complétant votre information par les données de l'annexe 2, déterminer les mêmes éléments par la méthode des coûts d'activité.
3. Comparer les résultats obtenus.

ANNEXE 1

L'unité de fabrication comprend :

- un centre Approvisionnement des matières et fournitures diverses ;
- un centre Coupe, dans lequel sont coupés les tissus après que l'ordonnancement de la production à été organisé ;
- un centre Piquage ;
- un centre Conditionnement ;
- un centre Contrôle ;
- un centre Administration et comptabilité.

Les charges engagées dans ces centres comprennent :

- des charges de personnel, soit pour l'année N : 4 437 720 € ;
- des frais de fonctionnement pour un montant global de 2 339 220 €.

Elles sont imputées aux produits en fonction des temps de piquage prévus, qui sont les suivants :

Modèles	B1	B2	B3	B4	B5
Temps en minutes	6,5	11	9,5	13	10

Ventes et productions de l'année N

Modèles	B1	B2	B3	B4	B5
Quantités	90 000	57 000	30 000	22 000	11 000
Prix de vente HT	49,75	66,33	64,68	87,06	84,58

Prix d'achat des matières (par unité produite)

Modèles	B1	B2	B3	B4	B5
Prix d'achat	25	27	30	33	31

ANNEXE 2

Nombre de références de tissus par modèle

Modèles	B1	B2	B3	B4	B5
Nombre de références	2	3	3	3	2

Lots mis en fabrication

Modèles	B1	B2	B3	B4	B5
Production totale	90 000	57 000	30 000	22 000	11 000
Lots de 5 000	16	9			
Lots de 1 000	10	12	20	5	
Lots de 100			100	170	110

Une analyse plus fine des activités par centre a permis d'obtenir les données suivantes :

Centre d'analyse	Activités	Charges	Inducteur de coût
Approvisionnement	Approvisionnement	571 700	Nombre de manipulations[1]
Coupe	Élaboration des patrons	395 000	Nombre de modèles
	Ordonnancement	215 000	Nombre de lots de fabrication
	Coupe	952 900	Nombre de manipulations[1]
Piquage	Piquage	3 195 340	Minute de piquage
Conditionnement	Conditionnement pur magasins spécialisés	198 000	Nombre de produits pour magasins spécialisés
	Conditionnement pour centrales d'achat	85 000	Nombre de lots pour centrales d'achat
Contrôle	Contrôle	142 200	Nombre de lots de fabrication
Administration	Administration	1 021 300	Coût de production hors matières

(1) Une manipulation consiste à préparer un tissu pour un lot de fabrication. Le nombre de manipulations est donc égal à la somme (pour l'ensemble des modèles) des nombres de lots de fabrication multipliés par le nombre de tissus différents utilisés par modèle.

QUESTIONS

1. Quelle(s) différence(s) voyez-vous entre un « inducteur » et une « unité d'œuvre » ?
2. Qu'est-ce qui a généré la pratique des comptabilités par activités ?
3. Quels sont les avantages qu'une entreprise peut retirer d'une pratique de comptabilité par activités ?

Série 17

La variabilité des charges

1 Variation linéaire de charges – Équations et graphes

Dans une entreprise fabriquant un seul type de produit, l'étude des charges pour plusieurs niveaux d'activité conduit aux constatations suivantes.

Niveaux d'activité

Charges	1 000	2 000	3 000	4 000
Charges opérationnelles	2 000 000	4 000 000	6 000 000	8 000 000
Charges de structure	5 000 000	5 000 000	5 000 000	5 000 000
Charges semi-variables	2 000 000	3 000 000	4 000 000	5 000 000

Travail demandé

Sachant que la variation des charges est rigoureusement linéaire, résoudre les questions suivantes.

1. Établir pour chacune des trois catégories de charges :
   - l'équation des charges,
   - l'équation des charges unitaires.
2. Regrouper les charges en deux catégories pour faire apparaître :
   - l'équation des charges variables et l'équation des charges variables unitaires ; en présenter les graphes ;
   - l'équation des charges fixes et l'équation des charges fixes unitaires ; en présenter les graphes.
3. Établir l'équation du coût total et l'équation du coût moyen. En présenter les graphes.
4. Dans l'hypothèse d'un accroissement de l'activité pour dépasser la production de 4 000 unités, il est envisagé un changement de structure conduisant à une augmentation des charges fixes (y compris celles contenues dans les charges semi-variables) de 50 %.

Que deviennent les équations et les graphes établis aux deuxième et troisième questions ?

2 Analyse de charges semi-variables par moindres carrés

En vue d'une analyse de charges semi-variables, une entreprise a enregistré mensuellement durant une année lesdites charges et les activités correspondantes :

	J	F	M	A	M	J	J	A	S	O	N	D
Activité (centaines d'unités)	20	13	15	25	23	18	17	17	12	15	22	19
Charges (milliers d'euros)	75	52	60	83	79	59	64	58	50	59	72	65

Travail demandé

1. Représenter sur un graphique l'ensemble des points caractérisant les couples « activité-charges ». Quelle tendance peut-on observer ?
2. Établir l'équation de la droite d'ajustement par la méthode des moindres carrés. Que peut-on dire des composantes de ces charges ?
3. Il est envisagé pour l'année suivante une activité conduisant à la production de 3 000 unités. Quel montant de charges de ce type peut-on prévoir ?

3 Charges variables et changement de prix

Pour affiner son budget, le responsable de la force de vente d'un important laboratoire pharmaceutique a étudié l'évolution des frais de déplacement de ses représentants en fonction des commandes des clients.

L'observation réalisée sur les six bimestres de l'année N a donné les résultats suivants (en k€) :

Bimestre	Frais de déplacement	Montants des commandes
Janvier-février	146	5 281
Mars-avril	159	5 964
Mai-juin	174	6 042
Juillet-août	154	5 141
Septembre-octobre	192	6 903
Novembre-décembre	212	7 198

Pour tenir compte de la hausse des carburants, l'indemnité kilométrique de frais de déplacement versée aux représentants avait été majorée de 8 % début mai, puis de 6 % début novembre.

Travail demandé

1. En choisissant convenablement l'échelle, représenter graphiquement l'évolution des frais de déplacement (y_1) en fonction du montant des commandes (x).
2. Calculer le montant y_2 des frais de déplacement à prix constant et représenter cette série sur le graphique précédent.
3. Déterminer l'équation d'une droite d'ajustement entre y_2 et x. Interpréter les résultats trouvés.
4. Utiliser l'équation trouvée pour prévoir le montant des frais qui seront à régler en janvier et février N + 1, bimestre pour lequel on prévoit un montant de commandes de 8 200 k€.

QUESTIONS

1. Les charges fixes sont dites « charges de structure ». Pourquoi ?
   Les charges variables sont dites « charges opérationnelles ». Pourquoi ?
2. Une entreprise bénéficie de la collaboration d'ouvriers salariés de l'entreprise, d'une part, et d'ouvriers mis à sa disposition par une entreprise prestataire de travail intérimaire, d'autre part.
   Dans quel cas la charge est-elle plus probablement une charge variable ? Pourquoi ?

Série 18

Le seuil de rentabilité

1 Détermination d'un seuil de rentabilité

Il est prévu pour un atelier une production de 15 000 unités et un prix de vente unitaire de 10 €. Les charges envisagées pour cette fabrication se répartiraient en fixes : 25 000 €, et variables : 112 500 €.

Travail demandé

1. Établir l'équation de la marge sur coût variable.
2. Déterminer graphiquement le seuil de rentabilité.
3. Calculer le seuil de rentabilité.

2 Graphique – Modification de charges fixes

Dans une entreprise industrielle, les charges d'un mois, classées d'après leur variabilité, se présentent comme suit :

	Total	Fixes	Variables
Consommations de matières premières	30 000		30 000
Main-d'œuvre	50 000		50 000
Charges de fabrication	80 000	50 000	30 000
Charges de ventes	55 000	30 000	25 000
Charges d'administration	20 000	20 000	
Ensemble	**235 000**	**100 000**	**135 000**

La production du mois a été de 80 000 unités, toutes vendues au prix unitaire de 3 € ; il n'y a pas eu de variation de stock.

Travail demandé

1. Déterminer graphiquement le seuil de rentabilité. Indiquer le nombre d'unités à produire correspondant. Vérifier par calcul.
2. Déterminer graphiquement ce que deviendrait le seuil de rentabilité et le nombre d'unités à produire correspondant, si on réduisait les charges fixes d'administration de 5 000 € et les charges fixes de vente de 3 000 €.

3 Reconstitution d'éléments de gestion à partir d'un seuil de rentabilité

Une entreprise dont les charges fixes s'élèvent à 20 000 € a un seuil de rentabilité de 100 000 €.

Travail demandé

1. Présenter sur un graphique les charges fixes et la marge sur coût variable.
2. Faire apparaître sur le graphique précédent le résultat pour un chiffre d'affaires de 150 000 €.
3. Rechercher l'équation de la marge sur coût variable puis celle des charges variables.
4. Calculer le montant des charges variables pour un chiffre d'affaires de 150 000 €.

4 Seuils multiples – Choix d'une structure

L'entreprise INDECIT produit des appareils qu'elle vend 1 000 € l'unité. Actuellement, sa production annuelle est de 12 000 unités et son coût fait apparaître :

– 2 000 000 € de charges fixes,
– 9 000 000 € de charges variables.

Le marché semblant permettre une augmentation très importante des ventes, l'entreprise envisage deux solutions nouvelles qu'elle vous demande de comparer à la solution actuelle.

Les charges variables restant proportionnelles à l'activité, ces deux solutions consisteraient :

– l'une à porter les charges de structure à 4 500 000 € pour atteindre une production annuelle de 24 000 unités ;
– l'autre à porter les charges de structure à 8 000 000 € pour atteindre une production annuelle de 36 000 unités.

Travail demandé

Dans les trois hypothèses, résoudre les questions suivantes.

1. Faire apparaître sur un même graphique les seuils de rentabilité.
2. Faire apparaître les résultats en fin d'année.
3. Faire apparaître les dates auxquelles pourraient être atteints les seuils de rentabilité.
4. Quelle solution semble préférable :
   – quant aux résultats ?
   – quant à la sécurité (en cas notamment de variations de la demande) ?

5 Production régulière et production irrégulière

Une entreprise prévoit de produire un produit P. Une étude prévisionnelle permet d'envisager pour l'année à venir 50 000 € de charges fixes, un prix de vente de 3 € par unité et des charges variables de 2 € par unité. Il est d'autre part prévu une production de 120 000 unités.

Travail demandé

1. Faire apparaître graphiquement puis calculer le seuil de rentabilité. Quelle est la production correspondante ?
2. À quelle date atteindra-t-on ce seuil de rentabilité dans les deux hypothèses suivantes.
   - *1re hypothèse* : la production sera régulière en cours d'année ; déterminer la date du seuil de rentabilité à l'aide du graphique précédent.
   - *2e hypothèse* : la production sera irrégulière en cours d'année et se répartira ainsi : 1er trimestre (10 000), 2e trimestre (20 000), 3e trimestre (30 000), 4e trimestre (60 000). Pour résoudre cette question :
     – calculer en fin de chaque trimestre les cumuls de production, de chiffre d'affaires, de marge sur coût variable, puis calculer de trois manières différentes la date du seuil de rentabilité ;
     – déterminer graphiquement la date du seuil de rentabilité en utilisant la marge sur coût variable cumulée.
3. Comparer les dates obtenues dans les deux hypothèses et conclure quant à l'hypothèse la plus intéressante.
4. Rechercher des exemples d'entreprises à production irrégulière.

6 Seuil de rentabilité – Levier opérationnel

La SCM fabrique des chariots de manutention de différents modèles.
Son compte de résultat simplifié, pour l'année N, se présente ainsi (en k€) :

Charges variables	2 200	Production vendue (2 000 unités)	4 000
Charges de structure	1 500		
Résultat	300		

Dans les charges variables sont compris 300 k€ correspondant au prix d'achat d'une pièce A, présente sur tous les chariots et que la SCM sous-traite auprès d'une entreprise extérieure au prix unitaire de 150 €.
La SCM rencontrant avec ce sous-traitant des problèmes de délais de livraison, elle envisage d'assurer elle-même cette fabrication. Celle-ci nécessiterait :
– l'embauche de 3 personnes supplémentaires, au salaire mensuel de 3 000 € chacune ; le taux de charges sociales est de 50 % ;
– un investissement de 500 k€ amortissable sur 5 ans en linéaire.
Les charges variables de fabrication par pièce sont estimées à 10 €.

Travail demandé

1. Déterminer le seuil de rentabilité annuel de cet investissement.
2. Toutes choses restant égales par ailleurs, présenter le compte de résultat de la SCM dans le cas où elle réaliserait cet investissement.
3. Déterminer le levier opérationnel de la SCM dans les deux hypothèses.

7 Seuil de rentabilité – Taux de marge différents

L'HÔTEL DES ÉCRINS, situé dans une station de montagne renommée, dispose de 30 chambres louées à des tarifs différents selon les saisons :

	Basse saison	Moyenne saison	Haute saison
Mois correspondants	mai-juin septembre-octobre novembre-décembre	janvier avril juillet-août	février mars
Tarif par chambre et par jour	90 €	135 €	180 €

On peut estimer que la location d'une chambre entraîne en moyenne 60 € de recettes complémentaires par jour (repas éventuels, bar, etc.).

Pour chaque chambre louée, les charges variables sont estimées à 40 € par jour (fournitures, charges de personnel, blanchissage, etc.).

Les charges annuelles de structure de l'hôtel comprennent les éléments suivants :

– amortissements : 100 000 € ;
– charges de personnel : 400 000 € ;
– charges diverses : 150 000 €.

A. Le taux d'occupation de l'hôtel est un des paramètres fondamentaux de sa gestion. Il est égal, pour l'ensemble de l'année, au rapport entre le nombre total de chambres louées et la capacité totale de location de l'hôtel sur l'année, soit $360 \times 30 = 10\,800$.

Travail demandé

1. En raisonnant pour simplifier sur des mois de 30 jours, déterminer le prix moyen de location d'une chambre sur l'année.
2. En déduire le seuil de rentabilité en nombre de chambres louées puis en taux d'occupation annuelle.
3. Quelle critique peut-on formuler par rapport à ce calcul ?

B. Le taux d'occupation, pendant l'année N, a été en fait très différent selon les saisons : 0,8 en haute saison, 0,6 en moyenne saison et 0,3 en basse saison.

Travail demandé

1. Déterminer le résultat réalisé par l'hôtel pendant l'année N.
2. À quelle date a été atteint son seuil de rentabilité ?
3. Compte tenu du faible taux d'occupation de l'hôtel en basse saison, le directeur s'interroge sur l'opportunité de maintenir l'établissement ouvert sur cette période. La fermeture pendant les six mois permettrait de réduire de 150 000 € les charges de structure de personnel et de 25 000 € les charges de structure diverses.

   Que peut-on penser de cette solution ?

QUESTIONS

1. Définissez le seuil de rentabilité d'une entreprise.
2. Quelle est la situation d'une entreprise pour laquelle : marge sur coûts variables = charges fixes ?
3. Quel est l'intérêt de la notion de date du seuil de rentabilité (point mort) ?
4. Que vaut-il mieux : atteindre un seuil de rentabilité tôt, en espérant un bénéfice moyen ou atteindre un seuil de rentabilité tard en espérant un bénéfice important ?
   Justifiez votre réponse.

Série 19

L'imputation rationnelle des charges de structure

1 Variations d'activité – Graphe – Causes de variation des coûts

A. La production mensuelle normale de l'entreprise RATI est de 10 000 unités d'un article A.

Les charges prévues pour cette production et cette période sont les suivantes :

– charges variables : 120 000 € ;
– charges fixes : 80 000 €.

Travail demandé

1. Calculer le coût unitaire pour cette production.
2. Établir un tableau faisant apparaître les coûts totaux et unitaires avec imputation rationnelle des charges fixes :
   – pour une production de 8 000 unités ;
   – pour une production de 11 000 unités.
3. Calculer le « coût du chômage » et le « boni de suractivité » suivant le cas pour les situations précédentes.
4. Faire apparaître graphiquement le coût du chômage et le boni de suractivité (bien préciser les équations des droites).

B. En réalité, la situation est la suivante en janvier et février :

	Janvier	Février
Production	11 000	8 000
Coût total	222 000	176 000

Une étude des charges fait apparaître que les charges fixes ont bien été de 80 000 €.

Travail demandé

1. Calculer les coûts unitaires.
2. Calculer les coûts unitaires avec imputation rationnelle des charges fixes. Que peut-on constater quant au niveau de ces coûts ? justifier la réponse.

2 Tableau d'analyse de charges indirectes

On donne les renseignements suivants relatifs aux charges indirectes d'une entreprise industrielle pour le mois de février :

Total	Charges fixes		Clés de répartition entre les centres (%)				
			A	B	C	D	E
15 000	4 000	Matières consommables	10	20	10	20	40
1 000	800	Fournitures	–		50	30	10
3 000	1 200	Services extérieurs (comptes 61)	–	20	80	–	–
2 000	1 500	Services extérieurs (comptes 62)	–	–	100	–	–
5 000	1 000	Impôts et taxes	–	–	10	–	90
20 000	12 000	Main-d'œuvre indirecte	–	20	10	30	40
500	300	Charges de gestion courante	–	–	50	–	50
2 800	2 000	Dotations	10	20	20	30	20

Une partie des fournitures sont des charges exceptionnelles non incorporables. La répartition des centres auxiliaires entre les centres principaux peut être ramenée à une répartition en pourcentage donnée par le tableau suivant :

	Centres principaux		
	C	D	E
Centre auxiliaire A	50	50	–
Centre auxiliaire B	50	25	25

Le coefficient d'activité du mois a été de 0,9 pour tous les centres.

Travail demandé

Sachant que l'entreprise pratique l'imputation rationnelle des charges de structure, présenter le tableau d'analyse des charges indirectes.

3 Coût de sous-activité

Entre autres fabrications, la Société MÉLUSINE produit un compresseur référencé 125 006. Un atelier spécialisé est dédié à la fabrication de ce modèle.
Pour le mois de juin N, les éléments relatifs aux coûts ont été les suivants.

- Charges de production :
  - variables unitaires : 720 €
  - fixes mensuelles : 6 000 €.
- Les charges hors production se sont élevées à 9 000 €, dont 3 000 € de charges fixes.

L'activité normale correspond à la production et à la vente de 60 compresseurs.
Pour ce mois de juin, la production a été de 40 compresseurs dont 35 ont été vendus au prix unitaire de 1 200 €.
Le stock fin juin a été de 5 compresseurs.

Travail demandé

1. Déterminer le coût de production d'un compresseur fabriqué en juin :
   - avec imputation rationnelle,
   - sans imputation rationnelle.
2. Présenter pour le mois de juin les deux comptes de résultat de comptabilité générale correspondant à ces deux modes de valorisation.
   Lequel de ces comptes de résultat vous paraît être le plus conforme aux prescriptions du plan comptable général ?
3. En se limitant aux seules charges de production, calculer le coût de sous-activité du mois et le répartir entre production vendue et production stockée.
4. Calculer pour ce même mois le coût global de sous-activité, en considérant que les autres charges sont des charges de distribution.

4 Détermination de l'activité normale

La société KMG sous-traite pour le compte d'un grand équipementier de l'industrie automobile la production de deux pièces A et B utilisées dans la fabrication des mécanismes d'embrayage.
Chaque pièce passe successivement dans deux ateliers :

- un atelier d'usinage disposant de dix postes de travail automatisés ;
- un atelier de finition et de contrôle avec cinq postes de travail manuel.

Les gammes de fabrication prévoient les temps suivants en minutes (il s'agit de temps-machine en usinage et de temps de main-d'œuvre en finition et contrôle) :

	Pièces A	Pièces B
Usinage	13	11
Finition et contrôle	4	6

Chaque semaine, un poste d'usinage peut fournir 32 heures-machine et un poste de finition et de contrôle assurer 35 heures de main-d'œuvre directe. Ces temps définissent l'activité normale de chaque atelier.
Le coût des matières est de 2 € par pièce A et de 3 € par pièce B.
L'heure de main-d'œuvre directe coûte 15 €, charges sociales comprises.
Les charges indirectes sont les suivantes :

	Usinage	Finition et contrôle
Charges fixes	5 000	2 000
Charges variables	6 € par heure-machine	12 € par heure de main-d'œuvre

L'équipementier pour lequel sous-traite la société KMG exige des livraisons hebdomadaires de pièces A et B en quantités égales. Sous cette condition, il est en mesure d'absorber la totalité de la production de KMG.

Travail demandé

1. Déterminer la quantité maximale de pièces A et B que KMG pourra livrer chaque semaine.
2. Calculer le nombre d'heures utilisées dans chaque atelier pour assurer ces livraisons.
3. Cette production conduisant à une sous-activité dans l'un des ateliers, calculer le coût de cette sous-activité.
4. Déterminer les coûts de production correspondants, en appliquant la méthode de l'imputation rationnelle.

QUESTIONS

1. Pourquoi le coût complet unitaire varie-t-il en fonction de l'activité ?
2. Pourquoi le coût variable est-il fixe unitairement ?
   Pourquoi le coût fixe est-il variable unitairement ?
3. Qu'est-ce que l'activité normale ?
4. Quelle différence faut-il faire entre l'activité normale et l'activité prévisionnelle ?
5. Qu'est-ce que le coût de sous-activité ?
6. Qu'appelle-t-on taux d'activité ?

Série 20

Le coût variable et les marges

1 Mécanisation d'un atelier

La production normale d'un atelier A est de 6 000 unités ; l'atelier la cède à un autre atelier au prix de 40 € l'unité.
Les charges de l'atelier A correspondant à cette production sont les suivantes :

– charges fixes : 50 000,
– charges variables : 170 000.

On envisage de mécaniser l'atelier A, dont les charges, pour une même production, seraient les suivantes :

– charges fixes : 80 000,
– charges variables : 108 000.

Travail demandé

1. Déterminer graphiquement le seuil de rentabilité de l'atelier A avant et après la mécanisation, en fonction de la production. Que peut-on en conclure ?
2. Établir la variation du coût unitaire total en fonction de la production et en donner une représentation graphique. Quelles conclusions peut-on en tirer ?

2 Seuil de rentabilité trimestriel

Dans une entreprise de vente en gros de charbon, les données d'exploitation relatives aux deuxième et troisième trimestres d'un exercice sont les suivantes :

	2e trimestre	3e trimestre
Quantités vendues (en tonnes)	11 500	19 500
Chiffre d'affaires net (hors taxes)	3 840 000	6 240 000
Coûts variables d'achat (des quantités vendues)	3 015 000	4 710 000
Coûts variables de vente et d'administration	480 000	750 000
Charges fixes de structure	540 000	540 000

Travail demandé

1. Établir un tableau pour les deux trimestres faisant apparaître la marge sur coût variable et le résultat.
2. Déterminer graphiquement, et par le calcul, le seuil de rentabilité de chaque trimestre en quantités ; expliquer sa variation.
3. Étudier la variation du résultat en fonction des charges de structure et de la marge sur coût variable : influence des quantités et des valeurs unitaires ; chiffrer ces influences et commenter.

3 Marges sur coûts variables par produits Prévisions de rentabilité

La société anonyme PRODUITS LENOIR fabrique trois produits A, B et C.

À la fin de l'exercice N, le chef comptable a procédé à l'analyse des charges en charges fixes ou charges de structure et en charges variables ou charges proportionnelles, ces dernières étant rapportées, comme les chiffres d'affaires, à chaque catégorie de produits. Il a finalement dressé le tableau suivant :

	Produit A	Produit B	Produit C
Chiffre d'affaires net (hors taxes)	480 000	1 000 000	1 080 000
Coûts proportionnels de fabrication des produits vendus (y compris les dépenses de matières premières)(1)	380 000	760 000	770 000
Coûts proportionnels de distribution (1)	20 000	40 000	40 000

(1) Charges variables considérées comme proportionnelles aux quantités produites et vendues.

Les charges de structure de l'entreprise sont de 350 000 €.

Pour l'exercice N + 1, l'entreprise envisage les conditions d'exploitation suivantes.

a) En ce qui concerne le produit A : accroissement de 30 % des quantités vendues, cet accroissement devant résulter d'un effort de publicité et de prospection qui doit majorer les charges variables de distribution, le coût proportionnel unitaire de distribution augmentant de 10 %.

b) En ce qui concerne le produit B : accroissement de 20 % des quantités vendues, cet accroissement devant résulter d'une réduction de 5 % du prix de vente par unité.

c) En ce qui concerne le produit C : les ventes et les coûts resteraient identiques à ceux de l'exercice N.

d) Les charges fixes, ou charges de structure, seraient toujours de 350 000 €.

Travail demandé

Compte tenu des données de l'exercice N et des hypothèses d'exploitation pour N + 1, résoudre les problèmes suivants.

1. Déterminer les marges sur coûts variables que donneront en N + 1 les ventes de chaque produit ; ces marges seront calculées en valeurs absolues et en pourcentages du chiffre d'affaires, à partir d'un tableau donnant la valeur des divers éléments retenus par le calcul.
2. Établir par le calcul, le seuil de rentabilité ou point mort de l'entreprise N + 1 ; en donner une représentation graphique.
3. La situation sera-t-elle finalement plus avantageuse que celle de N ?
   Justifier la réponse en considérant :
   – l'aspect rentabilité,
   – l'aspect sécurité.

4 Résultat analytique en coût complet et en coût variable

La société ABYSSE est spécialisée dans l'éclairage subaquatique ; elle s'est créé une excellente réputation dans les milieux des plongeurs grâce à ses torches sous-marines de haute qualité ; le marché ciblé est celui de la plongée, professionnelle, sportive ou de loisirs.

Au cours des années, elle a cherché à étendre sa gamme de produits afin d'atténuer l'effet des fluctuations saisonnières du marché. Elle propose en plus des torches :

– un modèle de " lampes de tête tous sports ", rechargeables et étanches, pour répondre aux besoins des professionnels de la protection civile ainsi que des sportifs (spéléologie, VTT, planche à voile, plongée) ;
– et, depuis quelques années, un phare d'éclairage de surface, utilisé sur les terrains sportifs et les chantiers.

Dans son organisation, la société distingue deux activités au stade des produits finals :

– l'activité " éclairage sous-marin ", qui constitue le noyau dur de l'entreprise elle regroupe la fabrication et la vente des torches sous-marines et des lampes de tête ;
– l'activité " éclairage de surface ", qui correspond à la fabrication et la vente d'un seul produit, les phares de surface.

Chacune de ces divisions constitue un centre de responsabilité ; s'y ajoute une troisième division, la division " chargeurs ", qui produit les chargeurs destinés aux accumulateurs des éclairages rechargeables.

Travail demandé

1. Calculer les résultats analytiques unitaires par produit et le résultat global généré par les trois produits au cours de l'exercice N.
2. Calculer la contribution de chaque produit à la couverture des charges fixes de la période (marge sur coût variable) et le résultat correspondant.

3. Identifier l'origine de la différence des résultats globaux obtenus dans les deux méthodes.
4. Dans l'hypothèse où, en N + 1, la situation des ventes serait inchangée, calculer la marge sur coût spécifique prévisionnelle générée par chacune des activités et le résultat global prévisionnel. (On supposera négligeable la variation de stock en N + 1 ainsi que les variations du coût des facteurs.)
5. Définir la notion de coût spécifique et indiquer son intérêt pour la gestion.
6. Un plan d'action est envisagé pour améliorer la rentabilité de l'activité « éclairage de surface » (voir annexe). Quel serait le résultat analytique obtenu dans chacune des hypothèses envisagées ?

ANNEXE

Tableau des coûts unitaires, exercice N

	Éclairage sous-marin		Éclairage de surface
	Torches	Lampes de tête	
Quantités produites	22 000	38 000	17 000
Quantités vendues	20 000	39 000	17 500
Prix de vente	480	378	524
Coût unitaire de fabrication	444,2	349,20	508,20
dont variable	296,2	230,80	389,80
Coût unitaire de distribution	18	17	19,60
dont variable	13	12	14,60

État des stocks au 1.1.N

	Quantités	Montant global	Dont coût variable
Torches	1 000	421 200	291 600
Lampes de tête	4 000	1 380 000	906 400
Phares	2 000	1 012 600	775 800

• **Composition des charges fixes**

a) Charges fixes de fabrication

Une étude plus approfondie de ces charges permet de distinguer :

– des charges spécifiques :
  – à l'activité « éclairage de surface » : 442 000 €,
  – à l'activité « éclairage sous-marin » : 1 703 000 € ;

  il s'agit de la location des bâtiments et des redevances concernant la partie du matériel acquise par crédit-bail ;

– des charges communes aux deux activités ; il a été décidé de les répartir entre les trois produits au prorata des charges fixes spécifiques, lorsque c'est nécessaire.

b) Charges fixes de distribution

Elles sont réparties au prorata des quantités vendues.

• **Plan d'action envisagé pour améliorer la rentabilité de l'activité « éclairage de surface »**

Trois décisions D apparaissent possibles :

- Dl : diminuer le prix de vente de 2 % ; selon les études réalisées, on augmenterait alors les ventes en quantités de 9,6 % ;
- D2 : diminuer le coût variable de fabrication grâce à un investissement de productivité financé en crédit-bail ; dans ce cas, le coût variable de fabrication passerait à 388,4 € par unité pour des charges fixes annuelles supplémentaires de 25 000 € ;
- D3 : conjonction de Dl + D2.

5 Variations de prix et coefficient d'élasticité

La société SL fabrique deux produits A et B. Pour une année N, la comptabilité analytique fait apparaître les informations suivantes concernant les produits vendus (prix et coût unitaires) :

	A	B
Prix de vente	100	200
Quantités	10 000	20 000
Coûts complets	105	180
Coûts variables	50	100

Par ailleurs, sur le marché, pour les deux articles, le coefficient d'élasticité des quantités par rapport aux prix est égal à – 1,5.

Pour l'année N + 1, les cours des matières et autres fournisseurs ne semblent pas devoir changer. Il est par contre prévu une augmentation des charges de structure de 50 000 € pour permettre une augmentation de la production.

Travail demandé

1. Calculer le résultat global pour l'année N :
   - par la méthode des coûts complets ;
   - par la méthode du coût variable.
2. Pour N + 1, il est envisagé une baisse des prix de 10 %.
   Quel résultat peut-on prévoir ? Commenter.
3. Rechercher mathématiquement s'il existe une zone de variation de prix permettant d'augmenter le résultat de l'entreprise. Commenter.

QUESTIONS

1. Comparez charges variables et charges fixes, d'une part, charges directes et charges indirectes, d'autre part.
2. Exprimez la « marge sur coût variable » :
   – en fonction des charges variables ;
   – en fonction des charges fixes, d'une manière générale ;
   – en fonction des charges fixes, au seuil de rentabilité.
3. Définissez la marge de sécurité.
   Quelle peut être l'utilité de cette notion ?
4. Définissez le levier opérationnel.
   Quelle peut être l'utilité de cette notion ?
5. Définissez une marge sur coûts spécifiques.
6. Quelle est l'utilité de la connaissance de la marge sur coût variable d'un produit ?

Série 21

Le coût marginal

1 Changement de structure – Commande supplémentaire

A. À la fin d'un exercice N, le bilan résumé de l'entreprise T se présente de la façon suivante :

Actif		Passif	
Actif immobilisé	425 000	Capitaux propres	600 000
Actif circulant	625 000	Bénéfice net	18 000
		Dettes	432 000
	1 050 000		1 050 000

L'entreprise a fabriqué et vendu 20 000 articles supposés uniformes pour un prix total net de 2 400 000 €. Le montant des frais généraux considérés comme fixes s'est élevé à 582 000 € (les frais généraux comprennent les amortissements).

Travail demandé

Calculer le coût unitaire total d'un article en faisant apparaître le coût variable et le coût fixe.

B. Les dirigeants de l'entreprise estiment le résultat insuffisant. Après une analyse des possibilités du marché de leur produit, ils prennent les décisions suivantes applicables dès le début de l'année N + 1 :

- augmentation du capital de 300 000 € ;
- acquisition de matériel neuf pour 260 000 € ; ce matériel doit être amorti par annuités constantes en 4 ans ;
- diminution du prix de vente de 5 % par article ;
- financement échelonné d'une campagne de promotion des ventes dont on estime qu'elle entraînera un accroissement des charges fixes de 19 000 € par an.

Ces décisions n'entraînent aucune modification dans la structure du coût variable unitaire. Grâce aux nouveaux matériels, la capacité de production et d'écoulement pourrait être facilement doublée.

Travail demandé

1. Former la fonction y du coût de revient global en désignant par x le nombre d'articles que l'on pourrait fabriquer et vendre (on supposera que le stock reste inchangé).
2. Former l'équation du coût unitaire.
3. Quelle valeur doit prendre x pour que l'entreprise obtienne un bénéfice égal à 6 % des capitaux propres ?

C. L'ensemble de la clientèle de l'entreprise T est formé d'un grand nombre de petits clients. On suppose qu'après les transformations ci-dessus, un nouveau et important client propose d'acheter 6 000 articles, mais au prix unitaire de 105 €.

Travail demandé

1. Calculer le coût de revient unitaire en supposant que la demande du nouveau client soit acceptée, la production des 6 000 articles s'ajoutant à la valeur x trouvée ci-dessus. Que peut-on conclure de la confrontation de ce prix unitaire et de l'offre du client ?
2. Compte tenu de leurs possibilités techniques, les responsables de l'entreprise décident d'accepter la commande supplémentaire aux conditions de prix fixées par cet important client. Quel sera, dans ce cas, le bénéfice net global, l'article étant toujours vendu aux anciens clients au prix envisagé dans la partie B.

   Que peut-on conclure ?

2 Entreprise en concurrence parfaite et entreprise en situation de monopole

A. Une entreprise E fabrique un produit P. Après étude de ses conditions de fabrication, elle dispose des renseignements suivants pour différents niveaux de production.

Quantités produites	Coût unitaire moyen
200	3 000
400	2 700
600	2 430
800	2 190
1 000	2 010
1 200	1 950
1 400	2 100
1 600	3 000
1 800	4 200

Travail demandé

Calculer, pour chaque quantité produite, le coût total, le coût marginal total, le coût marginal unitaire. Représenter graphiquement coût moyen et coût marginal unitaires (graphique 1). Que peut-on dire de l'intersection de ces deux courbes ?

B. Formulons l'hypothèse que l'entreprise E est en concurrence parfaite avec un grand nombre d'entreprises sur un marché où les relations entre offre, demande et prix s'établissent ainsi :

Prix	Quantités offertes	Quantités demandées
2 600	875 000	1 800 000
2 800	950 000	1 500 000
3 000	1 050 000	1 350 000
3 200	1 200 000	1 200 000
3 400	1 400 000	1 100 000
3 600	1 700 000	1 025 000
3 800	2 050 000	975 000

Travail demandé

Déterminer graphiquement le prix qui s'établit sur le marché du produit P (graphique 2).

C. Dans cette hypothèse, il est évident qu'une variation de production de l'entreprise E n'a pas d'influence sur le prix du marché, compte tenu de sa faible importance par rapport à l'ensemble de l'offre.

Travail demandé

Déterminer graphiquement (sur le graphique 1)

- la production maximale à ne pas dépasser par l'entreprise E si elle ne veut pas réaliser une perte ;
- la production optimale pour l'entreprise E et le résultat correspondant ;
- le résultat pour une production de 1 200 unités.

D. Formulons une nouvelle hypothèse : l'entreprise E a le monopole de vente du produit P sur le marché et une étude de marché lui a fourni les indications suivantes concernant l'importance de la demande en fonction des prix proposés :

Prix (recette moyenne unitaire éventuelle)	Quantités demandées
5 650,00	200
5 325,00	400
4 900,00	600
4 487,50	800
4 080,00	1 000
3 675,00	1 200
3 271,50	1 400

Travail demandé

1. Calculer la recette totale éventuelle pour chaque niveau de production, la recette marginale totale, la recette marginale unitaire.
2. Représenter sur un même graphique (graphique 3) le coût moyen unitaire, le coût marginal unitaire, la recette moyenne unitaire et la recette marginale unitaire (les conditions de fabrication sont les mêmes que dans la partie A).
3. Déterminer graphiquement le niveau optimal de production. Quel est le résultat obtenu par l'entreprise pour cette production ? Faire apparaître ce résultat sur le graphique 3.

3 Coût marginal et changement de structure

Une entreprise fabriquant un article unique P dispose actuellement d'une capacité de production lui permettant de livrer mensuellement 50 séries de 100 unités.

Pour cette activité normale, la décomposition du coût de revient et du résultat unitaire sur P est donnée ci-après.

Matière utilisée	60
Main-d'œuvre (fixe)	45
Charges variables d'atelier	20
Charges fixes d'atelier	10
Coût de production	135
Coût variable de distribution	20
Coût de revient	155
Prix de vente	200
Résultat	**45**

Le carnet de commandes actuel mensuel porte sur 45 séries. On pourrait, moyennant une politique commerciale adaptée (remises accordées), augmenter la production :

– jusqu'à 50 séries, sans modification des charges de structure ;

– jusqu'à 55 séries en recourant pour la main-d'œuvre à des heures supplémentaires qui coûtent en moyenne 25 % plus cher.

Pour une production mensuelle supérieure à 55 séries, il convient de procéder à une embauche supplémentaire dont le coût mensuel est évalué à 15 000 €, et à l'acquisition d'un équipement supplémentaire augmentant les autres charges de structure de 60 000 €.

Travail demandé

Déterminer, pour une production variant de 50 à 60 séries (par tranche de 5 séries), le coût marginal unitaire par série.

4 Coût marginal et optimisation

L'entreprise RECUP est spécialisée dans la récupération des métaux.

Actuellement, ses conditions de fonctionnement sont les suivantes (données hebdomadaires) :

- charges de structure : 30 000 €
- coût variable unitaire : 600 € par tonne collectée, incluant le coût du ramassage et le coût du traitement ;
- une tonne collectée permet d'obtenir après traitement 0,60 tonne de métal revendu à 2 000 € la tonne.

Actuellement, le périmètre de collecte permet la récupération d'environ 70 tonnes par semaine. Il serait possible d'augmenter cette activité en élargissant le périmètre de collecte.

Une étude a permis d'estimer les coûts supplémentaires qu'il serait pour cela nécessaire d'engager :

Quantités supplémentaires collectées	Coût supplémentaire
70 à 75 tonnes	3 000
75 à 80 tonnes	3 500
80 à 85 tonnes	4 000
85 à 90 tonnes	4 500
90 à 95 tonnes	5 000
95 à 100 tonnes	5 500
100 à 105 tonnes	6 000
105 à 110 tonnes	6 500
110 à 115 tonnes	7 000

Travail demandé

1. Déterminer le coût total et le résultat réalisé pour des quantités collectées variant de 70 à 115 tonnes par tranche de 5 tonnes.

   En déduire le niveau optimal de production.

2. x désignant les quantités collectées, calculer $C(x)$ le coût marginal unitaire en envisageant deux hypothèses : $x \leqslant 70$ tonnes et $x > 70$ tonnes.

   En déduire l'expression du coût total en fonction de x.

3. Retrouver à partir de ces éléments le niveau optimal de production.

5 Recette marginale et coût marginal Optimum économique

On doit déterminer le prix de lancement d'un nouveau produit cosmétique. La production et la distribution de ce produit se traduiront par un coût variable unitaire de 20 € et des charges fixes de 400 000 €.
Le marché potentiel est de 50 000 clients. En interrogeant un échantillon de 1 000 personnes sur leurs intentions d'achat en fonction du prix proposé, on a obtenu les réponses suivantes :

Prix proposé : p	30	35	40	45	50
Proportion d'acheteurs à ce prix : f	88,9 %	65,3 %	50 %	39,5 %	32 %

Travail demandé

1. Déterminer le résultat que l'on peut attendre pour ces différents niveaux de prix. En déduire le prix optimal.
2. Vérifier que la proportion f d'acheteurs peut s'exprimer ainsi en fonction du prix proposé : $f = B \times p^{-2}$. Calculer B.
3. Écrire l'équation du chiffre d'affaires réalisé en *fonction de p* puis celle du résultat. Retrouver à partir de cette fonction le prix optimal.
4. Déterminer la recette marginale en *fonction des quantités vendues*. Vérifier que l'optimum correspond à l'égalité entre la recette marginale et le coût marginal.

QUESTIONS

1. Définissez le coût marginal : sur un plan comptable d'une part, sur un plan mathématique d'autre part.
2. Définissez l'optimum technique.
   Précisez comment on peut le déterminer graphiquement, mathématiquement et intuitivement.
3. Définissez l'optimum économique.
   Précisez comment on peut le déterminer.
4. À quoi peut servir la connaissance du coût marginal ?

Série 22

Les cessions internes

1 Cessions internes : divers modes d'évaluation

La société RÉNO exploite un garage sur la ville de Toulouse. Concessionnaire d'un grand constructeur automobile, ce garage comprend trois divisions organisées en centres de profit :

– la division Ventes de véhicules neufs ;
– la division Ventes de véhicules d'occasion ;
– la division Entretien-réparations.

Cette dernière division consacre une partie importante de son temps (un quart environ) à la remise en état de véhicules pour le compte de la division Ventes de véhicules d'occasion.

Jusqu'à présent, ces prestations étaient facturées au coût de revient complet. Le responsable de la division (chef d'atelier) fait remarquer que ce prix de cession, très inférieur au prix facturé pour les prestations externes, ampute indûment la marge de sa division. Il souhaiterait donc que ces prestations soient désormais évaluées sur la base du prix de facturation externe diminué de 10 %.

Travail demandé

1. Déterminer le coût de revient d'une heure de travail de la division Entretien-réparations.
2. La remise en état d'un véhicule d'occasion a nécessité les éléments suivants :
   – pièces détachées d'un coût d'achat de 1 000 €,
   – 15 heures de main-d'œuvre.
   Évaluer cette prestation interne
   – avec le mode actuel d'évaluation ;
   – avec le système proposé par le responsable de la division Entretien.

ANNEXE

• **Éléments pour le calcul du coût de l'heure de réparation**

La division emploie un chef d'atelier avec un salaire brut de 2 600 € mensuel et 4 mécaniciens au salaire brut de 1 600 €. Tous sont rémunérés sur treize mois et disposent de cinq semaines de congés payés.

Le taux des charges sociales est de 50 %.

La durée du travail est de 35 heures par semaine ; on estime que 90 % du temps de travail des cinq salariés correspond à des heures réellement facturables.

Les autres charges de la division (amortissements, charges diverses) représentent 50 000 € par an.

• **Facturation des prestations externes**

Les heures de main-d'œuvre sont facturées à 36 € HT.

Sur les pièces détachées, le garage applique une marge représentant 25 % du coût d'achat.

2 Prix de cession interne et rentabilité des divisions

La Société MÉCANO comporte différentes unités de fabrication organisées en centres de profit. Chacune de ces unités est autonome quant à ses décisions de gestion.

L'unité U1 réalise, entre autres productions, une pièce X, qui peut soit être vendue sur le marché extérieur, soit cédée à l'unité U2.

Sur la base d'une fabrication mensuelle de 1 000 pièces, le coût de production unitaire de X est de 375 € dont 275 € de charges variables.

L'unité U2 aurait l'opportunité d'utiliser la pièce X pour fabriquer un produit Y, qui, compte tenu de la concurrence, pourrait être vendu à un prix de 900 €. La fabrication du produit Y requiert, en plus de la pièce X, un coût de 350 € par unité dont 200 € de charges variables.

Ces éléments sont calculés sur la base d'une production mensuelle de 200 produits Y.

L'unité U1 ne peut produire plus de 1 000 pièces X par mois et l'unité U2 peut s'engager à en acheter 200.

Actuellement, MÉCANO vend 800 pièces X sur le marché extérieur au prix unitaire de 600 €.

La cession interne de Ul à U2 s'effectuerait à ce prix de marché de 600 €.

Travail demandé

1. Dans les conditions actuelles, la fabrication des produits Y vous paraît-elle rentable :
   – pour l'unité U2 ?
   – pour la Société MÉCANO dans son ensemble ?
2. Définir un prix de cession qui soit acceptable par les deux unités.
3. On suppose qu'un prix de cession interne de 500 € a été finalement retenu.

Enregistrer dans les comptabilités analytiques autonomes des deux unités les opérations précédentes.

4. En baissant son prix de vente externe à 550 €, U1 pourrait vendre 1 000 pièces X sur le marché extérieur. Quel est alors le programme de production optimal pour la société ?

3 Prix de cession interne et optimisation de la production

Dans le cadre d'une restructuration interne et en vue d'assurer un système de mesure des performances, la société TOUTENFER, organisée actuellement en centres de responsabilité, souhaite les transformer en centres de profit.

Travail demandé

1. Définir et caractériser les notions de « centre de responsabilité » et de « centre de profit ».
2. Présenter les différentes méthodes d'évaluation des cessions internes.
3. À partir des informations 1, 2, 3 de l'annexe, en supposant que le centre A atteigne sa capacité maximale en vendant le complément au centre B, répondre aux questions suivantes.
   - **a.** L'entreprise a-t-elle intérêt à fabriquer X ?
   - **b.** Le prix de cession interne retenu permet-il d'optimiser le résultat global de l'entreprise ?
   - **c.** Quelle est l'origine de la différence de résultat entre ces deux stratégies (l'actuelle et l'envisageable) ?
4. Déterminer les limites du prix de cession interne qui feront qu'il sera acceptable à la fois par A et par B (en présentant des marges de manœuvre possibles).
5. En considérant l'information 4 de l'annexe, indiquer quel résultat l'entreprise et le centre A peuvent espérer en ne s'intéressant qu'au marché extérieur.

ANNEXE

• Information 1

Le centre A fabrique des pièces A105. Il en vend actuellement 900 unités par semaine au prix unitaire de 600 €. La capacité de production est de 1 200 unités par semaine.

Pour réaliser cette fabrication maximale, le centre estime ses coûts unitaires à 380 € dont 260 € variables.

• Information 2

Le centre B fabrique actuellement des pièces B206 mais le responsable technique pense que pour mieux utiliser la capacité du centre A, il pourrait envisager la fabrication d'un nouveau produit pour l'entreprise, appelé X et qui reprendrait pour composant la pièce détachée de type A105.

Compte tenu de la situation concurrentielle actuelle, le nouveau produit X fabriqué par B pourrait être vendu 1 000 € l'unité.

Le contrôleur de gestion a estimé les coûts additionnels unitaires de fabrication de ce produit par le centre B à 300 € de coût variable et à 200 € de coût fixe pour une fabrication mensuelle potentielle de 300 unités.
Ce centre prévoit d'être capable de travailler à pleine capacité pour cette fabrication compte tenu des perspectives d'évolution du marché.

• Information 3

On considère que la cession interne nécessaire se ferait au prix du marché.

• Information 4

Une étude de marché faite récemment sur la pièce A105 montre que, si le prix de vente unitaire passait à 595 €, le centre A pourrait espérer en vendre 1 060 unités sur le marché extérieur.

QUESTIONS

1. Quelle(s) est (sont) la (les) condition(s) pour qu'une division de l'entreprise puisse être considérée comme centre de profit ?
2. Dressez un tableau des avantages et des inconvénients des bases (avec adjonction d'une marge éventuellement) de fixation des prix de cessions internes suivantes : coût complet, coût variable, prix du marché, prix négociés.

Série 23

Gestion budgétaire et contrôle de gestion

1 Entreprise de distribution : hiérarchie des budgets

La Société lyonnaise de distribution alimentaire (SLDA) exploite vingt magasins de type « supérette » dans la région Rhône-Alpes.
Des objectifs de ventes sont assignés aux gérants des magasins qui ont la responsabilité des charges de distribution qui leur sont propres (rémunération des vendeurs).
Les approvisionnements sont réalisés par l'intermédiaire d'une centrale d'achat unique; la trésorerie est gérée de façon centralisée. Les services administratifs (personnel, comptabilité, etc) sont communs.

Travail demandé

Présenter un schéma montrant l'interdépendance entre les différents budgets de la SLDA.

2 Entreprise de services : hiérarchie des budgets

CAPGEM est une société de services informatiques implantée à Aix-en-Provence.
Son activité s'organise autour de trois pôles :
- la distribution de systèmes informatiques (matériels et logiciels standards) achetés à des constructeurs ;
- la production de logiciels spécifiques conçus à la demande de certains clients ;
- la maintenance des systèmes installés chez les clients.

Vingt personnes travaillent pour la société :
- trois s'occupent de tâches administratives (comptabilité, commandes du matériel) ;
- six techniciens sont chargés de la maintenance ;
- six analystes développent des applications à la demande de la clientèle ;
- cinq personnes sont employées pour la vente et la prospection de la clientèle.

Travail demandé

Présenter un schéma montrant les relations entre les différents budgets que pourrait établir la société CAPGEM.

QUESTIONS

1. Définir le terme de budget.
2. Quelle est l'utilité d'une gestion budgétaire ?
3. Quelle différence faites-vous entre « contrôle de gestion » et « gestion budgétaire » ?

Série 24

La gestion budgétaire des ventes : prévisions

1 Présentation d'une série corrigée des variations saisonnières ; ajustement linéaire ; prévision des ventes

La société ALIBERT et Cie entretient des relations étroites avec son fournisseur, un grand groupe pétrolier.
À la demande de ce dernier, elle a établi les statistiques de ventes suivantes sur les trois dernières années :

Ventes de fioul en dizaines de milliers de m^3

	Trimestre 1	Trimestre 2	Trimestre 3	Trimestre 4
Année $N-2$	144	86	49	102
Année $N-1$	170	100	59	122
Année N	208	122	71	150

Les coefficients saisonniers retenus pour les prévisions sont les suivants :

	Trimestre 1	Trimestre 2	Trimestre 3	Trimestre 4
Coefficients	1,6	0,9	0,5	1

Travail demandé

1. Représenter graphiquement la série chronologique des ventes de fioul.
2. Représenter sur le même graphique une série corrigée des variations saisonnières.
3. Donner l'équation de la droite d'ajustement de la série corrigée des variations saisonnières.
4. Déduire du travail précédent une prévision des ventes par trimestre pour l'année $N+1$.
5. Quelle confiance peut-on accorder à la prévision précédente?

2 Moyennes mobiles ; détermination de coefficients saisonniers

Les ventes trimestrielles d'une entreprise ont connu l'évolution suivante sur les trois dernières années (données en K€) :

	Trimestre 1	Trimestre 2	Trimestre 3	Trimestre 4
Année $N-2$	860	794	1 338	1 148
Année $N-1$	1 096	1 021	1 705	1 505
Année N	1 436	1 363	2 319	2 047

Travail demandé

1. Représenter graphiquement la série chronologique.

2. Déterminer les moyennes mobiles centrées ; en donner la représentation sur le même graphique.

3. Déduire des calculs précédents la valeur des coefficients saisonniers.

4. Peut-on conclure des résultats précédents que l'évolution de la série chronologique s'explique en totalité par la variation de la tendance et la composante saisonnière ?

5. Prolonger, par une méthode empirique, la tendance observée sur les moyennes mobiles pour en déduire une prévision des ventes sur l'année $N + 1$.

3 Mise en évidence d'une tendance exponentielle ; prévisions de ventes

Les ventes d'un produit nouveau ont connu l'évolution montrée par le tableau ci-dessous sur les six premiers mois de l'année. Par référence à des produits du même type, on a pu évaluer des coefficients saisonniers mensuels.

Mois	Ventes	Coefficients saisonniers
1	178	1,2
2	132	0,8
3	161	0,9
4	258	1,3
5	240	1,1
6	175	0,7

Travail demandé

1. Présenter une série corrigée des variations saisonnières.

2. Justifier l'ajustement de cette série sur une courbe exponentielle.

3. Vérifier que la courbe d'équation $y = 133 \times 1{,}107^t$ (t désignant le numéro du mois) donne un bon ajustement de la tendance mise en évidence.

4. Déduire des résultats précédents une prévision des ventes pour le second semestre en appliquant les coefficients saisonniers suivants :

Mois	7	8	9	10	11	12
Coefficient	0,6	0,6	1,1	1,2	1,1	1,4

5. Les ventes réellement observées sur le second semestre ont été les suivantes :

Mois	7	8	9	10	11	12
Ventes	160	170	330	400	390	550

Quelle conclusion en tirez-vous à propos des différentes phases de développement du produit ?

4 Coefficients saisonniers.Prévisions de ventes dans l'hypothèse d'un accroissement des ventes à taux constant

La société COM2 est le premier distributeur en France de modems permettant de relier les micro-ordinateurs au réseau téléphonique. Ces modems sont vendus avec les logiciels de connexion (émulation minitel, fax, connexion au réseau internet etc).

COM2 a vendu, l'année *N*, 200 000 modems. L'« explosion de ce marché » lui permet d'espérer, pour l'année *N* +1, une progression de 60 % du rythme annuel des ventes, soit environ 320 000 modems vendus sur l'année. Cet accroissement régulier de la tendance sur l'année n'empêche pas un caractère saisonnier des ventes lié essentiellement aux campagnes de promotion réalisées périodiquement par les distributeurs.

Ce caractère saisonnier se traduit dans les coefficients saisonniers suivants :

	Trimestre 1	Trimestre 2	Trimestre 3	Trimestre 4
Coefficients	0,8	1,1	0,6	1,5

Travail demandé

1. En désignant par x la tendance des ventes sur le premier semestre de *N* +1, exprimer en fonction de x la tendance pour les trimestres suivants.

2. Déduire des calculs précédents la valeur de x et la prévision des ventes pour chacun des trimestres de l'année *N* +1.

5 Prévision de ventes. Estimation

Une société, leader sur le marché français des cuisines intégrées vient de mettre en place un service de ventes par téléphone. Cinq personnes sont employées dans ce service avec chacune un salaire brut de 2 000 € par mois auxquels s'ajoutent 40 % de charges patronales.

Les autres charges fixes du service (amortissements, communications téléphoniques, etc) s'élèvent à 100 000 € par an.

Chaque employé du service passe en moyenne quarante appels par jour. Ces appels, s'ils ont un résultat positif, sont suivis d'un rendez-vous avec un vendeur de la société. De façon assez constante, 10 % des rendez-vous prix débouchent sur la vente d'une cuisine. Le nombre de journées de fonctionnement du service sur l'année est de 200.

La marge sur coût variable dégagée sur la vente d'une cuisine est en moyenne de 2 400 €.

La rentabilité du service dépend donc du pourcentage des appels donnant lieu à une prise de rendez-vous.

Une première estimation en a été faite à partir des 900 premiers appels réalisés qui ont débouché sur 27 prises de rendez-vous.

Travail demandé

1. Déterminer un intervalle de confiance à 95 % pour le pourcentage des appels débouchant sur un rendez-vous.
2. Apprécier la rentabilité prévisionnelle du service en envisageant trois hypothèses, H1 hypothèse pessimiste, H2 hypothèse optimiste, H3 hypothèse moyenne, qui correspondent respectivement aux bornes et à la valeur centrale de l'intervalle de confiance précédemment déterminé.

QUESTIONS

1. Que cherche-t-on à minimiser lorsque l'on établit l'équation d'une droite d'ajustement linéaire par moindres carrés ?
2. Quelles sont les limites des prévisions par extrapolations de tendances ?
3. Comment choisit-on les valeurs à regrouper pour calculer des moyennes mobiles ?
4. Quelle est l'utilité d'une série désaisonnalisée ?

Série 25

Budgétisation et contrôle des ventes

1 Contrôle budgétaire des ventes dans une entreprise commerciale

La société EG exploite dans la région Provence-Côte d'Azur une dizaine de magasins de type « hard-discount ». Les ventes portent pour l'essentiel sur des produits alimentaires et accessoirement sur des produits divers (hygiène, entretien de la maison, textiles), avec un nombre limité de références.
Tous les achats sont réalisés par la centrale d'achat de EG. Les directeurs de magasin n'ont donc aucun pouvoir de négociation auprès des fournisseurs ; ils sont par contre responsables de leurs ventes et des marges réalisées. Ils disposent d'une certaine marge de liberté pour fixer leurs prix de ventes et organiser des promotions sur des produits de leur choix.
Le magasin EG de Bandol, d'une surface de 1500 m^2, avait pour l'année *N* les objectifs suivants :

Rayon	Alimentaire	Non alimentaire
Surface du rayon en m^2	800	700
Achats	4 050 000	1 312 500
Chiffre d'affaires	4 500 000	1 750 000

Les réalisations pour cette même année ont été les suivantes :

Rayon	Alimentaire	Non alimentaire
Achats	4 300 000	1 250 000
Chiffre d'affaires	4 772 500	1 680 000

Travail demandé

1. Comparer les marges prévues et les marges réalisées, globalement et par rayon.
2. Comparer les taux de marge prévus et réalisés.
3. Analyser la répartition des achats entre les rayons.
4. Proposer une analyse de l'écart sur marge entre écart sur quantités achetées, écart sur composition des ventes, et écart sur taux de marge.
5. Le directeur du magasin, souhaiterait consacrer une plus grande part de sa surface de vente au « non-alimentaire ».
   La direction d'EG donne un avis différent, fondant son argumentation sur le chiffre d'affaires réalisé par m^2. Il vous est demandé d'arbitrer cette discussion.

2 Contrôle budgétaire des ventes. Analyse d'écarts sur marges

La Société rhodanienne de ventes de véhicules automobiles (SRVA) distribue, sur la région Rhône-Alpes, les véhicules de la marque coréenne Yunnaï.
Trois modèles de la marque sont actuellement commercialisés en France :
– Elyo, modèle de petite cylindrée (5 CV), conçue plutôt pour une utilisation urbaine ;
– Ariane, berline de moyenne cylindrée (7 CV) ;
– Athéna (11 CV), modèle haut de gamme de la marque.
Une seule version de chacun de ces modèles est proposée, toutes options incluses.
Les prix d'achat à l'importation, ont été négociés avec le constructeur, et s'appliqueront sur l'ensemble de l'année *N* + 1. Il est expressément prévu qu'aucune révision de ces prix n'interviendra avant la fin de l'année *N* + 1.

	Elyo	Ariane	Athéna
Prix d'achat	9 000	17 800	29 750

Travail demandé

1. À partir des données de l'annexe 1, présenter le budget de la SRVA pour l'année *N* + 1, en faisant apparaître clairement :
   – les marges sur prix d'achat, totale et par modèle,
   – les charges de distribution,
   – le résultat prévisionnel de la SRVA.
2. En vous appuyant sur les données de l'annexe 2, déterminer le résultat réel pour l'année *N* + 1, selon la même présentation qu'au 1.
3. Comparer les réalisations et les prévisions concernant le chiffre d'affaires et les marges réalisées.
4. Analyser l'écart sur charges de distribution, en distinguant charges fixes et charges variables.
5. Analyser l'écart sur marge sur prix d'achat en trois composantes : écart sur quantités, écart sur marge unitaire et écart sur composition des ventes.
6. Discuter la politique commerciale suivie par la SRVA pour l'année *N* + 1.

ANNEXE 1 : Éléments pour l'établissement du budget de l'année N + 1

• **Les objectifs suivants de ventes** ont été fixés par les responsables de la SRVA :

	Elyo	Ariane	Athéna
Quantités	500	250	110
Prix de vente unitaire hors taxes	10 000	20 000	35 000

Ces prix de ventes ont été discutés avec le constructeur Yunnaï. Dans le cadre de sa politique commerciale, et en raison d'une concurrence sur les prix très vive sur le marché français, il est prévu que la SRVA puisse, si nécessaire, appliquer des prix réels légèrement inférieurs (octroi de remises, promotions, etc.). L'accord avec le fournisseur prévoit toutefois que cette baisse ne devrait pas excéder sur chaque modèle 5 % du prix de vente prévu.

• **Prévision des charges**

La société emploie 10 vendeurs, qui sont rémunérés :

– par un salaire fixe de 2 500 € par mois sur 13 mois ;

– par une commission qui représente 15 % de la marge du distributeur.

Il convient d'ajouter au coût de ces rémunérations 50 % de charges sociales.

Les autres charges de distribution correspondent au budget publicitaire de la SRVA qui a été fixé à 125 000 € pour l'année *N*.

Dans un chapitre « charges administratives » dont le montant a été fixé à 500 000 € sont regroupées toutes les autres charges prévisionnelles de la SRVA.

ANNEXE 2 : Réalisations de l'année *N* + 1

Ventes de l'année

	Elyo	Ariane	Athéna
Quantités vendues	650	240	57
Chiffre d'affaires hors taxes	6 256 250	4 794 000	3 088 500

Charges autres que les achats

Éléments	Montant
Commissions aux vendeurs	235 500
Salaires fixes des vendeurs	331 250
Charges sociales patronales sur rémunérations des vendeurs	285 000
Publicité	131 250
Charges administratives	531 250

3 Contrôle graphique de budget

L'entreprise DELER vend quatre produits. Une étude prévisionnelle permet d'envisager les chiffres d'affaires et les coûts variables suivants pour ces produits :

Produits	Coûts variables	Chiffre d'affaires
P_1	135 000	150 000
P_2	297 500	350 000
P_3	320 000	400 000
P_4	75 000	100 000

Travail demandé

1. Calculer les marges sur coûts variables et les taux de marges sur coûts variables.
2. Calculer les pourcentages du chiffre d'affaires prévus pour chaque produit.
3. Présenter sur un graphique les points caractérisant les couples (taux de marge, pourcentage de chiffre d'affaires) et relier ces points pour une meilleure visualisation.

À la fin de la période considérée, le chiffre d'affaires a effectivement été celui prévu mais son analyse permet de constater que les répartitions réelles ont été les suivantes :

Produits	Coûts variables	Chiffre d'affaires
P_1	44 000	50 000
P_2	258 000	300 000
P_3	341 500	450 000
P_4	144 000	200 000

Travail demandé

1. Répondre aux mêmes questions que ci-dessus.
2. Que peut-on conclure en observant les deux graphes présentés dans un même repère ?

Dans quel but une entreprise ne pratiquant pas la gestion budgétaire et n'effectuant aucune prévision peut-elle malgré tout utiliser un graphique de ce type ?
Nota : L'ensemble des réponses chiffrées sera de préférence présenté dans un même tableau.

QUESTIONS

1. Pourquoi l'observation des quantités vendues ne suffit-elle pas pour analyser les variations de chiffres d'affaires ?
2. Pourquoi l'observation des prix unitaires ne suffit-elle pas pour analyser les variations de chiffres d'affaires ?
3. Pourquoi peut-on être amené à déterminer un écart sur composition des ventes ?

Série 26

La gestion de la production : programme de production

1 Plein emploi de deux ateliers

L'entreprise CANADO fabrique des armatures métalliques pour des canapés de deux types *X* et *Y*. Cette fabrication nécessite des travaux d'usinage et de montage. Les temps nécessaires par canapé et les capacités des ateliers sont conformes aux indications suivantes :

	Usinage	Montage
Canapés *X* Canapés *Y*	4 h 2 h	1 h 3 h
Capacité quotidienne maximale des ateliers	220 h	180 h

Travail demandé

Combien l'entreprise devra-t-elle fabriquer de canapés de chaque type quotidiennement pour assurer le plein emploi des deux ateliers ?

- solution graphique,
- solution par calcul.

2 Programmation linéaire, graphique et simplexe

L'entreprise MUR fabrique deux produits X_1 etX_2 par passage dans trois ateliers aux capacités maximales suivantes :

– atelier I : 1 800 min ;
– atelier II : 1 800 min ;
– atelier III : 400 min.

Chaque produit nécessite les temps de fabrication suivants en minutes :

	X_1	X_2
Atelier I	100	60
Atelier II	60	100
Atelier III	20	20

Une unité de X_1 produit 100 € et une unité de X_2 produit 80 € de marges sur coûts variables.

Travail demandé

1. Rechercher graphiquement quel est le programme de production permettant de maximiser la marge sur coûts variables totale.

2. Répondre à la même question en appliquant la méthode du simplexe. Donner la signification des transformations successives de la fonction économique.

3 Programmation linéaire : résolution par la méthode du simplexe ; programme dual

Dans son usine de Villeurbanne, l'entreprise MARLAUD fabrique des meubles de rangement de trois modèles : M1, M2, M3.

Travail demandé

Compte tenu des données de l'annexe :

1. Déterminer le programme de fabrication des meubles *M1*, *M2*, *M3* qui permet de maximiser le résultat de la société MARLAUD (résolution par la méthode du simplexe).

2. Présenter le programme dual du précédent et vérifier les résultats trouvés précédemment.

3. Les capacités de production des centres d'usinage et montage pourraient être utilisées pour des activités de sous-traitance pour le compte d'autres centres de l'entreprise.
À quel prix conviendrait-il de facturer les heures d'usinage et de montage ainsi sous traitées ?

ANNEXE : Nombre d'unité d'œuvre nécessaires pour la fabrication et la vente d'un meuble de chaque type

	Usinage	Montage	Prix de vente
M1	5	2	200
M2	2	4	132
M3	2,5	2	116
Capacité de production	80 000	50 000	
Coût variable des unités d'œuvre	30	15	

(D'après sujet d'examen.)

4 Programme de fabrication ; optimisation à partir de la marge par unité de facteur rare

L'entreprise MÉLÉCO dispose d'une image d'originalité et de qualité sur le marché du cadeau ce qui l'amène chaque année à renouveler sa gamme de produits. Pour l'année *N*, elle envisage de mettre sur le marché cinq produits qui seront assemblés dans son unité de production.Les données relatives à la production et à la commercialisation sont fournies en annexe.

Travail demandé

1. L'entreprise est-elle en mesure de satisfaire la totalité de son marché potentiel ? Dans le cas contraire, quel est pour elle le goulot d'étranglement ?
2. En raisonnant sur la marge par unité de facteur rare, déterminer le programme optimal de fabrication de la société MÉLÉCO.

(D'après sujet d'examen.)

ANNEXE : Données techniques et données commerciales

Les données techniques sont les suivantes :

	P1	P2	P3	P4	P5	Capacité annuelle
Temps machine unitaire par produit (en heures)	0,2	0,05	0,25	0,4	0,1	16 848 heures-machine
Temps de main-d'œuvre par produit	0,25	0,10	0,05	0,125	0,5	15 900 heures de main-d'œuvre

Les données commerciales sont les suivantes :

	P1	P2	P3	P4	P5
Marge sur coût variable unitaire	146	86,50	169,50	253,50	235,50
Marché potentiel	25 000	15 000	12 000	20 000	10 000

5 Plan de production. Arbitrage entre production régulière et production flexible

La société VTT fabrique des vélos tout terrain distribués essentiellement dans des grandes surfaces. La demande présentant de fortes fluctuations saisonnières, la direction s'interroge sur les modalités de planification de ses fabrications pendant l'année $N + 1$.

Des informations vous sont données en annexe.

Travail demandé

1. Déterminer le niveau de stock à la fin de chaque mois dans l'hypothèse d'une production régulière. En déduire le stock moyen sur l'année (en quantités) en faisant l'hypothèse que la production et la demande sont régulières au cours du mois.

2. Déterminer le niveau de stock à la fin de chaque mois, dans l'hypothèse d'une production flexible. En déduire le stock moyen sur l'année.
3. Calculer le surcoût en charges de personnel et en amortissements entraîné par l'organisation en production flexible.
4. Calculer le coût de production unitaire prévisionnel des vélos fabriqués dans l'année dans les deux hypothèses.
5. Évaluer dans les deux cas le coût de possession du stock, la direction estimant qu'il représente 20 % de la valeur du stock moyen.
6. Quelle conclusion en tirez-vous quant à l'opportunité d'adopter une production flexible ? Quels autres arguments pourraient selon vous pousser la direction à adopter cette solution ?

ANNEXE 1 : Répartition de la demande sur l'année

Mois	J	F	M	A	M	J	J	A	S	O	N	D	Total
Ventes en quantités	1 400	1 600	2 000	2 200	2 200	2 500	2 100	1 800	2 400	2 500	2 140	2 900	25 740

ANNEXE 2 : Coût de production d'un vélo

Il comprend l'amortissement des postes de travail, les salaires et charges du personnel travaillant sur ces postes, et les fournitures (pièces détachées acquises à l'extérieur). Ces dernières représentent 120 € par vélo.

ANNEXE 3 : Négociations avec le personnel

Pour l'année N + 1 la direction étudie la possibilité de passer un accord avec les salariés pour une réduction globale du temps de travail sur l'année à 37 heures par semaine en moyenne.
En contrepartie, une flexibilité horaire serait demandée aux salariés :

- travail hebdomadaire de 30 heures soit 130 heures par mois pendant six mois de l'année ;
- travail hebdomadaire de 45 heures soit 195 heures par mois pendant cinq mois.

L'usine resterait fermée en août.
La réduction globale de l'horaire de travail annuel conduirait à créer trois postes de travail supplémentaires et à l'embauche du même nombre de salariés.
Les **salaires mensuels** resteraient identiques.

ANNEXE 4 : Hypothèse d'une production régulière (organisation actuelle)

Actuellement, la production est régulière sur l'année, l'usine travaillant sur la base de 39 heures hebdomadaires.
Le montage se fait sur 50 postes de travail.
Cette organisation lui permet d'assurer une production mensuelle de 2 340 vélos sur 11 mois, l'usine étant fermée en août.

Avec 50 postes de travail et un horaire hebdomadaire moyen de 39 heures, la production mensuelle est de 2 340 vélos. Chaque poste de travail est occupé par un salarié au salaire brut moyen de 1 800 € par mois sur 12 mois. Taux de charges sociales patronales : 50 %.
En plus des charges de personnel, le coût d'un poste de travail représente 20 000 € par an (amortisssement).

ANNEXE 5 : Hypothèse d'une production flexible (organisation éventuelle)

Dans l'hypothèse où les négociations aboutiraient, les horaires de travail seraient les suivants sur chacun des 53 postes :

Mois	J	F	M	A	M	J	J	A	S	O	N	D
Temps de travail par poste	130(1)	130	130	130	195(2)	195	195	0	195	130	130	195

(1) Équivalent mensuel de 30 heures hebdomadaires.
(2) Équivalent mensuel de 45 heures hebdomadaires.

La production mensuelle est évidemment proportionnelle à l'horaire hebdomadaire et au nombre de postes de travail.
Nota : On suppose que le stock initial est nul au début de l'année $N + 1$ dans chaque hypothèse.

QUESTIONS

1. Qu'entend-on par contraintes endogènes et contraintes exogènes pour la production de l'entreprise ? Donner des exemples.
2. Pourquoi exprime-t-on la fonction économique à maximiser en termes de marge sur coûts variables ?
3. Y a-t-il un lien entre maximisation de la marge sur coûts variables et la maximisation du bénéfice ?
4. Pourquoi n'exprime-t-on pas la fonction économique à maximiser par rapport au bénéfice unitaire ?
5. Comment trouve-t-on le pivot dans la méthode du simplexe ?
6. Comment lit-on les capacités disponibles dans le dernier tableau de la méthode du simplexe ?
7. Que signifient les différents coefficients de la fonction économique dans les tableaux successifs de la méthode du simplexe ?
8. Comment sait-on que l'on est parvenu au dernier tableau de la méthode du simplexe ?

Série 27

La gestion de la production : les coûts préétablis

1 Coût horaire préétabli de la main-d'œuvre

L'atelier « réparations » d'un garage emploie six personnes :

– un chef mécanicien au salaire brut de 3 000 € par mois ;

– cinq mécaniciens au salaire brut de 2 000 € par mois.

La durée hebdomadaire du travail est de 35 heures ; il s'agit du temps de présence des salariés au garage.

Pour la détermination du temps de travail effectif consacré à la réparation des véhicules des clients, il y a lieu de prendre en compte des temps non directement productifs : temps de préparation et de répartition du travail, temps de réception des clients, pauses, etc.

Le taux d'emploi (rapport entre le temps de travail effectif et le temps de présence) est estimé à 90 % pour les mécaniciens et 80 % pour le chef mécanicien.

Les salariés ont droit à six semaines de congés payés par an et le taux des charges sociales patronales est de 51 %.

Travail demandé

Déterminer le coût préétabli de l'heure de main-d'œuvre de l'atelier.

2 Calcul de coûts préétablis. Devis. Résultat prévisionnel

L'entreprise industrielle SALTO fabrique trois produits *A*, *B* et *C*, pour lesquels on extrait de la fiche de coût standard de fabrication, par unité de produit, les informations suivantes :

Éléments	Produit *A*		Produit *B*		Produit *C*	
	Quantités	Coût	Quantités	Coût	Quantités	Coût
Matières (kg)	1	5	1	2,5	1	3
Main-d'œuvre (h)	2	20	3	20	3	20
Charges de centre (h)	2	50	3	50	3	50

Deux commandes *X* et *Y* ont été acceptées aux prix de vente respectifs de 41 000 € et 50 000 €, dont la composition serait la suivante :

	Commande *X*	Commande *Y*
Produit *A*	100 unités	50 unités
Produit *B*	60 unités	120 unités
Produit C	10 unités	30 unités

Travail demandé

1. Calculer le coût standard de chaque unité de produit.

2. Calculer le coût standard de chaque commande.

3. Calculer le résultat que l'on peut espérer obtenir de la réalisation de ces commandes.

3 Fiches de coûts préétablis. Produits, sous-produits, déchets

L'entreprise pharmaceutique PHARCO fabrique et vend deux produits : le produit *A* et le produit *B*.

Le produit *A* est obtenu à l'aide :

- d'une matière première *M* ;
- d'un solvant *N* ;
- de deux réactifs P_1 et P_2 .

Il est vendu après avoir été conditionné. Il sert aussi de base à la fabrication du produit *B*.

Le produit *B* est obtenu à partir :

- du produit *A* ;
- du produit *N* ;
- d'un réactif P_3.

Dans sa fabrication, se forment :

- un sous-produit *C* (dont toute la production est vendue à un client unique à la fin de chaque mois) ;
- un déchet *D*, que l'on détruit.

Pour 100 kg de produit *A* non conditionné utilisés, on obtient théoriquement :

- 84 kg de produit *B* ;
- 8 kg de sous-produit *C* ;
- 6 kg de déchet *D* ;

le reste constituant une perte de poids.

Le produit *B* est vendu conditionné.

L'entreprise utilise la méthode des coûts préétablis et en ce qui concerne la fabrication, vous disposez des renseignements suivants :

1) Pour la fabrication des produits non conditionnés

a) Coût préétabli de production de 100 kg de produit A non conditionné

Éléments	Quantités	Prix unitaire (€)	Prix total (€)
Matières M	120 kg	1 100	132 000
Solvant N	600 l	0,80	480
Réactif P_1	0,5 kg	8 000	4 000
Réactif P_2	5 tubes	10	50
Charges directes	100 kg	512,50	51 250
Charges indirectes fixes	120 h	150	18 000 } 23 400
Charges indirectes variables	120 h	45	5 400
			211 180

b) Coût préétabli de production de 21 kg de produit B non conditionné

Éléments	Quantités	Prix unitaire (€)	Prix total (€)
Produit A	25 kg	2 111,80	52 795
Solvant N	50 l	0,80	40
Réactif P_3	3 kg	500	1 500
Charges directes	25 kg	510	12 750
Charges indirectes fixes	25 h	150	3 750 } 5 700
Charges indirectes variables	25 h	78	1 950
			72 785
Produit de la vente du sous-produit C	2 kg	2 900	– 5 800
			66 985

L'imputation des charges indirectes est faite en fonction de nombres d'heures préétablis de travail-machine : 120 heures pour la fabrication de 100 kg du produit A non conditionné ; 25 heures pour la fabrication de 21 kg du produit B non conditionné.

Travail demandé

Calculer les coûts préétablis de :
- 1 kg du produit A non conditionné ;
- 1 kg du produit B non conditionné.

2) Pour le conditionnement des produits A et B

Le conditionnement des produits A et B à vendre se fait en boîtes de 3 g, compte tenu d'une perte de poids de 0,60 % des produits reçus des fabrications proprement dites.

En ce qui concerne les boîtes remplies de produit A, les charges directes préétablies sont évaluées à 125 € par kg de produit A non conditionné utilisé, les charges indirectes à 0,11 € par boîte, le coût des boîtes à 0,31 € l'unité.

En ce qui concerne les boîtes remplies de produit B, il n'existe pas de charges directes ; les charges indirectes s'élèvent à 0,11 € par boîte et le coût des boîtes à 0,31 € l'unité.

Travail demandé

Établir :

1. la fiche de coût préétabli de production s'appliquant aux boîtes remplies en utilisant 75 kg de produit *A* ;
2. la fiche de coût préétabli de production s'appliquant aux boîtes remplies en utilisant 21 kg de produit *B*.

Déterminer, dans chaque cas, le coût préétabli d'une boîte remplie.

4 Fiche de coût standard. Écarts. Casse

Dans une fabrique d'accumulateurs au plomb, la société ACCÉLEX qui utilise la méthode des coûts de revient standards, l'atelier de fonderie reçoit du plomb et le transforme par moulage en grilles qui servent de support à la matière active de l'accumulateur.

Les données techniques relatives à la détermination des coûts standards sont les suivantes pour la fabrication de 100 grilles d'un modèle donné :

- poids de plomb nécessaire : 4 kg (auquel il faut ajouter 1 % de casse) ;
- temps de main-d'œuvre directe : 0,25 h.

Le coût de revient standard de 100 grilles est calculé à raison de 3,6 € par kilogramme de plomb et de 18 € l'heure de main-d'œuvre. Les charges d'atelier sont imputées sur la base de 175 % du coût de la main-d'œuvre.

Au cours d'un mois, la fabrication de l'atelier a été de 13 400 grilles ayant coûté réellement :

- 560 kg de plomb à 3,5 € le kg ;
- 44 h de main-d'œuvre à 19,4 € l'heure ;
- 1 258,05 € de charges d'atelier.

Travail demandé

1. Établir la fiche de coût standard pour 100 grilles.
2. Calculer sous forme de tableau le coût standard de la production du mois ; le coût réel ; les écarts sur matière, main-d'œuvre et frais.

QUESTIONS

1. Quelle différence y a-t-il entre un coût standard et un coût préétabli ?
2. Comparer les notions de production et d'activité.
3. Justifier le niveau de production pris en compte pour la comparaison et l'analyse des coûts.
4. Caractériser la nature de l'« écart sur volume » (dit « écart sur volume d'activité » par le plan comptable 1982).

Série 28

Les écarts sur coûts variables de production

1 Analyse d'écarts. Graphiques

L'entreprise ALBION fabrique dans un atelier un produit X nécessitant l'emploi de deux matières M_1 et M_2. Les services techniques ont établi une fiche de coût standard de laquelle il ressort les prévisions de consommations suivantes par unité de produit X :

– 10 kg de M_1 à 50 € l'unité,
– 20 kg de M_2 à 10 € l'unité.

Il est prévu une production mensuelle de 9 000 unités. En réalité, les informations comptables de janvier font apparaître une production de 10 000 unités ayant entraîné les consommations suivantes :

– 110 000 kg de M_1 ayant coûté 4 950 000 €,
– 180 000 kg de M_2 ayant coûté 1 980 000 €.

Travail demandé

1. Calculer le coût standard de chaque matière pour la production de janvier.
2. Calculer l'écart pour chaque matière.
3. Analyser les écarts.
4. Faire apparaître graphiquement les composantes des écarts sous forme d'aires.

2 Analyse des écarts. Graphiques

La fabrication du produit X par l'entreprise ALBION nécessite d'après la fiche de coût standard 4 h de main-d'œuvre directe à 14 € l'heure par unité de produit. Il était prévu une production mensuelle de 9 000 unités, mais en janvier, la production a été de 10 000 unités et a nécessité 42 500 h, ayant coûté 612 000 €.

Travail demandé

1. Calculer le coût standard de la main-d'œuvre pour la production de janvier.
2. Calculer l'écart sur main-d'œuvre.
3. Analyser l'écart sur main-d'œuvre.
4. Faire apparaître graphiquement les composantes de l'écart sur main-d'œuvre sous forme d'aires.

3 Analyse d'écarts. Graphiques (aires, vecteurs). Divers cas de figures

La société anonyme SEPI fabrique un produit unique *P*. En vue de l'établissement de devis pour les premiers mois de l'année *N*, des standards ont été établis en fin d'année *N* – 1. Il est prévu une production mensuelle de 1 000 unités du produit *P*. La fabrication de ce produit nécessite l'emploi d'une matière *M* pour laquelle les standards font apparaître, entre autres éléments, une prévision de consommation de 10 kg à un coût unitaire de 50 € par unité de produit *P*.
En réalité, l'étude des quatre premiers mois de l'année *N* permet de constater que productions et consommations réelles ont été les suivantes :

	J	F	M	A
Production (unités)	1 000	800	900	1 100
Matières consommées (kg)	9 500	8 400	8 550	11 550
Coût des matières consommées (€)	494 000	403 200	410 400	600 600

Travail demandé

1. Calculer le coût préétabli de la matière *M* pour une unité de produit *P*.

2. Calculer les coûts préétablis de matière *M* pour les productions de janvier, février, mars et avril.

3. Calculer les écarts sur matières et analyser ces écarts pour les quatre périodes considérées.

4. Faire apparaître graphiquement ces écarts et leurs composantes sous forme d'aires.

4 Analyse d'écarts. Heures supplémentaires. Heures chômées

A. Dans un atelier *T*, il avait été prévu 2 000 h de main-d'œuvre à 20 € l'heure pour réaliser une commande. En réalité, il a fallu 2 500 h ayant coûté 61 200 €.

Travail demandé

1. Calculer l'écart sur main-d'œuvre.

2. Analyser l'écart sur main-d'œuvre en écart sur temps et écart sur coût horaire.

B. En fait, une étude plus précise des informations réelles permet de constater :

- d'une part que dans les 2 500 h, il y a 2 300 h normales à 24 € et 200 h supplémentaires à 30 € ;
- d'autre part que dans les 2 500 h, 2 400 seulement ont été productives, les 100 autres ayant été chômées en raison de pannes de machines.

Travail demandé

1. Compte tenu des deux coûts horaires réels, faire apparaître deux écarts sur salaire (l'un pour les heures normales, l'autre pour les heures supplémentaires).

2. Faire également apparaître deux écarts sur temps (l'un pour les heures productives, l'autre pour les heures chômées).

5 Application de l'analyse d'écarts sur charges variables à une activité bancaire

Les comptes de résultat réel et prévisionnel d'une agence bancaire se présentent ainsi (en k€) :

Charges	prévu	réalisé	Produits	prévu	réalisé
Charges d'intérêt			Intérêts reçus		
– sur comptes d'épargne	810	815	– sur comptes courants débiteurs	802	821
– sur comptes à terme	2 010	2 028	– sur escomptes	1 215	1 422
– sur emprunts	715	705	– sur autres prêts	3 950	3 720
Charges de personnel	2 750	2 810	Commissions	1 010	1 150
Autres charges	410	410			
Résultat	282	345			
Total	6 977	7 113	Total	6 977	7 113

Le tableau suivant donne l'en-cours moyen sur l'année des dettes et créances de l'agence (montants prévus et réalisés en k€) :

	En-cours moyen annuel des dettes			En-cours moyen annuel des créances	
Comptes d'épargne	13 500	15 523	Découverts	6 169	6 850
Comptes à terme	25 125	27 040	Escomptes	11 045	13 542
Emprunts	8 937	8 924	Autres prêts	35 909	35 428

Travail demandé

1. Analyser les écarts sur charges d'intérêts et sur intérêts reçus selon une décomposition volume prix.
2. Commenter les résultats obtenus.

QUESTIONS

1. Quelles sont les informations données par l'écart sur quantité, l'écart sur coût, l'écart sur temps ?
2. Quand un écart sur coût est-il jugé défavorable ou favorable ?
3. Pourquoi compare-t-on les coûts au niveau de la production réelle ?

Série 29

Les écarts sur coûts contenant des charges de structure

1 Budget flexible et imputation rationnelle

Établi pour une activité normale de 2 000 heures, le budget des charges d'un atelier fait apparaître :

– 80 000 € de charges fixes ;

– 110 € par heure de charges variables.

Travail demandé

1. Établir un budget flexible pour les activités suivantes : 1 800 heures, 2 000 heures, 2 200 heures.

2. Déterminer les équations :
- de la droite de budget,
- de la droite de coûts préétablis.

3. Comparer ce graphique à celui de l'imputation rationnelle et faire apparaître les écarts de suractivité et de sous-activité pour les productions éventuelles de 2 200 h et de 1 800 h.

4. Cette étude est faite en décembre pour le mois suivant. Si un devis doit être établi, à combien une heure d'atelier sera-t-elle comptée dans le devis ?

2 Calcul d'écart et analyse

Pour un centre (unité d'œuvre, l'heure machine), vous disposez des informations suivantes :

Production normale :	1 000 unités
Activité normale correspondante :	5 000 heures
Production réelle :	800 unités
Activité réelle correspondante :	4 500 heures

Coût préétabli de l'unité d'œuvre : 40 € dont 10 € de charges fixes
Coût réel du centre pour la production de 800 unités : 225 000 €

Travail demandé

1. Calculer les charges fixes totales prévues.
2. Calculer l'écart global pour la production de la période.
3. Analyser cet écart par graphique et par calcul.

3 Analyse d'écarts sur matières et sur charges indirectes

CESTREL SA est une société de prêt-à-porter haut de gamme, implantée dans le Sud de la France. Afin de mieux contrôler les ressources utilisées, le contrôleur de gestion a décidé de mettre en place un système de contrôle budgétaire.
La méthode a été appliquée au modèle 2434, produit jugé particulièrement significatif.
La fiche de coût unitaire standard élaborée sur la base d'une série de 2 500 unités, prévoyait les éléments suivants :

Élément	Quantité	Coût unitaire
Tissu	1,21 mètre	10,20 € le mètre
Fournitures		1,83 €
Centre de coupe	3,6 minutes	0,4 € la minute
Montage usine	5,10 minutes	0,48 € la minute

Pour des raisons techniques, le coût global du centre « coupe » est à peu près constant pour une série fabriquée, quel que soit le nombre de produits coupés.
Le coût global du centre montage usine est fixe dans la proportion des deux tiers.
En réalité, 2 320 articles de ce modèle ont été fabriqués, qui ont nécessité les consommations suivantes :

– 3 050 mètres de tissu à 10,24 € le mètre ;
– 4 445,6 € de fournitures ;
– 149 heures de coupe pour 3 576 € ;
– 198 heures en montage pour 5 940 €.

Travail demandé

1. Présenter un tableau de comparaison entre le coût préétabli et le coût réel des 2 320 articles fabriqués.
2. Analyser les écarts conformément aux prescriptions du plan comptable 1982.

(D'après sujet d'examen.)

4 Reconstitution de données à partir d'un graphique

Le schéma donné en annexe représente un fragment du graphique d'analyse de l'écart sur coût préétabli du centre « moulage » de l'entreprise GARDENA SA pour le mois de février.

Les informations complémentaires suivantes vous sont d'autre part fournies :
- coût réel du centre : 47 040 ;
- activité préétablie correspondant à la production réelle : 9 800.

Travail demandé

1. Désigner, en utilisant les lettres figurant sur ce graphique, les vecteurs représentant :
- l'écart global ;
- les composantes de cet écart.

Sans calcul, procéder aux vérifications qui s'imposent.

2. Calculer l'écart global et analyser les composantes de cet écart. Contrôler.

3. Rechercher l'équation de la droite de budget flexible et celle de la droite de coût préétabli.

4. Sachant que :
- l'écart sur coût de budget des charges fixes est défavorable et égal à 1 752 € ;
- le ratio de rendement, exprimé par le rapport $\frac{\text{Nombre d'articles produits}}{\text{Nombre d'unités d'activité}}$ avait été préétabli à 0,1.

Présenter un tableau détaillé faisant apparaître pour les coûts normaux préétablis et pour les coûts réels :
- les charges fixes et variables ;
- les coûts du centre par unité d'activité ;
- les coûts du centre par unité de produit ;
- les ratios de rendement.

ANNEXE

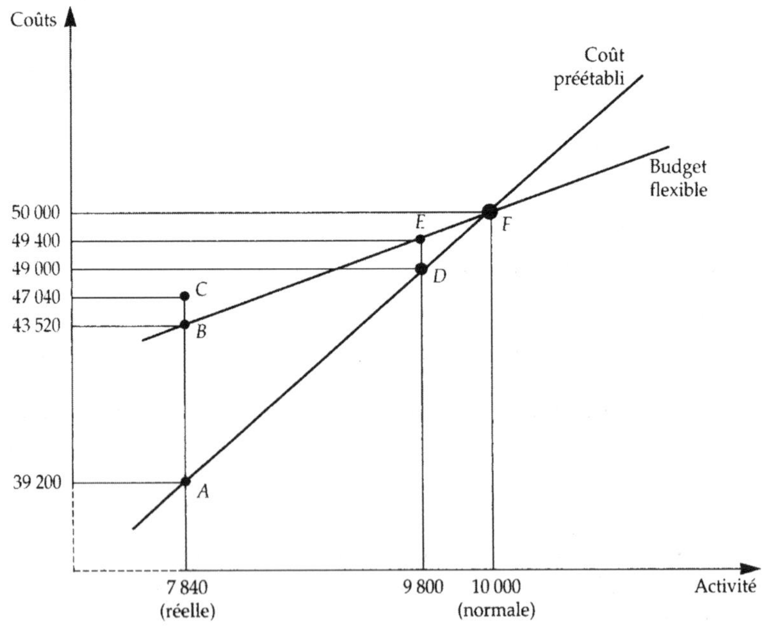

5 Analyse et interprétation d'un écart sur charges indirectes

Dans un garage, la « production » liée à l'activité d'entretien et de réparation des véhicules peut être mesurée par le nombre d'heures facturées au client.
Celui-ci résulte de barèmes prévoyant les temps facturés aux clients pour chaque type d'opération.
L'« activité » est mesurée par les temps réellement passés par les ouvriers à l'entretien ou à la réparation des véhicules.

Le rapport $\frac{\text{Temps facturé}}{\text{Temps travaillé}}$ représente un gain de productivité par rapport à la norme.
Il est prévu égal à 1,2 compte tenu du fait en particulier que pour certaines réparations, les heures commencées sont facturées pour une heure entière.
Les éléments prévisionnels et constatés pour l'année *N* ont été les suivants :

	Nombre d'heures facturées	Nombre d'heures travaillées	Montant des charges de l'atelier
Prévu	7 200	6 000	216 000(1)
Constaté	7 500	6 100	217 500

(1) dont 162 000 de charges fixes.

Travail demandé

1. Déterminer le coût standard de l'atelier pour une « production » réelle de 7 500 heures facturées.
2. Analyser l'écart conformément aux prescriptions du plan comptable 1982.
3. Donner une interprétation de chacun des sous-écarts ainsi calculés.

QUESTIONS

1. Définir un budget flexible.
2. Quelles sont les informations données par l'écart sur coût, l'écart sur activité, l'écart sur rendement ?
3. Quelle comparaison (ressemblance et limites) peut-on faire entre un écart sur activité et une différence d'imputation rationnelle ?
4. Quels rapprochements peut-on faire entre les écarts sur des coûts ne contenant que des charges variables, et les écarts sur des coûts contenant des charges de structure (quels sont les écarts de même nature ?).

Série 30

Le rapprochement entre coûts et budgets

1 Exemple complet, analyses d'écarts sur coût

L'entreprise ÉLYX dont la comptabilité analytique est organisée suivant le système des coûts préétablis, dispose des renseignements trimestriels suivants :

Achat de matières premières :	6 000 kg à 2,90 € le kg
Matières premières consommées :	4 245 kg
Charges de main-d'œuvre :	15 905 h à 15,2 €
Heures Machine :	13 260 h
Autres charges de fabrication :	105 549,6 €
Charges de distribution :	15 050 €
Production :	5 300 articles
Ventes :	5 000 articles à 75 € pièce.

La fiche de coût de revient préétabli unitaire se présente ainsi :

Consommation de matières premières	0,8 kg	3 €	2,40
Charges de main-d'œuvre	3 h	15 €	45
Heures machines	2,5 h		
Charges de fabrication rapportées à l'heure machine	2,5 h	8 €	20
Charges de distribution			3
Charges de fabrication par heure machine : – fixes : 2 € – variables : 6 €			

Production préétablie trimestrielle : 5 200 articles.

Travail demandé

1. Calculer et analyser les écarts sur coûts.

2. Calculer l'écart sur volume de production.

QUESTIONS

1. Quelle fonction peut-on attribuer à l'écart sur volume dans un dispositif de contrôle de gestion ?
2. À quoi servent les « comptes réfléchis » dans une comptabilité analytique ?
3. Dans une comptabilité analytique en coûts préétablis, quels comptes subsistent non soldés, en fin de période, dans la balance des comptes ?

Série 31

La gestion des approvisionnements

1 Cadence optimale et lot économique

La société anonyme BATIMÉTAL fabrique et distribue des éléments métalliques utilisés pour la construction de bâtiments industriels. L'usine de montage, implantée à Melun, reçoit la majeure partie des pièces détachées de l'usine de Firminy (production de tôles, profilés...).
À l'usine de Firminy, la section 87 (Presse) produit deux types de pièces, *A* et *B*, nécessitant la même opération et obtenues à partir de la même matière première *X*.

Les services techniques ont déterminé les standards suivants :
- coût de la matière première *X* : 4 € par kilogramme ;
- quantité standard pour une pièce A : 3 kg ;
- quantité standard pour une pièce B : 4 kg.

Il a d'autre part été établi un budget de production (nombre de pièces *A* et *B*) pour l'année *N* :

	Pièces *A*	**Pièces *B***
Janvier	1 920	1 600
Février	1 800	1 500
Mars	1 680	1 400
Avril	1 800	1 500
Mai	1 860	1 550
Juin	1 800	1 500
Juillet	0	0
Août	1 500	1 250
Septembre	1 800	1 500
Octobre	1 680	1 400
Novembre	1 800	1 500
Décembre	1 800	1 500

Pour cette matière première *X*, le coût de passation d'une commande est de 153,90 €. Le coût de possession représente en moyenne 9 % de la valeur du stock moyen.

Travail demandé

1. Déterminer (sous forme de tableau) les besoins en matière première *X* pour l'exercice *N* (par mois et pour l'année).
2. Déterminer la cadence optimale d'approvisionnement sur la base de la consommation moyenne annuelle.
3. Calculer la valeur du lot économique.

2 Choix d'une politique d'approvisionnement ; arbitrage entre coût de transport et coût de stockage

La société LAVÉO fabrique différentes pièces pour de grands constructeurs automobiles.
L'une de ces pièces (modèle P233) est montée à partir :
- d'un corps principal fabriqué dans les ateliers de l'entreprise ;
- de deux composants identiques (C151) achetés à un fournisseur extérieur et montés en fin de fabrication sur le corps principal de la pièce.

Le programme de production de la pièce P233 a été déterminé comme suit pour l'année *N* :

Mois	J	F	M	A	M	J	J	A	S	O	N	D	Total
Production	550	580	610	680	710	700	550	400	700	680	640	610	7 410

Le coût d'achat (hors frais de transport) des composants C151 est de 37 € par unité.
Jusqu'à présent, l'approvisionnement en composants se faisait une fois par an, en début d'année, pour les consommations prévues dans l'année.
La direction envisage de s'orienter vers une gestion à flux tendus, avec un approvisionnement en début de mois avant le lancement de chaque série mensuelle de fabrication.
Les éléments suivants sont à prendre en compte pour le choix entre ces deux solutions :
Coût de possession du stock : 10 % de la valeur du stock moyen.
Coût de transport :
La société LAVÉO prenant en charge l'approvisionnement chez le fournisseur, le coût est de 1 000 € par livraison, indépendamment des quantités livrées.

Travail demandé

1. Dans l'hypothèse d'un approvisionnement par an, déterminer le stock à la fin de chaque mois.
2. En déduire les coûts de stockage et les coûts de transport correspondant.
3. Déterminer les mêmes coûts dans l'hypothèse où l'approvisionnement se ferait au début de chaque mois.
4. Conclure sur la solution qu'il convient de retenir.

3 Expression en fonction des quantités

L'entreprise LARCOAT utilise une matière N pour laquelle le coût d'acquisition d'une commande s'élève à 80 € et le coût de possession à 10 centimes par article et par mois. La consommation annuelle est de 4 800 articles et chaque commande porte sur une quantité de x articles à déterminer.

Travail demandé

1. Déterminer en fonction de x les équations
   - du coût d'acquisition des commandes,
   - du coût de possession,
   - du coût total de stockage.
2. Déterminer la valeur optimale de x en recherchant le minimum de la fonction coût total. En déduire la cadence optimale d'approvisionnement.

4 Arbitrage entre coût de stockage et coût de lancement ; tarifs dégressifs

L'entreprise SOCAB souhaite optimiser sa politique d'approvisionnement concernant une marchandise M, en fonction des éléments suivants :

- la demande journalière est de 10 unités,
- le coût de lancement d'une commande est de 180 €,
- le coût de stockage est proportionnel à la valeur du stock et au temps de stockage exprimé en jours ouvrables.

Une année civile correspond à 300 jours ouvrables et le stockage de 1 000 € de marchandises coûte 20 € par jour ouvrable.

Travail demandé

1. Donner l'expression du coût total de gestion de ce stock en fonction de la quantité q commandée à chaque période et du prix unitaire p.
2. En déduire pour $p = 50$ la quantité optimale de commande.
3. On suppose maintenant que le fournisseur consent des tarifs dégressifs si les quantités commandées dépassent 50 unités :
   $p = 45$ pour les commandes entre 50 et 80 unités.
   $p = 40$ pour les commandes supérieures à 80 unités.
   Donner une représentation graphique du coût total d'approvisionnement.
   En déduire la nouvelle politique optimale.

(D'après sujet d'examen.)

5 Détermination d'un stock de sécurité en avenir aléatoire

InterMicro est un magazine mensuel spécialisé dans la micro-informatique. Sa diffusion moyenne est de 200 000 exemplaires par mois avec un écart type de 20 000. On peut admettre que ce nombre d'exemplaires vendus suit une loi normale.

Le coût variable de fabrication d'un exemplaire est de 1,2 € ; il s'agit pour l'essentiel du coût du papier.

Chaque exemplaire est vendu 5 € dans les kiosques, 1 € revenant aux intermédiaires de la distribution.
Les invendus en fin de mois sont distribués gratuitement à certains organismes.

Travail demandé

Déterminer le nombre d'exemplaires qu'il convient de tirer chaque mois pour maximiser le résultat obtenu sur la vente de ce magazine.

6 Gestion de stocks en avenir aléatoire

L'agence de Strasbourg de la société BANKIZ qui fabrique des produits surgelés reçoit une demande de crèmes glacées. Cette demande est restée relativement stable sur les dernières années.
Ces crèmes font l'objet d'un réapprovisionnement au début de chaque mois auprès de la société au prix de 280 € la boîte de 50 unités.
Elles sont revendues 400 € aux distributeurs de la région, les invendus sont repris par la société au prix de 80 € la boîte.
Une statistique mensuelle tenue sur 5 ans est supposée donner une approximation convenable de la loi de probabilité de la demande :

Demande mensuelle	5	6	7	8	9	10
Nombre de mois	3	6	15	21	12	3

Travail demandé

1. Si le stock en début de mois est de sept boîtes, déterminer l'espérance mathématique de la marge de l'agence.
2. Déterminer la quantité optimale de réapprovisionnement à chaque début de mois.

(D'après sujet d'examen.)

7 Lancement d'une fabrication et stockage. Simultanéité des entrées et sorties

Les services techniques de la société ÉLECTRO envisagent d'utiliser au mieux leur outil de production. Ils vous signalent que certaines machines peuvent être utilisées pour la fabrication de diverses pièces, qui sont ensuite assemblées pour obtenir des types différents d'appareils électro-ménagers. La production du produit X nécessite la fabrication d'une pièce P sur une machine utilisée aussi à d'autres fins. La mise en route de ce matériel entraîne 1 000 € de frais fixes de lancement (réglage, mise en route) qui se renouvellent à chaque fabrication.
Chaque produit X fabriqué est équipé d'une pièce P dont il convient de prévoir les modalités de production. La direction de l'entreprise envisage une production annuelle de 60 000 pièces P. Le coût unitaire prévisionnel de la pièce P a été évalué à 16 €. La machine utilisée peut produire 1 000 pièces P par jour quand elle n'est affectée qu'à cette production. L'atelier de montage utilise en

moyenne 250 pièces *P* par jour d'activité pour fabriquer le produit *X*. Les pièces stockées entraînent un coût de possession dont le taux a été évalué à 10 % de la valeur du stock moyen par an.

Travail demandé

1. Déterminer la quantité de pièces à mettre en fabrication à chaque lancement afin de minimiser le coût global du stockage et des lancements.
   En déduire le temps séparant deux lancements et la durée de la fabrication des pièces *P* après chaque lancement.
   L'annexe ci-jointe est destinée à vous aider dans la résolution de ce problème.
2. Indiquer en quoi le diagramme d'écoulement du stock figurant en annexe est une représentation simplifiée de la réalité.

ANNEXE

La production de 60 000 pièces *P* est supposée régulière au cours de chaque période. Soit *T* : le temps séparant deux lancements,
t : la durée de la fabrication lors de chaque lancement,
Q : la quantité à lancer.

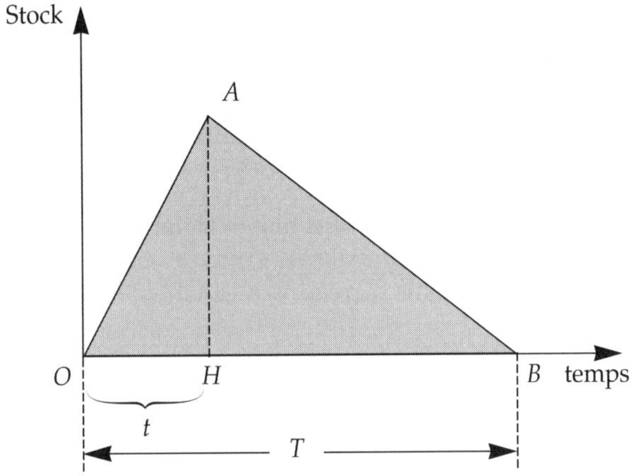

La surface tramée représente le stock moyen à gérer.
Le point *A* correspond au niveau maximal du stock lorsque la quantité lancée est *Q* ainsi qu'au niveau de stock à détenir pour pouvoir consommer pendant $T - t$.

(D'après sujet d'examen.)

QUESTIONS

1. Quels sont les éléments composant les coûts de stockage ?
2. La pratique des « flux tendus » supprime-t-elle tous les besoins de stockage ?
3. Définir les notions de stock de sécurité, de stock d'alerte, de stock critique.
4. Définir un coût de pénurie.

Série 32

La gestion des approvisionnements : budgétisation et contrôle

1 Consommation irrégulière. Cadence optimale. Budgétisation

A. La société anonyme B a établi, après le budget de production de l'année *N*, les prévisions de consommation de matière première *M* suivantes (en kg) :

Janvier	3 040
Février	2 850
Mars	2 660
Avril	2 850
Mai	2 945
Juin	2 850
Juillet	0
Août	2 375
Septembre	2 850
Octobre	2 660
Novembre	2 850
Décembre	2 850

Le coût d'achat de la matière première *X* est de 8 € par kilogramme. Le coût de passation d'une commande est de 307, 80 €. Le coût du stockage représente en moyenne 9 % de la valeur du stock moyen.

Travail demandé

Déterminer la cadence optimale moyenne d'approvisionnement et le lot économique correspondant.

B. En vue d'une budgétisation rationnelle des approvisionnements, il vous est demandé de présenter une étude des diverses méthodes de budgétisation sur la base de ces prévisions pour *N*.

Vous disposez des renseignements complémentaires suivants :

- le stock au 31.12.*N* – 1 est de 3 040 kg ;
- le délai d'approvisionnement est de 2 mois ;
- la marge de sécurité à prévoir est de 1 mois.

Travail demandé

Présenter le budget des approvisionnements :

- dans l'hypothèse d'une budgétisation par quantités constantes, avec commande de lots de 5 130 kg ;
- dans l'hypothèse d'une budgétisation par périodes constantes, avec livraison tous les deux mois en début de mois.

2 Méthode 20-80, programme d'approvisionnement

La société VETFRANCE est une entreprise industrielle de prêt à porter. Ses approvisionnements sont très divers : différents types de tissus pour les vêtements, pour les doublures, boutons, fils, fermetures, etc.
Le tableau suivant résume les prévisions de consommation pour l'année *N* concernant chacun de ces approvisionnements :

	Quantités	Coût unitaire	Montant
A1	250	800	200 000
A2	36 500	90	3 285 000
A3	400	200	80 000
A4	2 750	180	495 000
A5	4 500	10	45 000
A6	59 000	3	177 000
A7	250	150	37 500
A8	11 500	250	2 875 000
A9	3 800	150	570 000
A10	2 200	25	55 000
Total			7 819 500

Seuls les approvisionnements les plus importants, déterminés par la loi des 20-80, font l'objet d'une gestion systématique avec calcul du lot économique (modèle de Wilson).
Les autres sont gérés selon une procédure simplifiée, à partir d'un stock d'alerte.
Le coût de stockage est estimé à 10 % du stock moyen. Le coût lié au lancement d'une commande est de 1 000 € (traitement de la commande, frais fixes de transport).

Travail demandé

1. Déterminer par l'analyse 20-80 quels approvisionnements seront gérés selon le modèle de Wilson.

2. Calculer pour ces approvisionnements la quantité optimale à commander.

3 Budgétisation par période constante et par quantités constantes

La société ÉLECTRONIX est une entreprise de taille moyenne qui fabrique et vend des tubes électroniques de deux catégories :

– des tubes *X*, de forte puissance, à usage industriel ;
– des tubes *Y*, d'usage courant.

Le programme de production pour le premier semestre de l'année *N* a été établi comme suit :

	Nombre de tubes *X*	Nombre de tubes *Y*
Janvier	18 000	240 000
Février	16 000	225 000
Mars	20 000	240 000
Avril	16 000	235 000
Mai	15 000	200 000
Juin	19 000	225 000

On se propose d'établir un plan d'approvisionnement en culots de tubes nécessaires pour satisfaire régulièrement les besoins de la fabrication. À cette fin, on vous fournit les éléments de la politique d'approvisionnement adoptée par l'entreprise :

a) Culots de tubes X

– Utilisation pour un tube *X* d'un jeu complet de culots présenté sous sachet.
– Acquisition par caisses contenant 1 000 sachets.
– Commandes par quantités constantes de 20 caisses, à des dates déterminées en fonction des besoins de la fabrication ; la date de commande correspond au jour où le stock atteint le stock d'alerte.
– Le stock d'alerte comprend :
  • un stock minimum destiné à couvrir le délai de livraison ;
  • un stock de sécurité fixé à 3 000 jeux de culots *X*.
– Le délai de livraison du fournisseur est de 1 mois.
– Au 1er janvier *N*, le stock initial est de 25 000 jeux.
– Le stock au 30 juin *N* doit être suffisant pour couvrir les besoins du mois de juillet que l'on peut estimer à 20 000 tubes *X*.

b) Culots de tubes Y

– Utilisation d'un jeu de culots par tube, présenté également sous sachet.
– Acquisition par caisses contenant 5 000 sachets.
– Commandes passées le premier jour de chaque mois, en quantités variables, déterminées en fonction des besoins de la production.
– Le stock d'alerte comprend :
  • un stock minimal correspondant au délai de livraison des fournisseurs ;
  • un stock de sécurité de 15 000 jeux de culots *Y*.
– Le délai de livraison du fournisseur est de 15 jours.
– Le stock au 1er janvier *N* est de 140 000 sachets.
– Les besoins en juillet sont estimés à 245 000 tubes *Y*.

Travail demandé

1. Présenter, sous forme de tableau, un programme d'approvisionnement relatif aux culots de tubes *X*, mettant en évidence, entre autres, les dates de commande calculées au jour près.
2. Présenter, sous forme de tableau, un programme d'approvisionnement relatif aux culots de tubes *Y*, mettant en évidence, entre autres, les quantités livrées correspondant à la commande mensuelle.

(D'après sujet d'examen.)

QUESTIONS

1. Quelle peut être l'utilité de l'analyse d'une courbe de concentration des consommations d'approvisionnements ?
2. Comment peut-on mesurer le degré de fiabilité des fournisseurs ?
3. Quels peuvent être les avantages et inconvénients d'une budgétisation par périodes constantes par rapport à une budgétisation par quantités constantes ?

Série 33

La gestion des investissements : prévisions

1 Calcul d'un taux interne de rentabilité

L'entreprise PISC décide d'investir 1 000 000 € dans un équipement dont la valeur résiduelle nette au bout de 5 ans est évaluée à 10 000 €.
Elle espère (compte tenu des recettes, des charges et de l'impôt sur les sociétés) des rentrées nettes de trésorerie constantes de 250 000 € par an pour une période de 5 années.

Travail demandé

1. Dire si l'investissement est rentable au taux de 8 %, au taux de 10 %.

2. En déduire le taux interne de rentabilité.
On donne : $1{,}08^{-5} = 0{,}68$; $1{,}10^{-5} = 0{,}62$

2 Capacité d'autofinancement et choix d'investissements

Une société soumise à l'impôt sur les sociétés envisage deux projets d'investissements pour lesquels serait pratiqué un amortissement linéaire.
Premier projet : Acquisition pour 80 000 € d'une immobilisation en vue d'une utilisation durant 10 ans. L'exploitation de cet investissement devrait faire apparaître des recettes annuelles pour 40 000 € et des charges décaissées annuelles pour 30 000 €.
Second projet : Acquisition pour 100 000 € d'une immobilisation en vue d'une utilisation durant 10 ans. Le bénéfice annuel après impôt devant en résulter serait de 5 000 €.

Travail demandé

En vue de choisir le projet le plus rentable, calculer :

1. La valeur actuelle nette au taux de 8 %.

2. Le taux de rentabilité interne.

3 Choix d'investissement avec crédit-bail

L'entreprise LEJEt SA, envisage une modernisation de ses procédés de fabrication. Pour cela elle doit acquérir un ensemble de matériels pour une somme globale de 200 000 €. Le financement se fera de la façon suivante :

- pour 100 000 € à l'aide de fonds propres,
- pour le reste, soit 100 000 € la société s'adressera à une société de crédit-bail ; les principales clauses du contrat sont les suivantes :
  - période d'irrévocabilité : 5 ans
  - annuité de crédit-bail : 35 000
  - option d'achat : néant
  - valeur résiduelle : nulle

Les prévisions de produits et de charges décaissées, à l'exclusion des annuités de crédit-bail, sont les suivantes :

Années	Produits	Charges décaissées
1	170 000	120 000
2	194 000	130 000
3	228 000	150 000
4	267 000	175 000
5	316 000	210 000

L'entreprise tient compte d'un taux moyen d'IS prévisionnel de 33 $^{1}/_{3}$ %.

Travail demandé

1. Calculer le taux interne de rentabilité économique du projet.
2. Calculer le taux actuariel du mode de financement.
3. Calculer le taux de rentabilité des capitaux propres.
4. Vérifier, avec un taux d'actualisation à 15 %, la relation entre la VAN totale, la VAN économique et la VAN du mode de financement.

4 Optimisation d'un mode de financement. Programmation linéaire

Pour financer un investissement de 2 000 K€, une PME dispose de fonds propres pour un montant maximum de 500 K€.
Pour la couverture du reste de ses besoins, elle peut bénéficier :

- d'un prêt d'une société de développement régional d'un maximum de 800 K€ remboursable en quatre annuités constantes au taux de 7 %,
- d'un prêt bancaire à 13 % pour le complément remboursable en 10 annuités constantes.

Les prévisions relatives à l'opération ne permettent pas d'envisager un montant total d'annuités de remboursement supérieur à 350 K€.
On a pour objectif de minimiser la valeur actualisée de ce financement (fonds propres plus emprunts) sans prise en compte des implications fiscales.

Travail demandé

1. Déterminer le montant des annuités de remboursement en fonction des montants *X* et *Y* empruntés auprès de la société de développement régional d'une part et de la banque d'autre part.
2. Écrire en fonction de *X* et *Y* les différentes équations et inéquations correspondant aux contraintes du problème.
3. Représenter graphiquement ces équations et inéquations.
4. Écrire en fonction de *X* et *Y* la valeur actuelle, au taux de 10 %, des différents moyens de financement utilisés.
5. Déterminer les valeurs de *X* et *Y* permettant de minimiser cette valeur actuelle.

5 Comparaisons d'équipements, recherche d'un prix de vente assurant un taux de rentabilité donné

Une société anonyme désirant assurer la diversification de sa production et son expansion sur de nouveaux marchés, envisage, au début de l'année *N*, d'acquérir une nouvelle machine. Le directeur technique hésite entre deux équipements que l'on désignera par *A* et *B*.
Vous disposez des informations suivantes :

– Prix d'acquisition : équipement *A* : 30 000 €
  équipement *B* : 45 000 €
– Durée d'utilisation : équipement *A* : 5 ans
  équipement *B* : 5 ans
– Amortissement linéaire au taux de 20 % sur la valeur d'origine.
– La production prévisionnelle en quantités est la suivante :
  Année 1 : 50 000
  Année 2 : 60 000
  Année 3 : 70 000
  Année 4 : 80 000
  Année 5 : 90 000

On supposera que la totalité de la production est susceptible d'être écoulée sur le marché.

– Le prix de vente unitaire est de 2 €. On considérera qu'il restera constant au cours des 5 années.
– Les dépenses d'exploitation relatives à cet équipement additionnel sont estimées à :
  • 1,50 € unitairement pour la machine *A*,

• 1,20 € unitairement pour la machine *B*.

– On tiendra compte des effets de la fiscalité directe. On supposera que le taux de l'impôt sur les sociétés restera égal à 33 $^{1}/_{3}$ % pendant la période quinquennale.

Extrait de table

n	1	2	3	4	5	6	7	8	9	10
$(1{,}10)^{-n}$	0,91	0,83	0,75	0,68	0,62	0,56	0,51	0,47	0,42	0,39
$\dfrac{1-(1{,}10)^{-n}}{0{,}10}$	0,91	1,73	2,49	3,17	3,79	4,35	4,87	5,33	5,76	6,14

Travail demandé

En utilisant un taux d'actualisation de 10 % :

1. déduire, dans ces conditions, lequel des deux équipements est le plus rentable,

2. calculer le prix de vente unitaire minimum auquel doit être écoulé le produit considéré pour que sa production soit rentable :
   - lorsque l'on est équipé avec la machine *A* ;
   - lorsque l'on est équipé avec la machine *B*.

QUESTIONS

1. Qu'entend-on par rentabilité économique et par rentabilité financière ?
2. Quelles sont les notions fondamentales qui justifient la prise en compte d'un taux d'actualisation dans le choix des investissements ?
3. Pourquoi doit-on s'efforcer de respecter le principe de séparation des décisions d'investissement et de financement ?
4. Définir la notion de coût du capital.
5. Comment peut-on classer deux projets d'investissement qui ont la même « valeur actuelle nette » ?
6. Définir la notion d'effet de levier.
7. Comment prend-on en compte la notion de risque dans l'analyse des projets d'investissement ?
8. Comment pourrait-on appliquer la logique de détermination d'un seuil de rentabilité à un choix d'investissement ?

Série 34

La gestion des investissements : budgétisation et contrôle

1 Construction d'un atelier. Budget des investissements et budget de financement

A. La société anonyme SAEL envisage de construire un atelier supplémentaire. Il ressort des contacts pris avec diverses entreprises, qu'une entreprise A construira le bâtiment en deux mois ; qu'une entreprise B réalisera les équipements intérieurs (électricité, chauffage...) en trois mois mais ne prévoit de commencer les travaux que deux mois après la fin de la construction du bâtiment.

D'autre part, cet atelier contiendra deux types de machines : M_1 (chaîne) et M_2. L'installation des machines M_1 durera deux mois et pourra commencer deux mois après la fin de la construction du bâtiment même si les équipements intérieurs ne sont pas réalisés.

Les machines M_2 par contre seront installées dans le mois suivant la fin de la réalisation des équipements intérieurs, même s'il n'y a pas eu réception.

Il est prévu un mois de préparatifs avant la mise en route effective de l'usine, après la fin des derniers travaux, même s'il n'y a pas eu réception.

Par ailleurs, vous disposez des informations suivantes :

<table>
<tr><th rowspan="2"></th><th rowspan="2">Coûts (milliers €)</th><th rowspan="2" colspan="2">Engagements (mois)</th><th colspan="3">Versements(1)</th></tr>
<tr><th>à l'engagement</th><th colspan="2">au début des travaux(2)</th></tr>
<tr><td>Bâtiment</td><td>8 000</td><td>1</td><td rowspan="4">avant le début des travaux de chaque type</td><td>20 %</td><td>30 %</td><td rowspan="4">Soldes à la réception</td></tr>
<tr><td>Équipements</td><td>4 000</td><td>4</td><td>30 %</td><td></td></tr>
<tr><td>Machines M_1</td><td>20 000</td><td>7</td><td>40 %</td><td>10 %</td></tr>
<tr><td>Machines M_2</td><td>10 000</td><td>3</td><td>10 %</td><td>20 %</td></tr>
</table>

(1) En fin de mois.
(2) Si un travail débute en fin d'un mois, envisager les versements dans ledit mois.

La réception de chaque type de travaux est prévue dans le mois qui suit la fin de ces travaux.

Travail demandé

Compte tenu du fait que les dirigeants de l'entreprise voudraient mettre l'atelier en route le 30 novembre *N*.

1. Déterminer les dates auxquelles devront commencer « au plus tard » les divers types de travaux. Une recherche graphique est conseillée.
2. Présenter le budget des investissements ou des acquisitions (engagements, réceptions, décaissements) avec une budgétisation mensuelle et en tenant compte des dates « au plus tard ».

B. On tiendra compte de l'existence au 1.1.*N* d'une capacité d'autofinancement de 6 000 000 € et de prévisions pour chaque mois d'une capacité d'autofinancement nouvelle de 2 000 000 € à l'exception du mois d'août (possibilité d'autofinancement nulle). On précise qu'il s'agit du seul investissement envisagé par cette société en *N*.

Travail demandé

1. Établir un projet de budget de financement faisant apparaître mensuellement les possibilités d'autofinancement et les besoins en financement externe.
2. Envisager des possibilités de financement externe complémentaire adaptées à ce cas.

C. La société SAEL ayant soumis son projet de financement à un établissement financier, a obtenu un accord pour un emprunt de 3 200 000 €, dont les fonds seraient mis à la disposition de la société au 1.1.*N* et qui serait remboursable par mensualités en *N* + 1. Par ailleurs, il est prévu d'émettre un emprunt obligataire de 16 000 000 € remboursable par annuités à partir du 1.1.*N* + 2 et dont les fonds pourraient être mis à la disposition de la société à compter de novembre *N*.

Travail demandé

1. Établir un nouveau budget de financement dans lequel l'autofinancement sera cette fois complémentaire des ressources externes procurées par les emprunts.
2. Dire si la capacité d'autofinancement est suffisante pour permettre de financer cet investissement dans ces conditions.
3. Présenter le plan de financement de l'année *N* dans l'hypothèse du § C et en considérant qu'aucun intérêt sur les emprunts ne sera payé en *N* mais qu'un dividende de 100 000 € sera payé en *N*. On considérera pour cette question uniquement, qu'un besoin en fonds de roulement supplémentaire de 5 000 € apparaîtra en décembre *N*.

Nota : il est demandé de bien faire apparaître les cumuls dans les budgets et conseillé de les utiliser pour dégager les divers éléments mensuels.

2 Plan de financement

La société PÉVÉLOR spécialisée dans la fabrication de PVC envisage de développer sur le marché des vérandas.

L'investissement en immobilisations s'élèverait à 500 000 € amortissables en linéaire sur 5 ans.
Le besoin en fonds de roulement représenterait 72 jours de chiffre d'affaires.
Pour financer le lancement de cette activité, elle peut compter :

- sur des ressources propres de la société de 400 000 € ;
- un emprunt bancaire de 500 000 € à 10 % sur 5 ans amortissable par 5 amortissements constants.
- le complément éventuellement nécessaire pourrait être amené par des concours bancaires courants au taux de 13 %.

Le chiffre d'affaires escompté pour la première année est de 2 000 000 €. Le potentiel de croissance du marché permet d'envisager sur chacune des cinq années suivantes une progression en volume de 10 % avec un prix en augmentation de 5 %.
Les conditions normales d'activité permettent d'attendre une marge sur coût variable de 20 % du chiffre d'affaires.
Les charges fixes décaissables de 200 000 € la première année progresseraient de 4 % par an.

Travail demandé

Présenter le plan de financement de cette nouvelle activité sur les quatre premières années.
Commenter et apprécier ce plan de financement.

3 Ordonnancement des tâches. Budget des acquisitions

Un important projet d'investissement a pu être décomposé en dix opérations présentant les caractéristiques décrites dans le tableau ci-dessous.
Le paiement de toutes ces opérations se fait à raison de 40 % au début de l'opération, 60 % à la fin de l'opération.
Le coût moyen du capital pour l'entreprise (fonds propres et emprunts) est de 14 %.

Opérations	Opérations prérequises	Durée en mois	Coût total en K€
A		4	500
B		2	800
C	A	1	200
D	A, B	1	200
E	A	2	500
F	C	2	300
G	D, F	2	250
H	E	10	600
I	G	4	500
J	H, I	1	100

Travail demandé

1. Déterminer le calendrier au plus tôt et le calendrier au plus tard de l'ensemble des opérations.
2. Présenter les échéanciers des dépenses correspondant à ces deux calendriers.
3. Chiffrer l'économie réalisée par l'entreprise si elle décide de n'engager les opérations qu'à leur date au plus tard.

4 Besoins en fonds de roulement, mode de financement, plan de financement (3 h)

La SA Graves escomptant un développement de ses activités ainsi qu'une diversification de ses fabrications doit procéder à des investissements nouveaux. Elle établit un plan de financement sur 5 ans.

A. L'établissement du plan de financement nécessite la connaissance du besoin en fonds de roulement nécessaire.

Travail demandé

En utilisant le document 1 seulement :

1. Calculer en pourcentage du chiffre d'affaires hors taxes :
   - le coût d'achat des matières consommées,
   - le coût de production des produits vendus.
2. Calculer en mois :
   - la durée de stockage des matières premières consommées,
   - la durée de stockage des produits finis vendus,
   - le crédit client,
   - le crédit fournisseur.
3. En admettant que les durées et pourcentages ainsi calculés soient normaux, calculer le besoin en fonds de roulement théorique nécessaire à flux constants pour 1 euro de chiffre d'affaires hors taxes mensuel.

Tenir compte également :

- de la TVA déductible sur achats seulement,
- de la TVA collectée,
- du fait que les banques acceptent d'ouvrir un crédit d'escompte égal à 13 % du chiffre d'affaires hors taxes annuel.

B. Les investissements sont donnés en document 2 ; le financement doit, en principe, être assuré par l'autofinancement. Deux problèmes doivent cependant être étudiés concernant le financement externe.

Le financement du terrain et de l'entrepôt fait l'objet de deux propositions fournies par les banques :

a) Première proposition

Prêt immobilier de 80 % de la valeur de l'entrepôt, le terrain et les 20 % restant financés par l'entreprise. Conditions du prêt :

– remboursements constants en 15 ans,

– taux d'intérêt 10 %.

b) Seconde proposition

Crédit-bail immobilier :

La société de crédit-bail met à disposition de l'entreprise le terrain et l'entrepôt moyennant des redevances annuelles ayant pour base 13,50 % de la valeur des biens loués. Au bout de 15 ans, l'entreprise opte pour l'achat à 10 % de la valeur d'origine des biens. Les redevances sont payables d'avance.

Travail demandé

En actualisant à 14 % les VAN des financements, indiquer la solution la plus favorable. Taux de l'IS : 33 $^1/_3$ %.

C. Une augmentation de capital est envisagée début *N* + 1 aux conditions suivantes : il sera émis simultanément 10 000 actions de numéraire au prix d'émission de 300 € et 5 000 actions gratuites.

Le besoin en fonds de roulement à fin *N* s'élève à 3 235 000 €. On admet qu'à l'avenir il doit être égal à 0,59 par euro de chiffre d'affaires hors taxes mensuel et que l'autofinancement, compte tenu des dividendes mis en paiement, sera de 7 627 000 € pour *N* + 1 et 10 568 000 € pour *N* + 2.

La société a émis le 1.7.*N* – 4 un emprunt de 5 200 000 € remboursables en 10 ans par amortissements constants.

Enfin, vous disposez des informations suivantes fournies par les services de la prévision et des statistiques :

	***N* + 1**	***N* + 2**
Évolution des ventes (base 100 en *N*)	110	130

Le chiffre d'affaires hors taxes de base (*N*) est de 42 000 000 €.

Pour le nouvel entrepôt, l'entreprise opte pour le crédit bail immobilier.

Travail demandé

Dresser le plan de financement pour les deux premières années *N* + 1 et *N* + 2.

Tous les calculs du § C seront faits en milliers d'euros. (Sommes arrondies aux milliers d'euros inférieurs.)

(D'après sujet d'examen.)

DOCUMENT 1 – SA GRAVES. Résultat *N*
Ventilation des charges par fonctions (sommes arrondies)

	Total (en milliers €)	Approvisionnements	Fabrication	Ventes
Achats (25 % du chiffre d'affaires HT)	10 500	10 500		
Variations de stocks matières	– 20 (1)	– 20		
Charges de personnel	12 750	480	10 670	1 600
Impôts et taxes	1 540		1 440	100
Services extérieurs (comptes 61)	2 600		2 600	
Services extérieurs (comptes 62)	3 800	1 120	2 540	140
Autres charges de gestion courante	320		160	160
Charges financières	810		810	
Dotations d'exploitation aux amortissements	3 810	520	3 200	90
Dotations d'exploitation aux provisions	220			220
	36 330	12 600	21 420	2 310
Ventes	42 000			
Production stockée	0 (2)			
Produits des activités annexes	110			
Produits financiers	80			
	42 190			
Résultat	5 860			

(1) = 1 040 – 1 060
(2) = 945 – 945

Au 31.12.*N*

Créances sur les clients (en milliers d'€)
Clients : 5 570
Effets à recevoir : 4 840
Effets remis à l'escompte et non échus : 790

Fournisseurs de matières premières et effets à payer correspondants : (en milliers d'€) : 5 250

DOCUMENT 2 – SA GRAVES. Investissements prévus

Éléments		Coût HT	Amortissement
Sur implantation existante	Renouvellement en $N + 1$ en $N + 2$	 3 500 000 3 500 000	
	Matériels et outillages supplémentaires en $N + 1$ en $N + 2$	 6 000 000 3 000 000	dégressif sur 5 ans à compter du $1/7/N + 1$ à compter du $1/7/N + 2$
Nouvel entrepôt	Terrains Entrepôt en $N + 1$	250 000 750 000	 linéaire sur 20 ans à compter du $1/1/N + 1$
Projet nouvelle usine	Terrains en $N + 1$ Construction en $N + 2$	 1 000 000 2 000 000	 linéaire sur 20 ans à compter du $1/1/N + 3$
	Frais d'établissement en $N + 1$	 180 000	sur 3 ans à compter du $1/1/N + 1$

Coefficients d'amortissement dégressif utilisés par l'entreprise :
- 3,4 ans : 1,5
- 5,6 ans : 2
- > 6 ans : 2,5

QUESTIONS

1. Qu'est-ce qu'une tâche critique ?
2. Définir la notion de chemin critique.
3. Qu'est-ce qui représente une tâche dans le graphe de la méthode MPM et dans le graphe de la méthode PERT ?
   Comparer.
4. Pourquoi peut-on avoir besoin des dates de réception, d'engagement et de décaissements pour établir un budget des investissements ?
5. Pourquoi a-t-on besoin de prévoir les capacités d'autofinancement et les besoins en fonds de roulement lors des choix d'investissements ?

Série 35

La gestion de la trésorerie

1 Établissement d'un budget de trésorerie (sans TVA)

La société G fabrique un produit *P*. Sa situation au 31 décembre *N* est la suivante :

Actif			Passif	
Immobilisations :	300 000		Capitaux et réserves :	400 000
Amortissements :	100 000	200 000	Emprunt :	200 000
Stock de matières premières :		80 000	Fournisseurs :	144 000
Stock de produits finis (1 000 unités à 200 €) :		200 000	Charges à payer diverses :	16 000
Clients et débiteurs :		160 000		
Trésorerie :		120 000		
		760 000		760 000

Des différents budgets de l'entreprise pour le premier semestre *N* + 1, on tire les renseignements suivants :

a) Budget des investissements

Achat au comptant d'une machine : 80 000 € au mois de juin *N* + 1.

b) Budget des ventes

Le prix de vente du produit *P* est fixé à 300 €.

Janvier *N* + 1 : 800 unités	Mars *N* + 1 : 900 unités	Mai *N* + 1 : 1 000 unités
Février *N* + 1 : 800 unités	Avril *N* + 1 : 900 unités	Juin *N* + 1 : 1 000 unités

c) Budget des achats (matières premières)

Approvisionnement régulier à raison de 60 000 € par mois.

d) Budget de production

Production uniforme de 900 unités par mois.

Matières premières utilisées : 64 000 € par mois

Main-d'œuvre directe : 62 000 € par mois
Frais de fabrication : 14 000 € par mois
Amortissements : 2 000 € par mois

e) Budget des charges

Charges administratives : 38 000 € par mois.
Charges commerciales mensuelles : 5 % du montant des ventes du mois.

Renseignements complémentaires :

- Les fournisseurs sont réglés uniformément à 60 jours fin de mois ;
- Le crédit accordé aux clients est de un mois ;
- Les charges administratives et les charges de production sont réglées le mois même où elles sont consommées ;

Les charges commerciales sont réglées dans le courant du mois suivant les ventes ;

- L'emprunt est remboursé à raison de 10 000 € par mois ;
- Le stock final de produits finis est chiffré au prix unitaire de 200 € ;
- Les dettes à l'égard des fournisseurs existant à fin décembre seront réglées pour moitié en janvier et pour moitié en février ;
- Les charges à payer seront réglées en janvier. Elles contiennent les charges commerciales de décembre.

Travail demandé

Présenter le budget de trésorerie des six premiers mois de $N + 1$.
On fera abstraction de la TVA pour cette application théorique.

2 Budget de trésorerie. Coût d'un découvert

FITREX est une PME du secteur textile. Elle a mis en place un système complet de gestion budgétaire qui lui permet d'établir une situation prévisionnelle de trésorerie à la fin de chaque mois.
Pour le premier trimestre de l'année *N*, les éléments prévisionnels suivants sont à prendre en compte (données en milliers d'euros).

	Année $N - 1$		Année N		
	Nov.	Déc.	Janv.	Fév.	Mars
Chiffre d'affaires hors taxes	300	250	300	500	600
Achats hors taxes		200	200	130	100
Salaires bruts		120	120	120	120
Charges sociales patronales		48	48	48	48
Autres charges			20	20	20

Les précisions suivantes sont apportées concernant les modalités de règlement : les clients payent pour 60 % à 30 jours fin de mois, pour 40 % à 60 jours fin de mois. Ces créances donnent lieu au tirage d'une lettre de change. Ces lettres de change pourraient éventuellement être escomptées au taux de 9 %.

Les achats ainsi que les autres charges sont réglés en totalité en fin de mois.
La TVA est au taux normal sur les ventes et sur les achats ; il n'y a pas de TVA sur les autres charges.
Les cotisations sociales (part salariale et part patronale) sont payées le 15 du mois suivant le paiement des salaires nets ; les cotisations salariales représentent 20 % des salaires bruts.
Les salaires nets sont payés le 25 de chaque mois et la TVA à décaisser le 20.
La trésorerie au premier janvier *N* est de 60 (en milliers d'euros).

Travail demandé

1. Présenter le budget de trésorerie pour les trois premiers mois de l'année *N*.
2. Représenter graphiquement l'évolution de la situation de trésorerie de l'entreprise au cours du premier trimestre, si l'entreprise ne recourt pas à l'escompte de ses traites (on considérera pour simplifier des mois de 30 jours).
3. Déterminer le coût du découvert pour la période si la banque applique à ce découvert un taux de 12 % avec une commission de 0,05 % sur le plus fort découvert de chaque mois.
4. Représenter graphiquement l'évolution du portefeuille de traites pendant le trimestre.
5. L'escompte de ces traites vous paraît-il être pour l'entreprise FITREX une meilleure solution que le découvert pour faire face à ses besoins de trésorerie ?

3 Budget de trésorerie

RATY SA est une société exploitant un magasin spécialisé dans la distribution d'appareils électroménagers.

Son personnel se compose :

- d'un directeur de magasin au salaire brut mensuel de 4 000 € et une commission de 1 % sur le chiffre d'affaires ;
- et de cinq vendeurs avec un salaire fixe mensuel de 2 500 € et une commission de 2 % sur les ventes réalisées.

Le taux des charges sociales patronales sur l'ensemble de ces rémunérations est de 50 %.
La partie fixe des salaires est payée chaque mois et les commissions à la fin de chaque trimestre.
Le taux des cotisations salariales est de 20 % ; le paiement des cotisations sociales (part salariale et patronale) se fait le 15 du mois suivant le versement du salaire.
Les autres budgets opérationnels pour le premier semestre de l'année *N* se présentent ainsi :

	J	F	M	A	M	J
Ventes HT	125 000	135 000	140 000	150 000	145 000	137 500
Achats HT	87 750	91 000	145 000	90 000	89 375	87 500
Autres charges	12 500	12 500	12 500	12 500	12 500	12 500

Toutes les ventes sont réglées au comptant.
Les achats sont payables à 60 jours.
Les autres charges incluent 5 000 € d'amortissement. Pour le reste, elles sont décaissées le mois même et ne supportent pas de TVA.
Au 31.12.*N* – 1, on a dans le bilan les éléments suivants :

- Fournisseurs : 255 885 dont 131 310 payables en janvier et 124 575 en février ;
- TVA à décaisser : 7 629
- Charges sociales à payer : 13 562
- Trésorerie : 26 563.

Travail demandé

1. Présenter le budget de trésorerie mois par mois sur les six premiers mois de l'année *N*.
2. Vérifier le montant de la trésorerie finale en présentant un budget global de trésorerie pour l'ensemble du trimestre.

QUESTIONS

1. Quelles peuvent être les solutions pour faire face à un déficit dans un budget de trésorerie ?
2. Pourquoi une entreprise peut-elle chercher à réduire ses excédents de trésorerie ?
   Quelles sont les solutions ?
3. Qu'entend-on par créances Dailly ?

Série 36

La synthèse des prévisions : le budget général

1 Budget de charges et compte de résultat prévisionnel

L'agence parisienne de voyages ARNELLE, est une société anonyme au capital de 500 000 €. Actuellement, son activité s'analyse de la façon suivante :

• **Service « agence » :**

– vente et réservation de titres de transport ;
– vente et réservation de places de théâtre ;
– vente de voyages organisés « et de séjours » pour le compte d'autres agences dans lesquelles elle a des participations.

Pour ces activités, la société ARNELLE, qui a un rôle d'intermédiaire, perçoit une commission qui est fonction du montant des billets, places et voyages vendus.

• **Vente d'excursions et de visites guidées dans la région parisienne**

En décembre *N*, la direction a établi les prévisions suivantes de charges et de produits pour l'exercice *N* + 1 :

A. Charges

Charges de personnels : Les employés sont tous payés au mois. Le personnel se compose de :

– personnel fixe : 25 personnes. Salaire brut moyen : 1 800 € par mois et par personne. Deux mois doubles dans l'année : un en juin et un en décembre ;
– extras : 15 personnes à temps complet du 1er avril au 30 septembre. Salaire brut moyen : 1 500 € par mois et par personne.

En plus du salaire, fin septembre, ces extras doivent recevoir une indemnité de congés payés égale au 1/10 du total des salaires bruts des six mois de travail.

Charges sociales : Les charges sociales connexes sont estimées forfaitairement à 32 % du salaire de base, sans qu'il soit tenu compte du plafond. Le salaire de base est égal au salaire brut augmenté, s'il y a lieu de l'indemnité de congés payés.
Impôts et taxes : 78 000 €.
Services extérieurs (comptes 61) : 49 000 € qui comprennent le loyer et les assurances.
Services extérieurs (comptes 62) : 75 000 € qui comprennent les services bancaires et les transports.
Fournitures de bureau : 6 000 €.
Frais postaux (non compris les affranchissements des envois publicitaires qui seront comptés dans les frais de publicité) : 25 000 €.
Électricité, eau : 3 800 €.
Missions et réceptions : 6 000 €.
Publicité : le calendrier de la campagne publicitaire $N + 1$ prévoit :

- janvier : édition d'une brochure à raison de 1 500 exemplaires. Coût d'une brochure : 3 €. Celle-ci sera à la disposition de la clientèle ou sera envoyée sur demande. On estime qu'on enverra 150 brochures par mois en mars, avril, mai et juin et que les frais d'envoi s'élèveront à 1 € par brochure. Le reste sera distribué dans les locaux de l'agence :
- à partir de février : parution d'une annonce :
  - *a)* dans un quotidien national du matin les samedis 6 et 20 février, 13 mars, 3 avril, 8 mai, 12 juin. Coût de chaque parution : 3 000 € ;
  - *b)* dans un quotidien national du soir les vendredis 5 et 19 février, 12 mars, 2 avril, 7 mai, 11 juin. Coût de chaque parution : 5 000 € ;
- mars : édition de 2 000 dépliants qui seront envoyés à d'anciens clients et à diverses autres personnes dont les noms et adresses seront relevés dans des annuaires professionnels. Les 2 000 envois se feront courant mars. Coût de l'opération : 1,20 € par dépliant, affranchissement compris.

Dotations aux amortissements : 7 000 €.

B. Produits

Ils se composent essentiellement de :
Commissions : 1 497 820 €.
Ventes d'excursions et visites guidées : 273 230 €.
Revenus de titres : 22 000 €.

Travail demandé

1. Établir le budget mensuel des charges de personnel et des charges sociales.
2. Établir le budget des charges de publicité et sa répartition mensuelle.
3. Établir le compte de résultat prévisionnel de l'exercice $N + 1$.

2 Budget de trésorerie, bilan et compte de résultat prévisionnels

Le bilan résumé de l'entrerise Y se présente ainsi au 31 décembre *N* (en milliers d'euros) (valeurs nettes) :

Actif		Passif	
Immobilisations incorporelles et corporelles	2 330	Capital	2 144
Immobilisations financières		Résultat	155
Cautionnements versés	31	Provision pour risques et charges	148
Stocks de marchandises	1 864	Emprunt	
Créances		Échéance à moyen terme	298
Clients	12	Échéance à moins d'un an	205
Disponibilités	174	Concours bancaires courants	261
		Dettes Fournisseurs	810
		Dettes fiscales et sociales	18
		Dettes diverses	
		Associés, comptes courants	360
		Charges à payer	12
	4 411		4 411

Pour le 1er semestre *N* + 1 les prévisions suivantes vous ont été communiquées :

a) Ventes HT (en milliers d'euros)

Janvier : 500
Février : 600
Mars : 800
Avril : 900
Mai : 1 000
Juin : 500

Les clients règlent ainsi :
- 70 % dans le mois ;
- 20 % 30 jours fin de mois ;
- 10 % 60 jours fin de mois.

b) Achats HT (en milliers d'euros)

Janvier : 200
Février : 300
Mars : 500
Avril : 400
Mai : 500
Juin : 200

Les règlements s'effectuent comme suit :
- 5 % dans le mois ;
- 5 % 30 jours fin de mois ;
- 90 % 60 jours fin de mois.

c) Appointements et salaires (en milliers d'euros)

Janvier : 120
Février : 130
Mars : 140
Avril : 140
Mai : 150
Juin : 160

Le personnel est payé avant la fin de chaque mois

d) Charges sociales

Elles sont estimées à 50 % du montant des salaires.
Elles sont payées le mois suivant.

e) Autres charges d'exploitation (HT)

Compte tenu des amortissements fixés *grosso modo* à 5 milliers d'euros par mois, elles se répartiront ainsi (en milliers d'euros) :

Janvier :	40	Mars :	50	Mai :	70
Février :	50	Avril :	60	Juin :	70

f) TVA

Elle est au taux normal, sur les ventes, achats et autres charges d'exploitation.

g) Marge sur coût d'achat

Elle représente 60 % des ventes hors taxes.

h) Résultats

Ils ne seront pas distribués.

i) Autres éléments

Charges à payer : elles sont payables par moitié en janvier et février.
Clients : les règlements normalement attendus s'effectueront par tiers en janvier, février, mars.
Fournisseurs : le paiement se fera par tiers en janvier, février, mars.
Dettes fiscales et sociales : le règlement est prévu en janvier.
Provisions pour risques et charges : elles ont été constituées en raison de l'existence de certains litiges et en prévision de grosses réparations. Il est raisonnable d'envisager les décaissements ci-dessous précisés (en milliers d'euros) :

Janvier :	néant	Février :	70
Mars :	48		

Les emprunts à moyen terme donnent lieu à deux versements semestriels de 52 milliers d'euros, l'un au 30 juin, l'autre au 31 décembre de chaque année.
L'emprunt à moins d'un an sera remboursé dans un délai de 3 mois, soit 50 milliers d'euros en janvier, 50 milliers d'euros en février, 105 milliers d'euros en mars.

Travail demandé

1. Présenter le budget de trésorerie pour le premier semestre de l'exercice $N+1$.
2. Présenter le bilan et le compte de résultat prévisionnels (résumés) en négligeant les intérêts des emprunts.

3 Budgets, compte de résultat et bilan prévisionnels

La SJF (société du joint français) fabrique des joints d'étanchéité ; ceux-ci sont obtenus par un traitement d'imprégnation de plaques de mousse de polyuréthane dans un bain liquide puis de compression. La découpe se fait ensuite selon différentes dimensions correspondant aux besoins de la clientèle, qui se situe pour l'essentiel dans les industries du bâtiment et de la construction automobile.
Tous les produits proposés sont définis en unités d'équivalence par rapport à un modèle standard de sorte que les prévisions de ventes et de production peuvent être exprimées en mètres linéaires de ce produit standard.

Les annexes donnent les informations nécessaires pour l'établissement des différents budgets.

Travail demandé

1. Présenter le budget des approvisionnements en mousse de polyuréthane pour le premier semestre de l'année *N*.
2. Présenter pour la même période le budget de trésorerie mois par mois.
3. Présenter le compte de résultat prévisionnel et le bilan prévisionnel au 30.06.*N*.

ANNEXE

Bilan au 1.01.*N*

ACTIF		PASSIF	
Immobilisations nettes	2 980 000	Capitaux propres	4 850 000
Stocks de matières premières(1)	210 000	Dettes financières(4)	840 000
Stocks de produits finis(2)	320 000	Fournisseurs(5)	1 050 000
Clients(3)	3 600 000	Dettes sociales(6)	300 000
Trésorerie	245 000	TVA à décaisser	315 000
Total	7 355 000	Total	7 355 000

(1) Stock de mousse de polyuréthane évalué au coût moyen pondéré. Il n'est pas prévu de variation significative de ce coût unitaire pendant l'année *N*.
(2) 40 000 unités à 8 €.
(3) Payables pour moitié en janvier, moitié en février.
(4) Emprunt de 800 000 en juin *N* – 1, au taux de 10 % remboursable en 5 annuités constantes, la première à échéance du 30.06.*N*. Intérêts courus 40 000.
(5) Payable pour moitié en janvier, moitié en février *N*.
(6) À régler en totalité en janvier *N*.

Prévisions de ventes et de production en quantités pour le premier semestre N

	J	F	M	A	M	J	Total
Ventes	200 000	220 000	240 000	245 000	242 000	253 000	1 400 000
Production	220 000	220 000	230 000	230 000	230 000	250 000	1 380 000

Le prix unitaire de vente est de 10 €.

La fiche de coût unitaire préétabli du produit standard est la suivante :

Mousse	2
Charges de personnel	4
Amortissement	1
Autres charges de production	1
Coût de production	8
Charges de distribution et d'administration	1
Coût de revient	9

Cette fiche a été établie sur la base d'une production et d'une vente mensuelle normale de 230 000 unités.

Les charges de personnel sont intégralement fixes.

Les autres charges de production sont pour moitié fixes, moitié variables. Elles ne supportent pas de TVA et sont décaissables le mois même.

Les charges de distribution et d'administration sont fixes pour 2/3 de leur montant et sont soumises à TVA pour moitié.

Politique d'approvisionnement

Les livraisons de mousse se font par quantités fixes.

Chaque livraison porte sur un montant de 600 000 €.

La date en est déterminée de façon à maintenir un stock de sécurité de valeur 100 000 €.

Informations sur les décalages de paiement

Les fournisseurs sont payés à 60 jours.

Les clients règlent pour moitié à 30 jours fin de mois, pour moitié à 60 jours fin de mois.

Les salaires nets réglés en fin de mois représentent 80 % des salaires bruts.

Les charges sociales patronales représentent 50 % de ces mêmes salaires bruts ; l'ensemble des cotisations sociales est versé le mois suivant le paiement du salaire.

La TVA est acquittée dans les conditions normales.

Budget des investissements

Il prévoit le paiement en juin d'un montant de 2 000 000 pour le renouvellement partiel d'une partie de la chaîne de production entièrement amortie.

QUESTIONS

1. Rechercher les diverses causes d'évolution d'une masse salariale.

2. Le budget de TVA a-t-il une incidence sur le compte de résultat prévisionnel ?
Justifier la réponse.

3. Pourquoi a-t-on besoin de la connaissance du budget de trésorerie et du budget de TVA pour établir un bilan prévisionnel ?

Série 37

Notion de tableau de bord

1 Exercice d'ensemble

En vue d'une analyse prévisionnelle des activités principales de la SA GARAGE DU LAURAGAIS

– vente de véhicules neufs ;
– vente de véhicules d'occasion ;
– travaux de réparation mécanique ;

on vous fournit les renseignements consignés ci-après :

A. Activité : « Vente de véhicules neufs »

La SA GARAGE du LAURAGAIS est agent exclusif de la marque Recigeot ; les engagements commerciaux et les commissions ont été définis comme suit avec le concessionnaire local :

Véhicules neufs	Ventes mensuelles	Prix de vente moyens (HT)	Commissions sur vente
Bas de gamme : BG	3	8 000	6 %
Milieu de gamme : MG	4	12 000	8 %
Haute de gamme : HG	1	20 000	10 %

Les ventes sont réparties sur les douze mois de l'exercice.

Garantie des véhicules neufs

Les travaux de réparation effectués dans le cadre de la garantie légale et de la garantie contractuelle constituent une opération « blanche » pour l'entreprise, car les frais de main-d'œuvre et le coût des pièces défectueuses échangées, gratuits pour le client, sont refacturés au constructeur aux prix habituels.

B. Activité : « Vente de véhicules d'occasion »

On peut estimer à quatre-vingt-dix le nombre de véhicules d'occasion vendus chaque année.

Ces véhicules sont vendus au prix moyen de 5 000 € hors taxes, en réalisant une marge bénéficiaire de 800 € hors taxes.
Généralement, ces véhicules ont fait l'objet d'une « reprise » auprès des acheteurs de véhicules neufs et leur remise en état exige, en moyenne, trois heures de réparation-mécanique par véhicule ; par ailleurs, on estime à 30 € hors taxes par véhicule le coût d'achat des pièces détachées utilisées pour ce type d'opération.

Garantie des véhicules d'occasion

Ces véhicules sont garantis trois mois « pièces et main-d'œuvre » par le GARAGE DU LAURAGAIS. L'expérience a montré que l'exercice de cette garantie représentait en moyenne une heure de réparation par véhicule, la proportion « main-d'œuvre/pièces détachées » étant identique à celle des travaux de réparation facturés habituellement à la clientèle.

C. Activité : « Travaux de réparation-mécanique »

Cette activité est assurée par quatre personnes, un chef d'atelier et trois mécaniciens, dont on peut estimer le temps productif annuel à 45 semaines par an, à raison de 35 heures par semaine et la demande locale est suffisante pour envisager une activité régulière sur l'ensemble des jours ouvrés.
Par ailleurs, une heure productive est facturée 1 heure et quart en moyenne, en raison des gains sur temps barémés par les constructeurs.
L'analyse des factures portant sur des travaux de réparation-mécanique a permis de constater que le montant hors taxe d'une facture est formé à raison de 60 % par de la main-d'œuvre facturée et à raison de 40 % par des pièces facturées.
L'heure de main-d'œuvre est facturée 24 € hors taxes ; on estime à 25 % la marge commerciale sur les pièces détachées facturées.

Travail demandé

1. Présenter pour chacune des trois activités une analyse prévisionnelle des marges sur coûts directs.
2. Après avoir défini les missions, les objectifs et les facteurs clés de succès du centre de profit « Travaux de réparation-mécanique », proposer un tableau de bord permettant à la Direction d'avoir un suivi périodique de cette activité.
3. Proposer un système de mesure des performances du centre de profit : « Véhicules d'occasion » par rapport à ses objectifs, à sa mission et à ses moyens.

DOCUMENT : Personnel et rémunérations

Activité : « vente de véhicules neufs »

– un vendeur de VN ;
– salaire mensuel de base : 1 400 €
– commissions :
- 1 % sur le montant hors taxes des véhicules neufs vendus ;
- prime de 30 € par véhicule vendu au-dessus d'une moyenne mensuelle de sept véhicules neufs.

Activité : « vente de véhicules d'occasion »
- un vendeur de VO ;
- salaire mensuel de base : 1 400 €
- prime forfaitaire de 100 € par véhicule d'occasion vendu.

Activité : « travaux de réparation-mécanique »
- un chef d'atelier : salaire mensuel de base : 2 250 €
- trois mécaniciens : salaire mensuel de base : 1 600 €

Remarques :
On peut estimer les heures productives à 100 % du temps d'emploi de 35 heures par semaine pour 45 semaines par an.
On peut évaluer à 50 % du montant des salaires bruts, l'ensemble des charges sociales et fiscales dues par l'entreprise sur les rémunérations du personnel.

(D'après sujet d'examen.)

2 Tableau de bord

La société EET est un assembleur de matériel micro-informatique qu'elle distribue dans dix magasins de la région Rhône-Alpes.

Au siège de Saint-Étienne qui emploie 20 personnes sont réalisées essentiellement les tâches suivantes :
- négociation des contrats d'achat avec les fournisseurs ;
- test des composants livrés ;
- assemblage de configurations standard (5 à 6 modèles différents) livrées aux magasins pour être disponibles sur stock ;
- organisation et promotion des produits EET dans la presse spécialisée ;
- négociation, conception, maintenance et installations de systèmes dans les entreprises.

Ces différentes tâches sont sous la responsabilité d'un directeur des achats, d'un directeur de la production et d'un directeur commercial.

Les magasins s'adressent pour l'essentiel à une clientèle de particuliers. Ils emploient en moyenne trois personnes.
Ils distribuent les configurations standard auquelles ils peuvent être amenés, sur demande de la clientèle, à apporter des modifications ou des compléments facturés en plus : ajout de capacités mémoire, de cartes particulières, de périphériques divers, etc.
Ils commercialisent les logiciels les plus courants et la vente de cédéroms tend à prendre une part importante. Les magasins ont aussi à gérer les divers problèmes d'installation, de configuration de logiciels, qui se posent souvent à la clientèle des particuliers.

Les responsables des magasins disposent d'une petite marge de négociation par rapport aux prix catalogues fixés par EET. Ils reçoivent un intéressement sur la marge réalisée par rapport à un coût standard (d'achat ou de production) déterminé par la société EET.

Travail demandé

1. Proposer un modèle de tableau de bord permettant de suivre et d'évaluer l'activité des différents magasins de la société EET.
2. Proposer un modèle de tableau de bord pour chacun des directeurs : directeur des achats, directeur commercial, directeur de la production.

QUESTIONS

1. Un tableau de bord doit-il privilégier la rapidité ou la précision de l'information fournie ?
2. Comparer tableau de bord financier et tableau de bord de gestion. Lequel peut-on rapprocher de la méthode du reporting ?
3. Quel intérêt peut-il y avoir à mettre l'accent dans les indicateurs de certains tableaux de bord de gestion, sur les quantités au détriment des valeurs ?
4. Quel intérêt peut-il y avoir à visualiser les indicateurs d'un tableau de bord ? Quels outils peut-on utiliser pour cela ?

Série 38

Problème d'ensemble

1 Diverses méthodes de calcul et d'analyse des coûts. Critiques. Analyses d'écarts (10h)

L'entreprise BONJEU fabrique deux types de jouets : des avions et des bateaux.
La fabrication nécessite des travaux faits dans deux ateliers : usinage et montage.
Les bateaux sont constitués par un assemblage de pièces de bois et les avions par un assemblage de pièces de bois et de pièces métalliques.
Le bois est acheté par lots livrés par les fournisseurs en cubes prédécoupés, provisoirement stockés avant d'être traités dans l'atelier d'usinage.
Les pièces métalliques sont livrées par les fournisseurs suffisamment élaborées pour être utilisées directement dans l'atelier de montage. Ces pièces sont stockées en magasin en attendant leur utilisation.
Les jouets terminés sont également stockés en attendant la vente.
Une partie de chaque type de jouet est vendue à des grossistes et le reste à des détaillants.

A. Première partie : Calcul de coûts et coûts de revient

Les documents suivants vous sont remis, en vue de calculer les coûts et coûts de revient des jouets pour le mois de janvier de l'année *N*.

DOCUMENT 1 : Situation résumée au 1.1.*N*

Immob. incoporelles			Capital	1 200 000
Frais d'établissement	60 000			
	– 36 000		Dettes	300 000
		24 000		
Immob. corporelles	1 200 000			
	– 360 000			
		840 000		
Actif circulant				
Stock		130 300		
Créances d'exploitation		454 930		
Disponibilités		50 770		
		1 500 000		1 500 000

Il n'y a eu aucune acquisition ni cession d'immobilisation en janvier *N*.

DOCUMENT 2

Comptes de charges autres que les achats de matières et dotations de janvier *N*

Fournitures	12 000
Services extérieurs (comptes 61)	20 000
Services extérieurs (comptes 62)	20 000
Impôts, taxes	5 000
Charges de personnel	375 200
Charges financières	10 000

DOCUMENT 3

Le service des approvisionnements fournit les informations suivantes :

- *pour le bois :*
  Stock initial : 1 000 unités à 14,60 € l'unité (coût d'achat)
  Achats (prix d'achat hors TVA) :
  - 1er lot : 2 000 unités à 10 €,
  - 2e lot : 5 000 unités à 12 €,
  - 3e lot : 2 000 unités à 15 €.
- *pour le métal :*
  Stock initial : 4 200 € (coût d'achat),
  Achats : 20 000 € (prix d'achat hors TVA).

DOCUMENT 4

Charges indirectes

Le service comptable, à la suite d'études de chaque type de charge, a établi que toutes les charges autres que les achats de matières et une partie des charges de personnel sont des charges indirectes (il apparaît notamment que 135 200 € de charges de personnel sont à considérer comme charges directes).

Les amortissements sont calculés linéairement sur 5 ans pour les frais d'établissement et sur 10 ans pour les immobilisations.

Les amortissements des frais d'établissement ne sont pas incorporables aux coûts. Par contre, il est décidé de tenir compte de 30 000 € de charges supplétives mensuelles.

L'analyse des charges indirectes se fait dans les centres suivants :

- centres auxiliaires : gestion des personnels, gestion des matériels ;
- centres principaux : approvisionnement, usinage, montage, ventes aux détaillants, ventes aux grossistes, administration et financement.

On a dégagé les clés de répartition suivantes (les répartitions se font proportionnellement aux nombres du tableau) :

Charges	Gestion des personnels	Gestion des matériels	Approvisionnement	Usinage	Montage	Ventes grossistes	Ventes détail	Administr. et financement
Fournitures	25		5			40		30
SE (comptes 61)	22,5	20	2,5	10	5	15	25	
SE (comptes 62)	20		10		10	20	40	
Impôts et taxes	20					50	30	
Charges de personnel	10	5	5	40	20	10	9	1
Charges financières								100
Dotations amort.	5	20	5	20	10	20	20	
Charges supplétives	10					25	35	30
Répartition secondaire								
– gestion des pers.		5	4	35	20	20	16	
– gestion des matériels			5	50	25	10	10	

Unités d'œuvre et assiettes de frais sont les suivantes :

Centres	Unités d'œuvre ou assiette de frais	Nombres ou valeur
Approvisionnement	Euro de matière achetée	130 000
Montage	Heure ouvrier	1 000
Usinage	Heure machine	10 000
Ventes aux grossistes	Unité vendue	25 000
Ventes aux détaillants	Unité vendue	15 000
Administration et financement	Coût de production des produits vendus	à calculer (1)

(1) Arrondir le taux de frais au centième le plus proche.

Charges directes

Il a été établi par ailleurs que l'heure de main-d'œuvre directe coûte 120 € et que des charges directes de distribution constituées par des charges de personnel s'élèvent :

– pour les ventes d'avions aux grossistes à : 2 820 €

– pour les ventes de bateaux aux grossistes à : 1 880 €

– pour les ventes d'avions aux détaillants à : 4 900 €

– pour les ventes de bateaux aux détaillants à : 5 600 €

DOCUMENT 5

Les services de production ont relevé les consommations suivantes, en unités :

	Avions	Bateaux
Bois	5 000 unités	3 000 unités
Main-d'œuvre directe	700 heures	300 heures
Heures machines	6 000 heures	4 000 heures

pour une production en janvier de 20 000 avions et 15 000 bateaux.
Il apparaît d'autre part une consommation de pièces métalliques pour 20 000 €.

DOCUMENT 6

Le service des ventes, qui gère également le magasin de produits finis, fournit les renseignements suivants :

– stocks initiaux : 5 000 avions évalués à : 68 600 €
5 000 bateaux évalués à : 42 900 €

– ventes (hors TVA) :

	Grossistes	Détaillants
Avions	15 000 à 15,50 €	7 000 à 18,50 €
Bateaux	10 000 à 15,50 €	8 000 à 18,50 €

En fin de mois, il n'est pas apparu de différences d'inventaire.

Travail demandé

1. Présenter un organigramme de la comptabilité analytique.

2. Calculer les coûts d'achat, coûts de production, coûts de distribution, coûts de revient et résultats (utiliser le CMP). Comparer en se limitant au niveau du stock du bois, l'influence du CMP, du DEPS, du PEPS(1).

3. Comparer le résultat obtenu par la comptabilité générale à celui obtenu par la comptabilité analytique.

4. Critiquer les méthodes employées : intérêt, limites.

5. Rechercher les particularités que présenteraient ces calculs dans une entreprise prestataire de services.

B. Deuxième partie : Analyse des coûts

Afin d'obtenir des informations nécessaires à la gestion, notamment pour prendre des décisions quant aux changements éventuels concernant la production, une analyse des charges d'après leur variabilité a été faite pour compléter l'analyse en charges directes et charges indirectes nécessaire aux calculs précédents.

(1) On admettra que toutes les sorties sont considérées faites en fin de mois.

Il en est résulté le document suivant pour les produits vendus :

Charges variables par unité vendue

	Avions	Bateaux
Grossistes	13	8,75
Détaillants	15	10,5

Nota : Les calculs suivants seront conduits :

- en considérant que les charges totales mensuelles en comptabilité analytique sont de 644 500 €,
- en utilisant les coûts de revient unitaires calculés dans la première partie,
- en considérant que les prix de vente dépendent du marché et ne peuvent être changés dans l'immédiat.

Travail demandé

1. Rechercher ce qu'il serait advenu du résultat analytique sur produits si l'on avait abandonné la fabrication et la vente des avions. Considérer que cet abandon aurait entraîné la disparition des charges variables correspondantes.

2. Présenter un tableau faisant apparaître les coûts variables et les marges sur coûts variables pour chacun des quatre types d'articles. Calculer les charges fixes totales et retrouver le résultat de janvier. Quelles conclusions peut-on en tirer ?

3. En admettant (hypothèse simplificatrice) que les charges variables soient proportionnelles au chiffre d'affaires et que l'activité des autres mois soit identique à celle de janvier, calculer le seuil de rentabilité de l'année et en déterminer la date. Procéder par calculs et par graphiques. Quelle critique peut-on faire à ces calculs ?

4. Illustrer les critiques précédentes par la recherche d'une relation entre les nombres d'articles fabriqués permettant d'atteindre un seuil de rentabilité. La relation étant établie, envisager si possible un calcul et/ou une représentation graphique dans les cas particuliers suivants :
- production de bateaux détaillants uniquement ;
- production de bateaux uniquement ;
- production de bateaux grossistes et détaillants et d'avions détaillants ;
- toutes productions ;
- production en même quantité de chacun des quatre articles.

5. En réalité l'analyse des charges d'après leur variabilité a été faite en suivant la démarche conduisant au calcul des coûts et coûts de revient.

En conséquence, il est donc possible de combiner la double classification :
- charges directes et charges indirectes ;
- charges fixes et charges variables.

Compte ayant été tenu des variations de stocks, les informations recueillies ont permis d'établir les tableaux suivants :

Ventilation des charges totales

	Charges fixes	Charges variables
Charges directes	68 500	241 500
Charges indirectes	104 500	230 000

Ventilation des charges fixes directes

	Avions	Bateaux
Grossistes	27 500	13 500
Détaillants	17 500	10 000

En utilisant ces informations, présenter un tableau faisant apparaître pour chacun des quatre types d'articles, les coûts variables, les marges sur coûts variables, les charges fixes directes (ou charges de structure spécifiques), les marges sur coûts spécifiques (ou apports par produit).
Retrouver le résultat de janvier ; rechercher quel est le minimum d'articles de chaque type à fabriquer.

6. Une demande étant faite par un client étranger pour 2 000 bateaux, il apparaît que s'il avait fallu répondre à cette demande en janvier, il aurait été nécessaire d'augmenter les charges fixes directes de 3 500 €, les charges variables unitaires restant comparables à celles des bateaux vendus aux grossistes.
Quel prix de vente minimum pourrait-on fixer pour ce marché supplémentaire ?

7. En réalité l'activité de janvier n'a pas été une activité normale pour l'entreprise. Cette activité aurait dû conduire à la fabrication et à la vente des quantités suivantes :

	Avions	Bateaux
Grossistes	18 000	10 000
Détaillants	10 000	6 000

En admettant que chaque type d'articles « absorbe » les mêmes charges fixes globales que dans la première partie :
– calculer les coûts de revient unitaires correspondant à l'activité normale,
– appliquer les principes de l'imputation rationnelle des charges de structure à l'activité de janvier.

C. Troisième partie : Coûts préétablis

Afin de mettre en place un système de contrôle des coûts de l'entreprise BONJEU, à partir du 1er janvier de l'année $N + 1$, il a été décidé de calculer des coûts préétablis. Ces coûts confrontés ensuite aux coûts réels permettront de faire apparaître d'éventuels écarts.

L'analyse des écarts devra permettre de découvrir leurs origines : variations des prix, variations des rendements, variations d'activité…

Ces calculs seront faits pour les éléments fabriqués chaque mois et concerneront donc les coûts de production (l'étude des coûts de distribution pourra être envisagée ultérieurement).

Pour la première phase de l'application concernant janvier $N + 1$, l'étude sera limitée :

- à une charge directe variable : le bois consommé pour les bateaux (le principe pourra en être appliqué ensuite aux autres matières premières et à la main-d'œuvre directe variable),
- à une charge indirecte fixe ou variable : le centre montage (le principe pourra en être appliqué à l'ensemble des charges autres que les charges directes variables).

Cette première étude conduit à recueillir les informations suivantes pour janvier $N + 1$:

- *Données prévisionnelles* (établies en décembre N)
  Production normale de bateaux : 20 000
  Production normale d'avions : 30 000
  Consommation de bois : 0,200 kg à 15 € le kg par bateau
  Temps de montage : 1,2 mn par bateau
  2 mn par avion
  Budget du centre montage : 98 000 € (pour 1 400 heures) dont 56 000 € de charges fixes.
- *Données réelles* (connues en février $N + 1$)
  Production réelle de bateaux : 24 000
  Production réelle d'avions : 27 000
  Consommation de bois : 0,210 kg à 17 € le kg par bateau
  Temps de montage : 1 mn par bateau
  1,8 mn par avion
  Coût réel du centre montage : 100 000 €.

Travail demandé

Calculer et analyser les écarts.

Annexes

Nomenclature des comptes de la classe 9

90. Comptes réfléchis.

900. à 902.
903. Stocks et provisions pour dépréciation des stocks réfléchis.
904. Achats réfléchis.
905. Charges réfléchies.
906. Dotations réfléchies.
907. Produits[1] réfléchis.
908. et 909.

91. Reclassement préalable des charges et des produits de la comptabilité générale.

Reclassement préalable des charges de la comptabilité générale.

910. à 918. (Pour attribution selon les besoins de l'entreprise.)

Reclassement préalable des produits de la comptabilité générale.

919. Produits de la comptabilité générale reclassés.

92. Centres d'analyse (centre de travail et sections).

920. Centres d'administration.
921. Centres de financement.
922. Centres de gestion du personnel.
923. Centres de gestion des moyens matériels.
924. Centres de prestations connexes.
925. Centres d'approvisionnement.
926. Centres d'étude technique et recherche.
927. Centres de production.
928. Centres de distribution.
929. Autres frais à couvrir.

93. Coûts des produits stockés.

930. à 939. (Pour attribution selon les besoins de l'entreprise.)

94. Stocks.

940. Marchandises.
941. Matières premières (et fournitures).
942. Autres approvisionnements (matières et fournitures consommables, emballages commerciaux...).
943. Production de biens en cours.
944. Production de services en cours.
945. Produits (intermédiaires, finis...).
946. à 948.
949. Provisions pour dépréciation des stocks et des en-cours.

(1) Produits d'exploitation, financiers, exceptionnels (ou produits courants au niveau de chaque résultat analytique).

95. Coûts des produits vendus.
951. à 959. (Pour attribution selon les besoins de l'entreprise.)

96. Écarts sur coûts préétablis.
(À utiliser selon les besoins de l'entreprise.)

97. Différences de traitement comptable.

Différences d'incorporation.

970. Différences d'incorporation sur matières(1).
971. Différences d'incorporation sur amortissements et provisions.
972. Différences d'incorporation pour éléments supplétifs.
973. Différences d'incorporation sur autres charges de la comptabilité générale.
977. Différences d'incorporation sur produits de la comptabilité générale.

Différences d'inventaire, de cession et d'imputation.

974. Différences d'inventaire constatées.
975. Différences sur coûts et taux de cession(1).
976. Différences sur niveau d'activité(1).
978. et 979. (À utiliser selon les besoins de l'entreprise.)

98. Résultats de la comptabilité analytique.
980. à 989. (Pour attribution selon les besoins de l'entreprise.)

99. Liaisons internes.

991. Liaisons internes propres à un même établissement.
996. Cessions reçues d'autres établissements.
997. Cessions fournies à d'autres établissements.

Remarque : la codification des comptes de comptabilité analytique ne respecte pas les principes généraux de codification des comptes de comptabilité générale en ce qui concerne les codes de position.

(1) Ces différences, saisies comme ici dans le groupe de comptes 97, pourraient être aussi bien intégrées dans une méthode plus développée de comptabilisation à coûts préétablis qui conduirait à analyser ces écarts dans le groupe de comptes 96.

Annexe statistique

1. Analyse par la méthode des moindres carrés

Si x et y désignent deux variables statistiques prenant n valeurs notées $x_1, x_2 \ldots x_i\, x_n$ et $y_1, y_2 \ldots y_i \ldots y_n$,

$\bar{x} = \frac{\sum x_i}{n}$ est la moyenne de x et $\bar{y} = \frac{\sum y_i}{n}$ est la moyenne de y.

La droite d'ajustement de la forme $y = ax + b$ a pour coefficient directeur :

$$a = \frac{\sum x_i y_i - n\bar{x}\bar{y}}{\sum x_i^2 - n\bar{x}^2}$$

Son ordonnée à l'origine b est égale à $y - a\bar{x}$.

On peut aussi écrire a sous la forme : $\frac{\text{cov}(x, y)}{\text{var}(x)}$;

cov (x, y) est la covariance de x et y égale à $\frac{1}{n}\sum x_i y_i - \bar{x}\bar{y}$;

var (x) est la variance de x égale à $\frac{1}{n}\sum x_i^2 - \bar{x}^2$.

2. Coefficient de corrélation

On le calcule par la formule $r = \frac{\sum x_i y_i - n\bar{x}\bar{y}}{\sqrt{\sum x_i^2 - n\bar{x}^2}\sqrt{\sum y_i^2 - n\bar{y}^2}}$

ou encore $r = \frac{\text{cov}(x, y)}{\sigma x \sigma y}$ où σx et σy désignent les écarts types de x et de y.

Interprétation du coefficient de corrélation

Il est toujours compris entre – 1 et 1.

Si *r* est proche de 1, cela signifie qu'il y a une bonne corrélation positive entre les variables (x et y variant dans le même sens).

Si *r* est proche de – 1, il y a une bonne corrélation négative entre les variables (x et y varient en sens inverse).

Si *r* est proche de 0, il n'y a pas de corrélation entre les variables.

Remarque : le caractère significatif d'un coefficient de corrélation dépend du nombre de valeurs sur lequel il est calculé. Un coefficient de 0,7 calculé sur 5 valeurs sera beaucoup moins significatif qu'un coefficient de 0,5 calculé sur 1 000 valeurs.

3. Utilisation de calculatrices ou de tableurs

Les **calculatrices statistiques**, même simples, permettent d'avoir directement les paramètres de la droite d'ajustement et le coefficient de corrélation en rentrant alternativement les valeurs de x et de y.

Sur le **tableur** Excel, la fonction DROITEREG(X, Y) permet d'obtenir les mêmes résultats si X désigne une zone contenant les valeurs de X, et Y une zone contenant les valeurs de Y.

Compte tenu de l'existence de ces outils de calcul, il n'est pas utile de rechercher des formules de simplification de calculs.

Extraits de la table de la fonction intégrale de la loi normale centrée, réduite N (0, 1)

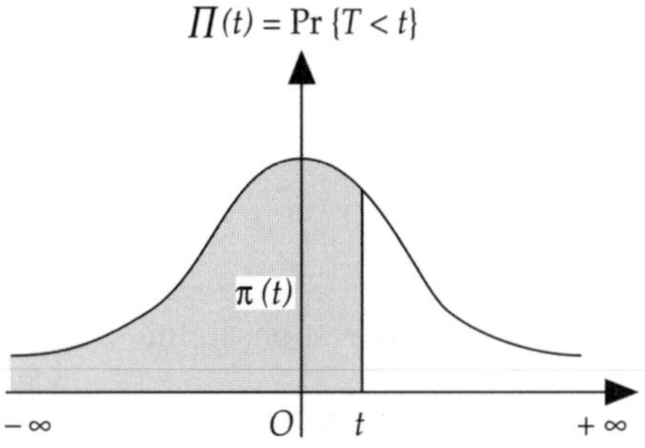

t	0,00	0,01	0,02	0,03	0,04	0,05	0,06	0,07	0,08	0,09
0,0	0,500 0	0,504 0	0,508 0	0,512 0	0,516 0	0,519 9	0,523 9	0,527 9	0,531 9	0,535 9
0,1	0,539 8	0,543 8	0,547 8	0,551 7	0,555 7	0,559 6	0,563 6	0,567 5	0,571 4	0,575 3
0,2	0,579 3	0,583 2	0,587 1	0,591 0	0,594 8	0,598 7	0,602 6	0,606 4	0,610 3	0,614 1
0,3	0,617 9	0,621 7	0,625 5	0,629 3	0,633 1	0,636 8	0,640 6	0,644 3	0,648 0	0,651 7
0,4	0,655 4	0,659 1	0,662 8	0,666 4	0,670 0	0,673 6	0,677 2	0,680 8	0,684 4	0,687 9
0,5	0,691 5	0,695 0	0,698 5	0,701 9	0,705 4	0,708 8	0,712 3	0,715 7	0,719 0	0,722 4
0,6	0,725 7	0,729 0	0,732 4	0,735 7	0,738 9	0,742 2	0,745 4	0,748 6	0,751 7	0,754 9
0,7	0,758 0	0,761 1	0,764 2	0,767 3	0,770 4	0,773 4	0,776 4	0,779 4	0,782 3	0,785 2
0,8	0,788 1	0,791 0	0,793 9	0,796 7	0,799 5	0,802 3	0,805 1	0,807 8	0,810 6	0,813 3
0,9	0,815 9	0,818 6	0,821 2	0,823 8	0,825 4	0,828 9	0,831 5	0,834 0	0,836 5	0,838 9
1,0	0,841 3	0,843 8	0,846 1	0,848 5	0,850 8	0,853 1	0,855 4	0,857 7	0,859 9	0,862 1
1,1	0,864 3	0,866 5	0,868 6	0,870 8	0,872 9	0,874 9	0,877 0	0,879 0	0,881 0	0,883 0
1,2	0,884 9	0,886 9	0,888 8	0,890 7	0,892 5	0,894 4	0,896 2	0,898 0	0,899 7	0,901 5
1,3	0,903 2	0,904 9	0,906 6	0,908 2	0,909 9	0,911 5	0,913 1	0,914 7	0,916 2	0,917 7
1,4	0,919 2	0,920 7	0,922 2	0,923 6	0,925 1	0,926 5	0,927 9	0,929 2	0,930 6	0,931 9
1,5	0,933 2	0,934 5	0,935 7	0,937 0	0,938 2	0,939 4	0,940 6	0,941 8	0,942 9	0,944 1
1,6	0,945 2	0,946 3	0,947 4	0,948 4	0,949 5	0,950 5	0,951 5	0,952 5	0,953 5	0,954 5
1,7	0,955 4	0,956 4	0,957 3	0,958 2	0,959 1	0,959 9	0,960 8	0,961 6	0,962 5	0,963 3
1,8	0,964 1	0,964 9	0,965 6	0,966 4	0,967 1	0,967 8	0,968 6	0,969 3	0,969 9	0,970 6
1,9	0,971 3	0,971 9	0,972 6	0,973 2	0,973 8	0,974 4	0,975 0	0,975 6	0,976 1	0,976 7
2,0	0,977 2	0,977 9	0,978 3	0,978 8	0,979 3	0,979 8	0,980 3	0,980 8	0,981 2	0,981 7
2,1	0,982 1	0,982 6	0,983 0	0,983 4	0,983 8	0,984 2	0,984 6	0,985 0	0,985 4	0,985 7
2,2	0,986 1	0,986 4	0,986 8	0,987 1	0,987 5	0,987 8	0,988 1	0,988 4	0,988 7	0,989 0
2,3	0,989 3	0,989 8	0,990 1	0,990 4	0,990 4	0,990 6	0,990 9	0,991 1	0,991 3	0,991 6
2,4	0,991 8	0,992 0	0,992 2	0,992 5	0,992 7	0,992 9	0,993 1	0,993 2	0,993 4	0,993 6
2,5	0,993 8	0,994 0	0,994 1	0,994 3	0,994 5	0,994 6	0,994 8	0,994 9	0,995 1	0,995 2
2,6	0,995 3	0,995 5	0,995 6	0,995 7	0,995 9	0,996 0	0,996 1	0,996 2	0,996 3	0,996 4
2,7	0,996 5	0,996 6	0,996 7	0,996 8	0,996 9	0,997 0	0,997 1	0,997 2	0,997 3	0,997 4
2,8	0,997 4	0,997 5	0,997 6	0,997 7	0,997 7	0,997 8	0,997 9	0,997 9	0,998 0	0,998 1
2,9	0,998 1	0,998 2	0,998 2	0,998 3	0,998 4	0,998 4	0,998 5	0,998 5	0,998 6	0,998 6

Table pour les grandes valeurs de *t*

t	3,0	3,1	3,2	3,3	3,4	3,5	3,6	3,8	4,0	4,5
Π (t)	0,998 65	0,999 04	0,999 31	0,999 52	0,999 66	0,999 76	0,999 841	0,999 928	0,999 968	0,999 997

INDEX

Les chiffres sont ceux des chapitres concernés

Achevé d'imprimer sur les presses de la
SNEL S.A.
rue Saint-Vincent 12 – B-4020 Liège
tél. 32(0)4 344 65 60 - fax 32(0)4 341 48 41
mai 2003 — 28245

046978 - (I) - (4) - OSB 80° - ALM - MPN • Dépôt légal : juin 2003
Imprimé en Belgique